安徽大學漢字發展與
應用研究中心叢刊

主編◎黄德寬
副主編◎徐在國

程燕 著

戰國典制研究

職官篇 上

北京师范大学出版集团
BEIJING NORMAL UNIVERSITY PUBLISHING GROUP
安徽大学出版社

圖書在版編目(CIP)數據

戰國典制研究. 職官篇/程燕著. —合肥:安徽大學出版社,2018.8
(安徽大學漢字發展與應用研究中心叢刊)
ISBN 978-7-5664-1534-9

Ⅰ.①戰… Ⅱ.①程… Ⅲ.行政管理－研究－中國－戰國時代②管制－研究－中國－戰國時代 Ⅳ.①D691

中國版本圖書館 CIP 數據核字(2018)第 004854 號

該研究得到高校古委会直接資助(項目名稱:戰國典制研究),謹致謝忱!

戰國典制研究——職官篇
ZHANGUO DIANZHI YANJIU ZHIGUANPIAN

程燕 著

出版發行:	北京師範大學出版集團 安徽大學出版社 (安徽省合肥市肥西路3號 郵編230039) www.bnupg.com.cn www.ahupress.com.cn
印 刷:	合肥遠東印務有限責任公司
經 銷:	全國新華書店
開 本:	184mm×260mm
印 張:	47.25
字 數:	588 千字
版 次:	2018 年 8 月第 1 版
印 次:	2018 年 8 月第 1 次印刷
定 價:	480.00 圓

ISBN 978-7-5664-1534-9

策劃編輯:胡 旋　　　　　　　　　　　　　裝幀設計:李 軍
責任編輯:胡 旋 範文娟　　　　　　　　　美術編輯:李 軍
責任印製:陳 如

版權所有　侵權必究
反盜版、侵權舉報電話:0551－65106311
外埠郵購電話:0551－65107716
本書如有印裝質量問題,請與印製管理部聯繫調換。
印製管理部電話:0551－65106311

目　錄

前言 ·· 1

凡例 ·· 1

一　齊系文字中的職官 ·· 1

二　燕系文字中的職官 ·· 233

三　晉系文字中的職官 ·· 329

四　楚系文字中的職官 ·· 513

附錄 ·· 699

　　1. "苑璽"考 ··· 701

　　2. 楚"集蜜"之璽考 ·· 705

　　3. 戰國官璽考釋一則 ··· 707

　　4. "集醢"考 ··· 712

　　5. 齊官考釋二則 ··· 718

出處簡稱表 ·· 721

參考文獻 ·· 723

後記 ·· 739

前　　言

　　對中國古代社會的考察,無外乎經濟基礎和上層建築這兩個方面。就上層建築而言,職官研究是其中的一個重要課題,因爲通過對職官的考察可以瞭解當時政治、經濟、文化等機構的情況。戰國是我國歷史上的重大變革時期,各國分別進行了一系列的改革,建立了一整套的官僚制度,發展了軍隊的編製,上承春秋,下啟秦漢。因此,研究戰國時期的職官制度對於我們了解中國古代社會有著非常重要的意義。

　　左言東先生曾經説過:"要弄清先秦時期的官制,難度是非常大的:第一,没有可信的系統的第一手資料……第二,先秦時期的官制資料,非常零散,時間有先有後,記載很不一致,有不少問題很難做出確定無疑的結論。"①左先生所言極是。僅靠傳世文獻的資料來研究戰國官制,難度確實是大。但現在情況有了改觀,原因是近些年出土的戰國文字材料不斷增加,其中涉及大量的先秦職官,爲我們研究戰國官制提供了可信的第一手資料。有鑒於此,我們擬專門對出土戰國文字中的職官做系統的研究。

一、出土戰國文字中的職官研究現狀

　　關於戰國時期職官的研究,明代董説有《七國考》,其中第一門就是職官,開創了系統研究戰國職官的先河。至清代,黄本驥《歷代職官表》亦援引文獻梳理典籍中所載官名。前人的這些研究都是以傳世文獻爲基礎的,缺乏對出土文獻研究成果的運用。地不愛寶,近些年出土的戰國文字材料日益增多,其中不乏對職官的記載。不少學者已開始注意到利用出土文字材料研究職官的重要性。1987年繆文遠先生出版著作《七國考訂補》,運用帛書、楚簡、秦簡、陶文、金文、

---

① 左言東:《先秦職官表》,商務印書館,1994年,第2頁。

璽印等考古新材料對《七國考》進行訂補。1994年,左言東先生撰有《先秦職官表》,在戰國職官研究方面取得了新的進展,在職官表中已關涉出土文字材料。2005年,楊寬先生又著《戰國會要》,職官部分收錄的出土文獻資料大致有《三代吉金文存》《貞松堂集古遺文》、鄂君啟節、中山王方壺、睡虎地秦簡及《戰國題銘概述》,間或還收有一些《考古》《文物》於二十世紀八十年代以前公佈的兵器銘文、陶文等,還有上海博物館藏的部分兵器銘文。上錄三書有個共同的優點,就是利用了出土的古文字材料,但也有共同的缺點,就是所利用的材料多爲二十世紀六七十年代公佈發表的。換句話説,就是限於時間和條件,所利用的出土材料還是很有限的。

自二十世紀以來,戰國文字材料不斷出土問世,其數量可謂蔚爲大觀。在戰國傳世文獻相對匱乏的情況下,這些地下材料更是顯得彌足珍貴。利用地下材料對戰國時期的職官進行研究已經成爲學者關注的新視點,也取得了不少成果,綜合性的涉及戰國官制研究的主要有:

李學勤《戰國題銘概述》(《文物》1959年第7—9期),是研究戰國文字的開創之作,意義重大。何琳儀《戰國文字通論(訂補)》(江蘇教育出版社2003年),是第一部戰國文字的通論性著作。何琳儀《戰國古文字典——戰國文字聲系》(中華書局1998年),是第一部戰國文字的綜合性著作,創見多。裘錫圭《嗇夫初探》(《古代文史研究新探》,江蘇古籍出版社1992年)、《戰國文字中的"市"》(《考古學報》1980年第3期)、李家浩《先秦文字中的"縣"》(《著名中年語言學家自選集·李家浩卷》,安徽教育出版社2002年)、吳振武《戰國"匕(廩)"字考察》(《考古與文物》1984年第4期),三位先生之文,爲研究戰國文字中所見職官的經典之作。曹錦炎《古璽通論》(上海書畫出版社1996年)、施謝捷《古璽彙考》(安徽大學博士學位論文2006年),均涉及戰國官制。董珊《戰國題銘與工官制度》(北京大學博士學位論文2002年)、陸德富《戰國時代官私手工業的經營形態》(復旦大學博士學位論文2011年),均涉及戰國工官制度,其中董珊先生文新見頗多。吳曉懿先生的《戰國官名新探》提出"先分域,後分類,再論官名稱謂及用字"[2]。另有許慜慧《古文字資料中的戰國職官研究》(復旦大學博士學位論文2014年)、陳穎飛《楚官制與世族探研——以幾批出土文獻爲中心》(中西書局2016年)。

涉及齊系官制研究的主要有:

張振謙《齊系文字研究》(安徽大學博士學位論文2008年)、孫剛《東周齊系題

---

[2] 陳偉武:《戰國官名新探序》,安徽師範大學出版社2013年。

銘研究》（吉林大學博士學位論文2012年）、朱德熙《釋桁》（《古文字研究》第12輯，中華書局1985年）、朱德熙《戰國文字中所見有關廄的資料》（《朱德熙文集》第5卷，商務印書館1999年）、李學勤《秦封泥與齊陶文中的"巷"》（《陝西歷史博物館館刊》第8輯，三秦出版社2001年）、裘錫圭《"司馬聞""聞司馬"考》（《古文字論集》，中華書局1992年）、李家浩《戰國官印考釋（兩篇）》，（《文物研究》第7輯，黃山書社1991年）、李家浩《齊國文字的"遂"》（《著名中年語言學家自選集·李家浩卷》，安徽教育出版社2002年）、李家浩《貴將軍虎節與辟大夫虎節——戰國符節銘文研究之一》（《中國歷史博物館館刊》1993年第2期）、李家浩《戰國官印"尚路璽"考釋》（《揖芬集——張政烺先生九十華誕紀念文集》，社會科學文獻出版社2002年）、湯餘惠《"卑將匠舀信璽"跋》（《考古與文物》1993年第5期）、吳振武《戰國璽印中的"虞"和"衡鹿"》（《江漢考古》1991年第3期）、吳振武《談齊"左掌客亭"陶璽——從構形上解釋戰國文字中舊釋爲"亳"的字應是"亭"字》（《社會科學戰線》2012年第12期）、徐在國《釋齊官"祈望"》（《第四屆國際中國古文字研討會論文集》，香港中文大學中國語言及文學系2003年）、趙平安《戰國文字中的鹽及相關資料研究》（《新出簡帛與古文字古文獻研究》，商務印書館2009年）、孫敬明《齊陶新探》（《古文字研究》第14輯，中華書局1986年）等。

涉及燕國官制研究的主要有：

李學勤《燕、齊陶文叢論》（《上海博物館集刊》第6期，上海古籍出版社1992年）、何琳儀《燕國布幣考》（《古幣叢考》，安徽大學出版社2002年）、吳振武《釋雙劍誃舊藏燕"外司聖鍴"璽》（《于省吾教授百年誕辰紀念文集》，吉林大學出版社1996年）、吳振武《燕國銘刻中的"泉"字》（《華學》第2輯，中山大學出版社1996年）、吳振武《釋"受"並論盱眙南窯銅壺和重金方壺的國別》（《古文字研究》第14輯，中華書局1986年）、趙超《"鑄師"考》（《古文字研究》第21輯，中華書局2001年）、李零《齊、燕、邾、滕陶文的分類與題銘格式》（《管子學刊》1990年第1期）、徐在國《燕國文字中的"夬"及從"夬"之字》（《中國文字研究》第17輯，上海人民出版社2012年）、馮勝君《戰國燕青銅禮器銘文考釋》（《中國古文字研究》第一輯，吉林大學出版社1999年）等。

涉及晉系官制研究的主要有：

朱德熙、裘錫圭《戰國銅器銘文中的食官》（《朱德熙古文字論集》，商務印書館1995年）、李學勤《滎陽上官皿與安邑下官鍾》（《當代名家學術思想文庫：李學勤卷》，萬卷出版公司2010年）、黃盛璋《三晉銅器的國別、年代與相關制度》（《古文字研究》第17輯，中華書局1989年）、黃盛璋《"匈奴相邦"印之國別年代及相關問題》(《文物》1983年第8期)、黃盛璋《關於加拿大多倫多市安大略博物館所藏三晉兵器及相關問題》(《考古》1991年第1期)、張頷《"安國君"印跋》(《中國歷史博物館館刊》1980年第2期)、李家浩《戰國官印考釋三篇》(《出土文獻研究》第6輯,上海古籍出版社2002年)、李家浩《十年皋落戈銘文釋文商榷》(《考古》1993年第8期)、李家浩《戰國官印考釋(二篇)》(《文物研究》第7期,黃山書社1991年)、李家浩《戰國時代的"冢"字》(《著名中年語言學家自選集·李家浩卷》,安徽教育出版社2002年)、李家浩《戰國官印中的"旗"》(《安徽大學漢語言文字研究叢書·李家浩卷》,安徽大學出版社2013年)、李家浩《戰國官印考釋兩篇》(《于省吾教授百年誕辰紀念文集》,吉林大学出版社1996年)、吳振武《趙武襄君鈹考》(《文物》2000年第1期)、吳振武《趙十六年守相信平君鈹考》(《第三屆國際中國古文字學研討會論文集》,香港中文大學1997年)、吳振武《新見十八年冢子韓矰戈研究——兼論戰國"冢子"一官的職掌》(《古文字與古代史》第1輯,中研院史語所2007年)、吳振武《釋三方收藏在日本的中國古代官印》(《中國文字》新24期,藝文印書館1998年)、劉釗《釋戰國"右騎將"璽》(《史學集刊》1994年第3期)、徐在國《戰國官璽考釋三則》(《考古與文物》1999年第3期)、徐在國《"佥成"封泥考》(《中國文字研究》第8輯,廣西教育出版社2007年)、吳良寶《寧夏彭陽出土"二十七年晉戈"考》(《考古》2007年第10期)等。

涉及楚系官制研究的主要有：

黃錫全《古文字中所見楚官府官名輯證》(《文物研究》第7輯,黃山書社1991年)、羅運環《古文字資料所見楚國官制研究》(《楚文化研究論集》第2集,湖北人民出版社1991年)、郝本性《試論楚國器銘中所見的府和鑄造組織》(《楚文化研究論集》第1集,荊楚書社1987年)、程鵬萬《安徽壽縣朱家集出土青銅器銘文集釋》(黑龍江人民出版社2009年)、湯餘惠《楚器銘文八考》(《古文字論集(一)》,《考古與文物》叢刊第二號1983年)、陳偉《包山楚簡初探》(武漢大學出版社1996年)、文炳淳《包山楚簡所見楚官制研究》(台灣大學碩士學位論文1998年)、陳穎飛《楚官制與世族探研——以幾批出土文獻為中心》(清華大學博士學位論文2009年)、劉信芳《楚系簡帛釋例》(安徽大學出版社2011年)、趙平安《戰國文字中的"宛"及其相關問題研究》(《新出簡帛與古文字古文獻研究》,商務印書館2009年)、鄭超《楚國官璽考述》(《文物研究》第2輯,黃山書社1986年)、肖毅《古璽所見楚系官府官名考略》(《江漢考古》2001年第2期)、裘錫圭《諸侯之旅等印考釋》(《文物研究》第6輯,黃山書社1990年)、李家浩《楚國官印考釋(四篇)》(《江漢考古》1984年第2期)、李家浩《南越王墓車馹虎節銘文考釋——戰國符節銘文研究之四》(《容庚先生百年誕辰紀念文集》,廣東人民出版社 1998 年)、李家浩《包山祭禱簡研究》(《簡帛研究(二〇〇一)》,廣西教育出版社 2001 年)、李家浩《包山遣册考釋(四篇)》(《古籍整理研究學刊》2003 年第 5 期)、李零《楚燕客銅量銘文補正》(《江漢考古》1988 年第 4 期)、何琳儀《楚官璽雜識》(《南京師範大學文學院學報》2002 年第 1 期)、湯餘惠《楚璽兩考》(《江漢考古》1984 年第 2 期)、吴振武《朱家集楚器銘文辨析三則》(《黄盛璋先生八秩華誕紀念文集》,中國教育文化出版社 2005 年)、徐在國《談楚文字中从"胖"的幾個字》(《楚簡楚文化與先秦歷史文化國際學術研討會論文集》,湖北教育出版社 2013 年)、周波《試説徐器銘文中的官名"賚尹"》(《出土文獻與古文字研究》第 4 輯,上海古籍出版社 2011 年)、程鵬萬《試説朱家集銅器銘文中的"集既鑄"》(《古籍整理研究學刊》2009 年第 4 期)、馮勝君《戰國楚文字"電"字用作"龜"字補議》(《漢字研究》第 1 輯,學苑出版社 2005 年)等。

上録論著,或爲綜合研究,或爲具體考證某一官職,均爲出土戰國文字官制研究作出了重要貢獻。我們在此基礎上,搜羅出土戰國文字中涉及官制的材料,分爲齊系、燕系、晉系、楚系。上自西周,下至秦亡,秦文字自成一系,秦系文字中的職官擬單獨研究,故本書未録。每系職官下,首列職官名,次列字形、出處、辭例,最後是解釋。

二、本課題材料來源

本課題收録的出土戰國文字材料有:《殷周金文集成》《近出殷周金文集録》《新收殷周青銅器銘文暨器影彙編》《商周青銅器銘文暨圖像集成》《保利藏金》《飛諾藏金》《珍秦齋藏金》《有銘青銅兵器圖録》中所收的戰國銅器及兵器銘文、《古璽彙編》《古璽彙考》《珍秦齋藏印》《大風堂藏印》《鑒印山房藏古璽印菁華》《盛世璽印録》《天津博物館藏璽印》《方寸乾坤》《響盦古璽印存》《丹篆寄心聲——澳日兩地書法篆刻聯展·陶鈢室藏印》中著録的戰國官印、《古陶文彙編》《陶文圖録》《中國歷史博物館藏法書大觀第 3 卷:陶文、磚文、瓦文》《夕惕藏陶》《步黟堂藏戰國陶文遺珍》《新出齊陶文圖録》《新出古陶文圖録》中收録的戰國陶文《中國歷代貨幣大系(先秦卷)》中的戰國貨幣、信陽楚簡、望山楚簡、天星觀楚簡、夕陽坡楚簡、曾侯乙墓竹簡、包山楚簡、郭店楚簡、新蔡楚簡、上海博物館藏戰國楚竹書、清華大學藏戰國竹簡、長沙楚帛書等戰國簡帛文獻。另外,期刊雜誌上最新公佈的戰國銅器、貨幣、璽印、封泥、陶文等有關職官材料也一並收入。

三、本課題研究的价值

本課題在材料的收録上力求全面,密切關注新材料,緊跟學術新動態,系統地整理出土戰國文字材料中的職官材料。其意義如下:

(一)更全面地了解戰國時期的職官情况

通過對戰國時期各個諸侯國職官的考察,不難發現,雖説戰國時期"分爲七國,田疇異畝,車塗異軌,律令異法,衣冠異制,言語異聲,文字異形"③,但各國是在統一的周朝瓦解後經過春秋時期的爭霸而形成,後又不斷兼併,走向統一。因此,各國的職官制度有大體相同的地方,如:各國都立王、封君及爵;建立都、縣行政制度;設"司馬"掌管軍政大權;設"司工(空)"掌水利土木工程建設;設"工"官掌手工業製造;設"衡虞"類職官守護、管理山林;設"市"掌財貨交易;設"庫"掌兵器製造及使用;設"府"掌財物和文書之儲藏;等等,幾乎無别。

又因各國自春秋分立,"九州七裂,各置官司"(董説《七國考序》),故各國的職官制度又呈現出獨特的色彩:

齊有"門司馬",其他國家未見。又因齊國邊境"東至於海",專設"祈望"掌管海産品,"徙鹽"職掌鹽的流通與税收。

燕國的"司馬""司工"皆設於"×都","輿司馬"爲燕國獨有,專掌車馬。燕國有關製造機構"宫"的材料較多,有"左宫""右宫""下宫""北宫""西宫"等。軍隊建制亦較完善,有"右軍""左軍""中軍"等。各種類型的軍隊戰車"萃"亦頗具地域特色。

晉系文字材料繁雜,其中所載職官材料也相應豐富些。各國工官類職官較多,有"冶尹""冶人""冶""工師""工""攻正""大攻尹"等數種,僅"嗇夫"就達到五種。各種類型的"府""庫",也是其他國家無與能比的。有關"食官"的材料也很豐富,朱德熙、裘錫圭先生在其《戰國銅器銘文中的食官》一文中早有論及。三晉內部像"相邦""邦司寇"乃趙、魏兩國所特有的,"視事"亦可作爲判别魏器的標準職官。

楚國文字是目前戰國文字材料中最大宗的部分,其中所載的職官之多是可想而知的。就其中的楚"封君"而言,有三十多個。楚官中像"莫敖""連敖"等是楚國獨有的,以"集"字開頭的職官如"集蜜""集獸""集脰""集腏""集糈""集醓""集厨"等,在其他國家中從未見過,多掌飲食。各種"尹"官俯拾皆是,有"令尹"

---

③ (東漢)許慎:《説文解字叙》,中華書局,1963年。

"芉尹""主尹""甸尹""發尹""鰲尹""緎尹""胖尹""陵尹""廄尹""馹尹""攻尹""寑尹""廚尹"等,竟達四十種之多。其中"令尹"一職位居百官之首,相當於其他國家的"相"。楚不僅有中央司馬,還有地方司馬,各司其職。卜筮官的類别較其他國家多得多,有"卜尹""大卜尹""大卜""卜史""卜令""卜大令""卜令尹""卜人""卜""卜子""卜御""龜尹""祝史"等十幾種。楚國未見"司徒"一官。

(二)與傳世文獻互證互補

戰國因距今時代久遠,加上始皇"焚書"等人爲因素,現存有關戰國時代的職官史料殘缺分散,正如顧炎武所言"史文闕軼,考古者爲之茫昧"④。令人慶幸的是,這些年大量出土文獻材料的問世恰可作爲傳世文獻的補充。就目前我們整理出來的各國職官種類來看,其數量比傳世文獻所載要多出好幾倍。以出土文字材料最不豐富的燕國爲例,出土文字材料中有 65 種職官,而楊寬先生《戰國會要》中"燕職官"部分統計傳世文獻所載職官才 12 種,二者相距甚遠。其他各國地下出土文字材料數量較燕國都多,其情形是顯然可知的,此不贅述。

互證互補的例證主要有:

齊官璽中有"聞司馬",即《戰國策·齊策》所載的"門司馬",只是齊文字將"門"寫作通假字"聞"。⑤

據《資治通鑑》周紀四載赧王三十一年,燕樂毅以"左軍、前軍、右軍、後軍、中軍"五路大軍入侵齊國,出土燕文字材料有"中軍""左軍""右軍"的記載,可與之對應。⑥又《戰國策·燕策一》:"子之三年,燕國大亂,百姓恫怨。將軍市被、太子平謀,將攻子之。""九年將軍戈""將軍之璽"亦載有"將軍"一官,可合而觀之。

《戰國策·齊策三》:"安邑者,魏之柱國也;晉陽者,趙之柱國也;鄢郢者,楚之柱國也。"蘇州真山墓地 D1M1 出土"上桓(柱)邦鍴(璽)"證明楚國的確有上柱國一官,且身份顯赫。⑦

《史記·曹相國世家》:"凡下二國、縣一百二十二,得王二人、相三人、將軍六人,大莫敖、郡守、司馬候、御史各一人。"裴駰集解:"大莫敖,楚之卿號。"1982 年在六安城北西古城遺址東坡耕土層中發現一枚"大莫敖璽",與史書所載正合。

"嗇夫",《周禮·天官·序官》"職内"條賈疏:"案王氏《漢官》解云:小官嗇

---

④ 顧炎武:《日知録集釋(全校本)》卷十三,上海古籍出版社,2006 年,第 749 頁。
⑤ 裘錫圭:《"司馬聞""聞司馬"考》,《古文字論集》,中華書局,1992 年,第 484 頁。
⑥ 何琳儀:《莒縣出土東周銅器銘文匯釋》,《文史》2000 年第 1 輯,29~37 頁。
⑦ 李學勤:《"桓"字與真山楚官璽》,《國學研究》第 8 卷,2001 年,173~176 頁。

夫,各擅其職。謂倉、庫、少内嗇夫之屬,各自擅其條理所職主。""嗇夫"一官戰國之前就有,但材料匱乏。戰國三晉文字中卻保留了不少有關嗇夫的材料,如:冢子韓政戈中"太官庫嗇夫"、十八年冢子韓贈戈中"下庫嗇夫"、二十一年安邑戈中"冶勻嗇夫"、滎陽上官皿中"府嗇夫"、廿五年陽春戈中"陽春嗇夫"、古璽"餘子嗇夫"等,裘錫圭先生在《嗇夫初探》中探討晉文字所載的這些嗇夫,從他們的工作性質看,地位大概也不會高。⑧ 這與賈疏"小官嗇夫"之説吻合。

齊國的鄉遂制度乃承襲周代,傳世的齊國文獻《管子·度地》記載"百家爲里,里十爲術,術十爲州,州十爲都"。桂馥認爲"術"當爲"遂",齊官璽中正好保存著有關"遂"的材料⑨,是"術"當爲"遂"的一個力證。

爵名"五大夫",楊寬先生在《戰國會要》中分列了楚、趙、魏、秦四國的"五大夫"(見《戰國策·楚策一》,又《趙策三》《魏策四》《睡虎地秦簡·封診式》)⑩,燕國"八年五大夫弩機"中的"五大夫"恰可補燕國此官之闕載。

"司城",本爲"司空",據文獻記載僅有宋國有"司城"。《左傳·文公七年》"宋成公卒,於是……公子蕩爲司城。"《吕氏春秋·召類》"士尹池爲荆使於宋,司城子罕觴之。"而從包山楚簡、新蔡楚簡的文字中看,除了宋國,楚國也有"司城",且有"大司城"和"少司城"之分。

楚官"粟客"見於典籍:《史記·高祖功臣侯者年表》記韓信"亡從入漢,爲連敖、典客",司馬貞《索隱》:"典客,《漢表》作'粟客',蓋字誤。《傳》作'治粟都尉',或先爲連敖、典客也。"⑪"郢粟客璽"説明確有"粟客"一官,且可爲《漢表》的誤字提供了一個證據。

綜上所述,出土戰國文字中的職官研究意義重大,對戰國文字、戰國史、傳世典籍的研究均有極大的促進。

---

⑧ 裘錫圭:《嗇夫初探》,《古代文史研究新探》,江蘇古籍出版社,1992年,430~523頁。
⑨ 李家浩:《齊國文字的"遂"》,《著名中年語言學家自選集·李家浩卷》,安徽教育出版社,2002年,35~52頁。
⑩ 楊寬:《戰國會要》,上海古籍出版社,2005年,624~635頁。
⑪ 曹錦炎:《古璽通論》,上海書畫出版社,1996年,第101頁。

凡　　例

一、傳世文獻中的戰國職官學界已有大量研究成果，如董說《七國考》、繆文遠《七國考訂補》、楊寬《戰國會要》、左言東《先秦職官表》。本文則只收錄戰國文字材料中的職官（酌收春秋晚期器），分爲齊系、燕系、晉系、楚系。秦系擬單獨研究，本文未錄。

二、晉系分成三個部分，首列韓趙魏，其次是中山、兩周。韓趙魏三國在每例字形前加大寫英文字母以示區別：韓國用 A 表示、趙國用 B 表示、魏國用 C 表示。國別不明者，則不標註。

三、各系内部大致按封君、官府、官名、身份等順序排列。後附存疑部分。

四、每系職官下，首列職官名，次列字形、出處、辭例，最後是解釋。

五、每個職官下大致以銅器、兵器、璽印、陶文、簡帛等順序排列。

六、楚竹書中記載殷商、西周、春秋的職官一般不錄。

七、職官下所錄字形皆以高清晰度的掃描圖片剪貼插入，若原字形圖片不能辨認的則用較好的摹本，若原字形隱約能辨的，則在原字形後加括弧附上摹本字形。

八、辭例中用（　）表示前字的讀法，用[　]表示據銘文補出辭例，用〈　〉表示訛字。

九、每個職官字形之後附解釋，有與傳世文獻相印證的，徵引典籍原文。引用各家說法時，若已形成定論的，只引一家。若存在爭議的，盡量將各家說法一一羅列。

十、文後附引用文獻簡稱表和參考文獻目錄。

十一、所錄材料截止日期爲 2016 年 12 月。

一 齊系文字中的職官

齊侯

《新收》1781 陳逆簠：余寅事齊厌（侯）

"齊侯"，齊國君主。《史記·田敬仲完世家》："康公之十九年，田和立爲齊侯，列於周室，紀元年。"

陳侯

《集成》4646 十四年陳侯午敦：陳厌（侯）午

《集成》4648 十年陳侯午敦：陳厌（侯）午

《集成》4647 陳侯午錞：陳厌（侯）午

《集成》4649 陳侯因咨敦：陳厌（侯）因咨（齊）

《集成》11260 陳侯因咨戈：陳厌（侯）因咨（齊）

《集成》11129 陳侯因咨戈：〈陳〉厌（侯）因咨（齊）

《集成》11081 陳侯因咨戈：陳厌（侯）因咨（齊）

《考古》2005.2、《新收》1780 陳侯因咨戈：陳厌（侯）因咨（齊）

《山東》920 陳侯因咨鎣：陳厌（侯）因咨（齊）

《中國歷史文物》2007.5 陳侯因咨造陵左戟：陳厌（侯）因（咨）咨（齊）

"陳侯午"，即齊桓公田午。《史記·田敬仲完世家》："齊侯太公和立二年，和

卒,子桓公午立。""因脊""因咨",讀爲"因齊",即齊威王。《史記·田敬仲完世家》:"六年,救衛。桓公卒,子威王因齊立。是歲,故齊康公卒,絶無後,奉邑皆入田氏。齊威王元年,三晉因齊喪來伐我靈丘。"

君

《璽彙》0007:君之訐(信)鉨(璽)

《璽彙》0327:君之稟

《彙考》31:盧成君鉨(璽)

《彙考》31:關成君夫人訐(信)鉨(璽)

《璽彙》5537:禾(和)忻(信)君鉨(璽)

齊璽"君",封君。《國語·周語上》:"夫事君者,險而不懟。"韋昭注:"君,諸侯也。"

都

《璽彙》0272:匋(陶)都鉨(璽)

一 齊系文字中的職官

"都",大都邑,或相當於郡一級行政單位。"陶",地名。"陶都璽",爲齊國陶都所用之官璽。① 《管子·度地》:"百家爲里,里十爲術,術十爲州,州十爲都。"

縣

《彙考》46:□緒(縣)

《簠齋》1.15.3:平陵緒(縣)左稟(廩)鉨(璽)

"緒",即"縣",行政區域單位。戰國時期,齊國設有相當於郡的都,都的長官稱"都大夫"。縣很可能是"都"下一級的行政區域。② 《國語·齊語》:"制鄙:三十家爲邑,邑有司;十邑爲卒,卒有卒帥;十卒爲鄉,鄉有鄉帥;三鄉爲縣,縣有縣帥;十縣爲屬,屬有大夫。五屬,故立五大夫,各使治一屬焉;立五正,各使聽一屬焉。"銀雀山漢墓竹簡《孫子兵法·擒龐涓》:"平陵,其城小而縣大,人衆甲兵盛,東陽戰邑,難攻也。"

遂

《璽彙》0232:璋□郙逑(遂)訐(信)鉨(璽)

《璽彙》3233:邟(遂)逑(遂)鉨(璽)

"逑",即鄉遂之"遂"字。"遂",大概就是《管子·度地》所說的"州十爲遂,遂十爲都"的那種遂。據《周禮》一書,古人將王畿內土地劃分爲國與野兩大區域,

---

① 曹錦炎:《古璽通論》,上海書畫出版社,1996年,第127~128頁。
② 李家浩:《先秦文字中的"縣"》,《著名中年語言學家自選集·李家浩卷》,安徽教育出版社,2002年,第32頁。

以郊爲界。國都以外、郊以内的廣大地區稱爲"國",共設六鄉;郊以外的廣大地區稱爲"野",共設六遂。這就是鄉遂制度中的鄉和遂。"鄣□"應該是鄣遂上一級單位都的名稱。《璽彙》3233"遂遂鈢"璽,當是遂地所屬之遂所用的印。遂地之"遂",李家浩先生疑是《左傳》莊公十三年《經》"齊人滅遂"之"遂"的專字,其地在今山東寧陽西北,與肥縣接界。①

右遂

《璽彙》0282:右逐(遂)文枲忻(信)鈢(璽)

"右遂","遂"分爲左、右,分別由五州組成。"文枲"應該是左、右遂的有司,也就是遂師的下屬,其職掌可能與文書有關。② 或說"文枲"可能是人名。

里

《彙考》42:左里

《彙考》65、《新齊》0796:蒦圖(陽)南里龠(鈢)

《彙考》65:蒦圖(陽)南里龠(鈢)

《彙考》65:蒦圖(陽)南里鹿

---

① 李家浩:《齊國文字的"遂"》,《著名中年語言學家自選集·李家浩卷》,安徽教育出版社,2002年,第35～52頁。

② 李家浩:《齊國文字的"遂"》,《著名中年語言學家自選集·李家浩卷》,安徽教育出版社,2002年,第35～52頁。

《彙考》66：蔓圖（陽）南里人狄

《彙考》66：蔓圖（陽）匋（陶）里者

《彙考》66：蔓圖（陽）匋（陶）里人㝵（得）

《彙考》67：日里聶

《陶錄》2.3.2：内郭陳賽叁立事左里敀（廛）亭豆

《陶錄》2.3.3：陳賽叁立事左里敀（廛）亭豆

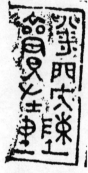

《陶錄》2.5.2：平門內陳寶左里

《陶錄》2.5.4：昌檐陳囩（固）南左里敀（廄）亭區

《陶錄》2.6.1：昌檐陳囩（固）南左里敀（廄）亭區

《陶錄》2.6.2：□檐□囩（固）南左里敀（廄）亭區

《陶錄》2.6.4：□□□囩（固）南左里敀（廄）亭釜

《陶錄》2.8.1：王孫陳棱再左里敀（廠）亭區

《陶錄》2.8.3：王孫陳棱立事歲左里敀（廠）亭區

《陶錄》2.10.1：華門陳棱再左里敀（廠）亭釜

《陶錄》2.10.3：華門陳棱再左里敀（廠）亭區

《陶錄》2.15.2：□者陳尋（得）再左里敀（廠）亭豆

《陶錄》2.646.2：□門陳齊左里□亭豆

《陶錄》2.655.1：□門陳□再左里敀（廠）亭釜

《陶錄》2.24.1：左里敀（廠）

《陶錄》2.24.2：左里敀（廠）

《陶錄》2.24.3：左里敀（廠）

《陶錄》2.252.4：蒦圆（陽）北左里人□

《陶錄》2.24.4：右里敀（廠）鉩（照）

《陶錄》2.25.1：右里敀（廠）鉩（照）

《陶錄》2.37.2：蒦圆（陽）匋（陶）里人忎

《陶錄》2.46.2：豆里郭□

一　齊系文字中的職官

《陶録》2.48.1：右敀（廠）衢（巷）尚畢里季䭫

《陶録》2.48.2：右敀（廠）衢（巷）尚畢里季䭫

《陶録》2.48.3：右敀（廠）衢（巷）尚畢里季䭫

《陶録》2.48.4：右敀（廠）衢（巷）尚畢里季䭫

《陶録》2.49.1：右敀（廠）衢（巷）尚畢里季䭫

《陶録》2.50.4：畎（畏）衢（巷）□里□石

《陶録》2.52.1：膚丘衢(巷)武昌里

《陶録》2.53.2：賈衢(巷)□里王

《陶録》2.54.1：繇衢(巷)戟里

《陶録》2.54.2：繇衢(巷)戟里

《陶録》2.54.3：繇衢(巷)戟里王丂

一　齊系文字中的職官

《陶録》2.57.3：繇衢（巷）蒦圜（陽）南里綴

《陶録》2.58.1：蒦圜（陽）南里人莫

《陶録》2.89.3：繇衢（巷）大匋（陶）里癸

《陶録》2.129.1：大匋（陶）里訓

《陶録》2.140.3：大蒦圜（陽）匋（陶）里化

《陶録》2.152.3：繇衢（巷）中匋（陶）里僕

《陶録》2.155.1：繇衢（巷）東匋（陶）里璋

《陶録》2.164.1：中蒦圜（陽）里匋（陶）漸

《陶録》2.164.1：東蒦圖(陽)里人怸

《陶録》2.261.3：圖(陽)里匋(陶)唔

《陶録》2.264.2：蒦圖(陽)魚里分步

《陶録》2.267.3：南里坓

《陶録》2.270.4：北里五

《陶録》2.279.1：中里薛

《陶録》2.280.2：東匋(陶)里公孫繆

《陶録》2.281.1：虔里乘

《陶録》2.285.4：鞄(鮑)里匋(陶)取

《陶録》2.287.2：鹿陽東里章

《陶録》2.288.3：昌里寻（得）

《陶録》2.289.1：缶里辰

《陶録》2.289.3：丘里人曰貳（賀）

《陶録》2.292.2：辛里鼻析

《陶録》2.293.1：王卒左敀（廠）□陽櫯里坖

《陶録》2.299.1：王卒左衢（巷）城陽□岳里人曰寻（得）

《陶録》2.304.2：王卒左敀（廠）昌里人五

《陶録》2.305.2：王敀（廠）蔽里尋（得）

《陶録》2.308.1：南郭南尋（得）里寺

《陶録》2.311.1：左南郭衢（巷）辛匋（陶）里賺

《陶録》2.319.2：楚郭衢（巷）閉（關）里衆

《陶録》2.336.1：閉（關）里疾

一　齊系文字中的職官

《陶録》2.398.3：丘齊烯里王商

《陶録》2.407.3：丘齊辛里之鬲

《陶録》2.409.1：丘齊平里王開

《陶録》2.410.3：塙（高）闠（閒）棋里曰淖（潮）

《陶録》2.435.1：塙（高）闠（閒）豆里人匋（陶）者曰與

《陶録》2.529.1：子椟里人坴

《陶録》2.530.3：椟子里尋（得）

《陶録》2.546.2：子椟子里曰賠

《陶録》2.553.2：東酷里孟喜

《新古》003：蒦圜（陽）匋（陶）里人□

《新古》018：豆里郭鄧

《新古》065：王卒左□圜（陽）北里五

《新古》066：王卒左敀（廄）圜（陽）櫪里五

《新古》067：王卒左敀（廄）城圜（陽）蕆里□

《新古》068：王卒左敀（廄）□圜（陽）北里五

《新古》069：繇衢（巷）大匋（陶）里□

《新古》070：繇衢（巷）大匋（陶）里□

《新古》071：繇衢（巷）大匋（陶）里□□

《新古》072：繇衢（巷）大匋（陶）里□

《新古》073：繇衢（巷）大匋（陶）里癸

《新古》074：繇衢（巷）大匋（陶）里□

《新古》075 縣:衚(巷)大匋(陶)里鯊

《新古》076 縣:衚(巷)大匋(陶)里□

《新古》077 縣:衚(巷)大匋(陶)里□

《新古》078:大匋(陶)里□

《新古》079:縣衚(巷)中匋(陶)里僕

《新古》080:縣衚(巷)大匋(陶)里悍

《新古》081:縣衚(巷)大匋(陶)里鯊

《新古》082:縣衚(巷)大匋(陶)里化

一　齊系文字中的職官

《新古》083：緐衢（巷）大匋（陶）里安

《新古》084：緐衢（巷）大匋（陶）里安

《新古》085：緐衢（巷）東匋（陶）里戎

《新古》086：楚郭衢（巷）蔽里□

《新古》087：楚郭衢（巷）閈（關）里旦

《新古》088：楚郭衢（巷）櫨里□

《新古》091：楚郭衢（巷）櫬里坔

《新古》092：楚郭□蔽里□

《新古》093：楚郭衚（巷）閈（關）里旦

《新古》095：楚郭衚（巷）蔽里賠

《新古》096：楚郭衚（巷）蔽里□

《新古》097：楚郭衚（巷）蔽里□

《新古》098：楚郭衚（巷）蔽里蕾

《新古》099：□郭□蔽里□

《新古》100：楚郭衢（巷）閈（關）里旦

《新古》111：楚郭衢（巷）閈（關）里旦

《新古》112：楚郭衢（巷）閈（關）里旦

《新古》113：楚郭衢（巷）閈（關）里癸

《新古》114：楚郭衢（巷）閈（關）里緩

《新古》115：閈（關）里坓

《新古》116：閈（關）里五

《新古》117：閈（關）里坐

《新古》118：閈（關）里坐

《新古》119：閈（關）里馬枳

《新古》120：閈（關）里疢

《新古》121：左南郭辛匋（陶）里貽

《新古》126：塙（高）闌（閒）□里曰淖（潮）

《新古》128：塙（高）闌（閒）棋里曰臧（臧）

《新古》129：塙（高）閈（閒）棋里曰淖（淖）

《新古》130：塙（高）閈（閒）棋里怙

《新古》131：塙（高）閈（閒）里逇

《新古》132：莫圆（陽）匋（陶）里人窢

《新古》133：莫圆（陽）匋（陶）里人陞

《新古》133：莫圆（陽）匋（陶）里人陞

《新古》134：蒦圖（陽）匋（陶）里敦（淳）于旅□

《新古》135：蒦圖（陽）匋（陶）里曰戌

《新古》136：蒦圖（陽）匋（陶）里人丹

《新古》137：蒦圖（陽）匋（陶）里人窶

《新古》138：蒦圖（陽）匋（陶）里□□

《新古》139：蒦圖（陽）匋（陶）里□戌

《新古》140：蒦圖（陽）匋（陶）里□戍

《新古》141：蒦圖（陽）匋（陶）里人陞

《新古》142：蒦圖（陽）匋（陶）里人敦（淳于）雒

《新古》143：蒦圖（陽）匋（陶）里人㝵（得）

《新古》144：蒦圖（陽）匋（陶）里人陞

《新古》145：蒦圖（陽）匋（陶）里人弄

《新古》146：蔞圖（陽）匋（陶）里人達

《新古》147：蔞圖（陽）匋（陶）里人慶

《新古》148：蔞圖（陽）匋（陶）里人戰（淳于）雉

《新古》164：蔞圖（陽）匋（陶）里毕

《新古》165：蔞圖（陽）南里薔

《新古》166：中圖（陽）匋（陶）里匋（陶）漸

一　齊系文字中的職官

《新古》167：莫圆（陽）南里人螽

《新古》168：莫圆（陽）匋（陶）里人戜（賀）

《新古》169：莫圆（陽）南里人螽

《新古》170：莫圆（陽）南里□

《新古》171：莫圆（陽）南里匋（陶）者鮭

《新古》172：南里匋（陶）者怒

《新古》173：蔓圜（陽）南里人紺

《新古》174：蔓圜（陽）南里人盼

《新古》175：蔓圜（陽）南里匋（陶）者愬

《新古》176：蔓圜（陽）南里□

《新古》177：蔓圜（陽）南里□

《新古》178：蔓圜（陽）南里人螽

一　齊系文字中的職官

《新古》179：蒦圖（陽）南里螽

《新古》180：中里薛

《新古》181：：蒦圖（陽）魚里分步

《新古》182：中蒦圖（陽）里匋□

《新古》183：丘齊烯里王□

《新古》195：城圖（陽）橄里淖（潮）豆

《新古》196：城圖（陽）橄里淖（潮）豆

《新古》197：□□櫼里坓

《新古》198：城圖（陽）櫼里坓

《新古》199：城圖（陽）櫼里坓

《新古》205：城圖（陽）櫼里□

《新古》206：城圖（陽）櫼里坓

《新齊》0348：昌櫅陳圂（固）南左里敀（廄）亭區

《新齊》0349：左敀（廠）□衢（巷）尚畢里季嚻

《新齊》0369：蒦圖（陽）匋（陶）里人㐭

《新齊》0374：蒦圖（陽）匋（陶）里人㐭

《新齊》0376：蒦圖（陽）匋（陶）里人㐭

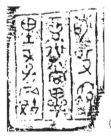

《新齊》0386：左敀（廠）□衢（巷）尚畢里季嚻

《新齊》0387：左敀（廠）□衢（巷）尚畢里季嚻

《新齊》0389：□□左敀（廄）城圀（陽）橄里坙

《新齊》0390：□□左敀（廄）城圀（陽）橄里坙

《新齊》0391：□□左敀（廄）城圀（陽）橄里坙

《新齊》0392：□卒左□城圀（陽）□里坙

《新齊》0393：王卒左敀（廄）城圀（陽）橄里坙

《新齊》0394：□□□敀（廄）城圀（陽）橄里坙

一　齊系文字中的職官

《新齊》0395：王卒左敀（廏）城圖（陽）樧里坔

《新齊》0396：王卒左敀（廏）城圖（陽）樧里坔

《新齊》0397：王卒左敀（廏）城圖（陽）樧里坔

《新齊》0398：王卒左敀（廏）城圖（陽）樧里坔

《新齊》0399：王卒左敀（廏）城圖（陽）樧里坔

《新齊》0400：王卒左敀（廏）□圖（陽）樧里五

《新齊》0401：王卒左敀（廄）城圖（陽）椒里五

《新齊》0402：王卒左敀（廄）城圖（陽）椒里五

《新齊》0403：王卒左敀（廄）城圖（陽）□里五

《新齊》0405：王卒左敀（廄）城圖（陽）□□□

《新齊》0406：王卒左敀（廄）□圖（陽）北里五

《新齊》0407：王卒左敀（廄）□圖（陽）北里五

《新齊》0408：王卒左敀（廠）□圖（陽）北里五

《新齊》0409：王卒左敀（廠）□圖（陽）北里五

《新齊》0410：王卒左敀（廠）□圖（陽）北里五

《新齊》0411：王卒左敀（廠）□圖（陽）北里五

《新齊》0412：王卒左敀（廠）□圖（陽）北里五

《新齊》0413：王卒左圖（陽）櫖里耳

《新齊》0414：王卒左圖(陽)櫨里耳

《新齊》0415：王櫨里尋(得)

《新齊》0416：王敀櫨里尋(得)

《新齊》0417：王敀櫨里尋(得)

《新齊》0418：王敀櫨里尋(得)

《新齊》0419：王豆里生

《新齊》0420：王豆里□

《新齊》0422：城圖（陽）橄里坒

《新齊》0423：城圖（陽）橄里坒

《新齊》0424：城圖（陽）蔽里匋（陶）

《新齊》0425：城圖（陽）橄里坒

《新齊》0426：城圖（陽）橄里坒

《新齊》0427：城圖(陽)樴里坒

《新齊》0428：城圖(陽)樴里坒

《新齊》0429：城圖(陽)樴里坒

《新齊》0430：城圖(陽)樴里坒

《新齊》0431：城圖(陽)樴里坒

《新齊》0432：□□樴里坒

一　齊系文字中的職官

《新齊》0433：城圖(陽)橄里淖(潮)豆

《新齊》0434：城圖(陽)橄里淖(潮)豆

《新齊》0435：□□橄里淖(潮)豆

《新齊》0436：城圖(陽)橄里淖(潮)豆

《新齊》0437：城圖(陽)橄里淖(潮)豆

《新齊》0572：丘齊衢(巷)桼彫里尋(得)

《新齊》0573：丘齊衖(巷)桼彫里㝵(得)

《新齊》0574：丘齊衖(巷)桼彫里㝵(得)

《新齊》0575：丘齊平里王庠奭

《新齊》0576：丘齊平里王庠奭

《新齊》0577：丘齊辛里郝大心

《新齊》0578：丘齊辛里王汩茲逨

《新齊》0579：丘齊辛里之䧹（胡）

《新齊》0580：丘齊辛里之䧹（胡）

《新齊》0581：丘齊辛里之䧹（胡）

《新齊》0582：丘齊辛里乘

《新齊》0583：丘齊平里妟（安）臏

《新齊》0584：丘齊焂□□通

《新齊》0585：烯里乘

《新齊》0586：楚郭衢（巷）廏里婐

《新齊》0589：楚郭衢（巷）廏里婐

《新齊》0590：楚郭衢（巷）廏里婐

《新齊》0591：楚郭衢（巷）廏里婐

《新齊》0592：楚郭衢（巷）廏里婐

一　齊系文字中的職官

《新齊》0593：楚郭衢（巷）蔽里娟

《新齊》0594：楚郭衢（巷）蔽里娟

《新齊》0595：楚郭衢（巷）蔽里娟

《新齊》0596：楚郭衢（巷）蔽里娟

《新齊》0597：楚郭衢（巷）蔽里娟

《新齊》0598：楚郭衢（巷）蔽里娟

《新齊》0599：楚郭衢（巷）廞里娟

《新齊》0600：楚郭衢（巷）廞里娟

《新齊》0601：楚郭衢（巷）廞里娟

《新齊》0602：楚郭衢（巷）廞里狐

《新齊》0603：楚郭衢（巷）廞里狐

《新齊》0604：□□□廞里狐

一　齊系文字中的職官

《新齊》0605：楚郭衖（巷）廠里狐

《新齊》0606：楚郭衖（巷）廠里狐

《新齊》0612：楚郭衖（巷）廠里賞

《新齊》0614：楚郭衖（巷）廠里賞

《新齊》0615：楚郭衖（巷）廠里賞

《新齊》0616：□郭衖（巷）廠里賞

《新齊》0617：楚郭衢（巷）廕里賞

《新齊》0618：楚郭衢（巷）廕里賞

《新齊》0619：楚郭衢（巷）廕里賞

《新齊》0620：楚郭衢（巷）廕里鹿

《新齊》0621：楚郭衢（巷）廕里鹿

《新齊》0622：楚郭衢（巷）廕里鹿

一 齊系文字中的職官

《新齊》0623：楚郭衖（巷）櫨里鹿

《新齊》0624：楚郭衖（巷）櫨里鹿

《新齊》0625：楚郭衖（巷）櫨里鹿

《新齊》0626：楚郭衖（巷）蕨里賹

《新齊》0627：楚郭衖（巷）蕨里賹

《新齊》0628：楚郭衖（巷）蕨里賹

《新齊》0629：楚郭衝（巷）蕨里賹

《新齊》0630：楚郭衝（巷）蕨里賹

《新齊》0631：楚郭衝（巷）蕨里賹

《新齊》0632：楚郭衝（巷）蕨里賹

《新齊》0633：楚郭衝（巷）蕨里賹

《新齊》0634：楚郭衝（巷）蕨里賹

一　齊系文字中的職官

《新齊》0635：楚郭衢（巷）廠里賹

《新齊》0636：楚郭衢（巷）廠里賹

《新齊》0637：楚郭衢（巷）廠里□

《新齊》0638：楚郭衢（巷）廠里□

《新齊》0639：楚郭衢（巷）廠里宴

《新齊》0640：楚郭衢（巷）廠里宴

《新齊》0641：□郭衢（巷）蔽里昌

《新齊》0642：楚郭衢（巷）蔽里□

《新齊》0643：楚郭衢（巷）蔽里□

《新齊》0644：楚郭衢（巷）櫨里忻

《新齊》0645：楚郭衢（巷）櫨里忻

《新齊》0646：楚郭衢（巷）蔽里□

一　齊系文字中的職官

《新齊》0647：楚郭衢（巷）□□□

《新齊》0648：楚郭衢（巷）歔里□

《新齊》0650：楚郭衢（巷）歔里□

《新齊》0652：楚郭衢（巷）歔里□

《新齊》0653：楚郭衢（巷）歔里□

《新齊》0655：楚郭衢（巷）戜里腊

《新齊》0656：楚郭衢（巷）戜里腊

《新齊》0657：□郭衢（巷）□里腊

《新齊》0661：楚郭衢（巷）萬里□

《新齊》0662：楚郭衢（巷）□里安

《新齊》0664：楚郭衢（巷）閈（關）里艸

《新齊》0665：楚郭衢（巷）閈（關）里艸

《新齊》0666：楚郭衢（巷）閈（關）里艸

《新齊》0667：楚郭衢（巷）閈（關）里艸

《新齊》0668：楚郭衢（巷）閈（關）里㺇

《新齊》0669：楚郭衢（巷）閈（關）里㺇

《新齊》0670：楚郭衢（巷）閈（關）里㺇

《新齊》0671：楚郭衢（巷）閈（關）里㺇

《新齊》0672：楚郭衖（巷）□蕨里旦

《新齊》0673：楚郭衖（巷）閈（關）里旦

《新齊》0674：楚郭衖（巷）閈（關）里旦

《新齊》0675：楚郭衖（巷）閈（關）里异（期）

《新齊》0676：楚郭衖（巷）閈（關）里异（期）

《新齊》0677：楚郭衖（巷）閈（關）里坙

一　齊系文字中的職官

《新齊》0678：楚郭衢（巷）閈（關）里坕

《新齊》0679：楚郭衢（巷）閈（關）里臧（臧）

《新齊》0680：楚郭衢（巷）閈（關）里臧（臧）

《新齊》0681：楚郭衢（巷）閈（關）里臧（臧）

《新齊》0682：楚郭衢（巷）閈（關）里臧（臧）

《新齊》0683：楚郭衢（巷）閈（關）里丹

《新齊》0684：楚郭衖（巷）闭（關）里禹

《新齊》0685：楚郭衖（巷）闭（關）里衆

《新齊》0686：楚郭衖（巷）闭（關）里衆

《新齊》0687：楚郭衖（巷）闭（關）里衆

《新齊》0688：楚郭衖（巷）闭（關）里癸

《新齊》0689：楚郭衖（巷）闭（關）里同

一　齊系文字中的職官

《新齊》0690：楚郭衢（巷）閈（關）里五

《新齊》0691：閈（關）里人曰趣

《新齊》0692：閈（關）里人曰□

《新齊》0693：閈（關）里□曰□

《新齊》0694：閈（關）里馬枳

《新齊》0695：閈（關）里馬枳

《新齊》0696：閈（關）里馬枳

《新齊》0697：閈（關）里馬枳

《新齊》0698：閉（關）里馬杖

《新齊》0699：閉（關）里馬杖

《新齊》0700：閉（關）里馬杖

《新齊》0701：閉（關）里馬杖

《新齊》0702：閉（關）里馬杖

《新齊》0703：閉（關）里馬杖

《新齊》0704：閉（關）里馬杖

《新齊》0705：閉（關）里馬杖

一　齊系文字中的職官

《新齊》0706：閈（關）里馬柭

《新齊》0707：閈（關）里馬柭

《新齊》0708：閈（關）里馬柭

《新齊》0709：閈（關）里馬柭

《新齊》0710：閈（關）里馬柭

《新齊》0711：閈（關）里馬□

《新齊》0712：閈（關）里馬□

《新齊》0713：閈（關）里坐

《新齊》0714：閈（關）里坴

《新齊》0715：閈（關）里坴

《新齊》0716：閈（關）里坴

《新齊》0717：閈（關）里□

《新齊》0718：閈（關）里坴

《新齊》0719：閈（關）里坴

《新齊》0720：閈（關）里坴

《新齊》0721：閈（關）里坴

一　齊系文字中的職官

《新齊》0722：閈(關)里坓

《新齊》0723：閈(關)里坓

《新齊》0724：閈(關)里坓

《新齊》0725：閈(關)里坓

《新齊》0726：閈(關)里坓

《新齊》0727：閈(關)里坓

《新齊》0728：閈(關)里坓

《新齊》0729：閈(關)里坓

《新齊》0730：閉（關）里㊻

《新齊》0731：閉（關）里㊻

《新齊》0732：閉（關）里㊻

《新齊》0733：閉（關）里㊻

《新齊》0734：閉（關）里㊻

《新齊》0735：閉（關）里㊻

《新齊》0736：閉（關）里㊻

《新齊》0737：閉（關）里㊻

《新齊》0738：閑（關）里坓

《新齊》0739：閑（關）里坓

《新齊》0740：閑（關）里賏

《新齊》0741：閑（關）里疢

《新齊》0742：閑（關）里五

《新齊》0743：閑（關）里丁

《新齊》0744：閑（關）里丁

《新齊》0745：閑（關）里助（叴）

《新齊》0746：楚郭衢（巷）北里□□

《新齊》0747：楚郭衢（巷）北里□□

《新齊》0748：北里五

《新齊》0749：北里五

《新齊》0750：北里五

《新齊》0751：北里五

《新齊》0752：北里五

《新齊》0753：北里五

一 齊系文字中的職官

《新齊》0754：北里五

《新齊》0755：北里五

《新齊》0756：北里五

《新齊》0757：北里壬

《新齊》0758：北里壬

《新齊》0759：北里壬

《新齊》0760：北里壬

《新齊》0761：北里壬

《新齊》0762：北里壬

《新齊》0763：北里寽(得)

《新齊》0764：北里寽(得)

《新齊》0765：北里寽(得)

《新齊》0766：北里何

《新齊》0767：北里何

《新齊》0768：緐衢(巷)蒦圆(陽)南里□

《新齊》0769：蒦圆(陽)南里匋(陶)者䵼

一 齊系文字中的職官

《新齊》0770：蒦圜（陽）南里匋（陶）者怒

《新齊》0771：蒦圜（陽）南里匋（陶）者鮃

《新齊》0772：蒦圜（陽）南里匋（陶）者鮃

《新齊》0773：蒦圜（陽）南里匋（陶）者鮃

《新齊》0774：蒦圜（陽）南里匋（陶）者鮃

《新齊》0775：蒦圜（陽）南里匋（陶）者鮃

《新齊》0776：莫圖（陽）南里公孫悭

《新齊》0777：莫圖（陽）南里東□墨

《新齊》0778：莫圖（陽）南里東□墨

《新齊》0779：莫圖（陽）南里人不占

《新齊》0780：莫圖（陽）南里人螽

《新齊》0781：莫圖（陽）南里人螽

《新齊》0782：莫圖（陽）南里人螽

《新齊》0783：蒦圖（陽）南里人螽

《新齊》0784：蒦圖（陽）南里人螽

《新齊》0785：蒦圖（陽）南里人螽

《新齊》0786：蒦圖（陽）南里人螽

《新齊》0787：蒦圖（陽）南里人即

《新齊》0788：蒦圖（陽）南里人龂

《新齊》0789：蒦圖（陽）南里人龂

《新齊》0790：蒦圖（陽）南里人憢

《新齊》0791：莦圖（陽）南里人迺

《新齊》0792：□圖（陽）□里□䀷

《新齊》0793：莦圖（陽）南里人狱

《新齊》0795：莦圖（陽）南里人狱

《新齊》0797：莦圖（陽）南里龠（璽）

《新齊》0798：莦圖（陽）南里人龠（璽）

《新齊》0799：莦圖（陽）南里綴

《新齊》0800：莦圖（陽）南里薔

一　齊系文字中的職官

《新齊》0802：蒦圖（陽）南里人奠

《新齊》0803：蒦圖（陽）南里人奠

《新齊》0804：蒦圖（陽）南里人奠

《新齊》0805：蒦圖（陽）南里人膏

《新齊》0806：蒦圖（陽）南里□

《新齊》0807：蒦圖（陽）南里□

《新齊》0808：蒦圖(陽)南里□

《新齊》0809：南里坕

《新齊》0810：蒦圖(陽)□里匋(陶)□

《新齊》0811：蒦圖(陽)昜里

《新齊》0812：蒦圖(陽)楊里人不前

《新齊》0813：蒦圖(陽)匋(陶)里人王慗

一　齊系文字中的職官

《新齊》0814：蒦圖（陽）匋（陶）里人王慙

《新齊》0815：蒦圖（陽）匋（陶）里人毄（淳于）雖

《新齊》0816：蒦圖（陽）匋（陶）里人毄（淳于）雖

《新齊》0817：蒦圖（陽）匋（陶）里人㝵（得）

《新齊》0819：蒦圖（陽）匋（陶）里人㝵（得）

《新齊》0820：蒦圖（陽）匋（陶）里人㝵（得）

《新齊》0822：蒦圖（陽）匋（陶）里人窹

《新齊》0823：□圖（陽）□里人窹

《新齊》0824：□蒦圖（陽）里□䎽

《新齊》0825：蒦圖（陽）南里人龡

《新齊》0826：蒦圖（陽）匋（陶）里人談

《新齊》0827：蒦圖（陽）匋（陶）里人□

《新齊》0828：蒦圖（陽）匋（陶）里人□

《新齊》0829：蒦圖（陽）匋（陶）里人達

《新齊》0830：蒦圆（陽）匋（陶）里人貲

《新齊》0830：蒦圆（陽）匋（陶）里人貲

《新齊》0831：蒦圆（陽）匋（陶）里人陞

《新齊》0832：蒦圆（陽）匋（陶）里人陞

《新齊》0833：蒦圆（陽）匋（陶）里人陞

《新齊》0834：蒦圆（陽）匋（陶）里人羍

《新齊》0835：蒦圆（陽）匋（陶）里人羍

《新齊》0836：蒦圆（陽）匋（陶）里人纓

《新齊》0837：蒦圆（陽）匋（陶）里人齿

《新齊》0838：蒦圆（陽）匋（陶）里人齿

《新齊》0839：□□匋（陶）里人齿

《新齊》0840：蒦圆（陽）匋（陶）里人造

《新齊》0841：蒦圆（陽）匋（陶）里人造

《新齊》0842：蒦圆（陽）匋（陶）里人造

《新齊》0843：蒦圆（陽）南里人旵

《新齊》0844：蒦圆（陽）南里人旵

一　齊系文字中的職官

《新齊》0845：蒦圖（陽）匋（陶）里人寋

《新齊》0846：蒦圖（陽）匋（陶）里人乘

《新齊》0847：蒦圖（陽）匋（陶）里人慶

《新齊》0848：蒦圖（陽）匋（陶）里人慶

《新齊》0849：蒦圖（陽）匋（陶）里人翠（瞿）

《新齊》0850：蒦圖（陽）匋（陶）里人翠（瞿）

《新齊》0851：蒦圖（陽）匋（陶）里

《新齊》0852：蒦圖（陽）匋（陶）里人趣

《新齊》0853：蒦圖（陽）匋（陶）里人膏

《新齊》0854：蒦圖（陽）匋（陶）里人戜（賀）

《新齊》0855：蒦圖（陽）匋（陶）里人遇

《新齊》0856：蒦圖（陽）匋（陶）里人賸（阻）

《新齊》0857：蒦圖（陽）匋（陶）里人□

《新齊》0858：蒦圖（陽）匋（陶）里□□

《新齊》0859：蒦圖（陽）匋（陶）里□戌

《新齊》0860：□□匋（陶）里陳悍

一　齊系文字中的職官

《新齊》0861：蒦圆（陽）匋（陶）里芯

《新齊》0862：蒦圆（陽）匋（陶）里芯

《新齊》0863：蒦圆（陽）匋（陶）里芯

《新齊》0864：蒦圆（陽）匋（陶）里□□

《新齊》0865：蒦圆（陽）匋（陶）里□

《新齊》0866：蒦圆（陽）匋（陶）里

《新齊》0867：蒦圆（陽）匋（陶）里曰戌

《新齊》0868：蒦圆（陽）匋（陶）里曰戌

《新齊》0869：匋（陶）里人臧（臧）之豆

《新齊》0870：匋（陶）里人臧（臧）之豆

《新齊》0871：匋（陶）里人臧（臧）之豆

《新齊》0872：大莫圆（陽）匋（陶）者胏

《新齊》0873：大莫圆（陽）匋（陶）者胏

《新齊》0874：大莫圆（陽）里匋（陶）者繆

《新齊》0875：大莫圆（陽）里匋（陶）者繆

《新齊》0876：大蒦圖(陽)里人王□

《新齊》0877：大蒦圖(陽)壽所爲

《新齊》0878：大蒦圖(陽)壽□□

《新齊》0879：大蒦圖(陽)匋(陶)者可

《新齊》0880：大蒦圖(陽)匋(陶)者鑑

《新齊》0881：大蒦圖(陽)匋(陶)者鑑

《新齊》0882：大蒦圖(陽)匋(陶)者鑑

《新齊》0883：大蒦圖(陽)匋(陶)者鑑

《新齊》0884：大蒦圓（陽）里匋（陶）者捷

《新齊》0885：大蒦圓（陽）匋（陶）者乙

《新齊》0886：大蒦圓（陽）匋（陶）者乙

《新齊》0887：大蒦圓（陽）匋（陶）者禧

《新齊》0888：大蒦圓（陽）匋（陶）者忑

《新齊》0889：大蒦圓（陽）里匋（陶）□□

《新齊》0890：大蒦圓（陽）里匋（陶）□

《新齊》0891：中蒦圓（陽）里薔

《新齊》0892：中蒦圆（陽）里匋（陶）漸

《新齊》0893：中蒦圆（陽）王偧

《新齊》0894：中蒦圆（陽）里□□

《新齊》0895：中蒦圆（陽）王偧

《新齊》0896：中蒦圆（陽）敦（淳）于向

《新齊》0897：中蒦圆（陽）□舊

《新齊》0898：□蒦□□□舊

《新齊》0899：中蒦圆（陽）里伴

《新齊》0900：中隻圖（陽）里人俥

《新齊》0901：中隻圖（陽）里人俥

《新齊》0902：中隻圖（陽）里馬敓旨

《新齊》0903：中隻圖（陽）匋（陶）□

《新齊》0904：中隻圖（陽）里季□

《新齊》0905：東蒦圖（陽）里公孫黥

《新齊》0906：東蒦圖（陽）里公孫黥

《新齊》0910：繇衢（巷）大匋（陶）里怡

一　齊系文字中的職官

《新齊》0911：繇衢（巷）大匋（陶）里怡

《新齊》0912：繇衢（巷）大匋（陶）里安

《新齊》0913：繇衢（巷）大匋（陶）里安

《新齊》0914：繇衢（巷）大匋（陶）里癸

《新齊》0915：繇衢（巷）大匋（陶）里癸

《新齊》0916：繇衢（巷）大匋（陶）里癸

《新齊》0917：繇衢（巷）大匋（陶）里癸

《新齊》0918：繇衢（巷）大匋（陶）里敗

《新齊》0919：縣衢（巷）大匋（陶）里鑑

《新齊》0920：縣衢（巷）大匋（陶）里□

《新齊》0921：縣衢（巷）大匋（陶）里悍

《新齊》0922：縣衢（巷）大匋（陶）里悍

《新齊》0923：縣衢（巷）大匋（陶）里□

《新齊》0924：□衢（巷）□匋（陶）里謌

《新齊》0925：□□大匋（陶）里悇

《新齊》0926：縣衢（巷）大匋（陶）里化

《新齊》0927：□衢（巷）□匋（陶）里胘

《新齊》0929：繇衢（巷）大匋（陶）里适

《新齊》0930：繇衢（巷）大匋（陶）里艸

《新齊》0931：□衢（巷）□匋（陶）里莫

《新齊》0932：繇衢（巷）（陶）里慶

《新齊》0933：繇衢（巷）大匋（陶）里慶

《新齊》0934：繇衢（巷）大匋（陶）里慶

《新齊》0935：繇衢（巷）大匋（陶）里□

《新齊》0936：縣衢(巷)大匋(陶)里函

《新齊》0937：縣衢(巷)大匋(陶)里犬

《新齊》0938：縣衢(巷)大匋(陶)里息

《新齊》0939：縣衢(巷)大匋(陶)里鑾

《新齊》0940：縣衢(巷)大匋(陶)里□

《新齊》0941：縣衢(巷)大匋(陶)□□

《新齊》0942：縣衢(巷)大匋(陶)里□

《新齊》0943：大匋(陶)里誓

一 齊系文字中的職官

《新齊》0944：大匋(陶)里趣

《新齊》0945：大匋(陶)里趣

《新齊》0946：大匋(陶)里悮

《新齊》0948：繇衢(巷)東匋(陶)里璋

《新齊》0949：繇衢(巷)東匋(陶)里註

《新齊》0951：繇衢(巷)東匋(陶)里奭

《新齊》0952：繇衢(巷)東匋(陶)里奭

《新齊》0953：繇衢(巷)東匋(陶)里奭

《新齊》0954：繇衢（巷）東匋（陶）里瘧

《新齊》0955：繇衢（巷）蒦圜（陽）南匋（陶）里□

《新齊》0956：繇衢（巷）中匋（陶）里鬼

《新齊》0957：繇衢（巷）東酷里頍

《新齊》0958：東酷里公孫夜

《新齊》0959：東酷里□棄瘧（疾）

《新齊》0960：東酷里匋（陶）禹

一　齊系文字中的職官

《新齊》0961：東酷里浽翌

《新齊》0962：東酷里浽翌

《新齊》0963：東酷里公孫夜

《新齊》0964：酷里人忎

《新齊》0965：酷里人匋（陶）者駒

《新齊》0966：酷里□維

《新齊》0967：左南郭衢（巷）辛匋（陶）里䃼（臧）

《新齊》0968：左南郭衢(巷)辛匋(陶)里坓

《新齊》0969：左南郭衢(巷)辛匋里寋

《新齊》0970：□南郭衢(巷)□匋(陶)里㒸

《新齊》0971：左南郭衢(巷)辛匋(陶)里悮

《新齊》0972：左南郭衢(巷)辛匋(陶)里賗

《新齊》0973：左南郭衢(巷)辛匋(陶)里賗

一　齊系文字中的職官

《新齊》0974：左南郭衢（巷）辛匋（陶）里賘

《新齊》0975：黍郡衢（巷）膂里王徇貽

《新齊》0976：匋（陶）衢（巷）□里□

《新齊》0977：賈里衢（巷）匋（陶）里疕（刀）

《新齊》0978：□里衢（巷）□里貞

《新齊》0983：塙（高）闌（間）棋里曰臘

《新齊》0984：塙（高）闌（間）棋里曰臘

《新齊》0985：塙（高）闌（間）棋里曰臘

《新齊》0986：塙（高）闌（間）棋里曰臘

《新齊》0987：塙（高）闌（間）棋里曰臘

《新齊》0988：塙（高）闌（間）□□曰臘

《新齊》0989：塙（高）闌（間）棋里曰賠

一　齊系文字中的職官

《新齊》0990：塙（高）闌（間）棋里曰賵

《新齊》0991：塙（高）闌（間）棋里曰賵

《新齊》0992：塙（高）闌（間）棋里曰臧（臧）

《新齊》0993：塙（高）闌（間）棋里臧（臧）

《新齊》0994：塙（高）闌（間）棋里曰臧（臧）

《新齊》0995：塙（高）闌（間）棋里曰淖（潮）

《新齊》0996：塙（高）闌（間）棋里曰淖（潮）

《新齊》0997：塙（高）闌（間）棋里曰淖（潮）

《新齊》0998：塙（高）闌（間）棋里曰淖（潮）

《新齊》0999：塙（高）闌（間）棋里曰淖（潮）

《新齊》1001：塙（高）閒（間）棋里曰怙

《新齊》1002：塙（高）閒（間）里趣

一　齊系文字中的職官

《新齊》1003：塙（高）閈（閒）里趣

《新齊》1020：塙（高）閈（閒）里善

《新齊》1021：塙（高）閈（閒）里善

《新齊》1022：塙（高）閈（閒）豆里人匋（陶）者曰垂

《新齊》1023：高閈（閒）豆里人匋（陶）者曰垂

《新齊》1025：塙（高）閈（閒）豆里人匋（陶）者曰趣

《新齊》1026：塙（高）閈（閒）豆里人匋（陶）者曰□

《新齊》1027：塙（高）閈（閒）豆里□□

《新齊》1028：豆里人鄧

《新齊》1029：豆里人鄧

《新齊》1030：豆里人鄧

《新齊》1031：豆里人鄧

《新齊》1032：豆里曰土

《新齊》1033：豆里□五

《新齊》1034：豆里疾目

《新齊》1035：□里疾目

一　齊系文字中的職官

《新齊》1036：□里□□襄

《新齊》1037：豆里寻（得）

《新齊》1038：豆里寻（得）

《新齊》1039：豆里寻（得）

《新齊》1040：豆里寻（得）

《新齊》1041：豆里寻（得）

《新齊》1042：豆里寻（得）

《新齊》1043：豆里寻（得）

《新齊》1044：豆里㝵（得）

《新齊》1045：豆里㝵（得）

《新齊》1046：豆里㝵（得）

《新齊》1047：豆里㝵（得）

《新齊》1048：豆里㝵（得）

《新齊》1049：豆里㝵（得）

《新齊》1050：豆里㝵（得）

《新齊》1051：豆里㝵（得）

一 齊系文字中的職官

《新齊》1052：豆里尋（得）

《新齊》1053：豆里尋（得）

《新齊》1054：豆里尋（得）

《新齊》1055：豆里安

《新齊》1056：豆里安

《新齊》1057：豆里安

《新齊》1058：豆里安

《新齊》1059：豆里安

《新齊》1060：豆里安

《新齊》1061：豆里安

《新齊》1062：豆里圂（固）

《新齊》1063：豆里圂（固）

《新齊》1064：豆里圂（固）

《新齊》1065：豆里圂（固）

《新齊》1066：豆里圂（固）

《新齊》1067：豆里圂（固）

一　齊系文字中的職官

《新齊》1068：豆里囹(固)

《新齊》1069：豆里囹(固)

《新齊》1070：豆里囹(固)

《新齊》1071：豆里坴

《新齊》1072：豆里坴

《新齊》1073：豆里坴

《新齊》1074：豆里坴

《新齊》1075：豆里坴

《新齊》1076：豆里坐

《新齊》1077：豆里坐

《新齊》1078：豆里坐

《新齊》1079：豆里坐

《新齊》1080：豆里坐

《新齊》1081：豆里坐

《新齊》1082：豆里坐

《新齊》1083：豆里坐

《新齊》1084：豆里坐

《新齊》1085：豆里坐

《新齊》1086：豆里坐

《新齊》1087：豆里坐

《新齊》1088：豆里坐

《新齊》1089：豆里坐

《新齊》1090：豆里坐

《新齊》1091：豆里坐

《新齊》1092：豆里坴

《新齊》1093：豆里坴

《新齊》1094：豆里坴

《新齊》1095：豆里坴

《新齊》1096：豆里

《新齊》1097：豆里坴

《新齊》1098：豆里坴

《新齊》1099：豆里坴

一　齊系文字中的職官

《新齊》1101：豆里賹

《新齊》1102：豆里賹

《新齊》1103：豆里賹

《新齊》1104：豆里賹

《新齊》1105：豆里賹

《新齊》1106：豆里賹

《新齊》1107：豆里賹

《新齊》1108：豆里賹

《新齊》1109：豆里賹

《新齊》1110：□□賹

《新齊》1111：豆里賹

《新齊》1112：豆里賹

《新齊》1113：豆里賹

《新齊》1114：豆里賹

《新齊》1115：豆里賹

《新齊》1116：豆里賹

一　齊系文字中的職官

《新齊》1117：豆里貽

《新齊》1118：豆里貽

《新齊》1119：豆里貽

《新齊》1120：豆里貽

《新齊》1121：豆里貽

《新齊》1122：豆里貽

《新齊》1123：豆里趣

《新齊》1124：豆里趣

《新齊》1125：豆里趣

《新齊》1126：豆里趣

《新齊》1127：豆里趣

《新齊》1128：豆里趣

《新齊》1129：豆里趣

《新齊》1130：豆里趣

《新齊》1131：豆里趣

《新齊》1132：豆里趣

《新齊》1133：豆里趣

《新齊》1134：豆里趣

《新齊》1135：豆里五

《新齊》1136：豆里五

《新齊》1137：豆里五

《新齊》1138：豆里七

《新齊》1139：豆里七

《新齊》1140：豆里七

《新齊》1141：豆里槙

《新齊》1142：豆里槙

《新齊》1143：豆里槙

《新齊》1144：豆里槙

《新齊》1145：豆里槙

《新齊》1146：豆里槙

《新齊》1147：豆里齋

《新齊》1148：豆里齋

一　齊系文字中的職官

《新齊》1149：豆里繞

《新齊》1150：豆里繞

《新齊》1151：豆里乘

《新齊》1152：豆里乘

《新齊》1153：豆里乘

《新齊》1154：豆里乘

《新齊》1155：豆里尚

《新齊》1156：豆里尚

《新齊》1157：豆里良

《新齊》1158：豆里良

《新齊》1159：豆里良

《新齊》1160：豆里□

《新齊》1161：豆里鮭

《新齊》1162：豆里鮭

《新齊》1163：豆里賞

《新齊》1164：豆里賞

《新齊》1165：豆里賞

《新齊》1166：豆里賞

《新齊》1167：豆里乙

《新齊》1168：豆里□

《新齊》1169：豆里□

《新齊》1170：□里□

《新齊》1171：豆里㝵（得）

《新齊》1172：豆里□

《新齊》1173：孟常（棠）匋（陶）里安

《新齊》1174：孟常（棠）匋（陶）里人趣

《新齊》1175：孟常（棠）匋（陶）里人趣

《新齊》1176：孟常（棠）匋（陶）里人趣

《新齊》1177：孟常（棠）匋（陶）里□□

《新齊》1178：孟常（棠）匋（陶）里□□

《新齊》1179：孟常（棠）匋（陶）里可

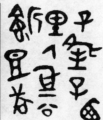
《新齊》1180：子桻子西里人爲公飯豆者

《新齊》1181：子禚子西里人爲公飯豆者

《新齊》1182：子禚子里日宜乘

《新齊》1183：子禚子里日宜乘

《新齊》1184：子禚子西里日宜乘

《新齊》1185：子禚子西里日宜乘

《新齊》1186：子禚子里日乙

《新齊》1187：子桼里人腰

《新齊》1188：子桼里人腰

《新齊》1189：子桼里人腰

《新齊》1190：子桼里人腰

《新齊》1192：子桼子里人□

《新齊》1194：桼子里䏌

一　齊系文字中的職官

《新齊》1195：襪子里胖

《新齊》1196：襪子里胖

《新齊》1197：襪子里㝵（得）

《新齊》1198：襪子里㝵（得）

《新齊》1199：襪子里㝵（得）

《新齊》1201：襪子里㝵（得）

《新齊》1202：䣙子里寻(得)

《新齊》1203：䣙子里寻(得)

《新齊》1204：□子里□

《新齊》1205：䣙子里□

《新齊》1206：子䣙子里人曰滕

《新齊》1207：子䣙子里人曰滕

一　齊系文字中的職官

《新齊》1208：子裤子里人曰臧（臧）

《新齊》1209：裤子里

《新齊》1210：子裤里人□

《新齊》1211：子裤子里人□

《新齊》1213：昜（陽）里□罷

《新齊》1214：昜（陽）里人膳

《新齊》1215：中蒦圆（陽）里人□

《新齊》1216：中里薛

《新齊》1217：廿里□

《新齊》1218：樧里昌

《新齊》1219：厳里安

《新齊》1220：樧里昌

《新齊》1221：厳里賞

《新齊》1222：厳里安

《新齊》1223：厳里安

《新齊》1224：厳里安

一　齊系文字中的職官

《新齊》1225：蔽里坙

《新齊》1226：歔里□

《新齊》1227：歔里坙

《新齊》1237：□里寻（得）

《新齊》1238：六辛攻里□

《新齊》1239：圓（陽）里匋（陶）晉

"里"，郊外野地之行政組織。《管子·度地》："百家爲里，里十爲術，術十爲州，州十爲都。"或認爲左里可能是屬於王卒的行政和軍事組織，跟地方縣邑級别相同。①

宦

《璽彙》0255：左宦

---

① 董珊：《戰國題銘與工官制度》，北京大學博士學位論文，2002年，第178頁。

《璽彙》0256：左𨚔

《璽彙》0257：左𨚔

《彙考》51：高宓（密）左𨚔

《陶錄》2.23.3：南𨚔左敀（廏）

《陶錄》2.652.2：南𨚔

"𨚔"，衆說紛紜，暫無定論，有釋"序""宫""邑""宛"等説法。① 最近，李家浩先生有新説："𨚔"從"宀"，"邑"聲，因古代的"邑"字有"苑"音，可如趙平安先生讀爲"館"。《尚書大傳》"以朝車送之舍"，鄭玄注："舍，館也。"《周禮》：'五十里有市，市有候館也。'"《説文》食部："館，客舍也。从食，官聲。《周禮》：'五十里有市，市有館，館有積，以待朝賓之客。'"多位於地名之後或官名之前，"𨚔"乃機構名。②

---

① 釋"宫"者主要有葉其峰：《戰國官璽的國别及有關問題》，《故宫博物院院刊》1981年第3期，第86頁；李學勤：《楚國夫人璽與戰國的江陵》，《江漢論壇》1982年第7期，第70～71頁；高明：《古陶文彙編》，中華書局，1990年，第63頁。釋"邑"者有《包山楚簡》圖版142，文物出版社，1991年；何琳儀：《戰國古文字典》，中華書局，1998年，第1371頁；黄盛璋：《戰國江陵璽與江陵之興起因沿考》，《江漢考古》1986年第1期，第36～44頁；曹錦炎：《古璽通論》，上海書畫出版社，1996年，第104頁；羅運環：《𨚔字考辨》，《古文字研究》第24輯，中華書局，2002年，第345～346頁。釋"序"者主要有，李家浩：《先秦文字中的"縣"》，《文史》第28輯，中華書局，1987年，第56頁；《九店楚簡》，中華書局，2000年，第114～115頁；趙平安：《戰國文字中的"宛"及其相關問題研究》，《新出簡帛與古文字古文獻研究》，商務印書館，2009年，第143～154頁。

② 李家浩：《戰國文字中的"𨚔"字》，《出土文獻與古文字研究》第6輯，上海古籍出版社，2016年，第245～276頁。

敀

《璽彙》0345：敀（廄）鉨（璽）

"敀（廄）"，顧廷龍先生釋①。朱德熙先生認爲即"廄"字，《説文》："廄，馬舍也。"廄閑畜牛馬，是與府庫、倉廩相類的一種機構。② 對此字的釋讀，各家不一，另有李學勤先生讀"搏"③、曹錦炎先生釋"敲"之説。④

司馬敀

《璽彙》0034：司馬敀（廄）鉨（璽）

《璽彙》0035：司馬敀（廄）鉨（璽）

《璽彙》0036：司馬敀（廄）鉨（璽）

《璽彙》0043：司馬敀（廄）鉨（璽）

---

① 顧廷龍：《古匋文舂録》，上海古籍出版社，2004年。
② 朱德熙：《戰國文字中所見有關廄的資料》，《朱德熙文集》第5卷，商務印書館，1999年，第157～165頁。
③ 李學勤：《戰國題銘概述》（上），《文物》1959年第7期，第51～52頁。
④ 曹錦炎：《釋戰國陶文中的"敲"》，《考古》1984年第1期，第83～85頁。

《璽彙》5539：司馬敀（廠）鉨（璽）

《璽彙》0038：左司馬敀（廠）

《璽彙》0040：右司馬敀（廠）

《璽彙》0041：右司馬敀（廠）

《彙考》37：幣陵（陵）右司馬敀（廠）鉨（璽）

"司馬敀（廠）"，讀爲"司馬廠"，指的是軍廠。① 或讀爲"司馬軌"，是司馬的低級官長。②

門敀

《彙考》39：司馬聞（門）敀（廠）

---

① 朱德熙：《戰國文字中所見有關廠的資料》，《朱德熙文集》第 5 卷，商務印書館，1999 年，第 157～165 頁。

② 孫敬明：《齊陶新探》，《古文字研究》第 14 輯，中華書局，1986 年，第 229 頁。

一　齊系文字中的職官

《璽彙》0193：皆（瞖）聞（門）敀（廏）鈴（璽）

《璽彙》0285：左聞（門）敀（廏）鈴（璽）

"聞敀（廏）"，或讀"門廏"。《戰國策·秦策五》："武安君北面再拜賜死。縮劍將自誅，乃曰：'人臣不得自殺宮中。'過司馬門，趣甚疾。"《漢書·元帝紀》顏師古注："司馬門者，宮之外門也。衛尉有八屯衛侯司馬，主衛士徼巡宿衛，每面各二司馬，故謂宮之外門爲司馬門。"戰國時齊國已有"門司馬"的官職。① 司馬門廏是宮廷警衛的廏。瞖門廏、左門廏可能是城門衛戍部隊的廏。② 或認爲司馬門軌是該門衛戍者的首領。此"軌"應是"以爲軍令，五人爲伍，軌長帥之"之"軌"。③

里敀

《集成》10367：右里敀（廏）鉩（鉨）④

《集成》10366：右里敀（廏）鉩（鉨）

《彙考》59：右里敀（廏）鉩（鉨）

---

① 裘錫圭：《"司馬聞""聞司馬"考》，《古文字論集》，中華書局，1992年，第484頁。
② 朱德熙：《戰國文字中所見有關廏的資料》，《朱德熙文集》第5卷，商務印書館，1999年，第157～165頁。
③ 孫敬明：《齊陶新探》，《古文字研究》第14輯，中華書局，1986年，第229頁。
④ 高明：《說"鉩"及其相關問題》，《考古》1996年第3期，第70頁。

《陶録》2.3.2：内郭陳賽叁立事左里敀（廠）亭豆

《陶録》2.5.4：昌檣陳囹（固）南左里敀（廠）亭區

《陶録》2.8.3：王孫陳棱立事歲左里敀（廠）亭區

《陶録》2.10.1：華門陳棱再左里敀（廠）亭釜

《陶録》2.24.1：左里敀（廠）

《陶録》2.24.2：左里敀（廠）

一　齊系文字中的職官

《陶錄》2.24.3：左里敀（廠）

《陶錄》2.24.4：右里敀（廠）鋻（照）

《陶錄》2.25.1：右里敀（廠）鋻（照）

《新齊》0330：疱者陳尋（得）再左里敀（廠）亭豆

《新齊》0331：疱者陳尋（得）再左里敀（廠）亭豆

《新齊》0336：華門陳棱再左里敀（廠）亭釜

《新齊》0337：□門陳□再左里□亭區

《新齊》0338：華門陳棱再左里敀（廠）亭區

《新齊》0339：華門□棱再左□敀（廠）亭□釜

《新齊》0340：□門陳棱□左里敀（廠）亭釜

《新齊》0341：闟門陳□叄立事□里敀（廠）亭□

《新齊》0342：□門陳棱再左里敀（廠）亭釜

《新齊》0343：華□□棱再□□敀（廠）亭□

一　齊系文字中的職官

《新齊》0344：陳棱再立事左里敀（廠）亭釜

《新齊》0345：華門陳棱再左里敀（廠）亭釜

《新齊》0352：平門内陳賓左里敀（廠）亭區

《新齊》0388：昌檮陳圉（固）南左里敀（廠）亭區

"里敀"，指里的廠。① 或認爲"里敀"應讀爲"里軌"。《國語·齊語》："管子於是制國，五家爲軌，軌爲之長，十軌爲里，里有司，四里爲連，連爲之長，十連爲鄉，鄉有良人焉。以爲軍令，五家爲軌，故五人爲伍，軌長帥之。"陶文與管仲所創建的兵農合一的里軌制度有直接關係，官營制陶手工業以軌爲其基層組織。左、右里下設有左、右軌長。左、右軌當即監造或製造者，職位僅高於陶工，有可能既要對陶工的工作進行檢查或督促，又要親自參加生産。②

---

① 朱德熙：《戰國文字中所見有關廠的資料》，《朱德熙文集》第5卷，商務印書館，1999年，第157～165頁。
② 孫敬明：《齊陶新探》，《古文字研究》第14輯，中華書局，1986年，第227～228頁。

左、右敀

《璽彙》0196：䡓衢(巷)右敀(廏)

《璽彙》0195：戲□左敀(廏)

《新古》066：王卒左敀(廏)□圖(陽)橄里五

《新古》067：王卒左敀(廏)城圖(陽)蕨里□

《新古》068：王卒左敀(廏)□圖(陽)北里五

《新齊》0348：昌橋陳囤(固)南左敀(廏)亭區

《新齊》0349：昌檯陳囩（固）南左敀（廄）亭區

《新齊》0349：左敀（廄）□衢（巷）尚畢里季嚻

《新齊》0350：昌檯陳囩（固）南左敀（廄）亭釜

《新齊》0353：□衢（巷）陳慫左敀（廄）槆均釜

《新齊》0386：左敀（廄）□衢（巷）尚畢里季嚻

《新齊》0387：左敀（廄）□衢（巷）尚畢里季嚻

《新齊》0389：□□左敀(廄)城圖(陽)樾里坴

《新齊》0390：□□左敀(廄)城圖(陽)樾里坴

《新齊》0391：□□左敀(廄)城圖(陽)樾里坴

《新齊》0393：王卒左敀(廄)城圖(陽)樾里坴

《新齊》0394：□□□敀(廄)城圖(陽)樾里坴

《新齊》0395：王卒左敀(廄)城圖(陽)樾里坴

一　齊系文字中的職官

《新齊》0396：王卒左敀(廄)城圖(陽)櫨里坴

《新齊》0397：王卒左敀(廄)城圖(陽)櫨里坴

《新齊》0398：王卒左敀(廄)城圖(陽)櫨里坴

《新齊》0399：王卒左敀(廄)城圖(陽)櫨里坴

《新齊》0400：王卒左敀(廄)□圖(陽)櫨里五

《新齊》0401：王卒左敀(廄)城圖(陽)櫨里五

《新齊》0402：王卒左敀（廄）城圖（陽）樕里五

《新齊》0403：王卒左敀（廄）城圖（陽）□里五

《新齊》0404：王卒左敀（廄）城圖（陽）□□□

《新齊》0405：王卒左敀（廄）城圖（陽）□□□

《新齊》0406：王卒左敀（廄）□圖（陽）北里五

《新齊》0407：王卒左敀（廄）□圖（陽）北里五

《新齊》0408：王卒左敀（廄）□圆（陽）北里五

《新齊》0409：王卒左敀（廄）□圆（陽）北里五

《新齊》0410：王卒左敀（廄）□圆（陽）北里五

《新齊》0411：王卒左敀（廄）□圆（陽）北里五

《新齊》0412：王卒左敀（廄）□圆（陽）北里五

參"里廄"條。

王卒

《陶錄》2.293.1：王卒左敀（廄）城圆（陽）櫢里坒

《陶録》2.293.2：王卒左敀(廄)城圖(陽)橄里坌

《陶録》2.293.3：王卒左敀(廄)城圖(陽)橄里坌

《陶録》2.293.4：王卒左敀(廄)城圖(陽)橄里坌

《陶録》2.300.1：王卒左敀(廄)城圖(陽)橄里坌

《陶録》2.673.1：王卒左敀(廄)城圖(陽)橄里坌

《新古》065：王卒左□圖(陽)北里五

一　齊系文字中的職官

《新古》066：王卒左敀（廄）□圖（陽）檽里五

《新古》067：王卒左敀（廄）城圖（陽）蕨里□

《新古》068：王卒左敀（廄）□圖（陽）北里五

《新齊》0392：□卒左□城圖（陽）□里坓

《新齊》0393：王卒左敀（廄）城圖（陽）檽里坓

《新齊》0395：王卒左敀（廄）城圖（陽）檽里坓

《新齊》0396：王卒左敀（廄）城圖（陽）櫺里坕

《新齊》0397：王卒左敀（廄）城圖（陽）櫺里坕

《新齊》0398：王卒左敀（廄）城圖（陽）櫺里坕

《新齊》0399：王卒左敀（廄）城圖（陽）櫺里坕

《新齊》0400：王卒左敀（廄）□圖（陽）櫺里五

《新齊》0401：王卒左敀（廄）城圖（陽）櫺里五

一 齊系文字中的職官

《新齊》0402：王卒左敀（廄）城圖（陽）橄里五

《新齊》0403：王卒左敀（廄）城圖（陽）□里五

《新齊》0404：王卒左敀（廄）城圖（陽）□□□

《新齊》0405：王卒左敀（廄）城圖（陽）□□□

《新齊》0406：王卒左敀（廄）□圖（陽）北里五

《新齊》0407：王卒左敀（廄）□圖（陽）北里五

《新齊》0408：王卒左敀（廄）□圖（陽）北里五

《新齊》0409：王卒左敀（廄）□圖（陽）北里五

《新齊》0410：王卒左敀（廄）□圖（陽）北里五

《新齊》0411：王卒左敀（廄）□圖（陽）北里五

《新齊》0412：王卒左敀（廄）□圖（陽）北里五

《新齊》0413：王卒左圖（陽）櫼里耳

一　齊系文字中的職官

《新齊》0414：王卒左圈（陽）橄里耳

"王卒"，指齊王直接領屬的軍隊，其下的州、里，是齊王所領屬的軍事組織的居住形態。①《國語·齊語》："十邑爲卒，卒有卒帥。十卒爲鄉，鄉人鄉帥。"卒是地方編制單位。《管子·小匡》："管子對曰：'作内政而寓軍令焉。爲高子之里，爲國子之里，爲公里，三分齊國，以爲三軍。擇其賢民，使爲里君。鄉有行伍，卒長則其制令，且以田獵，因以賞罰，則百姓通于軍事矣。'"卒長可以發佈軍令，所以"卒"亦可作爲軍事編制單位。

巷

《陶録》2.48.1：右敀□衢（巷）尚畢里季羆

《陶録》2.52.1：廠丘衢（巷）尚武昌里

---

① 董珊：《戰國題銘與工官制度》，北京大學博士學位論文，2002年，第183頁。

《陶錄》2.50.1：黍郡衝（巷）戟里王問貽

《陶錄》2.51.1：虞丘衝（巷）

《陶錄》2.55.1：繇衝（巷）□里圖齋

《陶錄》2.56.1：繇衝（巷）上□郄吉

《陶錄》2.103.1：繇衝（巷）大匋（陶）〈里〉□

《陶錄》2.116.1：繇衝（巷）大匋（陶）里化

《陶錄》2.312.3：左南郭衝（巷）辛匋（陶）里貽

一　齊系文字中的職官

《陶錄》2.316.1：楚郭衢（巷）閈（關）里臧（臧）

《陶錄》2.320.1：楚郭衢（巷）閈（關）里旦

《新古》069：縣衢（巷）大匋（陶）里□

《新古》070：縣衢（巷）大匋（陶）里□縣衢（巷）大匋（陶）里□

《新古》071：縣衢（巷）大匋（陶）里□□

《新古》072：縣衚（巷）大匋（陶）里□

《新古》073：縣衚（巷）大匋（陶）里癸

《新古》074：縣衚（巷）大匋（陶）里□

《新古》075：縣衚（巷）大匋（陶）里鑑

《新古》076：縣衚（巷）大匋（陶）里□

《新古》077：縣衚（巷）大匋（陶）里□

《新古》078：大匋（陶）里□

《新古》079：縣衚（巷）中匋（陶）里僕

一　齊系文字中的職官

《新古》080：繇衢（巷）大匋（陶）里悍

《新古》081：繇衢（巷）大匋（陶）里鹽

《新古》082：繇衢（巷）大匋（陶）里化

《新古》083：繇衢（巷）大匋（陶）里安

《新古》084：繇衢（巷）大匋（陶）里安

《新古》085：繇衢（巷）東匋（陶）里戎

《新古》086：楚郭衢（巷）蕨里□

《新古》087：楚郭衖（巷）閈（關）里旦

《新古》088：楚郭衖（巷）櫨里□

《新古》089：楚郭衖（巷）蕨里賞

《新古》090：楚郭衖（巷）蕨里□

《新古》091：楚郭衖（巷）樴里坐

《新古》093：楚郭衖（巷）閈（關）里旦

《新古》095：楚郭衢(巷)蕨里賠

《新古》096：楚郭衢(巷)蕨里□

《新古》097：楚郭衢(巷)蕨里□

《新古》098：楚郭衢(巷)蕨里蓸

《新古》100：楚郭衢(巷)開(關)里旦

《新古》111：楚郭衢(巷)開(關)里旦

《新古》112：楚郭衢(巷)開(關)里旦

《新古》113：郭衢（巷）閈（關）里旦

《新古》114：楚郭衢（巷）閈（關）里癸

《新齊》0349：左敀（廄）□衢（巷）尚畢里季鼠

《新齊》0353：□衢（巷）陳愶左敀（廄）櫺均釜

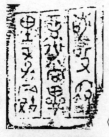

《新齊》0386：左敀（廄）□衢（巷）尚畢里季鼠

《新齊》0387：左敀（廄）□衢（巷）尚畢里季鼠

一 齊系文字中的職官

《新齊》0572：丘齊衡（巷）麥里彫寽（得）

《新齊》0573：丘齊衡（巷）麥里彫寽（得）

《新齊》0574：丘齊衡（巷）麥里彫寽（得）

《新齊》0586：楚郭衡（巷）薇里婠

《新齊》0587：楚郭衡（巷）薇里婠

《新齊》0588：楚郭衡（巷）里婠薇

《新齊》0589：楚郭衢（巷）蔵里婣

《新齊》0590：楚郭衢（巷）蔵里婣

《新齊》0591：楚郭衢（巷）蔵里婣

《新齊》0592：楚郭衢（巷）蔵里婣

《新齊》0593：楚郭衢（巷）蔵里婣

《新齊》0594：楚郭衢（巷）蔵里婣

《新齊》0595：楚郭衢(巷)蕆里娟

《新齊》0596：楚郭衢(巷)蕆里娟

《新齊》0597：楚郭衢(巷)蕆里娟

《新齊》0598：楚郭衢(巷)蕆里娟

《新齊》0599：楚郭衢(巷)蕆里娟

]《新齊》0600：楚郭衢(巷)蕆里娟

《新齊》0601：楚郭衢（巷）蔽里婄

《新齊》0602：楚郭衢（巷）蔽里狐

《新齊》0603：楚郭衢（巷）蔽里狐

《新齊》0605：楚郭衢（巷）蔽里狐

《新齊》0606：楚郭衢（巷）蔽里狐

《新齊》0607：楚郭衢（巷）蔽里狐

一 齊系文字中的職官

《新齊》0608：楚郭衢（巷）廏里狐

《新齊》0609：□□衢（巷）廏里狐

《新齊》0610：楚郭衢（巷）廏里狐

《新齊》0611：楚郭衢（巷）廏里狐

《新齊》0612：楚郭衢（巷）廏里賞

《新齊》0612a：楚郭衢（巷）廏里賞

《新齊》0613：楚郭衢（巷）歔里賞

《新齊》0614：楚郭衢（巷）歔里賞

《新齊》0615：楚郭衢（巷）歔里賞

《新齊》0616：□郭衢（巷）歔里賞

《新齊》0617：郭衢（巷）歔里賞

《新齊》0618：郭衢（巷）歔里賞

一 齊系文字中的職官

《新齊》0619：郭衢(巷)蕨里賞

《新齊》0620：楚郭衢(巷)蕨里鹿

《新齊》0621：楚郭衢(巷)櫨里鹿

《新齊》0622：楚郭衢(巷)櫨里鹿

《新齊》0623：楚郭衢(巷)櫨里鹿

《新齊》0624：楚郭衢(巷)櫨里鹿

《新齊》0625：楚郭衢(巷)櫨里鹿

《新齊》0626：楚郭衢(巷)蔽里賠

《新齊》0627：楚郭衢(巷)蔽里賠

《新齊》0628：楚郭衢(巷)蔽里賠

《新齊》0629：楚郭衢(巷)蔽里賠

《新齊》0630：楚郭衢(巷)蔽里賠

一 齊系文字中的職官

《新齊》0631：楚郭衢（巷）廄里賞

《新齊》0632：楚郭衢（巷）廄里賹

《新齊》0633：楚郭衢（巷）廄里賹

《新齊》0634：楚郭衢（巷）廄里賹

《新齊》0635：楚郭衢（巷）廄里賹

《新齊》0636：楚郭衢（巷）廄里賹

《新齊》0637：楚郭衢（巷）櫨里□

《新齊》0638：楚郭衢（巷）蕨里□

《新齊》0639：楚郭衢（巷）蕨里宴

《新齊》0640：楚郭衢（巷）蕨里宴

]《新齊》0641：□郭衢（巷）蕨里昌

《新齊》0642：楚郭衢（巷）蕨里□

《新齊》0643：楚郭衢（巷）蕨里□

《新齊》0644：楚郭衢（巷）櫨里忻

《新齊》0645：楚郭衢（巷）櫨里忻

《新齊》0646：楚郭衢（巷）蕨里□

《新齊》0647：楚郭衢（巷）蕨里□

《新齊》0648：楚郭衢（巷）蕨里□

《新齊》0649：楚郭衢（巷）蔽里□

《新齊》0650：楚郭衢（巷）蔽里□

《新齊》0652：楚郭衢（巷）蔽里□

《新齊》0653：楚郭衢（巷）蔽里□

《新齊》0655：楚郭衢（巷）戜里腊

《新齊》0656：楚郭衢（巷）戜里腊

一 齊系文字中的職官

《新齊》0657:□郭衢(巷)□里腊

《新齊》0658:□郭衢(巷)□□汸艸

《新齊》0659:楚郭衢(巷)芮里□

《新齊》0660:楚郭衢(巷)芮里隻(獲)

《新齊》0661:楚郭衢(巷)芮里□

《新齊》0662:楚郭衢(巷)□里安

《新齊》0664：楚郭衖（巷）閈（關）里艸

《新齊》0665：楚郭衖（巷）閈（關）里艸

《新齊》0666：楚郭衖（巷）閈（關）里艸

《新齊》0667：楚郭衖（巷）閈（關）里艸

《新齊》0668：楚郭衖（巷）閈（關）里獿

《新齊》0669：楚郭衖（巷）閈（關）里獿

一 齊系文字中的職官

《新齊》0670：楚郭衢(巷)閈(關)里猨

《新齊》0671：楚郭衢(巷)閈(關)里猨

]《新齊》0672：楚郭衢(巷)□歔里旦

《新齊》0673：楚郭衢(巷)閈(關)里旦

《新齊》0674：楚郭衢(巷)閈(關)里旦

《新齊》0675：楚郭衢(巷)閈(關)里异(期)

《新齊》0676：楚郭衚（巷）閈（關）里昇（期）

《新齊》0677：楚郭衚（巷）閈（關）里坐

《新齊》0678：楚郭衚（巷）閈（關）里坐

《新齊》0679：楚郭衚（巷）閈（關）里臧（臧）

《新齊》0680：楚郭衚（巷）閈（關）里臧（臧）

《新齊》0681：楚郭衚（巷）閈（關）里臧（臧）

一　齊系文字中的職官

《新齊》0682：楚郭衝（巷）閈（關）里臧（臧）

《新齊》0683：楚郭衝（巷）閈（關）里冉

《新齊》0684：楚郭衝（巷）閈（關）里冉

《新齊》0685：楚郭衝（巷）閈（關）里衆

《新齊》0686：楚郭衝（巷）閈（關）里衆

《新齊》0687：楚郭衝（巷）閈（關）里衆

《新齊》0688：楚郭衖（巷）閈（關）里癸

《新齊》0689：楚郭衖（巷）閈（關）里同

《新齊》0690：楚郭衖（巷）閈（關）里五

《新齊》0746：楚郭衖（巷）北里□□

《新齊》0747：楚郭衖（巷）北里□□

一　齊系文字中的職官

《新齊》0768：縣衢（巷）蔓圖（陽）南里□

《新齊》0910：縣衢（巷）大匋（陶）里怡

《新齊》0911：縣衢（巷）大匋（陶）里怡

《新齊》0912：縣衢（巷）大匋（陶）里安

《新齊》0913：縣衢（巷）大匋（陶）里安

《新齊》0914：縣衢（巷）大匋（陶）里癸

《新齊》0915：縣衢（巷）大匋（陶）里癸

《新齊》0916：縣衢（巷）大匋（陶）里癸

《新齊》0917：繇衢（巷）大匋（陶）里癸

《新齊》0918：繇衢（巷）大匋（陶）里敗

《新齊》0919：繇衢（巷）大匋（陶）里鑑

《新齊》0920：繇衢（巷）大匋（陶）里□

《新齊》0921：繇衢（巷）大匋（陶）里悍

《新齊》0922：衢（巷）大匋（陶）里悍

《新齊》0923：繇衢（巷）大匋（陶）里□

《新齊》0924：□衢（巷）□匋（陶）里譚

一　齊系文字中的職官

《新齊》0926：繇衢（巷）大匋（陶）里化

《新齊》0927：□衢（巷）□匋（陶）里胘

《新齊》0929：繇衢（巷）大匋（陶）里适

《新齊》0930：繇衢（巷）大匋（陶）里艸

《新齊》0931：□衢（巷）□匋（陶）里莫

《新齊》0932：繇衢（巷）大匋（陶）里慶

《新齊》0933：繇衢（巷）大匋（陶）里慶

《新齊》0934：繇衢（巷）大匋（陶）里慶

《新齊》0935：繇衢（巷）大匋（陶）里□

《新齊》0936：繇衢（巷）大匋（陶）里函

《新齊》0937：繇衢（巷）大匋（陶）里犬

《新齊》0938：繇衢（巷）大匋（陶）里息

《新齊》0939：繇衢（巷）大匋（陶）里鹽

《新齊》0940：繇衢（巷）大匋（陶）里□

《新齊》0941：繇衢（巷）大匋（陶）□□

《新齊》0942：繇衢（巷）大匋（陶）里□

一　齊系文字中的職官

《新齊》0948：鏃衢（巷）東匋（陶）里璋

《新齊》0949：鏃衢（巷）東匋（陶）里詿

《新齊》0951：鏃衢（巷）東匋（陶）里奭

《新齊》0952：鏃衢（巷）東匋（陶）里奭

《新齊》0953：鏃衢（巷）東匋（陶）里奭

《新齊》0954：鏃衢（巷）東匋（陶）里瘥

《新齊》0955：鏃衢（巷）蔓圓（陽）南匋（陶）里□

《新齊》0956：鏃衢（巷）中匋（陶）里鬼

《新齊》0957：繇衢（巷）東酷里頵

《新齊》0967：左南郭衢（巷）辛匋（陶）里臧（臧）

《新齊》0968：左南郭衢（巷）辛匋里

《新齊》0969：左南郭衢（巷）辛匋里竂

《新齊》0970：□南郭衢（巷）□匋（陶）里佝

《新齊》0971：左南郭衢（巷）辛匋（陶）里悇

一　齊系文字中的職官

《新齊》0972：左南郭衢（巷）辛匋（陶）里賹

《新齊》0973：左南郭衢（巷）辛匋（陶）里賹

《新齊》0974：左南郭衢（巷）辛匋（陶）里賹

《新齊》0975：黍郡衢（巷）膺里王徇貽

《新齊》0976：匋（陶）衢（巷）□里□

《新齊》0977：賈里衢（巷）匋（陶）里疕（刀）

《新齊》0978：□里衕（巷）□里貞

《新齊》0979：戲丘衕（巷）

《新齊》0980：戲丘衕（巷）

《新齊》0982：清衕（巷）陳桮（柝）

"巷"，從李學勤先生釋。从行、从邑，共聲或共省聲，是巷字的另一種寫法。《説文》："巷，里中道。"《詩·鄭風·叔于田》"巷無居人"，毛傳："巷，里塗也。"某巷某里是陶工的籍貫。① 關於此字，學術界還有"遷""鄙""鄉""廛"等釋法。② 最近，陸德富先生引裘錫圭先生説，分析此字上部从婁，讀爲"聚"，意指分佈於都城之外的自然聚落。③

---

① 李學勤：《秦封泥與齊陶文中的"巷"》，《陝西歷史博物館館刊》第8輯，三秦出版社，2001年，第24~26頁。

② 釋"遷"者有顧廷龍：《古陶文舂錄》，上海古籍出版社，2004年；釋"鄙"者有周進：《季木藏陶序》，《新編全本季木藏陶》，中華書局，1998年；釋"鄉"者有鄭超：《齊國陶文初探》，中國社會科學院研究生院碩士學位論文，1984年，第31~34頁；釋"廛"者有李零：《齊、燕、邾、滕陶文的分類與題銘格式》，《新編全本季木藏陶》，中華書局，1998年；釋"州"者有趙超：《"鑄師"考》，《古文字研究》第21輯，中華書局，2001年，第293~300頁。

③ 陸德富：《戰國時代官私手工業的經營形態》，復旦大學博士學位論文，2011年，第174~181頁。

廩

《璽彙》0327：君之稟（廩）

《彙考》42：墜（陳）雩（華）句莫稟（廩）□亭釜（釜）

《新齊》0276：平昜（陽）稟（廩）

《陶錄》3.593.3：稟（廩）

《陶錄》2.7.2：句華門陳棱再鄙稟（廩）均亭釜䀇（照）

《陶錄》2.13.1：閭門外陳㝊（得）平陵縣稟（廩）豆□□所爲

《陶錄》2.16.4：陳□立事歲稟(廩)釜

《陶錄》2.21.3：□稟(廩)亭

《璽彙》1597：齊數(廩)

《璽彙》5526：數(廩)

《陶錄》3.1.1：□公之廩飤聖豆

《陶錄》3.1.2：□公之廩□

《陶錄》3.1.3：□公之廩飤聖豆

《陶録》3.2.1：□公之廩䭇圣豆

《陶録》3.2.2：□之廩□之豆

《陶録》3.2.3：□之廩□豆

《陶録》3.2.5：□之廩□

《陶録》3.7.5：廩

《陶録》3.6.1：廩

《陶録》3.6.2：廩

《陶録》3.6.3：廩

《陶録》3.6.4：廩

《陶録》3.6.5：廩

《陶録》3.6.6：廩

《陶録》3.7.1:廩

《陶録》3.7.2:廩

《陶録》3.7.3:廩

《陶録》3.7.4:廩

《陶録》3.7.5:廩

《陶録》3.7.6:廩

《陶録》3.8.1:廩

《陶録》3.630.1:廩

《陶録》3.647.1:廩

《陶録》3.59.3:禀(廩)

《陶録》3.41.1:□鄩(廩)

左廩

《集成》10930:左禀戈左禀(廩)

一　齊系文字中的職官

《璽彙》0227：左稟（廩）之鈢

《璽彙》0313：平阿左稟（廩）

《山璽》004：平阿左稟（廩）

《彙考》45：左稟（廩）之鈢（璽）

《彙考》46：平陵（陵）繻（縣）左稟（廩）鈢（璽）

《陶錄》2.16.1：陳醬左稟（廩）釜

《陶彙》3.645：左斁（稟）涓圷（璽）

《陶錄》2.17.1：陳枳忎左敤（廩）

右廩

《璽彙》0290：陳楠三立事歲右稟（廩）釜

《彙考》45：右稟（廩）逦枭糉鈴（璽）

《陶錄》2.7.1：陳囧（固）右稟（廩）亭釜

《璽彙》0319：右廩

《陶錄》2.12.4：□右廩□亭釜

"稟"，即"廩"，指官府貯藏糧食及農產品的倉庫。① 齊和邾滕國的"廩"寫法

---

① 李學勤：《戰國題銘概述（上）》，《文物》1959年第7期，第51頁；吳振武：《戰國"亩（廩）"字考察》，《考古與文物》1984年第4期，第80～87頁。

不同,呈現出各自的地域性特色。① 《周禮·地官·司徒》:"廩人掌九穀之數,以待國之匪頒、賙賜、稍食。以歲之上下數邦用,以知足否,以詔穀用,以治年之凶豐。"廩分左、右。廩左疑同左廩,亦見於燕璽。

左庫

《集成》11017 平陽左庫戈:平陽左庫

《集成》11022 郎左庫戈:郎左庫

《集成》11581 高陽劍:高陽左庫

《集成》11609 陰平劍:陰(陰)平左庫

右庫

《後李·圖六》:左酷(造)右戶(庫)②

《夕惕藏陶》621 頁:左酷(造)右戶(庫)

"庫",指製造、儲藏、輸送器物的處所,分爲左、右。陶文"右庫"寫作"右戶",頗有特色。

㢋

《商周集成》17065 㢋戟:㢋之敀(造)戟

---

① "廩",齊文字從"米",邾滕文字從"禾"。參張振謙:《齊系文字研究》,安徽大學博士學位論文,2008 年,第 144~145 頁。

② 張振謙:《齊系陶文考釋》,《安徽大學學報》2009 年第 4 期,第 61~62 頁。

右屄

《集成》11070 曹右屄戈：曹右屄造戈

《中國歷史文物》2007.5 右屄之戈：右屄之戈

左屄

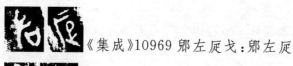

《集成》10969 郳左屄戈：郳左屄

《集成》10997 郲右戈：郲左屄

"屄"，究竟是何字，尚無定論。何琳儀師釋此字爲"居"之異體，讀作"鋸"，即文獻中的"瞿"或"鐱"。① 董珊先生認同何師釋"居"的觀點，但其讀法不同。因《廣雅·釋宮》"屋、庫，舍也"，王念孫《疏證》："《説文》：屋，居也，又云：庫，兵車藏也。《釋名》云：庫，舍也，物所在之舍也，故齊魯謂庫曰舍也。"故董先生推測，稱"庫"爲"居"乃先秦兩漢時齊地的方言。② 或讀此字爲"胥"，指胥吏。③ 韓自強先生認爲胥是齊國地方市場管理人員。④ 孫剛先生從"屄也可以分左右，及'曹右戈'銘文斷定，這種機構也有造戈的功能，其作用與'庫'應當接近。帶'屄'的銘文比較少見，可能和這種機構存在時間或地域有關"。⑤ 此字很可能是"居"，在銘文中可以讀爲"庫"。

關

《璽彙》0172：掾（禰）閈（關）

---

① 何琳儀：《戰國兵器銘文選釋》，《古文字研究》第 20 輯，中華書局，2000 年，第 107~129 頁。
② 董珊：《戰國題銘與工官制度》，北京大學博士學位論文，2002 年，第 197 頁。
③ 黃德寬主編：《古文字譜系疏證》，商務印書館，2005 年，第 1624 頁。
④ 韓自強：《新見六件齊、楚銘文兵器》，《中國歷史文物》2007 年第 5 期，第 15~18 頁。
⑤ 孫剛：《東周齊系題銘研究》，吉林大學博士學位論文，2012 年，第 198 頁。

《璽彙》0177：㝬（如）閈（關）醬（將）朷（枳）

《彙考》52：雒丘閈（關）鉨（璽）

《璽彙》0176：武閈（關）醬（將）鉨（璽）

《璽彙》0174：武閈（關）虔

《彙考》52：武閈（關）醬（將）鉨（璽）

《璽彙》0173：行人閈（關）

"閈"，即"關"，關卡。《孟子·盡心下》："古之爲關也，將以御暴。"可見，關指國境或邊險要塞的出入口。璽文"關"前多爲地名，正如孫剛先生所言，這裡的"關"皆指齊地重要的關卡。① 行人關，應是負責四方使者通行之關卡機構。或認爲"行人"爲關名。②

---

① 孫剛：《東周齊系題銘研究》，吉林大學博士學位論文，2012年，第227頁。
② 孫剛：《東周齊系題銘研究》，吉林大學博士學位論文，2012年，第230頁。

左關

《集成》10368：左關鈢：左閈（關）之鈢

《集成》10371：陳純釜：左閈（關）之釜

《集成》10374：子禾子釜：左閈（關）釜節于廩囗

"左關"，可能是隸屬於"司關"的機構。

市

《璽彙》0156：清陾（陵）市斁（職）帀（師）笣（藍）鈢（璽）

《彙考》67：會至（基）市鈢（璽）

《璽彙》3992：東野貹（市）

《璽彙》3999：高堂貹（市）鈢（璽）

《彙考》59：節墨之亓坿（市）工

一 齊系文字中的職官

《彙考》59：辛旨□坿（市）

《彙考》59：辛旨□坿（市）耕

《陶録》2.27.1：坿（市）

《陶録》2.27.2：坿（市）

《陶録》2.27.3：坿（市）

《陶録》2.27.4：坿（市）

《陶録》2.27.5：坿（市）

《陶録》2.27.6：坿（市）

《陶録》2.34.1：平昜坿（市）□

《陶録》2.33.4：市鍨

《陶録》2.33.3：郘（郎）坿（市）

《陶録》2.34.2：陳陣阩（市）鉩

《璽彙》0355：鄭邙垆（市）鉩

《彙考》58：不簐（其）垆（市）鉩

《彙考》58：不簐（其）垆（市）鉩

《陶録》2.32.1：不簐（其）垆（市）鉩

《陶録》2.32.2：不簐（其）垆（市）鉩

《陶録》2.32.3：不簐（其）垆（市）鉩

《陶録》2.32.4：不簐（其）垆（市）鉩

一 齊系文字中的職官

《新齊》0355：不薹（其）坿（市）鉨

《新齊》0356：不薹（其）坿（市）鉨

《新齊》0357：□□大坿（市）

《新齊》0358：大坿（市）區鉨

《陶錄》2.35.3：於陛（陵）坿（市）木鉨

《陶錄》2.30.2：坿（市）區

《新古》001：大坿（市）區鉨

《新古》002：亲坿（市）區鉨

《陶録》3.300.1：貼（市）

《陶録》3.300.2：貼（市）

《陶録》3.301.3：貼（市）

《陶録》3.301.6：貼（市）

《陶録》3.306.1：貼（市）

《陶録》3.306.2：貼（市）

《陶録》3.306.5：貼（市）

《陶録》3.307.4：貼（市）

"市"，齊國文字贅加土旁，鄒、滕陶文贅加貝旁。"市"指臨時或定期集中進行貿易活動的機構，前皆爲地名，古代的大都邑往往設有數市。①《易·繫辭下》："日中爲市，致天下之民，聚天下之貨，交易而退，各得其所。"《左傳·昭公三年》："國之諸市，屨賤踊貴，民人痛疾。"

大市

《陶録》2.29.3：呑（大）坿（市）

《陶録》2.29.1：呑（大）坿（市）豆鋆（照）

---

① 裘錫圭：《戰國文字中的"市"》，《古文字論集》，中華書局，1992年，第457頁。

一　齊系文字中的職官

《陶録》2.29.2：吞（大）坿（市）豆鉩（照）

《陶録》2.28.1：吞（大）坿（市）區鉩（照）

《陶録》2.31.1：吞（大）坿（市）一月

《陶録》2.31.2：吞（大）坿（市）一月

《陶録》2.31.3：吞（大）坿（市）九月

吞坿，即"大市"，《周禮·地官·司市》："大市日昃而市。"《荀子·非相》："俄則束乎有司而戮乎大市。"陶文"大市"疑屬齊都臨淄。①

亭

《璽彙》0225：維□亭之鉨（璽）

《彙考》33：左掌（掌）客亭

---

① 裘錫圭：《戰國文字中的"市"》，《古文字論集》，中華書局，1992年，第457頁。

"亭",是"鄉之下一級行政單位。"①《漢書·百官公卿表上》:"大率十里一亭,亭有長。十亭一鄉,鄉有三老、有秩、嗇夫、遊徼。"璽文"左掌客亭",應該就是掌客用於接待迎送賓客的館舍。《漢書·高帝紀上》顏師古注云:"亭,謂停留行旅宿食之館。"②

舍

《彙考》69:羣舍

"舍",疑即"傳舍",指傳車沿途均設置有供給車馬飲食及休息的地方。③《戰國策·魏策四》:"令鼻之入秦之傳舍,舍不足以舍之。"鮑彪注:"止息傳置之舍。"《史記·酈生陸賈列傳》:"沛公至高陽傳舍,使人召酈生。"

大夫

《璽彙》0098:吴(罘)鄰夫=(大夫)鉨(璽)

《彙考》50:□□夫=(大夫)□鉨(璽)

《彙考》50:苹夫=(大夫)之鉨(璽)

"大夫",職官名。先秦各諸侯國在國君之下有卿、大夫、士三級。齊璽"大夫"皆爲都邑大夫。《史記·田敬仲完世家》:"襄子使其兄弟宗人盡爲齊都邑大夫,與三晉通使,且以有齊國。"《册府元龜》:"魯謂之宰,仲尼爲中都宰是也。齊

---

① 曹錦炎:《古璽通論》,上海書畫出版社,1996年,第134頁。
② 吳振武:《談齊"左掌客亭"陶璽——從構形上解釋戰國文字中舊釋爲"亳"的字應是"亭"字》,《社會科學戰線》2012年第12期,第200～204頁。
③ 孫剛:《東周齊系題銘研究》,吉林大學博士學位論文,2012年,第229頁。

謂之大夫,齊威王封即墨大夫,烹阿大夫是也。"

《集成》12090 □節大夫馬節:□節大夫

此"大夫"上銘文不清,待考。

辟大夫

《集成》12107 辟大夫虎符:辟夫=(大夫)信節

"辟大夫",李家浩先生認爲其官與"辟司徒"相似。《左傳·成公二年》:"既而問之,辟司徒之妻也。"杜預注:"鋭司徒,主鋭兵者。辟司徒,主壘壁者。""辟大夫"的職掌是"修溝塹,治壁壘,以備守御"。①

司徒

《陶彙》3.718:司徒

《陶彙》3.719:司徒

"司徒",官名,掌管教育。《周禮·地官·序官》:"乃立地官司徒,使帥其屬而掌邦教,以佐王安擾邦國。"

左司徒

《彙考》40:左司徒忻(信)鉨(璽)

"左司徒",官名,"司徒"分左、右。

司徒師

《璽彙》0019:鎐(箕)司徒帀(師)

---

① 李家浩:《貴將軍虎節與辟大夫虎節——戰國符節銘文研究之一》,《中國歷史博物館館刊》1993年第2期,第50～55頁。

"司徒師",當是司徒屬下之官。① 璽文首字爲地名,此"司徒"應指地方司徒。

司馬

《璽彙》0023:司馬之鉨(璽)

《璽彙》0025:司馬之鉨(璽)

《璽彙》0026:司馬之鉨(璽)

《璽彙》0027:司馬之鉨(璽)

《璽彙》0062:平昜(陽)訐(信)司馬鉨(璽)

"司馬",官名,掌管軍事。《書·牧誓》:"御事,司徒、司馬、司空。"《周禮·夏官·序官》:"立夏官司馬,使帥其屬,而掌邦政,以佐王平邦國。"

左司馬

《璽彙》0037:左司馬釿

---

① 曹錦炎:《古璽通論》,上海書畫出版社,1996年,第126頁。

《璽彙》0039：左司馬鉩

《璽彙》5540：左司馬鉩

《彙考》37：左司馬聞鉩信鉨（璽）

《彙考》35：左司馬鉨（璽）

"左司馬"，官名。《左傳·文公十年》："期思公復遂爲右司馬，子朱及文之無畏爲左司馬。"杜預注："將獵，張兩甄，故置二左司馬，然則右司馬一人當中央。"《史記·項羽本紀》："此沛公左司馬曹無傷言之。"

右司馬

《璽彙》5542：右司馬鉨（璽）

《彙考》35：右司馬鉨（璽）

《璽彙》0064：右司馬鉩（鉨）

《璽彙》0063：王斁（卒）右司馬鈢（璽）

《彙考》35：平昜（陽）右司馬

《彙考》37：敫陸（陵）右司馬敀（廐）鈢（璽）

参上條。

少司馬

《新收》1080 少司馬耳杯：少司馬

"少司馬"，官名。《左傳·昭公二十一年》："宋華費遂生華貙、華多僚、華登。貙爲少司馬，多僚爲御士。"

門司馬

《璽彙》0028：聞（門）司馬鈢（璽）

《璽彙》0029：聞（門）司馬鈢（璽）

《璽彙》0030：聞（門）司馬鈢（璽）

一　齊系文字中的職官

《彙考》38：聞（門）司馬鉨（璽）

《璽彙》0031：右聞（門）司馬

《璽彙》0032：右聞（門）司馬

《璽彙》0033：右聞（門）司馬鉨（璽）

"聞司馬"，讀爲"門司馬"，官名，司馬掌門。《戰國策·齊策六》："齊王建入朝于秦，雍門司馬前曰：'所爲立王者，爲社稷耶？爲王耶？'"① 從璽文"右門司馬"來看，"門司馬"亦有左、右之分。

中軍

《彙考》33：中軍鉨（璽）

"中軍"，武官名。春秋時期，行軍作戰分左、右、中或上、中、下三軍，主將在中軍指揮，後世遂以"中軍"稱主將。《周禮·夏官·大司馬》："中軍以鼙令鼓，鼓人皆三鼓。"鄭玄注："中軍，中軍之將也。"

軍司馬

《璽彙》0047：左中軍司馬

---

① 裘錫圭：《"司馬聞""聞司馬"考》，《古文字論集》，中華書局，1992年，第484頁。

"軍司馬",職官名。《周禮正義》:"《國語·晉語》悼公使魏絳爲元司馬,在輿司馬之上,蓋即此軍司馬。韋注亦云'中軍司馬也'。""左中軍司馬"可能是"中軍司馬"的副職,職在佐助中軍司馬。或釋爲"左中庫司馬"。① 璽文"軍"與《彙考》33"中軍璽"的"軍"形體相似,衹是左右不同而已,可見齊璽文字中"軍"與"庫"形極易相混。

將軍

《璽彙》0095:牀(將)軍之鈢(璽)

"牀軍",讀爲"將軍",武官名。《史記·田單列傳》:"城中相與推田單,曰:'安平之戰,田單宗人以鐵籠得全,習兵。'立以爲將軍,以即墨距燕。"

將騎

《璽彙》0307:左田牀(將)騎

"牀騎",讀爲"將騎"。《三國志·呂布傳》:"明公將步,令布將騎,則天下不足定也。"引申爲騎兵武官。

裨將

《璽彙》0234:卑(裨)醬(將)匠夠忻(信)鈢

"卑醬",讀爲"裨將"。《史記·衛將軍驃騎傳》"自大將軍出,未嘗斬裨將。"《漢書·項籍傳》"籍爲裨將",顏師古注"裨,助也,相副助也。"②

---

① 曹錦炎:《古璽通論》,上海書畫出版社,1996年,第119頁。
② 湯餘惠:《"卑將匠夠信璽"跋》,《考古與文物》1993年第5期,第80~81頁。

一　齊系文字中的職官

關將

《璽彙》0176：武閈（關）醬（將）鈢（璽）

《彙考》52：武閈（關）醬（將）鈢（璽）

《璽彙》0177：返（如）閈（關）醬（將）枳（枳）

"醬"，讀爲"將"，猶掌也。當爲掌管武關之官所用印。① 璽文"關"皆指齊地重要的關卡，其軍事首領稱爲"關將"。②

偏將軍

《中國歷史博物館館刊》1993.12：偏將軍虎節：弁（偏）將軍③

"弁將軍"，讀爲"偏將軍"。《老子》第三十一章："是以偏將軍居左，上將軍居右。"偏將軍可能是中下等將官，肩負領兵在地方鎮守之責。④

司工

《彙考》61：平都昌（司）工

---

① 曹錦炎：《古璽通論》，上海書畫出版社，1996 年，第 131 頁。
② 孫剛：《東周齊系題銘研究》，吉林大學博士學位論文，2012 年，第 227 頁。
③ 李家浩：《貴將軍虎節與辟大夫虎節》，《中國歷史博物館館刊》1993 年第 12 期，第 50～55 頁。
④ 孫剛：《東周齊系題銘研究》，吉林大學博士學位論文，2012 年，第 227 頁。

"平者司工",讀爲"平都司工"。徐在國先生認爲:平都,地名,疑讀爲"平州"。州、都二字古通,如:《書·舜典》:"流共工于幽州。"《莊子·在宥》:"流共工於幽都。"陸德明《釋文》:"幽都,《尚書》作幽州。"《左傳·宣公元年》:"公會齊侯于平州。"注:"平州,齊地,在泰山牟縣西。"地在今山東萊蕪市西。"司工",官名,典籍或作"司空"。《周禮·考工記》鄭玄注:"司空掌營城郭、建都邑,立社稷、宗廟,造宮室、車服、器械,監百工者。唐虞已上曰共工。"①

右司工

《新收》1125 右司工鉨:右司工

"右司工",即典籍"右司空"。《周禮復古編》:"右司空之屬也,何以言之?百工之官,隸司空者也。"《漢書·百官公卿表》中有"左右司空"。

陶正

《彙考》50:齊匋(陶)正顒

"匋正",讀爲"陶正",主管制陶手工业的官吏称为陶正。②《左傳·襄公二十五年》:"昔虞閼父爲周陶正,以服事我先王。"楊伯峻注:"陶正,主管陶器之官。"

陶者

《新古》150:大蔞圆匋(陶)者悊

《新古》151:大蔞圆匋(陶)者鑑

---

① 徐在國:《古陶文字考釋四則》,《出土文獻》第 3 輯,中西書局,2012 年,第 163~168 頁。
② 李學勤:《戰國題銘概述(上)》,《文物》1959 年第 7 期,第 52 頁。

一　齊系文字中的職官

《新古》152：大蒦圆匋（陶）者鹽

《新古》153：大蒦圆匋（陶）者乙

《新古》154：大蒦圆匋（陶）者鹽

《新古》155：大蒦圆匋（陶）者忢

《新古》157：大蒦圆匋（陶）者忢

《新古》158：大蒦圆匋（陶）者乙

《新古》171：蒦圆（陽）南里匋（陶）者鮏

《新古》172：南里匋（陶）者怒

《新齊》0884：大蔓囻（陽）里匋（陶）者捷

《新齊》0880：大蔓囻（陽）匋（陶）者鎏

《新齊》1023：高閖（閭）豆里人匋（陶）者日垂

《新齊》1026：塙閖（閭）豆里人匋（陶）者日□

《新齊》1212：囻（陽）里人匋（陶）者近

《新齊》1022：塙閖（閭）豆里人匋（陶）者日垂

《新齊》1025：塙閖（閭）豆里人匋（陶）者日逪

匋者，讀爲"陶者"，是指燒制陶器的人。

工師

《新收》1550：朕工師戈：朕（滕）攻（工）帀（師）①

《新收》1075：工師厚子鼎：工帀（師）厚子

《璽彙》0147：唴（唐）攻（工）帀（師）鉨（璽）

《璽彙》0150：東武城攻（工）帀（師）鉨（璽）

《璽彙》0148：路右攻（工）帀（師）

《璽彙》0149：右攻（工）帀（師）鉨（璽）

《璽彙》0157：左攻（工）帀（師）戠（職）桼（漆）帀（師）鉨（璽）

《彙考》57：攻（工）帀（師）邨鉨（璽）

---

① 張振謙：《齊系文字研究》，安徽大學博士學位論文，2008年，第43頁。

《彙考》57：攻（工）帀（師）相鈢（璽）

"攻帀""工帀"，皆讀爲"工師"，官名。《孟子·梁惠王下》："爲巨室則必使工師求大木。"趙岐注："工師，主工匠之吏。"《左傳·定公十年》："叔孫謂郈工師駟赤曰……"杜預注："工師，掌工匠之官。"左工師、右工師，猶司馬之職之分爲左右。

師

《集成》11862：師紿銅泡：十四年十一月帀（師）紹

《彙考》60：十四年十一月帀（師）紹

"帀"，讀爲"師"，"工師"之省稱，官名。① 參上文"工師"條。

工

《陶録》3.619.4：工

《陶録》3.18.3：工句

《陶録》3.619.5：工

《後李·圖六》2：辛工

《後李·圖八》5：工

《後李·圖八》6：工

---

① 施謝捷：《古璽彙考》，安徽大學博士學位論文，2006年，第60頁。

一　齊系文字中的職官

左工

《新收》1078 四十年左工耳杯：左工

右工

《集成》11259 是立事歲戈：右工

《新收》1077 四十一年工右耳杯：工右

"工"，官名。《周禮·冬官·考工記·總敘》："故一器而工聚焉者，車爲多。"孫詒讓正義："工謂工官。"陶文"工"乃指陶工，即典籍所謂"攻土之工"，《周禮·考工記》載："搏埴之工，陶、旊。"銅器銘文"工"乃指典籍"攻金之工"。"工"分左、右。"工右"疑爲"右工"倒文。

冶

《集成》11815 齊城右造戟：冶䏌

《新收》1097 郢左戟：冶䏌

《集成》11183 去□戟：冶□

《新收》1983 齊城左戟：左冶䏌

《文物》2000.10 齊城左戈：左冶

"冶"，"冶尹"之省稱，冶官。①

大司成

《彙考》32：大司成鉨（璽）

---

① 張俊成：《齊城左戈銘補考》，《文物春秋》2013年第1期，第21~24頁。

"大司成",掌管教育,即《周禮·地官》之師氏。《禮記·文王世子》:"大樂正授數,大司成論説,在東序。"鄭玄注:"論説,課其義之深淺、才能優劣。此云'樂正司業,父師司成',即大司成、司徒之屬師氏也。師氏掌以美詔王,教國子以三德、三行及國中、失之事也。"

長金

《璽彙》0223:長金之鈴(璽)

《璽彙》0224:長金之鈴(璽)

"長金",職掌金屬等庫藏之官,即《周禮》之"職金"。《周禮·秋官·職金》:"掌凡金、玉、錫、石、丹、青之戒令。受其入征者,辨其物之媺惡與其數量,楬而璽之。入其金錫于兵器之府,入其玉石丹青于守藏之府。""長金"應是負責分辨入征金屬等物品數量和好壞的職官。①

左正

《璽彙》3737:左正鈴(璽)

"左正",李家浩先生指出:"正"在古代有官長之義。《國語·楚語上》"天子之貴也,唯其以公侯爲官正",韋昭注:"正,長也。"《禮記·王制》"成獄,史以成告於正,正聽之",鄭玄注:"正,于周鄉師之屬。今漢有正平,秦所置。"②我們查檢到《儀禮要義》卷十五:"左右正,謂樂正、僕人正也。僕人正以下至北上,鄭知義然者見大射禮而知云:'左右正者據中庭爲左右。'大射禮:工遷于東,僕人正亦與樂正同處,名曰左正。"不知璽文"左正"是否與此有關。

---

① 曹錦炎:《古璽通論》,上海書畫出版社,1996年,第128頁。
② 李家浩:《戰國官印"尚路璽"考釋》,《揖芬集——張政烺先生九十華誕紀念文集》,社會科學文獻出版社,2002年,第329~331頁。

一　齊系文字中的職官

掌路

《璽彙》0328：尚（掌）佫（路）鈢（璽）

"尚佫"，讀爲"掌路"，其職掌與《周禮》所載"典路"相同。《周禮·春官·典路》："掌王及后之五路，辨其名物與其用説。若有大祭祀，則出路，贊駕説。大喪、大賓客亦如之。凡會同、軍旅、弔于四方，以路從。"①可見，典路負責掌管王、王后的車輛，並佐駕車及解馬。

樂館

《臨淄拾貝》115：樂寙（館）

"樂寙"，讀爲"樂館"。②《西漢會要》卷二十二："六年京師民觀角抵于上林平樂館。"《太平御覽》卷五百八十七："枚乘之子上得之大喜，召入詔使賦平樂館善之拜爲郎臯。"

司關

《璽彙》0175：豕母鈢（司）閈（關）

"鈢閈"，讀爲"司關"。③《周禮·地官·司關》："司關掌國貨之節，以聯門市。司貨賄之出入者，掌其治禁與其征廛。"胡匡衷《儀禮釋官》："《國語》：'單子云：周之《秩官》有之曰，敵國賓至，關尹以告。'韋注引《周禮·司關》及此經爲證。是關人之長，天子謂之司關，諸侯謂之關尹，其職掌一也。"

關人

《集成》10374 子禾子釜：閈（關）人築桿威釜

---

① 李家浩：《戰國官印"尚路璽"考釋》，《揖芬集——張政烺先生九十華誕紀念文集》，社會科學文獻出版社，2002年，第329～331頁。

② 徐在國釋，轉引自張振謙《齊系文字研究》，安徽大學博士學位論文，2008年，第230頁。

③ 朱德熙、裘錫圭：《戰國時代的"料"和秦漢時代的"半"》，《朱德熙文集》第5卷，商務印書館，1999年，第118頁。

209

《集成》10374 子禾子釜：女（如）閉（關）人不用命

《集成》10374 子禾子釜：御閉（關）人□□丌事

"閉人"，讀爲"關人"，與"司關"同。《周禮·地官·司關》"凡四方賓客敂關"，鄭玄注："敂關，猶謁關人也。"孫詒讓正義："關人即司關，通長屬言之故稱人。"

左關師

《集成》10371：陳純釜：命左閉（關）帀（師）發敕宔左關之釜

"左關帀"，即"左關師"，應是左關的長官。

行人

《璽彙》0173：行人閉（關）

"行人"，官名。《周禮·秋官·行人》："大行人掌大賓之禮，及大客儀以親諸侯……小行人掌邦國賓客之禮籍，以待四方之使者。"或釋"行人"爲地名，參上文"關"條。

遂師

《璽彙》0155：瘍昜（陽）逯（遂）帀（師）鉩（璽）

"逯帀"，讀爲"遂師"。"遂師"是"遂"的長官，與齊國鄉的長官爲"鄉師"的稱謂形式一致。"遂師"見於《周禮》，《周禮·地官·遂師》："遂師各掌其遂之政令戒禁。以時登其夫家之眾寡、六畜、車輦，辨其施舍與其可任者。經牧其田野，辨其可食者，周知其數而任之，以徵財征。作役事則聽其治訟。"[1]

---

[1] 李家浩：《齊國文字的"遂"》，《著名中年語言學家自選集·李家浩卷》，安徽教育出版社，2002年，第35～52頁。

職內師

《璽彙》0154：戠(職)內帀(師)鈢(璽)

《彙考》56：戠(職)內帀(師)鈢(璽)

"戠內",讀爲"職內",官名。《周禮·天官·職內》："職內,掌邦之賦入,辨其財用之物而執其總,以貳官府都鄙之財人之數,以逆邦國之賦用。"則職內師當是職內下屬之官。① 因此,職內師可能是掌管國家財政收入的總管。

職漆師

《璽彙》0157：左攻帀(師)戠(職)枣(漆)帀(師)鈢(璽)

"戠枣帀",讀爲"職漆師"。從璽文看,此職漆師是左工師屬下專管漆工的工師。②

司鉞

《璽彙》0197：司戌(鉞)之鈢(璽)

"司戌",璽文第二字的釋讀有以下幾種觀點：釋"成"、釋"戍"、釋"戎"、釋"城"等。③ 從璽文字形看,以釋"戌"爲是。司戌,疑讀爲"司鉞"。可能與《周禮》

---

① 曹錦炎：《古璽通論》,上海書畫出版社,1996年,第128頁。
② 裘錫圭：《戰國貨幣考(十二篇)》,《古文字論集》,中華書局,1992年,第430頁。
③ 釋"成"者,湯餘惠：《略論戰國文字形體研究中的幾個問題》,《古文字研究》第15輯,中華書局,1986年,第79頁。釋"戍"者,羅福頤：《古璽彙編》,文物出版社,1981年,第33頁。釋"戎"者,吳振武：《〈古璽彙編〉釋文訂補及分類修訂》,《古文字論集初編》,香港中文大學,1983年,第490頁。釋"戌"者,轉引自施謝捷：《古璽彙考》,安徽大學博士學位論文,2006年,第152頁。釋"城"者,施謝捷：《古璽彙考》,安徽大學博士學位論文,2006年,第152～153頁。

中"司干""司弓矢""司戈盾"等一類的職官相似,其職責大概就是負責斧鉞的收藏及頒授。①

司客

《集成》9700 陳喜壺:訇(司)客

"訇客",讀爲"司客",官名。《周禮·秋官·掌客》:"掌四方賓客之牢禮、餼獻、飲食之等數與其政治。"司客和掌客當是同一職官的的異名。② 此説甚確。"司"有"主掌"之義。《玉篇·司部》:"司者,主也。"杜預《春秋序》:"春秋者,魯史記之名也。"孔穎達疏:"掌事曰司。"據《周禮》記載,掌客所掌諸侯之禮,皆陳簠、豆、鉶、壺、鼎簋之器,③與壺銘"司客敢爲禋壺九"正吻合。

掌客

《彙考》33:左𠂂(掌)客亭

"𠂂客",即"掌客",見於《周禮·秋官·掌客》:"掌客,掌四方賓客之牢禮、餼獻、飲食之等數,與其政治。"④

車人

《集成》10374 子禾子釜:而車人制之

"車人",官名。《周禮·考工記·車人》:"車人爲耒。"孫詒讓《周禮正義》卷八十五:"車人爲耒者,《山虞》云:'凡服、耜,斬季材。'注云:'服,牝服,車之材。'服、耜同材,故耒、車亦同工也。"《周禮·考工記·車人》又云:"車人爲車。"車人之職應是負責耒耜、牛車的製造。

---

① 參拙文《齊官考釋三則》,《古籍研究》總第 59 卷,安徽大學出版社,2013 年,第 196~197 頁。
② 朱德熙、裘錫圭:《戰國時代的"料"和秦漢時代的"半"》,《朱德熙文集》第 5 卷,商務印書館,1999 年,第 118~119 頁。
③ (清)孫詒讓:《周禮正義》,中華書局,1987 年,第 3066~3067 頁。
④ 施謝捷:《古璽彙考》,安徽大學博士學位論文,2006 年,第 33 頁。

大車

《璽彙》0222：大車之鈢（璽）

《新齊》1253：大車

"大車",指載貨的牛車。《周禮·考工記·車人》："大車崇三柯。"鄭玄注："大車,平地載任之車。"《詩·小雅·無將大車》："無將大車。"毛亨傳："大車,小人之所將也。"《國語·晉語五》："梁山崩,以傳召伯宗,遇大車當道而覆,立而辟之。"韋昭注："大車,牛車也。"大車之鈢,大概是大車主管官吏使用的印鑒。

祈望

《璽彙》0265：郙（掖）坴（祈）叟（望）鈢（璽）

《璽彙》0273：軎（剚）坴（祈）叟（望）鈢（璽）

《璽彙》0312：鉛（箕）聞（門）坴（祈）叟（望）

《璽彙》0334：□聞（門）坴（祈）叟（望）

《璽彙》0336：武强坕（祈）䍦（望）鉨（璽）

《彙考》64：武平坕（祈）䍦（望）鉨（璽）

《彙考》64：田帀（師）坕（祈）䍦（望）

"坕"，从土，几聲，"畿"字異體。① "䍦"，从又，网聲。② 徐在國先生認爲"䍦"是"网"的異體，指出"畿網"應讀爲"祈望"。《左傳·昭公二十年》："（晏子）對曰：不可爲也。山林之木，衡鹿守之；澤之萑蒲，舟鮫守之；藪之薪蒸，虞侯守之；海之鹽、蜃，祈望守之。"杜預注："衡鹿、舟鮫、虞侯、祈望皆官名也。言公專守山澤之利，不與民共。"孔穎達正義："海是水之大神，有時，祈望祭之，因以祈望爲主海之官也。此皆齊自立名，故與《周禮》不同。"《周禮·地官》有"掌蜃"，孫詒讓疑"祈望"即此官。祈望當是齊國特設的主管海產品的官員。③

徙鹽

《璽彙》0198：昜（陽）都邑聖遷（徙）盥（鹽）之鉨（璽）

《璽彙》0200：遷（徙）盥（鹽）之鉨（璽）

---

① 吴振武：《〈古璽文編〉校訂》第 570 條，吉林大學博士學位論文，1984 年，第 221 頁。
② 李家浩先生説，轉引自徐在國：《釋齊官"祈望"》，《第四屆國際中國古文字研討會論文集》，香港中文大學中國語言及文學系，2003 年，第 566～571 頁。
③ 徐在國：《釋齊官"祈望"》，《第四屆國際中國古文字研討會論文集》，香港中文大學中國語言及文學系，2003 年，第 566～571 頁。

一　齊系文字中的職官

《璽彙》0202：遲(徙)盥(鹽)之鈢(璽)

《璽彙》0201：遲(徙)盥(鹽)之鈢(璽)

《璽彙》0322：灄(鄏)衢(巷)徙盥(鹽)金鈢(璽)

《彙考》55：遲(徙)盥(鹽)之鈢(璽)

《彙考》55：遲(徙)盥(鹽)之鈢(璽)

《彙考》55：遲(徙)盥(鹽)之鈢(璽)

"遲盥"，讀爲"徙鹽"。《元和姓纂》卷五："後漢征南大將軍岑彭有後岑晊，字公孝，晊孫軻，吴郡陽太守、徙鹽官。"趙平安先生在考證"鹽"字的基礎上據文獻記載推斷"徙鹽"很可能是官名，並説："'徙鹽之璽'應是在鹽的流通過程中使用的官印，其目的是保證鹽的正常流通以及有效征税和避免重復征税。就其功能而言，頗有點像宋以後的鹽引。"① 李家浩先生后又提出新説，他認爲像這類上面

---

① 趙平安：《戰國文字中的鹽及相關資料研究》，《新出簡帛與古文字古文獻研究》，商務印書館，2009 年，第 131～142 頁。

圓形或三角形内部没有交叉筆劃的字還應釋作"盟"。"徙盟"讀爲"選礦",相當于《漢書·百官公卿表》中的"辨銅"。① "徙鹽"應是齊國特有的鹽業專賣機構的職官,其職掌正如趙先生所言。

職藍

《彙考》61:胯（宰）戠（職）笘（藍）鉨（鉩）

《璽彙》0314:東墓（莫）戠（職）笘（藍）

"戠笘",讀爲"職藍",官名,掌管藍草,與《周禮·地官·司徒》掌染草的官職相當。《説文》:"藍,染青草也。"《禮記·月令》:"（仲夏之月）令民毋刈藍以染。"趙歧《藍賦》:"余就醫偃師,道經陳留,此境人皆以種藍、染紺爲業。藍田彌望,黍稷不植。"《周禮·地官·司徒·敘官》:"掌染草下士二人。"鄭玄注:"染草,藍茜象斗之屬。"孫詒讓《周禮正義》:"此官掌斂染色之草木。"②

職藍師

《璽彙》0156:清陵（陵）墅（市）戠（職）笘（藍）帀（師）鉨

"戠笘帀",讀爲"職藍師",與楚官"藍尹"職掌同。藍尹見於《左傳·定公五年》和《國語·楚語下》。張澍《姓氏尋源》卷三十七:"楚大夫以官爲氏,蒍尹與芋尹、藍尹皆以草名官。"據考證,藍尹是掌藍草之官職。③

---

① 李家浩先生在2014年夏出土文獻與中國古代文明研究協同創新中心安徽大學暑期培訓班講座上發表的觀點。

② 徐在國:《試説〈説文〉"藍"字古文》,《古文字研究》第26輯,中華書局,2006年,第496～498頁。

③ 徐在國:《試説〈説文〉"藍"字古文》,《古文字研究》第26輯,中華書局,2006年,第496～498頁。

司黹

《璽彙》0083:□墿司黹

"司黹",即"司黼"。"黹"之本義爲刺繡、縫紉。司黹是掌管縫紉、刺繡事務的職官。①

冢子

《陶彙》3.945:冢子

"冢子",官名,乃鑄器工官。詳參本書"晉系文字中的職官"部分"冢子"條。

市師

《璽彙》0152:鄆坿(市)帀(師)鈢(璽)

"坿市",讀爲"市師",爲一市之長。②《周禮·地官·司徒》:"凡市入,則胥執鞭度守門,市之群吏,平肆、展成、奠賈,上旌于思次以令市。市師蒞焉,而聽大治大訟;胥師賈師蒞于介次,而聽小治小訟。"鄭玄注:"市師,司市也。"《荀子·解蔽》:"農精於田而不可以爲田師,賈精於市而不可以爲市師。"司市的別稱。

市工

《彙考》59:節墨之丌坿(市)工

《陶彙》3.691:節墨之丌坿(市)工

---

① 吴振武:《〈古璽文編〉校訂》,吉林大學博士學位論文,1984年,第98～99頁。
② 裘錫圭:《戰國文字中的"市"》,《古文字論集》,中華書局,1998年,第457頁。

此當時齊國節墨邑所屬市的工官或工匠所用之印。① 或將後一字釋爲"士"。②

褚師

《璽彙》0153：發者（褚）帀（師）鈢（璽）

"者帀"，讀爲"褚師"，市官。③《左傳·昭公二年》"（公孫黑）請以印爲褚師"，杜預注："褚師，市官也。"《五禮通考》卷二百十六："顧氏棟高曰：《周禮·地官》自司市以下質人、廛人、胥師、賈師、司虣、司稽、肆長皆掌市政而無褚師。《成三年傳》知罃之在楚也，鄭賈人有將置諸褚中以出六書，故褚以貯衣。然則，褚師之職或當如王制所云，布帛精粗不中數，幅廣狹不中量，不鬻于市者。而褚師掌其禁歟？"可見，褚師應是負責禁止質量不合格的布帛進入市場交易的職官。

田

《彙考》64：田帀（師）坒（祈）朢（望）

《彙考》44：王啬（田）埅鈢（璽）

《璽彙》0259：右啬（田）湷阜坒鈢（璽）

---

① 裘錫圭：《戰國文字中的"市"》，《古文字論集》，中華書局，1998年，第458頁。
② 董珊：《戰國題銘與工官制度》，北京大學博士學位論文，2002年，第192頁。施謝捷：《古璽彙考》，安徽大學博士學位論文，2006年，第59頁。
③ 朱德熙：《戰國匋文和璽印文字中的"者"字》，《古文字研究》第1輯，中華書局，1979年，第118～119頁。

一　齊系文字中的職官

《彙考》43：右㽥（田）淯㠯翌鈢（璽）

《彙考》43：右㽥（田）淯

《璽彙》0307：左田牉（將）騎

《彙考》43：左㽥（田）淯鈢（璽）

《陶彙》3.646：左㽥（田）淯鈢

"㽥"，讀爲"田"。齊國掌管農田的官員稱"田""大田"或"大司田"。《管子·小匡》："寧戚爲田。"尹知章注："教以農事。"又："墾草入邑，辟土聚粟爲衆，盡地之利，臣不如寧戚，請立爲大司農。"《晏子春秋·內篇·問上》："君……聞寧戚歌……舉以爲大田。"張純一注："農官。"齊國田官分左、右，稱爲"左田""右田"，與廪分左、右同。曹錦炎先生說："'左田'，讀爲'佐田'，職官名，即田官之副佐。"或將0259璽釋爲"右盧淯㠯羽工璽"，"右盧"爲地名，"羽工"當爲職官名，疑與《周禮·地官·羽人》有關。②

---

① 徐在國：《古陶文字釋叢》，《古文字研究》第23輯，中華書局、安徽大學出版社，2002年，第108～120頁。

② 肖毅：《釋虍》，《古文字研究》第24輯，中華書局，2002年，第319～322頁。

無麋

《璽彙》0360：亡（無）麋

"亡麋"，讀爲"無麋"。羅福頤先生在《古璽彙編》中將此璽列在"官璽"類，後在《古璽印概論》中又將其定爲"戰國白文私璽"①。吳振武先生認爲此璽與《孟子·梁惠王下》所記"麋鹿之禁"相關，"無麋"璽，蓋即當日掌囿之官或關卡查驗放行出入貨物時所用之璽。此璽可能爲囿人所掌。②

虞

《璽彙》0208：虡（虞）之鈢（璽）

"虡"，朱德熙先生認爲是兩個字，釋爲"奠木"，指林衡的屬官。③ 趙平安先生同意朱先生的觀點，進一步解釋道："奠也是獻的意思。'奠木'大約是供給木材的官。"④此字从木，虎省聲，即"虞"字異體。關於戰國文字中"虞"的資料，吳振武先生有專文詳細論述。⑤ 典籍中掌管山林之官也往往通稱爲"衡""虞""虞衡"或"麓"。孫詒讓《周禮正義》："《國語·齊語》云'山立三衡'，韋注云：'《周禮》有山虞、林衡之官。'案自蓋兼山林官言之。三衡者，山與林麓各有大中小三等，亦通謂之虞。故《喪大記》云：'復有林麓，則虞人設階。'《易》屯六三爻辭云：'即鹿無虞，惟入于林中。'鹿、麓字通，彼虞即謂林衡也。山林地相比，故虞衡通稱亦通謂之麓。《説文·林部》云'麓，守山林吏也。'"

---

① 羅福頤：《古璽印概論》，文物出版社，1981年，第45～46頁。
② 吳振武：《戰國官璽釋解二篇》，《金景芳九十誕辰紀念文集》，吉林文史出版社，1996年，第193～194頁。近年，肖毅先生提出新説，讀作"麋亡（無）"，成語印。"麋無"是聯綿字"黽勉"等的又一種寫法，爲勉力、努力之意。詳見《"麋亡"印釋》，《中國文字》新26期，藝文印書館，2000年，第177～182頁。又見於復旦大學出土文獻與古文字研究中心網站：http://www.gwz.fudan.edu.cn/srcshow.asp? src_id=272。
③ 朱德熙：《釋桁》，《古文字研究》第12輯，中華書局，1985年，第328頁。
④ 趙平安：《釋"行木"》，《古文字研究》第26輯，中華書局，2006年，第380頁。
⑤ 吳振武：《戰國璽印中的"虞"和"衡鹿"》，《江漢考古》1991年第3期，第85～86頁。

衡

《彙考》49：平陽桁（衡）

《璽彙》0299：右桁（衡）正（征）木

《璽彙》0298：左桁（衡）正（征）木

《彙考》47：左桁（衡）正（征）木

《彙考》47：左桁（衡）正（征）木

《彙考》47：左桁（衡）正（征）木

《彙考》47：左桁（衡）正（征）木

《彙考》47：左桁（衡）正（征）木

《彙考》47：左桁（衡）正（征）木

《彙考》48：左桁（衡）正（征）木

《彙考》48：左桁（衡）正（征）木

《彙考》48：左桁（衡）正（征）木

《彙考》48：左桁（衡）正（征）木

《彙考》48：左桁（衡）正（征）木

《彙考》48：左桁（衡）正（征）木

《璽彙》0300：左桁（衡）鼓（橐）木

一 齊系文字中的職官

《山璽》003：左桁（衡）敊（稟）木

《彙考》49：右桁（衡）散（措）木

《陶録》2.703.1：右桁（衡）正（征）木

"桁"，朱德熙先生讀爲"衡"，官名。《漢書·百官公卿表》"水衡都尉"，應劭注："古山林之官曰衡。"衡、左衡、右衡都屬掌管山林的職官，關於其職司内容，《周禮》有相關記載。《周禮·地官·林衡》："掌巡林麓之禁令而平其守，以時計林麓而賞罰之。若斬林木，則受灋於山虞，而掌其政令。"《周禮·地官·山虞》："掌山林之政令，物爲之厲而爲之守禁。仲冬斬陽木，仲夏斬陰木。凡服耜，斬季材，以時入之。令萬民時斬材，有期日。凡邦工入山林而掄材，不禁。春秋之斬木不入禁。凡竊木者，有刑罰。"璽文所記"正（征）木"和"稟木"皆官名，二者都是林衡的屬官。① 趙平安先生將此字看成兩字，釋作"行木"。行木指巡行視察林木，此官與衡鹿異名同實，是齊國自立的官名，有左、右之分，並有屬官正木和稟木。②

稟木

《璽彙》0300：左桁（衡）敊（稟）木

《山璽》003：左桁（衡）敊（稟）木

---

① 朱德熙：《釋桁》，《古文字研究》第 12 輯，中華書局，1985 年，第 327～328 頁。
② 趙平安：《釋"行木"》，《古文字研究》第 26 輯，中華書局，2006 年，第 377～381 頁。

"馭",裘錫圭先生讀爲"稟"。《廣雅·釋詁三》:"稟,予也。"《漢書·禮樂志》:"天稟其性而不能節也",顏師古注:"稟謂給授。"《淮南子·原道》"稟授無形",高誘注:"稟,給也。"稟木大概是主管將木材發給應該接受公家木材者的官。① 趙平安先生引《管子·山國軌》"民之且所用者,君已廩之矣"注"廩,藏也",解釋"廩木"的職司是儲集木材。②

征木

《璽彙》0299:右桁(衡)正(征)木

《璽彙》0298:左桁(衡)正(征)木

《彙考》47:左桁(衡)正(征)木

《彙考》47:左桁(衡)正(征)木

《彙考》47:左桁(衡)正(征)木

---

① 裘錫圭:《戰國文字釋讀二則》之二"'於王既正'印(附釋'正木'"稟木")",《于省吾教授百年誕辰紀年文集》,吉林大學出版社,1996年,第158頁。
② 趙平安:《釋"行木"》,《古文字研究》第26輯,中華書局,2006年,第380頁。

《彙考》47：左桁（衡）正（征）木

《彙考》47：左桁（衡）正（征）木

《彙考》47：左桁（衡）正（征）木

《彙考》48：左桁（衡）正（征）木

《彙考》48：左桁（衡）正（征）木

《彙考》48：左桁（衡）正（征）木

《彙考》48：左桁（衡）正（征）木

《彙考》48：左桁（衡）正（征）木

《彙考》48：左桁（衡）正（征）木

《彙考》46：正（征）木之鉨（璽）

《盛世璽印》013：右都正（征）木

《盛世璽印》014：右都正（征）木

"正木"，或疑讀爲"征木"，大概是主管收木材税的官。①

措木

《彙考》49：右桁（衡）散（措）木

"措"，訓爲置。該璽可能是在保管木材的時候所用。②

司酤

《璽彙》0216：㿋（司）沽（酤）之鉨（璽）

---

① 裘錫圭：《戰國文字釋讀二則》，《于省吾教授百年誕辰紀年文集》，吉林大學出版社，1996年，第158頁。
② 董珊：《戰國題銘與工官制度》，北京大學博士學位論文，2002年，第191頁。

"疳",从疒,台聲,疑讀爲"司"。"司沽",疑讀爲"司酤",職官名。沽、酤皆从古聲,自可通假。《周禮·秋官·萍氏》:"萍氏掌國之水禁。幾酒,謹酒,禁川游者。"鄭玄注:"苛察沽買過多及非時者。"孫詒讓正義:"《説文·酉部云》:'酤,一曰買酒也。'沽即酤之假字……酒正、酒人無官酤之文,明承平世酒酤亦在民,魯匡妄説,不足據。然雖民間沽買,但過多則飲之將不節,故亦察而詰之。云'非及時者',者,賈疏云:'時謂若《酒誥》惟祀兹酒',又鄉飲酒及昏娶爲酒食以召鄉黨僚友,是其時也。"①齊官"司酤"疑與《周禮》所記"酒正""酒人"職掌不同,負責酒在民間的買賣,控制民間過度飲酒。

宰

《陶録》2.292.4:脽(宰)之公豆

《彙考》60:脽(宰)戠(職)笘(藍)鈢(璽)

"宰",即"膳宰",亦稱"宰夫",專掌君王膳食。《大戴禮記·保傅》:"及太子既冠,成人,免於保傅之嚴,則有司過之史,有虧膳之宰。"《儀禮·燕禮》:"膳宰具官饌於寢東。"鄭玄注:"膳宰,天子曰膳夫。掌君飲食膳羞者也。具官饌,具其官之所饌,謂酒也,牲也,脯醢也。"

飲

《璽彙》0286:蕭昜(陽)飲鈢(璽)

"飲",食官。"飲"前爲地名,此食官設於傳舍,負責安排不同身份傳者的飲食。②《孟子·滕文公下》:"後車數十乘,從者數百人,以傳食於諸侯,不以泰乎?"

---

① 孫詒讓:《周禮正義》,中華書局,1987年,第2906頁。
② 孫剛:《東周齊系題銘研究》,吉林大學博士學位論文,2012年,第230頁。

焦循《孟子正義》:"傳食,謂止息于諸侯客館而受其飲食。"這種傳食制度一直延續到秦漢,睡虎地秦簡、張家山漢簡等出土材料中都有記載。

寫

《璽彙》0260:虘眔烏鉩

"烏",疑讀爲"寫",寫書之官。《漢書·藝文志》:"建藏書之策,置寫書之官。"①

內者

《集成》10374 子禾子釜:內者

"內者",何琳儀師認爲是官名。《漢書·百官公卿表》:"少府,秦官。內者、宦者、八官令丞。"《後漢書·百官志》"少府……內者令一人,六百石",注:"掌中布張諸衣物,左右丞各一人。"②

長官

《璽彙》4624:長官

《璽彙》4625:長官

《璽彙》4626:長官

《璽彙》4627:長官

《璽彙》4628:長官

《璽彙》4629:長官

---

① 何琳儀:《戰國古文字典》,中華書局,1998年,第575頁。
② 何琳儀:《戰國古文字典》,中華書局,1998年,第1158頁。

一　齊系文字中的職官

《璽彙》4630：長官

"長官"，見《漢書·嚴安傳》"非長官之吏"，顏師古注："長官，謂一官之長國也。"

使人

《璽彙》0277：荁丘事（使）人鉨（璽）

"事人"，讀爲"使人"。《左傳·宣公十三年》："使人不至。"①

使人正

《彙考》63：□丘事（使）人正鉨（璽）

"事人正"，讀爲"使人正"。《儀禮·大射儀》有小臣正、小臣師，鄭注："小臣師，正之佐也。正，長也。"璽文"□丘"應爲地名，"使人正"應爲使人之長。

倉吏

《璽彙》5555＋5561：邢倉之鉨（璽）·倉事（吏）

"倉吏"，官倉中的胥吏。《史記·貨殖列傳》："宣曲任氏之先，爲督道倉吏。"

元妃

《新收》1781 陳逆簠：元配（妃）

"元配"，讀爲"元妃"，國君或諸侯的嫡妻。《左傳·隱公元年》："惠公元妃孟子。"杜預注："言元妃，明始適夫人也。"

---

① 何琳儀：《戰國古文字典》，中華書局，1998 年，第 108 頁。

夫人

《彙考》31：閉（關）城君夫人鈢（璽）

"夫人"，諸侯之妻。《禮記·曲禮下》："公侯有夫人，有世婦，有妻，有妾。"《論語·季氏》："邦君之妻，君稱之曰夫人。夫人自稱曰小童。"孔穎達疏："'邦君之妻'者，諸侯之夫人也。"《韓非子·内儲說下》："魏王遺荆王美人，荆王甚悦之，夫人鄭袖知王悦愛之也，亦悦愛之，甚於王。"

諸侯

《集成》4646 十四年陳矦午敦：以群者（諸）厌（侯）獻金

《集成》4647 十四年陳矦午敦：以群者（諸）厌（侯）獻金

《集成》4648 十年陳矦午敦：群邦者（諸）厌（侯）

《集成》4649 陳矦因㜈敦：者（諸）厌（侯）薦薦吉金齊

"者厌"，讀爲"諸侯"。《書·禹貢》："三百里諸侯。"《易·比》："先王以建萬國，親諸侯。"《史記·五帝本紀》："於是軒轅乃習用干戈，以征不享，諸侯咸來賓從。"

立邦

《彙考》67：齊立邦鈢（璽）

《彙考》67：齊立邦鈢（璽）

"立邦"，猶言"立國"。周初武王時，封吕尚于齊營丘，齊之始建國。齊康公二十六年(公元前 379 年)田和篡齊,吕氏遂絕其祀。此立邦壐,疑即田齊建國時所制,帶有紀念意義。①

---

① 李學勤:《東周與秦代文明》,文物出版社,1984 年,第 253 頁。曹錦炎:《古壐通論》,上海書畫出版社,1996 年,第 117 頁。

二 燕系文字中的職官

燕侯載

《集成》10583 郾侯載簋：郾（燕）侯𨊠（載）

《集成》11057 郾侯右宮戈：郾（燕）侯〈𨊠（載）〉

《集成》11185 郾侯載戈：[郾（燕）侯]𨊠（載）

《集成》11217 郾侯戈：郾（燕）侯[𨊠（載）]

《集成》11218 郾侯載戈：郾（燕）侯𨊠（載）

《集成》11219 郾侯載戈：郾（燕）侯𨊠（載）

《集成》11220 郾侯載戈：郾（燕）侯𨊠（載）

《集成》11383 郾侯載乍戎戈：郾（燕）侯𨊠（載）

《集成》11513 郾侯載矛：郾（燕）侯𨊠（載）

《兵器圖録》5 郾王載作鋸：郾（燕）侯𨊠（載）

"𨊠"，從車，才聲，"載"字異體。郾侯𨊠，讀爲"燕侯載"，即燕成公載。《史記·燕世家》："十五年，孝公卒，成公立。"司馬貞索隱："《紀年》，成公名載是也。"馮勝君先生據《六國年表》和《古本竹書紀年》推測燕成公的在位時間有兩種可能：公元前450～公元前434或公元前455～公元前440。① 據《史記·燕世家》記載，燕易王十年稱王，之前皆稱侯。

---

① 馮勝君：《戰國燕青銅禮器銘文彙釋》，《中國古文字研究》第 1 輯，吉林大學出版社，1999 年，第 185 頁。

燕侯胺

《集成》11184 郾侯胺戈：[郾（燕）]侯胺

《集成》11272 郾侯胺戈：郾（燕）侯胺

"郾侯胺"，即"燕侯胺"，陳夢家先生認爲是燕易王。《史記·蘇秦列傳》："秦惠王以其女爲燕太子婦。是歲，文侯卒，太子立，是爲燕易王。易王初立，齊宣王因燕喪伐燕，取十城。"

燕侯職

《集成》11221 郾侯職戈：郾（燕）[侯職]

《集成》11222 郾侯職戈：郾（燕）侯職：

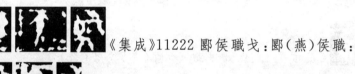

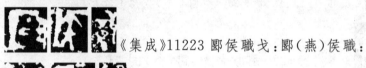《集成》11223 郾侯職戈：郾（燕）侯職：

《新收》1153 郾侯職戈：郾（燕）侯職

"郾侯職"，即燕昭王職。稱"侯"的燕昭王器物，在年代上要比稱"王"早。

燕王

《集成》10942 郾王戈：郾（燕）王

《集成》11109 郾王右庫戈：郾（燕）王

《集成》11481 郾王右矛：郾（燕）王

《兵器圖録》3.1 郾王矛：郾（燕）王

《兵器圖録》3.4 郾王矛：郾（燕）王

《兵器圖録》3.5 郾王矛：郾（燕）王

《兵器圖録》3.9 郾王桓矛：郾（燕）王逗（桓）

"郾王"，即"燕王"，中國封建社會著名王爵之一。歷史上第一位燕王是戰國時期的燕易王，後傳七世，燕爲秦統一。此三銘中的燕王應爲戰國時期的燕國國君。

燕王職

《集成》11187 郾王職戈：郾（燕）王職

《集成》11188 郾王職戈：郾（燕）王職

《集成》11189 郾王職戈：郾（燕）王職

《集成》11190 郾王職戈：郾（燕）王職

《集成》11191 郾王職戈：郾（燕）王職

《集成》11224 郾王職戈：郾（燕）王職

《集成》11227 郾王職戈：郾（燕）王職

《集成》11236 郾王職戈：郾（燕）王職

《集成》11304 郾王職戈：郾（燕）王職

《集成》11480 郾王職矛：郾（燕）王職

《集成》11483 郾王職矛：郾（燕）王職

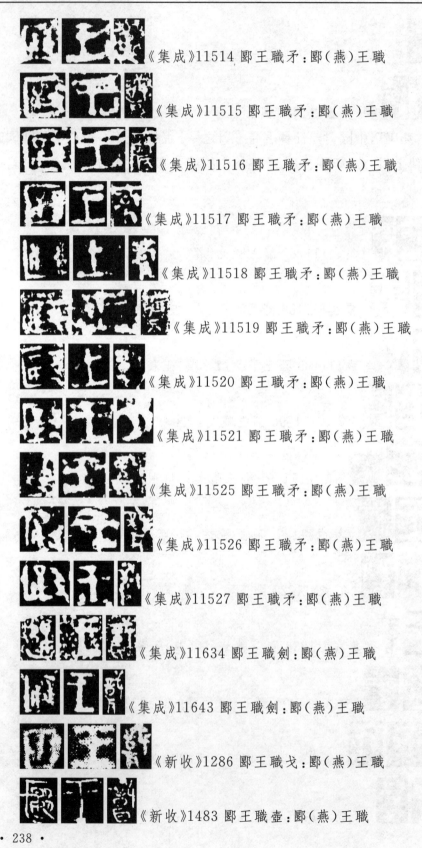

《集成》11514 郾王職矛：郾（燕）王職
《集成》11515 郾王職矛：郾（燕）王職
《集成》11516 郾王職矛：郾（燕）王職
《集成》11517 郾王職矛：郾（燕）王職
《集成》11518 郾王職矛：郾（燕）王職
《集成》11519 郾王職矛：郾（燕）王職
《集成》11520 郾王職矛：郾（燕）王職
《集成》11521 郾王職矛：郾（燕）王職
《集成》11525 郾王職矛：郾（燕）王職
《集成》11526 郾王職矛：郾（燕）王職
《集成》11527 郾王職矛：郾（燕）王職
《集成》11634 郾王職劍：郾（燕）王職
《集成》11643 郾王職劍：郾（燕）王職
《新收》1286 郾王職戈：郾（燕）王職
《新收》1483 郾王職壺：郾（燕）王職

二 燕系文字中的職官

《兵器圖録》3.8 郾王職矛：郾（燕）王職

"郾王職"，即燕昭王職，見《史記·趙世家》："王召公子職於韓，立以爲燕王。"

燕王戎人

《集成》11192 郾王戎人戈：郾（燕）王戎人

《集成》11237 郾王戎人戈：郾（燕）王戎人

《集成》11238 郾王戎人戈：郾（燕）王戎人

《集成》11239 郾王戎人戈：郾（燕）王戎人

《集成》11479 郾王矛：郾（燕）王戎〈人〉

《集成》11498 郾王戎人戈：郾（燕）王戎人

《集成》11531 郾王戎人矛：郾（燕）王戎〈人〉

《集成》11536 郾王戎人矛：郾（燕）王戎人

《集成》11537 郾王戎人矛：郾（燕）王戎人

《集成》11538 郾王戎人矛：郾（燕）王戎人

《集成》11539 郾王戎人矛：郾（燕）王戎人

《集成》11543 郾王戎人矛：郾（燕）王戎人

《兵器圖録》3.10 郾王矛：郾（燕）王戎人

"戎人"，燕王名號，史書未見，待考。

燕王晉

《集成》11058 郾王晉戈：郾（燕）王晉

《集成》11193 郾王晉戈：郾（燕）王晉

《集成》11194 郾王晉戈：郾（燕）王晉

《集成》11196 郾王晉戈：郾（燕）王晉

《集成》11240 郾王晉戈：郾（燕）王晉

《集成》11241 郾王晉戈：郾（燕）王晉

《集成》11242 郾王晉戈：郾（燕）王晉

《集成》11244 郾王晉戈：郾（燕）王晉

《集成》11245 郾王晉戈：郾（燕）王晉

《集成》11305 郾王晉戈：郾（燕）王晉

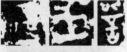《集成》11350 郾王晉戈：郾（燕）王晉

《集成》11497 郾王晉矛：郾（燕）王晉

《集成》11524 郾王晉矛：郾（燕）王晉

二 燕系文字中的職官

《集成》11530 郾王詈矛：郾（燕）王詈

《集成》11540 郾王詈矛：郾（燕）王詈

《兵器圖録》1.1 十年郾王詈造行議鐱：郾（燕）王詈

《兵器圖録》1.2 郾王詈造行議鐱：郾（燕）王詈

《兵器圖録》1.3 郾王詈造鋸：郾（燕）王詈

《兵器圖録》1.4 郾王詈造鉘：郾王詈

湯餘惠先生認爲詈字從言，叩聲，或即古字"讙"字，今作"喧"。《說文》："叩，驚嘑也……讀若讙。"另一種可能，叩爲昍之省，從言，昍省聲，即嚚字異文。《說文》："嚚，聲也。……𧮂，嚚或省。"燕王詈很可能是喜的父親燕孝王。① 何琳儀師認爲詈從言，叩聲，即《燕世家》易王之子噲，贊同陳夢家在《六國紀年》中提出的觀點。從言與從口義近，從叩與從會音近。詈乃讙之異文，語根均爲叩。叩與元聲近。《爾雅·釋草》："萑，芄蘭。"《說文》："芄蘭，莞也。"是其佐證。而會與完爲月、元陰陽對轉。《詩·衛風·淇奥》"會弁如星"，《吕氏春秋·上農》注引作"冠弁如星"，是其佐證。然則噲、詈一聲之轉。②

燕王喜

《集成》11004 郾王喜戈：郾（燕）王喜

《集成》11005 郾王喜戈：郾（燕）王喜

《集成》11195 郾王喜戈：郾（燕）王喜

---

① 湯餘惠：《戰國銘文選》，吉林大學出版社，1993年，第65頁。
② 何琳儀：《戰國文字通論訂補》，江蘇教育出版社，2003年，第103、114頁。

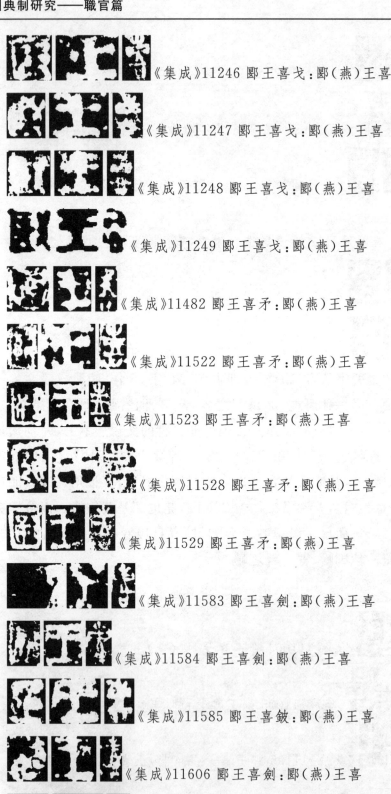

《集成》11246 郾王喜戈：郾（燕）王喜

《集成》11247 郾王喜戈：郾（燕）王喜

《集成》11248 郾王喜戈：郾（燕）王喜

《集成》11249 郾王喜戈：郾（燕）王喜

《集成》11482 郾王喜矛：郾（燕）王喜

《集成》11522 郾王喜矛：郾（燕）王喜

《集成》11523 郾王喜矛：郾（燕）王喜

《集成》11528 郾王喜矛：郾（燕）王喜

《集成》11529 郾王喜矛：郾（燕）王喜

《集成》11583 郾王喜劍：郾（燕）王喜

《集成》11584 郾王喜劍：郾（燕）王喜

《集成》11585 郾王喜鈹：郾（燕）王喜

《集成》11606 郾王喜劍：郾（燕）王喜

《集成》11607 郾王喜劍：郾（燕）王喜

二 燕系文字中的職官

《集成》11612 郾王喜劍：郾（燕）王喜

《集成》11613 郾王喜劍：郾（燕）王喜

《集成》11614 郾王喜劍：郾（燕）王喜

《集成》11615：郾王喜劍：郾（燕）王喜

《集成》11616 郾王喜劍：郾（燕）王喜

《集成》11617 郾王喜劍：郾（燕）王喜

《集成》11705 郾王喜劍：郾（燕）王喜

《新收》1308 郾王喜矛：郾（燕）王喜

《商周集成》17645 燕王喜矛：燕王喜

《兵器圖錄》1.6 郾王喜造御司馬鐱：郾（燕）王喜

《兵器圖錄》1.7 郾王喜造御司馬鐱：郾（燕）王喜

《兵器圖錄》2.15 郾王喜造鈹：郾（燕）王喜

《兵器圖錄》2.16 郾王喜造鈹：郾（燕）王喜

《兵器圖錄》3.6 郾王喜矛：郾（燕）王喜

《兵器圖錄》3.11 郾王矛：郾（燕）王喜

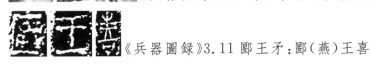

243

"郾王喜",即燕王喜,姓姬,名喜,是戰國時期燕國的第四十三任君主,亦是末代君主,在位33年,即公元前254~公元前222年。《史記·燕召公世家》:"三年卒,子今王喜立……二十三年,秦拔遼東,虜燕王喜,卒滅燕。"

襄安君

《集成》9606 襄安君鉩:纕(襄)宎(安)君

"襄安君",燕昭王时封君,可能是燕昭王之弟。《戰國策·趙策四》:"臣又願足下有地效于襄安君以資臣也。"馬王堆帛書《戰國縱橫家書·蘇秦自齊獻書于燕王章》:"匂(趙)疑燕而不功(攻)齊,王使襄安君東,以便事也。"①

武平君

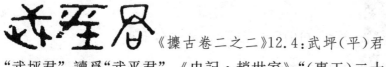《攈古卷二之二》12.4:武坪(平)君

"武坪君",讀爲"武平君"。《史記·趙世家》:"(惠王)二十一年,趙徙漳水武平西。"張守節《正義》引《括地志》云:"武平亭今名渭城,在瀛州文安縣北七十二里。"武平在今河北省文安縣附近,武平君指武平的封君。

霸昌君

《彙考》90:霸昌君

"霸昌君",待考。

都

《集成》11304 郾王職戈:涿州都②

---

① 吳振武:《釋"受"並論盱眙南窑銅壺和重金方壺的國別》,《古文字研究》第14輯,中華書局,1986年,第51~59頁。

② 吳振武:《燕國銘刻中的"泉"字》,《華學》第2輯,中山大學出版社,1996年,第47~52頁。

二 燕系文字中的職官

《璽彙》0190：妏（容）成（城）都枋（柄）郊左

《璽彙》0191：䥯（剛）䧗（陰）都信堚（垣）左

《璽彙》0215：䥯（剛）䧗（陰）都清左

《璽彙》5562：中昜（陽）都喚（苑）王勺（符）

《璽彙》5556：坪（平）䧗（陰）都鈢（璽）

《彙考》78：帚昜（陽）都鈢（璽）

《彙考》76：䢵（易）都喚（苑）

《彙考》88：良都□亩（廩）左

《璽彙》0366：毋□都鍴（瑞）

《陶彙》4.13：昜（陽）都喚（苑）王勺（符）

《陶彙》4.18：余無都鍴（瑞）

《陶彙》4.29：昜（陽）安都王勺（符）鍴（瑞）

二 燕系文字中的職官

《陶録》4.211.1：酉(酒)城都王勹(符)鍴(瑞)

《陶録》4.211.2：酉(酒)城都唤(苑)王勹(符)

《陶録》4.211.3：日庚都王勹(符)鍴(瑞)

《新古》042：酉(酒)城都王勹(符)鍴(瑞)

《新古》043：酉(酒)城都王勹(符)鍴(瑞)

《新古》044：酉（酒）城都喚（苑）王勺（符）

《新古》045：日庚都王勺（符）鍴（瑞）

《新古》046：昜（陽）安都王勺（符）鍴（瑞）

"都"，燕國的地方行政組織。周制，四縣爲都。《周禮·地官·小司徒》："九夫爲井，四井爲邑，四邑爲丘，四丘爲甸，四甸爲縣，四縣爲都，以任地事而令貢賦。"或四鄉爲都。《管子·乘馬》："官成而立邑：五家而伍，十家而連，五連而暴，五暴而長，命之曰某鄉，四鄉命之曰都，邑制也。"

"都"前多爲地名。

左宫

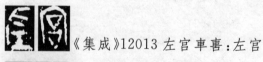

《集成》12013 左宫車軎：左宫

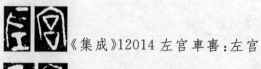

《集成》12014 左宫車軎：左宫

《集成》11218 郾侯載戟：乍（作）左宫鋸

《集成》12068 左宫馬衡：左宫之三

《集成》12069 左宫馬衡：左宫之廿

《陶錄》4.23.1：左宫□

《陶錄》4.23.2：左宫□

《陶錄》4.23.3：左宫畋

《陶錄》4.24.1：左宫墫

《陶錄》4.24.2：左宫□

《陶錄》4.24.3：左宫巨隹

《陶錄》4.24.4：左宫巨隹

《陶錄》4.25.1：左宫者州

《陶錄》4.25.2：左宫者州

《陶錄》4.25.3：左宫者州

《陶錄》4.26.1：左宫敢

《陶錄》4.26.2：左宫敢

《陶錄》4.26.3：左宫敢

《陶錄》4.26.4：左宫起

《陶錄》4.27.1：左宫田左

二 燕系文字中的職官

《陶録》4.27.2：左宫田左

《陶録》4.27.3：左宫田左

《陶録》4.27.4：左宫□□

《陶録》4.28.1：左宫寇

《陶録》4.28.2：左宫繁

《陶録》4.28.3：左宫□

《陶録》4.28.4：左宫□

《陶録》4.30.1：左宫巨□

《陶錄》4.30.2：左官肸

《陶錄》4.30.3：左官方

《陶錄》4.30.4：左官談

《陶錄》4.33.2：左官□

《陶錄》4.33.3：左官□□

《陶錄》4.34.2：左官諫

《陶錄》4.115.2：左官辛□

《陶錄》4.116.1：左官□

二 燕系文字中的職官

《陶録》4.138.4：左宫□

《陶録》4.180.2：左宫

《陶録》4.207.1：左宫□

右宫

《集成》11057 郾侯右宫戈：右宫

《集成》11185 郾王職戈：〈右〉宫

《集成》11455 右宫矛：右宫

《璽彙》0258：右宫

《陶録》4.22.4：右宫居□

《陶録》4.29.1：右宫郫

《陶録》4.29.2：右宫偏（儞）

《陶録》4.29.3：右官竟

《陶録》4.29.4：右官㿬

《陶録》4.31.1：右官馬□

《陶録》4.31.2：右官馬□

《陶録》4.31.3：右官叟（曼）

《陶録》4.31.4：右官叟（曼）

《陶録》4.32.1：右官豊（豎）

《陶録》4.32.2：右官□

二 燕系文字中的職官

《陶録》4.32.3：右宫□

《陶録》4.32.4：右宫□

《陶録》4.33.1：右宫

《陶録》4.206.2：右宫□

《陶録》4.206.3：右宫得

《陶録》4.206.4：右宫□

"左宫某"或"右宫某"，宫字下呈雙三角形，是燕文字特殊寫法。左宫、右宫疑燕工官名。宫、室二字互訓，左、右宫或類似於秦漢時代的左、右工室。一說指燕王宫廷，製作者是隸屬於王宫的陶工。燕陶文又有"左匋攻某""右陶攻某"，"左""右"有可能是"左宫""右宫"的省稱。① 或推測"左、右宫"在戰國早期是作爲燕王的扈從部隊而存在，而中、晚期轉爲工官組織。②

---

① 湯餘惠：《戰國銘文選》，吉林大學出版社，1993年，第100頁。
② 董珊：《戰國題銘與工官制度》，北京大學博士學位論文，2002年，第76～77頁。

下宫

《集成》12015 下宫車害:下宫

北宫

骨盖弓帽:泓北宫①

西宫

《集成》9563 西宫壺:西宫

"下宫""北宫""西宫",當爲燕王宫室名,亦有制作之職能。

右軍

《集成》11220 郾侯載戈:右軍

《集成》11286 不降戈:右軍

《集成》11456 右庫矛:右軍

《集成》11484 郾右軍矛:右軍

左軍

《集成》10931 左軍戈:左軍

《集成》11402 枳里瘍戈:左軍

《集成》11513 郾侯載矛:左軍

---

① 河北省文化局文物工作隊:《燕下都第 22 號遺阯發掘報告》圖六.1,《考古》1965 年第 11 期,第 568 頁。

二 燕系文字中的職官

《陶彙》4.133 左軍

中軍

《璽彙》5547：中軍ム（尉）

《璽彙》0368：中軍豆（鼓）車

古代行軍作戰分左、中、右或上、中、下三軍，由主將所在的中軍發號施令。《史記·燕世家》："燕王怒，群臣皆以爲可，卒起二軍。"所謂"二軍"應指左軍和右軍。至於中軍則由燕王直接統領。參《左傳·桓公五年》："王以諸侯伐鄭，王爲中軍，虢公林父將右軍，周公黑肩將左軍。"又據《資治通鑒·周紀四》載赧王三十一年，燕樂毅以左軍、前軍、右軍、後軍、中軍五路大軍入侵齊國，則説明燕國已有五軍。① 從目前所見出土燕文字材料看，已有中軍、左軍、右軍的記載，但未見前、後二軍的材料。

萃車馬

《璽彙》0293：日庚都萃車馬

"萃車馬"，《周禮·春官·車僕》："掌戎路之萃。"鄭玄注："萃，猶副也。"又《車僕》"廣車之萃"，注："橫陣之車也。"孫詒讓正義："萃即謂諸車之部隊。"②

---

① 何琳儀：《莒縣出土東周銅器銘文匯釋》，《文史》2000年第1輯，第29～37頁。
② 何琳儀：《戰國古文字典》，中華書局，1998年，第1172頁。

王萃

《集成》11187 郾王職戈：乍（作）王萃

《集成》11190 郾王職戈：乍（作）王萃

《集成》11191 郾王職戈：乍（作）王萃

"王萃"，何琳儀師認爲是"王車之名"。① 董珊先生讀爲"王卒"，指燕王的直屬部隊。《左傳·桓公五年》："蔡、衛、陳皆奔，王卒亂，鄭師合以攻之，王卒大敗。祝聃射王中肩，王亦能軍。"此"王卒"是周王親自率領的直系部隊。故燕兵銘文中的"王卒"就是燕王的直屬部隊。②

安萃

《集成》11217 郾侯載戈：乍（作）夋（安）萃鋸

《集成》11219 郾侯載戈：乍（作）夋（安）萃鋸

《集成》11221 郾侯職戈：乍（作）夋（安）萃鋸

《集成》11223 郾王職戈：乍（作）夋（安）萃鋸

《集成》11225 郾王職戈：乍（作）夋（安）萃鋸

《集成》11272 郾侯脮戈：乍（作）夋（安）萃鋘鋸

"夋萃"，徐在國先生疑讀爲"安萃"，安車之萃。夋、瑗二字古通，暖、安二字古通，夋可讀爲"安"。"安車"見於《周禮·春官·巾車》："王后之五路：重翟，錫面朱總；厭翟，勒面繢總；安車，雕面鷖總，皆有容蓋……"鄭玄注："安車，坐乘車。

---

① 何琳儀：《戰國文字通論訂補》，江蘇教育出版社，2003年，第104頁。
② 董珊：《戰國題銘與工官制度》，北京大學博士學位論文，2002年，第100頁。

凡婦人車皆坐乘。"①董珊先生釋爲"矢萃",讀爲"側卒"。側,訓爲偏側,側卒似相當於偏軍。《史記·燕召公世家》:"自將偏軍隨之。"②

霎萃

《集成》11224 郾王職戈:乍(作)霎萃鋸

《集成》11227 郾王職戈:乍(作)霎萃鋸

《集成》11304 郾王職戈:乍(作)霎萃鋸

《集成》11184:郾侯脮戈:乍(作)□萃鐱鈢

"霎萃",何琳儀師認爲霎下部從古文"及",《釋名·釋車》"胡奴車"與"霎萃"有關。③ 董珊先生釋爲"雲萃",其義待考。④

廣萃

《新收》1152 郾王職戈:黃(廣)卒(萃)

"黃卒",讀爲"廣萃"。《周禮·春官·車僕》"廣車之萃",鄭玄注:"横陣之車也。"孫詒讓正義:"萃即謂諸車之部隊。"⑤ 或認爲廣卒是一種以戰車爲中心的部隊編制。⑥

---

① 徐在國:《燕國文字中的"夬"及從"夬"之字》,《中國文字研究》第 17 輯,上海人民出版社,2012 年,第 33 頁。
② 董珊:《戰國題銘與工官制度》,北京大學博士學位論文,2002 年,第 100 頁。
③ 何琳儀:《戰國文字通論訂補》,江蘇教育出版社,2003 年,第 105 頁。
④ 董珊:《戰國題銘與工官制度》,北京大學博士學位論文,2002 年,第 100 頁。
⑤ 何琳儀:《戰國文字通論訂補》,江蘇教育出版社,2003 年,第 105 頁。
⑥ 趙君俊:《戰國時期燕國兵器研究》,北京師範大學碩士學位論文,2006 年,第 33 頁。

鼓車

《璽彙》0368：中軍壴（鼓）車

"壴車"，讀爲"鼓車"，指軍隊中的中軍指揮車。《左傳·成公元年》："郤克將中軍……癸酉，師陳於鞌。邴夏御齊侯，逢丑父爲右。晉解張御郤克，鄭丘緩爲右。齊侯曰：'余姑翦滅此而朝食。'不介馬而馳之。郤克傷於矢，流血及屨，未絶鼓音。"①

行議

《集成》11305 郾王詈戈：怍行義（儀）自甲司馬鈢

《集成》11243 郾王詈戈：行議（儀）鋑

《集成》11350 行議鋑：怍行議（儀）鋑

"行議""行義"，皆讀爲"行儀"，是燕王的侍衛，大概是"一種儀仗部隊的名稱"。②

弢

《集成》11931 弩機：括右弢攻（工）尹

《集成》11916 距末：其我弢攻（工）書

"右弢""我弢"後接有"攻（工）尹"這樣的職官名，或推測右弢、我弢可能是中央機構名。③

---

① 何琳儀：《古璽雜識》，《遼海文物學刊》，1989 年第 2 期，第 138～143 頁。
② 李學勤、鄭紹宗：《論河北近年出土的戰國有銘青銅器》，《古文字研究》第 7 輯，中華書局，1982 年，第 127 頁。
③ 陸德富：《戰國時代官私手工業的經營形態》，復旦大學博士學位論文，2011 年，第 75 頁。

二　燕系文字中的職官

左周宛

《集成》11925 左周弩牙：左周宛

《集成》11926 左周弩牙：左周宛

《集成》11927 左周弩牙：左周宛

《集成》11928 左周弩牙：左周宛

"左周宛",應是手工製造機構,與弩牙製作相關,但其具體所指有待進一步考證。關於銘文中"宛"的辨認可參看董珊和趙平安兩位先生的說法。①

右庫

《集成》11109 郾王右庫戈：右庫

"右庫",與"左庫"相對,常見於三晉兵器銘文中,是製造、儲藏、輸送器物的處所。

具府

《集成》11292 二年右具府戈：叴（𠫓）具䏌（府）

《新收》979 二年右具府戈：叴（𠫓）具䏌（府）

"具府",湯餘惠先生認爲是貯藏和製造畜廄用具的府庫。② 或認爲"具府"爲藏幣之府。

---

① 董珊:《戰國題銘與工官制度》,北京大學博士學位論文,2002 年,第 116 頁。趙平安:《戰國文字中的"宛"及其相關問題研究》,《新出簡帛與古文字古文獻研究》,商務印書館,2009 年,第 151 頁。

② 湯餘惠:《略論戰國文字形體研究中的幾個問題》,《古文字研究》第 15 輯,中華書局,1986 年,第 51 頁。

左、右㐭

《集成》11784 鐵斧範：左㐭（廩）

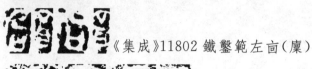《集成》11802 鐵鑿範左㐭（廩）

《集成》11827 鐵鎌範：左㐭（廩）

《集成》11832 鐵钁範：左㐭（廩）

《集成》11833 鐵钁範：左㐭（廩）

《西清古鑑》19.3 方壺：王后右㐭（廩）

"左、右㐭"，即"左、右稟（廩）"，燕國宫廷機構中所設左、右廩，大概是專爲宫廷服務的鑄器或置器之所。① 《説苑·反質》："夫御廩者，寡人寶之所藏也。"左、右廩也應該是燕王之御廩。②

廩左

《彙考》87：良都□㐭（廩）左

"㐭左"，即稟（廩）左，疑與"左稟（廩）"同。

米粟

《璽彙》0287：柂渾都米槀（粟）鈢（璽）

---

① 吳振武：《戰國"㐭（廩）"字考察》，《考古與文物》1984 年第 4 期，第 84 頁。
② 董珊：《戰國題銘與工官制度》，北京大學博士學位論文，2002 年，第 116 頁。

"米粟",見《孟子·公孫丑下》:"米粟非不多也。"《周禮·地官·舍人》:"掌米粟之出入,辨其物。"疏:"粟即粱也。《爾雅·釋草》:粱,稷也。稷爲五穀之長,故特舉以配米也。其實九穀皆有。"燕官璽"桓洭都米粟璽",應是"桓洭"地區掌管穀物的機構的印章。根據《周禮》記載,這一機構的長官稱"舍人"。①

遽馹

《璽彙》0186:埥(塒)都㕡(遽)皇(馹)

《璽彙》0187:坪(平)陰(陰)都㕡(遽)皇(馹)

《璽彙》0188:䦅(啓)昜(陽)都㕡(遽)皇(馹)

《璽彙》0189:梋昜(陽)都㕡(遽)皇(馹)

《璽彙》5551:洵盛(城)都㕡(遽)皇(馹)

《璽彙》5552:桓洭都㕡(遽)皇(馹)

---

① 何琳儀:《戰國官璽雜識》,《印林》16卷第2期(臺灣),1995年,第2~11頁。

《彙考》76：文安都吳（遽）皇（駰）

《彙考》79：武易（陽）都吳（遽）皇（駰）

"吳皇"，讀爲"遽駰"。吳，可看作虞的簡化，虞、遽都是群母魚部字，《説文》"虞"字或體作"鏣"，可證二字音近通假。皇和駰都是脂部入聲，聲母都是鼻音，亦可通假。《爾雅·釋言》："駰、遽，傳也。"《説文·馬部》："駰，驛傳也。"《左傳·僖公三十三年》"且使遽告于鄭"，杜預注："遽，傳車。"又《文公十六年》"楚子乘駰會師於臨品"，杜預注："駰，傳車也。"印文並言"遽駰"，猶典籍所載"遽傳"或"傳遽"。《左傳·哀公二十一年》："羣臣將傳遽以告寡君。"《周禮·秋官·行夫》："掌邦國傳遽之小事。"《韓非子·喻老》："遽傳不用，故曰'卻走馬以糞。'"遽駰，指供應驛傳車馬及飲食休憩的機構。①

置駰

《彙考》79：武垕（城）坓（置）皇（駰）

"坓皇"，讀爲"置駰"。《史記·孝文本紀》"太僕見馬遺財足，餘皆以給傳置"，司馬貞《索隱》："按《廣雅》云'置，驛也'，《續漢書》云'驛馬三十里一置'，故樂產亦云'傳、置一也'。"置駰，與"遽駰"意思相同。②

桐室

《集成》2097 王后□桐室鼎：王后□桐室

---

① 朱德熙、裘錫圭：《戰國文字研究六種》，《朱德熙古文字論集》，中華書局，1995年，第43～48頁。

② 朱德熙、裘錫圭：《戰國文字研究六種》，《朱德熙古文字論集》，中華書局，1995年，第47頁。

《集成》2360 王后左桐室鼎：王后左桐室

《集成》2360.2 王后左桐室鼎：王后左桐室

《新收》631 漁陽大鼎：王后左桐室

《新收》320 大子鼎：大（太）子左桐室

《新收》807 王大后右桐室鼎：右桐室

李家浩先生釋爲"桐室"①，桐室可分爲左、右，是負責燕王后宫飲食的官署。② 或讀爲"涓室"，是由宦官組成的爲王太后或王后服務的機構。③ 或認爲"桐室"是王室宫廷冶金鑄器的場所。④

都市

《璽彙》0297：單佑都市璽

《璽彙》0292：埻（峙）都市鉩

---

① 李家浩：《盱眙銅壺芻議》，《古文字研究》第 12 輯，中華書局，1985 年，第 355～366 頁。
② 董珊：《戰國題銘與工官制度》，北京大學博士學位論文，2002 年，第 109 頁。
③ 馮勝君：《戰國燕青銅禮器銘文考釋》，《中國古文字研究》第一輯，吉林大學出版社，1999 年，第 185 頁。
④ 蘇建洲：《論戰國燕系文字中的"桐"》，《中國學術年刊》第 22 期，文津出版社，2007 年，第 108 頁。

《璽彙》0361：單佑都市王勹（符）鍴（瑞）

《彙考》89：武邔（垣）都市鍴（瑞）

《陶彙》4.151：埥（㞢）都市鉨

"都市"，指都城中的集市。此類璽印當皆爲市官所用之物，戰國時期各國對集市貿易管理比較嚴格，均設有"市官"。《周禮·地官·司市》："司市，掌市之治教政刑、量度禁令，以次敘分地而經市，以陳肆辨物而平市，以政令禁物靡而均市，以商賈阜貨而行布，以度量成賈而徵價，以質劑結信而止訟，以賈民禁僞而除詐，以刑罰禁虣而去盜，以泉府同貨而斂賒。大市，日昃而市，百族爲主；朝市，朝時而市，商賈爲主；夕市，夕時而市，販夫販婦爲主。"

市

《燕下都》上册圖版484.9：閖（關？）市麻鍴（瑞）

《彙考》90：□□邵洵□市之鉨（鉨）

《新古》048：□□市王勹

"市"前蓋皆爲地名，上揭二鉨蓋地方所設之市官掌印。

左市

《鉨彙》0354：左市

"左市"，說明市官可能也分左、右，但燕職官中未見右市。

大夫

《集成》11339 十三年戈：左乘馬大=（大夫）

《集成》11988 大夫北鍼：大大=（大夫）

《集成》11989 大夫北鍼：大=（大夫）

《集成》11990 大夫北鍼：大=（大夫）

《集成》11991 大夫北鍼：大=（大夫）

《集成》11992 大夫北鍼：大=（大夫）

《集成》11993 大夫北鍼：大=（大夫）

《集成》11402 梭里瘋戈:大=(大夫)

《集成》11917 上距末:孜尹劃(斷)之大=(大夫)

《集成》11931 八年五大夫弩機:攻尹五大=(大夫)

《集成》11988 大夫北鐱:大=(大夫)北

《新收》1758 富春大夫甗:郭大=(大夫)

《新收》1758 富春大夫甗蓋銘:郭大=(大夫)

"大="、"大夫"二字合文,爲燕國銘刻的特點,他國多作"夫="。五大夫,爵名,戰國時代楚、趙、魏、秦等國皆有五大夫(見《戰國策·楚策一》,又《趙策三》《魏策四》,《睡虎地秦簡·封診式》),秦漢時代爲二十等爵中的第九等爵。

右司馬

《璽彙》0058:埕(㫢)都右司馬

《彙考》86:埕(㫢)都右司馬

《璽彙》0059:弄(奉)都右司馬

二 燕系文字中的職官

《璽彙》0060：帚昜(陽)都右司馬

《璽彙》0061：鄤(鄢)邖都右司馬

《璽彙》5543：洵盛(城)都右司馬

左司馬

《璽彙》0050：埘(㫳)都左司馬

《璽彙》0052：忢(悅)隂(陰)都左司馬

《璽彙》0055：沃□都左司馬

《璽彙》5541：頋(夏)屋都左司馬

《彙考》83：□都左司馬

《彙考》83：□□都左司馬

"司馬"，執掌軍政和軍賦之官。《周禮·夏官司馬·叙官》："乃立夏官司馬，使帥其屬而掌邦政，以佐王平邦國。"燕國於都邑設有司馬一職，見於《戰國策·齊策六》"貂勃常惡田單"章："安平君以惴惴之即墨，三里之城，五里之郭，敝卒七千，禽其司馬，而反千里之齊。"司馬之職或分爲左、右。① 燕國官璽有都左司馬和都右司馬，這些司馬相當於《周禮·夏官·司馬》所見"都司馬"："都司馬，掌都之士庶子及其衆庶、車馬、兵甲之戒令。以國法掌其政學，以聽國司馬。家司馬，亦如之。"②

大司馬

《彙考》73：大司馬□

"大司馬"，掌管軍事的高級武官。《左傳·隱公三年》："宋穆公疾，召大司馬孔父而屬殤公焉。"

輿司馬

《集成》11059 作御司馬戈：御(輿)司馬

《集成》11236 郾王職戈：御(輿)司馬

---

① 曹錦炎：《古璽通論》，上海書畫出版社，1992 年，第 140 頁。
② 董珊：《戰國題銘與工官制度》，北京大學博士學位論文，2002 年，第 101 頁。

二 燕系文字中的職官

《集成》11278 郾王喜戈：御（輿）司馬

《新收》1831 郾王詈戈：御（輿）司馬

《新收》1986 郾王喜戈：御（輿）司馬

《兵器圖録》1.6 郾王喜造御司馬鍨：御（輿）司馬

《兵器圖録》1.7：郾王喜造御司馬鍨：御（輿）司馬

"御司馬"，讀爲"輿司馬"。《周禮·夏官·輿司馬》疏："輿司馬當上士，八人。"這説明輿司馬是掌管兵車的武官。①

右御

《兵器圖録》1.1 十年郾王詈造行議鍨：右御攻（工）䈞（尹）

"右御"，見於《韓非子·外儲説左上》："右御冶工言王曰：'臣聞人主無十日不燕之齋。今知王不能久齋以觀無用之器也，故以三月爲期。凡刻削者，以其所以削必小。今臣冶人也，無以爲之削，此不然物也，王必察之。'王因囚而問之，果妄，乃殺之。冶人謂王曰：'計無度量，言談之士多"棘刺"之説也。'"《書·冏命》"其侍御僕從"，蔡沈《集傳》："御，車御之官。"右御應屬這類掌管兵車之官，分左右。也見於《包山楚簡》180"右馭（御）鄁還。"

司徒

《璽彙》0010：郔（易）都司辻（徒）

---

① 何琳儀：《戰國文字通論訂補》，江蘇教育出版社，2003年，第104頁。

《璽彙》0011：䥫（剛）險（陰）都司辻（徒）

《璽彙》0012：文安都司辻（徒）

《璽彙》0013：坪（平）險（陰）都司辻（徒）

《璽彙》0014：忢（悅）險（陰）都司辻（徒）

《璽彙》0015：顕（夏）屋都司辻（徒）

《璽彙》0016：丏㘴（城）都司辻（徒）

《璽彙》0017：洵㘴（城）都司辻（徒）

《璽彙》0018：沶□都司辻（徒）

二 燕系文字中的職官

"司辻",即"司徒",官名。《詩·大雅·緜》"乃召司空,乃召司徒,俾立室家",鄭玄箋:"司徒,掌徒役之事。"《書·牧誓》:"我友邦冢君、御事、司徒、司馬、司空、亞旅、師氏、千夫長、百夫長……"《國語·周語》"司徒協旅",韋昭注:"司徒,掌合師旅之衆也。"《周禮·地官司徒·叙官》:"乃立地官司徒,使帥其屬而掌邦教,以佐王安擾邦國。"楊寬先生認爲:"'司土,原來主要是掌管土地的官,因兼管徵發徒役的事,後來也稱'司徒'。"①楊樹達先生也説:"余謂古官名本爲司土,徒乃假字","司土本掌土地"。②

左司徒

《璽彙》0020:左司辻(徒)

《彙考》86:埻(峙)都左司辻(徒)鉨(璽)

右司徒

《璽彙》0021:遹(酒)都右司辻(徒)

"司徒",從上列璽文可知又分左、右。

大司徒

《璽彙》0022:大司辻(徒)長勺(符)乘(證)

---

① 楊寬:《古史新探》,中華書局,1965年,第160~161頁。
② 楊樹達:《司徒、司馬、司空釋名》《彝銘與文字》,《積微居小學述林》,上海古籍出版社,2007年,第242~245頁、第261~262頁。

"大司辻",即"大司徒",官名。《周禮》以"大司徒"地官之長,《周禮·地官·大司徒》:"以天下土地之圖,周知九州之地域廣輪之數。辨山林、川澤、丘陵、墳衍、原隰之名物……以土會之法,辨五地之物生。"可見大司徒掌土地、産殖諸事。

司空

《璽彙》0082:萬(薊)都司工(空)

《璽彙》0085:坪(平)陰(陰)都司工(空)

《璽彙》0086:鄙(鄙)郖都司工(空)

《璽彙》5545:沃□都司工(空)

"司工",即"司空"。燕國的地方設有司空以主管水土之事。①《周禮·考工記》鄭玄注:"司空掌營城郭、建都邑,立社稷、宗廟,造宫室、車服、器械,監百工者。唐虞已上曰共工。"

司寇

《璽彙》3838:司寇辻(徒)厶

---

① 陸德富:《戰國時代官私手工業的經營形態》,復旦大學博士學位論文,2011年,第77頁。

"司寇",官名。有學者認爲燕國没有司寇,看來是不準確的。

都長

 《集成》11304:湶(泉)型(州)都綗(長)

"都綗",讀爲"都長",指泉州縣城的地方長官。《後漢書·章帝紀》"以輔長相",注:"長,謂縣長。"①

左軍尉

《璽彙》0126:左軍厃(尉)耑(瑞)

"厃",即"危"字,當從王獻唐、李家浩、大西克也等先生讀作"尉"。《左傳·襄公十九年》:"羊舌大夫爲尉。"杜預注:"尉,軍尉。"先秦時期的"尉"主要是掌管兵刑之官,與"司寇"的職掌比較接近。②

陶尹

《陶録》4.2.1:左缶(陶)肙(尹)

《陶録》4.4.1:左缶(陶)肙(尹)

《陶録》4.4.2:左缶(陶)肙(尹)

《陶録》4.6.2:左缶(陶)肙(尹)

---

① 何琳儀:《古兵地名雜識》,《考古與文物》1996年第6期,第69頁。對"泉"字的釋讀,參吴振武:《燕國銘刻中的"泉"字》,《華學》第2輯,中山大學出版社,1996年,第47~52頁。

② 大西克也:《試論上博楚簡〈緇衣〉中的 字及相關諸字》,《第四届國際中國古文字學研討會論文集》,香港中文大學中國語言及文學系,2003年,第331~345頁。

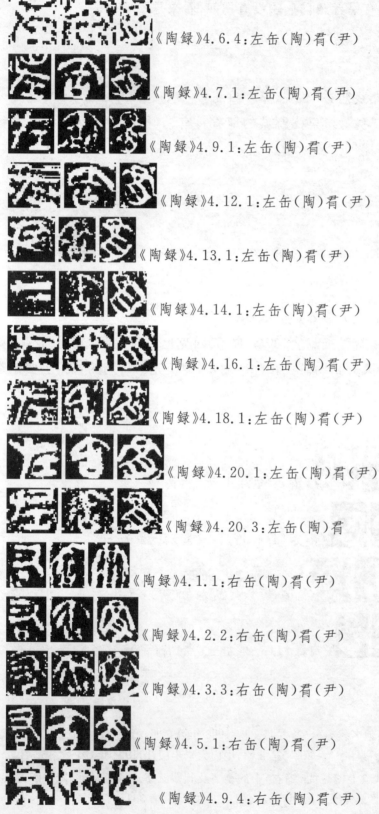

《陶録》4.6.4：左缶（陶）肙（尹）
《陶録》4.7.1：左缶（陶）肙（尹）
《陶録》4.9.1：左缶（陶）肙（尹）
《陶録》4.12.1：左缶（陶）肙（尹）
《陶録》4.13.1：左缶（陶）肙（尹）
《陶録》4.14.1：左缶（陶）肙（尹）
《陶録》4.16.1：左缶（陶）肙（尹）
《陶録》4.18.1：左缶（陶）肙（尹）
《陶録》4.20.1：左缶（陶）肙（尹）
《陶録》4.20.3：左缶（陶）肙
《陶録》4.1.1：右缶（陶）肙（尹）
《陶録》4.2.2：右缶（陶）肙（尹）
《陶録》4.3.3：右缶（陶）肙（尹）
《陶録》4.5.1：右缶（陶）肙（尹）
《陶録》4.9.4：右缶（陶）肙（尹）

二　燕系文字中的職官

《新古》001：右缶(陶)君(尹)

《新古》002：右缶(陶)君(尹)

《新古》003：左缶(陶)君(尹)

《新古》004：右缶(陶)君(尹)

《新古》005：右缶(陶)君(尹)

《新古》006：右匋(陶)尹

《新古》007：右缶（陶）君（尹）

《新古》008：右缶（陶）君（尹）

《新古》009：左缶（陶）君（尹）

《新古》010：左缶（陶）君（尹）

《新古》012：右缶（陶）君（尹）

《新古》013：左缶（陶）君（尹）

二 燕系文字中的職官

《新古》015：左缶(陶)𦘕(尹)

《新古》016：左缶(陶)𦘕(尹)

《新古》018：左缶(陶)𦘕(尹)

《新古》019：右缶(陶)𦘕(尹)

《新古》021：左缶(陶)𦘕(尹)

《新古》022：左缶(陶)𦘕(尹)

《新古》023：右缶（陶）君（尹）

《新古》024：右缶（陶）君（尹）

《新古》025：右缶（陶）君（尹）

《新古》026：右缶（陶）君（尹）

《新古》028：右缶（陶）君（尹）

《新古》029：左缶（陶）君（尹）

二　燕系文字中的職官

《新古》030：右缶（陶）眘（尹）

《新古》031：右缶（陶）眘（尹）

《新古》032：右缶（陶）眘（尹）

《新古》034：右缶（陶）眘（尹）

《新古》036：左缶（陶）眘（尹）

《新古》037：左缶（陶）眘（尹）

"缶君",讀爲"陶尹",是管理陶工的職官。李零先生認爲燕國陶文中陶尹當是省(監造)者。① 李學勤先生指出左、右陶尹是燕國主管制陶的機構,由陶文可知其人員有倕、攼(廠)、工三級。② 陸德富先生提出燕國中央制陶機構分爲左、右兩部,分別由左、右陶尹負責。③

倈

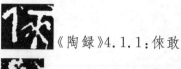《陶錄》4.1.1:倈敢

《陶錄》4.2.1:倈□

《陶錄》4.2.2:倈旃(看)

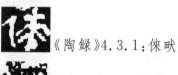《陶錄》4.3.1:倈畎

《陶錄》4.3.2:倈□

《陶錄》4.3.3:倈敢

《陶錄》4.4.1:倈湯

《陶錄》4.4.2:倈畎

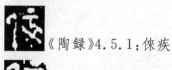《陶錄》4.5.1:倈疾

《陶錄》4.6.1:倈疾

---

① 李零:《齊、燕、邾、滕陶文的分類與題銘格式——新編全本〈季木藏陶〉介紹》,《管子學刊》1990年第1期,第85～86頁。

② 李學勤:《燕、齊陶文叢論》,《上海博物館集刊》第6期,上海古籍出版社,1992年,第170～171頁。

③ 陸德富:《戰國時代官私手工業的經營形態》,復旦大學博士學位論文,2011年,第68頁。

二 燕系文字中的職官

《陶録》4.6.3：佚疾

《陶録》4.7.1：佚湯

《陶録》4.8.1：佚湯

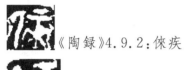《陶録》4.9.2：佚疾

《陶録》4.9.4：佚敢

《陶録》4.10.1：佚剸（斷）

《陶録》4.11.1：佚剸（斷）

《陶録》4.11.2：佚湯

《陶録》4.12.1：佚

《陶録》4.14.1：佚湯

《陶録》4.14.3：佚

《陶録》4.16.2：佚湯

《陶録》4.16.3：佚湯

《陶録》4.17.2：佚

《陶録》4.18.1：佚湯

《陶錄》4.18.2：俆

《陶錄》4.19.1：俆剸(斷)

《陶錄》4.210.1：俆疾

《陶錄》4.210.2：俆湯

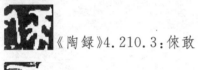《陶錄》4.210.3：俆敢

《新古》001：俆剸(斷)

《新古》002：俆疾

《新古》003：左缶(陶)俆湯

《新古》004：俆疾

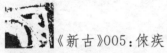《新古》005：俆疾

《新古》010：俆㫖(看)

《歷新古》011：俆胲(朧)

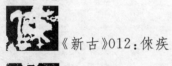《新古》012：俆疾

《新古》013：俆□

二 燕系文字中的職官

《新古》015：佚湯

《新古》016：佚湯

《新古》017：佚湯

《新古》019：佚劀（斷）敀（廏）□

《新古》021：佚湯

《新古》022：□缶（陶）佚湯

《新古》023：佚劀（斷）

《新古》024：佚劀（斷）

《新古》025：佚𦭼（看）

《新古》026：佚□

《新古》027：佚□

《新古》028：佚敢

《步新古》029：左缶（陶）佚湯

《新古》030：佚劀（斷）

《新古》031：佚□

《新古》033：俫劗（斷）

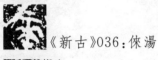《新古》036：俫湯

《新古》037：俫胺

"俫"字究爲何字，尚未有定論。湯餘惠先生隸作"倕"，从人，垂聲，讀爲"佐"。燕陶中的陶倕或省稱"倕"，通常次於陶尹之後，應是陶尹的佐官。① 何琳儀師懷疑俫即"里"，來、里雙聲疊韻，典籍每多通假。《書·湯誓》"予其大賚汝"；《史記·殷本紀》作"予其大里女"；《詩·周頌·思文》"貽我來牟"，《漢書·劉向傳》引"來"作"釐"。《左傳·昭公二十四年》"杞伯郁釐卒"，陸德明《釋文》"釐"作"氂"。《汗簡》引《古尚書》"貍"作"狹"等，均其確證。燕國陶文"俫"即齊國陶文"里"，可能是方言所致。② 李零先生認爲"陶垂"可能是陶師，與"敀（廄）"同爲主（主辦）者。③ 董珊先生提出：燕國陶文的"俫"和"伯"，是分別相當於秦兵器題銘的"工師"和"丞"。④

敀（廄）

《陶錄》4.1.1：敀（廄）貳（賀）

《陶錄》4.2.1：敀（廄）瑩

《陶錄》4.2.2：敀（廄）貳（賀）

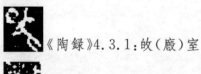《陶錄》4.3.1：敀（廄）室

《陶錄》4.3.2：敀（廄）貳（賀）

---

① 湯餘惠：《戰國銘文選》，吉林大學出版社，1993年，第101～102頁。
② 何琳儀：《古陶雜識》，《考古與文物》1992年第4期，第76～81頁。
③ 李零：《齊、燕、邾、滕陶文的分類與題銘格式——新編全本〈季木藏陶〉介紹》，《管子學刊》1990年第1期，第85～86頁。
④ 董珊：《戰國題銘與工官制度》，北京大學博士學位論文，2002年，第127頁。

二　燕系文字中的職官

《陶録》4.3.3：敀（廏）贰（賀）

《陶録》4.4.1：敀（廏）國

《陶録》4.4.2：敀（廏）瑩

《陶録》4.5.1：敀（廏）贰（賀）

《陶録》4.6.1：敀（廏）□

《陶録》4.6.2：敀（廏）國

《陶録》4.6.3：敀（廏）贰（賀）

《陶録》4.7.1：敀（廏）國

《陶録》4.8.1：敀（廏）國

《陶録》4.9.1：敀（廏）國

《陶録》4.9.4：敀（廏）贰（賀）

《陶録》4.10.1：敀（廏）□

《陶録》4.11.1：敀（廏）贰（賀）

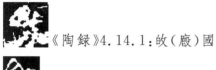《陶録》4.14.1：敀（廏）國

《陶録》4.16.2：敀（廏）國

· 287 ·

《陶録》4.16.3：敀（廄）國

《陶録》4.18.1：敀（廄）國

《陶録》4.19.1：敀（廄）貮（賀）

《陶録》4.20.4：敀（廄）貮（賀）

《陶録》4.210.1：敀（廄）貮（賀）

《陶録》4.210.2：敀（廄）□

《陶録》4.210.3：敀（廄）貮（賀）

《新古》001：敀（廄）貮（賀）

《新古》002：敀（廄）貮（賀）

《新古》003：敀（廄）國

《新古》004：敀（廄）貮（賀）

《新古》005：敀（廄）貮（賀）

《新古》007：敀（廄）貮（賀）

《新古》010：敀（廄）貮（賀）

《新古》011：敀（廄）□

二　燕系文字中的職官

《新古》012：敀（廄）貮（賀）

《新古》013：敀（廄）瑩

《新古》014：敀（廄）貮（賀）

《新古》015：敀（廄）國

《新古》016：敀（廄）國

《新古》019：敀（廄）□

《新古》020：敀（廄）貮（賀）

《新古》021：敀（廄）□

《新古》022：敀（廄）□

《新古》024：敀（廄）貮（賀）

《新古》025：敀（廄）貮（賀）

《新古》026：敀（廄）貮（賀）

《新古》027：敀（廄）國

《新古》028：敀（廄）貮（賀）

《新古》029：敀（廄）國

《新古》030：敀（廠）贁（賀）

《新古》032：敀（廠）贁（賀）

《新古》034：敀（廠）贁（賀）

《新古》036：敀（廠）國

《新古》037：敀（廠）瑩

"敀（廠）"的釋讀衆說紛紜，或釋爲"啟"①。或釋"敀（廠）"，讀爲"搏"。《考工記》把陶人、瓬人合稱爲"搏埴之工二"，鄭玄注云："搏之言拍也；埴，黏土也。"實際瓬也與搏有關，《說文》："瓬，周家搏埴之工也。从瓦，方聲。"《考工記》注先鄭云讀若"甫"，後鄭云讀若"放"。甫與方、放古音皆幫母，魚陽對轉，因此將敀（廠）讀爲"瓬"也是可以的。② 或釋爲"殷"，讀爲"軌"。《管子·小匡》："管子制五家以爲軌，軌爲之長。"又《國語·齊語》："管子於是制國，五家爲軌，軌爲之長，……五家爲軌，故五人爲伍，軌長帥之。"③或釋"敀（廠）"，讀爲"輔"。《周禮·天官·大宰》："陳其殷，置其輔。"鄭玄注："輔，府史，庶人在官者。"④

陶工

《陶錄》4.12.2：缶（陶）攻（工）脧（朕）

---

① 曹錦炎：《釋戰國陶文中的"啟"》，《考古》1984年第1期，第83~85頁。
② 李學勤：《燕、齊陶文叢論》，《上海博物館集刊》第6期，上海古籍出版社，1992年，第171頁。
③ 孫敬明、李劍、張龍海：《臨淄齊故城內外新發現的陶文》，《文物》1988年第2期，第83~85頁。
④ 董珊：《戰國題銘與工官制度》，北京大學博士學位論文，2002年，第127頁。

二　燕系文字中的職官

《陶録》4.13.1：缶（陶）攻（工）脍（䏶）

《陶録》4.16.1：缶（陶）攻（工）黑

《陶録》4.20.1：缶（陶）攻（工）黑

《陶録》4.35.1：缶（陶）攻（工）佥（鞭）

《陶録》4.35.2：缶（陶）攻（工）佥（鞭）

《陶録》4.35.3：缶（陶）攻（工）佥（鞭）

《陶錄》4.35.4：缶(陶)攻(工)舌

《陶錄》4.36.1：缶(陶)攻(工)訢

《陶錄》4.36.2：缶(陶)攻(工)訢

《陶錄》4.36.3：缶(陶)攻(工)訢

《陶錄》4.36.4：缶(陶)攻(工)士

《陶錄》4.37.1：缶(陶)攻(工)登

《陶録》4.37.2：缶(陶)攻(工)登

《陶録》4.37.3：缶(陶)攻(工)登

《陶録》4.37.4：士缶(陶)攻(工)上

《陶録》4.38.1：缶(陶)攻(工)上

《陶録》4.38.2：缶(陶)攻(工)上

《陶録》4.38.3：缶(陶)攻(工)上

《陶録》4.38.4：缶(陶)攻(工)上

《陶録》4.39.1：缶（陶）攻（工）善

《陶録》4.39.2：缶（陶）攻（工）善

《陶録》4.39.4：缶（陶）攻（工）音

《陶録》4.40.1：缶（陶）攻（工）□

《陶録》4.40.2：缶（陶）攻（工）□

《陶録》4.40.3：缶（陶）攻（工）□

二 燕系文字中的職官

《陶録》4.40.4：缶（陶）攻（工）□

《陶録》4.41.1：缶（陶）攻（工）□

《陶録》4.41.2：缶（陶）攻（工）匡

《陶録》4.41.3：缶（陶）攻（工）勺

《陶録》4.41.4：缶（陶）攻（工）勺

《陶録》4.42.1：缶（陶）攻（工）神

《陶録》4.42.2：缶（陶）攻（工）䢔

《陶録》4.42.3：缶（陶）攻（工）䢔

《陶録》4.42.4：缶（陶）攻（工）乙

《陶録》4.43.1：缶（陶）攻（工）諜

《陶録》4.43.2：缶（陶）攻（工）諫

《陶録》4.43.3：缶（陶）攻（工）諫

二　燕系文字中的職官

《陶録》4.43.4：缶（陶）攻（工）斂

《陶録》4.44.1：缶（陶）攻（工）乘

《陶録》4.44.2：缶（陶）攻（工）□

《陶録》4.44.3：缶（陶）攻（工）趣

《陶録》4.44.4：缶（陶）攻（工）□

《陶録》4.45.1：缶（陶）攻（工）凵

《陶録》4.45.2：缶(陶)攻(工)凵

《陶録》4.45.3：缶(陶)攻(工)凵

《陶録》4.45.4：缶(陶)攻(工)凵

《陶録》4.46.1：缶(陶)攻(工)□

《陶録》4.46.2：缶(陶)攻(工)□

《陶録》4.46.3：缶(陶)攻(工)□

二　燕系文字中的職官

《陶録》4.46.4：缶（陶）攻（工）□

《陶録》4.47.1：缶（陶）攻（工）□

《陶録》4.47.3：缶（陶）攻（工）□

《陶録》4.48.1：缶（陶）攻（工）遉（得）

《陶録》4.48.2：缶（陶）攻（工）遉（得）

《陶録》4.48.3：缶（陶）攻（工）遉（得）

《陶錄》4.53.1：缶（陶）攻（工）生

《陶錄》4.53.4：缶（陶）攻（工）干

《陶錄》4.54.1：缶（陶）攻（工）□

《陶錄》4.54.3：缶（陶）攻（工）北

《陶錄》4.56.1：缶（陶）攻（工）丁

《陶錄》4.57.1：缶（陶）攻（工）息

二 燕系文字中的職官

《陶録》4.57.3：缶（陶）攻（工）罰

《陶録》4.58.2：缶（陶）攻（工）□

《陶録》4.58.3：缶（陶）攻（工）坴

《陶録》4.58.4：缶（陶）攻（工）坴

《陶録》4.59.1：缶（陶）攻（工）□

《陶録》4.59.3：缶（陶）攻（工）□

《陶録》4.59.4：缶(陶)攻(工)羊

《陶録》4.60.1：缶(陶)攻(工)坙

《陶録》4.60.3：缶(陶)攻(工)昌

《陶録》4.60.4：缶(陶)攻(工)隹

《陶録》4.63.1：缶(陶)攻(工)牛

《陶録》4.63.3：缶(陶)攻(工)士

《陶録》4.63.4：缶（陶）攻（工）秦

《陶録》4.64.1：缶（陶）攻（工）中

《陶録》4.64.2：缶（陶）攻（工）□

《陶録》4.64.3：缶（陶）攻（工）□

《陶録》4.65.1：缶（陶）攻（工）牛

《陶録》4.65.2：缶（陶）攻（工）牛

《陶録》4.71.1：缶（陶）攻（工）昌

《陶録》4.71.4：缶（陶）攻（工）昌

《陶録》4.76.3：缶（陶）攻（工）昌

《陶録》4.78.2：缶（陶）攻（工）昌

《陶録》4.80.4：缶（陶）攻（工）午

《陶録》4.83.1：缶（陶）攻（工）午

《陶録》4.83.2：缶(陶)攻(工)士

《陶録》4.87.4：缶(陶)攻(工)乙

《陶録》4.89.2：缶(陶)攻(工)乙

《陶録》4.100.3：缶(陶)攻(工)

《陶録》4.112.1：缶(陶)攻(工)佳

《新古》001：缶(陶)攻(工)悦

《新古》022：缶(陶)攻(工)□

《陶錄》4.2.1：左缶（陶）攻（工）剚（斷）

《陶錄》4.7.1：左缶（陶）攻（工）敢

《陶錄》4.8.1：左缶（陶）攻（工）敢

《陶錄》4.13.2：左缶（陶）攻（工）䒑

《陶錄》4.16.4：左缶（陶）攻（工）敢

二　燕系文字中的職官

《陶録》4.18.1：左缶(陶)攻(工)住

《陶録》4.19.3：左缶(陶)攻(工)湯

《陶録》4.15.4：左缶(陶)攻(工)秦

《陶録》4.12.3：左缶(陶)攻(工)宅

《陶録》4.11.1：右缶(陶)攻(工)湯

《陶錄》4.1.1：右缶（陶）攻（工）辻（徒）

《陶錄》4.5.1：右缶（陶）攻（工）湯

《陶錄》4.15.1：右缶（陶）攻（工）辻（徒）

《陶錄》4.15.2：右缶（陶）攻（工）湯

《陶錄》4.15.3：右缶（陶）攻（工）丑

二 燕系文字中的職官

《陶録》4.17.1：右缶(陶)攻(工)青

《陶録》4.17.3：右缶(陶)攻(工)戬(賀)

《陶録》4.20.2：右缶(陶)攻(工)戬(賀)

《新古》002：右缶(陶)攻(工)徒

《新古》003：左缶(陶)攻(工)敢

《新古》004：右缶（陶）攻（工）湯

《新古》005：右缶（陶）攻（工）湯

《新古》010：右缶（陶）攻（工）

《新古》012：右缶（陶）攻（工）□

《新古》015：左缶（陶）攻（工）敢

《新古》019：缶（陶）攻（工）依

二 燕系文字中的職官

《新古》023：右缶(陶)攻(工)戩(賀)

《新古》024：缶(陶)攻(工)依

《新古》025：右缶(陶)攻(工)□

《新古》026：右缶(陶)攻(工)□

《新古》027：缶(陶)攻(工)乘

《新古》034：右缶(陶)攻(工)徒

《新古》038：右缶（陶）攻（工）徒

《新古》039：右缶（陶）攻（工）訢

《新古》040：缶（陶）攻（工）佳

《新古》061：匋（陶）工□

《新古》062：缶（陶）工坐

《新古》063：缶（陶）工坐

《新古》068：缶（陶）攻（工）□

二 燕系文字中的職官

《新古》069：缶（陶）工午

《新古》070：缶（陶）攻（工）□

《新古》072：缶（陶）工坌

《新古》075：缶（陶）攻（工）□

《新古》077：（陶）工坌

《新古》079：缶（陶）工□

《新古》080：缶（陶）攻（工）乙

《新古》083：缶（陶）攻（工）

"缶攻",讀爲"陶工",制陶工人,見《通典·職官》。陶器上鈐印陶工私名璽,以備産品考核。陶工亦分左、右,隸屬不同的陶尹。

工

《集成》11931 弩機括:亓攻(工)涅

《集成》11916 距末:其我豛攻(工)書

《兵器圖録》1:十年鄢王罄造行議鐯:丌(其)攻(工)中

《考古》2001.9:攻□□

《考古》2001.9:攻□

《考古》2001.9:攻□

"攻",讀爲"工",工匠,是器物的實際製造者。

工尹

《兵器圖録》5.2:右昜(陽)攻(工)䎽(尹)

《集成》11931 弩機括:八右豛攻(工)䎽(尹)

《達觀齋燕國》50 號鑒刻銘文弩機①:昜攻(工)䎽(尹)

---

① 徐佔勇:《古兵器收藏系列叢書——弩機》,河北美術出版社,2007 年,第 43 頁。

二 燕系文字中的職官

《集成》11243:右攻(工)臂(尹)青

《集成》11350:右攻(工)臂(尹)青

《集成》11919 弩牙:右攻(工)臂(尹)

《集成》11920 弩牙:右攻(工)臂(尹)

《集成》11921 弩牙:右攻(工)臂(尹)

《集成》11922 弩牙:右攻(工)臂(尹)

《達觀齋燕國》49 號鏨刻銘文弩機[1]:右攻(工)臂(尹)

《集成》11923 弩牙:左攻(工)臂(尹)

《集成》11924 弩牙:左攻(工)臂(尹)

《集成》11929 弩牙:右昜攻(工)臂(尹)

《集成》11930 弩牙:右昜公攻(工)臂(尹)

《達觀齋燕國》51 號鏨刻銘文弩機[2]:左士攻(工)臂(尹)

---

[1] 徐佔勇:《古兵器收藏系列叢書——弩機》,河北美術出版社,2007年,第42頁。
[2] 徐佔勇:《古兵器收藏系列叢書——弩機》,河北美術出版社,2007年,第44頁。

《兵器圖録》5.3 燕國銘文弩機：左士攻（工）君（尹）

《兵器圖録》1.1 十年鄭王詈造行議鐱：右御攻（工）君（尹）

《兵器圖録》2.10 右攻尹鈹：右攻（工）君（尹）

《兵器圖録》5.1 燕國銘文弩機：右攻（工）君（尹）

"攻尹"，讀爲"工尹"，相當於三晉的工師，主造器物者。① 左攻尹主要是負責生產兵器，包括戈、戟，以及鈹、弩等。在生產弩機的部門裏，存在右易攻尹、右易公攻尹、右癹攻尹、右周宛等職官或官署，證明這一行業内部有較爲細致的分工。② 此工尹所掌也有可能爲專門的手工業生產機構。③《左傳·文公十年》"王使爲工尹"，杜預注："掌百工之官也。"

右内繕

《集成》11908 右内繕鍛：右内繕

"右内繕"，官名，跟保管、修繕器物的工作有關。④

封人

《璽彙》0192：帚昜（陽）都圭（封）人

《璽彙》5553：塾（峙）都圭（封）人

---

① 湯餘惠：《戰國銘文選》，吉林大學出版社，1993年，第66頁。
② 董珊：《戰國題銘與工官制度》，北京大學博士學位論文，2002年，第116頁。
③ 陸德富：《戰國時代官私手工業的經營形態》，復旦大學博士學位論文，2011年，第68頁。
④ 董珊：《戰國題銘與工官制度》，北京大學博士學位論文，2002年，第116頁。

二 燕系文字中的職官

"圭人",即"封人"。《周禮·地官·封人》:"封人,掌設王之社壝,爲畿封而樹之。凡封國,設其社稷之壝,封其四疆。造都邑之封域者,亦如之。"《左傳·隱公元年》"潁考叔爲潁谷封人",杜預注:"封人,典封疆者。"《左傳·宣公十一年》"令尹蔿艾獵城沂,使封人慮事,以授司徒",杜預注:"封人,其時主築城者。"《論語·八佾》"儀封人請見",皇侃《義疏》:"儀,衛邑名也。封人,守衛邑之埒吏也。周人謂守封疆之人爲封人也。"《莊子·則陽》"長梧封人",陸德明《釋文》:"長梧,地名。封人,守封疆之人。"①

邽

《璽彙》0329:明忌(怳)邽(封)

"邽",即"邦",讀爲"封"。② 古代堆土植樹曰封,典籍中有"封域",亦作"邦域"等,《周禮·地官·大司徒》云:"制其畿疆而溝封之。"鄭玄注:"封,起土界也。"該璽可能爲燕明怳之地專門管理封的官吏所用,此官即上文"封人"。

佐䘱

《集成》11902 廿四年瑩昌梃:左左(佐)䘱

《集成》10452 錐形器:右左(佐)䘱

《集成》10453 廿四年錐形器:左左(佐)䘱

"左䘱",疑讀爲"佐箴"。楚國有"箴尹"之官,見於鄂君啟節和曾侯乙墓竹簡。

鍾尹

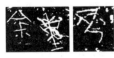

《集成》420 外卒鐸:鍾尹

---

① 劉釗:《殷有"封人"說》,《殷都學刊》1989 年第 4 期,第 17~18 頁。
② 湯餘惠:《略論戰國文字形體研究中的幾個問題》,《古文字研究》第 15 輯,中華書局,1986 年,第 33 頁。

《集成》10466 左鍾尹銅器：左鍾尹

董珊先生指出："鍾尹"或"左鍾尹"的名稱，可能跟漢代"鍾官"有關，或許就是"鍾官"名稱的來源。① 《漢書·百官公卿表》載，水衡都尉屬官有鍾官令丞，如淳注曰："鍾官，主鑄錢官也。"陸德富先生説："左鍾尹是這個鑄造機構的職官，可見，該鑄造機構又分爲左、右。"他針對董珊先生的觀點提出：漢代的鍾官掌鑄錢，而燕國鍾尹所掌的手工業機構並沒有見到這樣的職能，二者大概是名同實異的。②

外卒

《集成》420 外卒鐸：外卒

"卒"，董珊先生認爲相當於《周禮》軍制系統的卒長。③ 陸德富先生從"矢卒"的説法推測外卒也可能是某種軍旅之名。④ 待考。

鏤師

《璽彙》0158：帚昜嚳（鏤）帀（師）鈢（璽）

《璽彙》0159：郻（昜）嚳（鏤）帀（師）鈢（璽）

"嚳帀"，讀爲"鏤師"，何琳儀師認爲大概是掌管雕鏤之事的職官。《説文·金部》："鏤，剛鐵，可以刻鏤。從金，婁聲。《夏書》曰：梁州貢鏤。一曰鏤，釜也。"鏤師也可能指鑄造鐵器的工師。鏤師所在的機構可能是專門的手工業生產機構。⑤ 或釋爲"鑄師"，是負責鑄造的工官。⑥

---

① 董珊：《戰國題銘與工官制度》，北京大學博士學位論文，2002年，第100頁。
② 陸德富：《戰國時代官私手工業的經營形態》，復旦大學博士學位論文，2011年，第66頁。
③ 董珊：《戰國題銘與工官制度》，北京大學博士學位論文，2002年，第100頁。
④ 陸德富：《戰國時代官私手工業的經營形態》，復旦大學博士學位論文，2011年，第73頁。
⑤ 何琳儀：《戰國文字通論訂補》，江蘇教育出版社，2003年，第109頁。
⑥ 葉其峰：《試釋幾方工官印》，《故宮博物院院刊》1979年第2期，第72～73頁。趙超：《"鑄師"考》，《古文字研究》第21輯，中華書局，2001年，第293～297頁。

將軍

《集成》11325 九年將軍戈：九年牀(將)軍張二月

《集成》11326 九年將軍戈：牀(將)軍張二月

《璽彙》0095：牀(將)軍之鉨(璽)

《考古》2001.9：牀(將)軍固吳都①

"牀軍"，讀爲"將軍"，武官名。《戰國策·燕策一》："子之三年，燕國大亂，百姓恫怨。將軍市被、太子平謀，將攻子之。"

遲尹

《集成》9990 楚高罍蓋：屖(遲)肙(尹)

《集成》9563 西冶尹壺：右屖(遲)肙(尹)

《集成》9563 西冶尹壺：右屖(遲)肙(尹)

《集成》9989 楚高罍：右屖(遲)肙(尹)

---

① 紀烈敏：《天津武清縣蘭城遺址的鑽探與試掘》圖11，《考古》2001年第9期，第9頁。

《集成》9989 楚高罍蓋：右屖（遲）肩（尹）

《集成》9990 楚高罍：右屖（遲）肩（尹）

《集成》4633.1 右冶尹敦：右屖（遲）肩（尹）

《集成》4633.2 右冶尹敦：右屖（遲）肩（尹）

《集成》4633.3 右冶尹敦：右屖（遲）肩（尹）

《集成》4633.4 右冶尹敦：右屖（遲）肩（尹）

"屖"，从尸从止，即"迡"字。迡，"遲"之異文。《集韻》："遲，或作迡。"何琳儀師認爲"屖肩"讀"肆尹"，相當於"肆長"，見《周禮·地官·肆長》"肆長各掌其肆之政令"，賈公彥疏："此肆長謂一肆之一長，使之檢校一肆之事，若今行頭者也。"①屖肩，又疑讀爲"遲（胥）尹"。犀與胥雙聲可通。《史記·匈奴傳》"黃金胥紕一"，集解引徐廣曰："或作犀毗。"索隱："此作胥者，犀聲相近。"《漢書·匈奴傳》"黃金胥紕"，是其證。"胥尹"相當於"胥師"。《周禮·地官·序官》"胥師二十肆則一人，皆二史"，注："自胥師以及司稽皆司市所辟除也。胥及肆長，市中給繇役者。胥師領群胥。"由此可見，胥師是隸屬于司市掌管市中群胥的小官，其身份爲"庶人在官者"（《周禮正義》17.11）②遲尹，官名，分左、右，主管燕王室器物收藏和使用機構的官員。

左遲、右遲

《集成》9499 左屖壺蓋：左屖（遲）

《集成》12067 馬銜：右屖（遲）

---

① 何琳儀：《戰國兵器銘文選釋》，《古文字研究》第 20 輯，中華書局，2000 年，第 113 頁。
② 何琳儀：《戰國文字通論訂補》，江蘇教育出版社，2003 年，第 102、113 頁。

二 燕系文字中的職官

"左遟""右遟"是專門服務於燕王室的器物收藏和使用機構。① 左遟、右遟可能是分屬左遟尹、右遟尹來管理。

右府尹

《集成》5697：右府尹尊：右府（府）肙（尹）

"右府肙"，即"右府尹"，燕職官名。右府，應是負責器物收藏、管理器物使用的機構，右府尹是這一機構的負責長官。

車大夫

《集成》11061 車大夫長畫戈：車大夫

《新收》1397 車大夫長畫戈：車大夫

"車大夫"，主管戰車的大夫。②

司聲

《璽彙》0365：外司聖（聲）鍴（瑞）

"司聖"，吴振武先生讀爲"司聲"，是負責聽察國情、民情之官，是王之耳目。《管子·七臣七主》："芒（荒）主：目伸五色，耳常五聲，四鄰不計，司聲不聽，則臣下恣行，而國權大傾。"尹知章注："司聲之官，隨君所好，不爲聽其理亂之音也。"又："亂臣多造鍾鼓，衆飾婦女，以惛上故。上惛則陳不計而司聲直禄。"尹知章注："上既惛暗，雖有危亡之陳，不能計度而知之。其司聲之官，直得禄而已，不憂其職務也。"璽文"外"似指外朝（國君處理朝政之所），也可能指朝廷之外（即在地方上）。③

---

① 董珊：《戰國題銘與工官制度》，北京大學博士學位論文，2002年，第114頁。
② 孫敬明："車大夫長畫"戈考，《文物》1987年第1期，第44頁。
③ 吴振武：《釋雙劍誃舊藏燕"外司聖鍴"璽》，《于省吾教授誕辰100周年紀念文集》，吉林大學出版社，1996年，第162~164頁。

苑

《璽彙》1650：左喚（苑）

《璽彙》5562：中昜（陽）都喚（苑）王勺（符）

《彙考》76：郹（昜）都喚（苑）

《陶彙》4.13：□昜（陽）都喚（苑）王勺（符）

《陶錄》4.211.2：□□都喚（苑）王勺（符）

《新古》044：酉（酒）城都喚（苑）王勺（符）

徐在國先生指出，燕璽和燕陶中""應釋作"喚"，讀爲"苑"。奐，曉紐元部；夗，影紐元部。二者古音相近，故"喚"可讀爲"苑"。"中陽都苑""易都苑""□陽都苑""□□都苑"指這些"都"屬下的苑官所用之璽。燕國的苑官職掌苑囿而近於生產資源，與"漢代工官水衡都尉設於上林苑"性質相同，故燕國的苑官也兼營制陶業。燕璽"左苑"是掌管左苑囿的官所用之璽。① 或釋作"吴"，讀爲"虞"，乃掌管山林川澤之官。② 本書從徐説釋"喚"。

大廄

《兵器圖録》5.4 弩機：右大㝵（廄）

《兵器圖録》5.5 弩機：左大㝵（廄）

"大㝵"，即"大廄"，宫廷御廄。《漢舊儀》："天子六廄：未央廄、承華廄、騊駼廄、路軨廄、騎馬廄、大廄。馬皆萬匹。"燕國的大廄當是燕王御廄，分左、右，是管理、飼養馬匹的機構。

廚

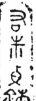《璽彙》0367：右朱（廚）貞（鼎）鍴（瑞）

"朱"，讀爲"廚"。該璽是膳食機構所用鼎之印。③《漢書·王嘉傳》："賢母病，長安廚給祠具，道中過者皆飲食。"顏師古注："長安有廚官，主爲官食。"

都尉

《璽彙》0117：弄（奉）都凥（尉）

---

① 徐在國：《燕國文字中的"奐"及從"奐"之字》，《中國文字研究》第 17 輯，上海人民出版社，2012 年，第 34 頁。
② 董珊：《戰國題銘與工官制度》，北京大學博士學位論文，2002 年，第 121～123 頁。
③ 朱德熙、裘錫圭：《戰國文字研究（六種）》，《考古學報》1972 年第 1 期，第 83～90 頁。

《鈢彙》0118：徒口（？或释厶）都匋（尉）

《鈢彙》0119：洵垕（城）都匋（尉）

《鈢彙》0120：鄙（鄙）邯都匋（尉）

《鈢彙》0121：武尚都匋（尉）

《鈢彙》0369：族（？）昜（陽）都匋（尉）

《鈢彙》5546：顕（夏）屋都匋（尉）

《彙考》76：坣（廣）都匋（尉）

《彙考》85：郉里都匋（尉）

二　燕系文字中的職官

《彙考》86：沃□都亠（尉）

"都亠"，讀爲"都尉"，官名，戰國時始置。秦滅六國，遂以其地爲郡，置郡守、丞、尉。尉典兵，是比將軍略低的武官。《戰國策·趙策三》："秦、趙戰于長平，趙不勝，亡一都尉。"

尉

《璽彙》5106：亠＝（亠尉）

後一個"亠"，讀爲"尉"。前一個"亠"究竟讀爲何字，待考。

司繩

《貨系》2343：右明牟（司）䋣（繩）

"牟䋣"，讀爲"司繩"或"司䥶"。繩本義爲貫錢之索。《管子·國蓄》："歲適凶，則市糴釜十繩。"《漢書·食貨志》"臧繩千萬""臧繩百萬"。繩或作"䥶"。《西京雜記》三："茂陵人袁廣漢，藏䥶巨萬。"《文選·蜀都賦》"藏䥶巨萬"，注："䥶，錢貫也。"《集韻》："䥶，以繩貫錢。"引申而言，以繩索貫穿之貨幣也可稱"繩"。《正字通》："䥶，錢謂之䥶。"《南史·郭祖深傳》："累金藏䥶。"司䥶的"䥶"顯然指貨幣。司䥶可能是燕國管理貨幣的職官，相當周官司貨（《禮記·曲禮》下），右明則可能是管理貨幣的機構。①

---

① 何琳儀：《燕國布幣考》，《古幣叢考》，安徽大學出版社，2002年，第43～46頁。

魚

《新古》041：河桶（浦）五魚璽

徐在國先生釋作"魚"（參《新古》041釋文）。之前董珊先生釋作"窯"，認爲此官負責器物製造等經濟方面的管理。① 按：釋"魚"甚確，與楚官璽"魚璽"（《璽彙》0347）之"魚"形近。此應是燕國職掌魚事之官璽。

左

《璽彙》0190：夿（容）城（城）都枒（柯）鄉左

《璽彙》0191：鋼（剛）陰（陰）都信壐（垣）左

《璽彙》0215：鋼（剛）陰（陰）都清左

"左"，董珊先生認爲其下或者省去了官名或機構名。②

王后

《集成》2097 王后□桐室鼎：王后□桐室

《集成》2360.1 王后左桐室鼎：王后左桐室

---

① 董珊：《戰國題銘與工官制度》，北京大學博士學位論文，2002年，第119頁。
② 董珊：《戰國題銘與工官制度》，北京大學博士學位論文，2002年，第118頁。

《集成》2360.2 王后左桐室鼎：王后左桐室

《新收》631 漁陽大鼎：王后左桐室

《新收》1629 王后鼎：王后之御器

《西清古鑑》19.3 方壺：王后右盲（廩）

"王后"，燕王的嫡妻。《禮記·祭法》："王后禘于北郊。"《白虎通·嫁娶》："天子之妃謂之后何？后者，君也。天子妃至尊，故謂之后也……天子尊之，故繫王言之，曰王后也。"

王太后

《新收》807 王大后右相室鼎：王大后右桐室

"王大后"，讀爲"王太后"，見《戰國策·魏策二》："客謂公子理之傅曰：'何不令公子泣王太后，止太子之行？事成則樹德，不成則爲王矣。太子年少，不習於兵。田盼宿將也，而孫子善用兵。戰必不勝，不勝必禽。公子爭之於王，王聽公子，公子不封；不聽公子，太子必敗；敗，公子必立，立必爲王也。'"

太子

《新收》320 大子鼎：大（太）子左桐室

"大子"，即"太子"，君主的兒子中被預定繼承君位的人。周時天子及諸侯之嫡長子，或稱太子，或稱世子。《戰國策·燕策一》："燕文公時，秦惠王以其女爲燕太子婦。"

余子

《集成》11286 不降拜余子戟：不降拜余子

《集成》11541 不降拜余子矛：不降拜余子

"余子",讀爲"餘子"。《左傳·宣公二年》:"及成公即位,乃宦卿之適子而爲之田,以爲公族。又宦其餘子,亦爲餘子;其庶子爲公行。晉於是有公族、餘子、公行。"杜預注:"皆官名。"孔穎達疏:"下庶子爲妾子,知餘子則是適子之母弟也。言亦爲餘子,則知餘子之官,亦治餘子之政。"由此可知,"餘子"本來指支子,後成爲職官名。① 董珊先生指出三晉官璽"余子嗇夫"連文,可見其地位不高,"嗇夫"冠以"余子",徒具卿大夫出身而已。燕國兵器銘文"余子"監造兵器,其身份也可想而知。"拜余子"猶言"拜長官"。②

刑徒

《新古》010:右缶(陶)攻(工)刑辻(徒)戒③

"刑辻",即"刑徒"。刑徒戒,跟秦制度中城旦司寇的身份地位相當。戰國時代各國的工官組織都出現了以刑徒作爲勞動力的新現象。"陶工刑徒戒"所領導的是一小批刑徒,他本人應該是"施(弛)刑徒"。④

---

① 裘錫圭:《嗇夫初探》,《古代文史研究新探》,中華書局,1981年,第451頁。
② 何琳儀:《莒縣出土東周銅器銘文彙釋》,《文史》2000年第1輯,第29~37頁。
③ 董珊:《戰國題銘與工官制度》,北京大學博士學位論文,2002年,第128頁。
④ 董珊:《戰國題銘與工官制度》,北京大學博士學位論文,2002年,第129頁。

三 晉系文字中的職官

王

B 《集成》11329 王何立事戈：王何立事

《集成》11673 王立事劍：王立事

B 《集成》11688 相邦春平侯鈹：王立事

"王"，戰國時指各國國君。"王何"就是趙惠文王何。《史記·趙世家》記載，趙武靈王二十七年"五月戊申，大朝於東宫，傳國，立王子何以爲王。……武靈王自號爲主父。主父欲令子主治國，而身胡服將士大夫西北略胡地"。趙惠文王四年，發生沙丘之亂，主父趙武靈王餓死，公子成和李兑專政。至此《趙世家》又記"主父死，惠文王立立"，"立立"當破讀爲"涖位"，就是指惠文王正式稱王即王位。鈹銘"王何立事"跟《趙世家》"主父死，惠文王立立"的意思完全相同。此年是趙惠文王四年或五年。趙國在公元前 323 年五國相王時並未稱王，直到這一年"王何立事"時才開始正式使用"王"的稱號。因此，趙國稱王，是在公元前 294 年，第一個稱王的是惠文王，而趙武靈王之"王"的名號，乃是出於追加。①

平安君

C 《集成》2764 卅二年平安君鼎：坪（平）安君

《集成》2793.1 廿八年平安君鼎蓋：坪（平）安君

《集成》2793.2 廿八年平安君鼎器：坪（平）安君

"坪安君"，讀爲"平安君"。李學勤先生認爲平安君或平安侯應爲衛國分封在單父的貴族。②

何琳儀師認爲"平安君"很可能就是衛嗣君……很可能衛地單父就是在"衛

---

① 董珊：《戰國題銘與工官制度》，北京大學博士學位論文，2002 年，第 39 頁。

② 李學勤：《秦國文物的新認識》，《新出青銅器研究》，文物出版社，1990 年，第 280～281 頁。

效單父"不久之後劃入魏國版圖的。①

吴良寶先生認爲：在公元前 320—前 274 年間，單父的歸屬大概經歷了"衛（或魏）—宋—齊—魏"的變化。當然，在這個意見的得出過程中，吴先生使用了可作不同解釋的間接材料，因此還需要更多的直接證據的驗證。平安君鼎銘以齋爲容量單位，而齋又多見於戰國中晚期的魏器，那麼在衛國國君"獨有濮陽"的情況下，如果平安君身爲衛國貴族而不受衛君制約，依附于魏國並非不可想像的事。此外，研究者有意無意地將單父視爲平安君的封地，這是没有經過論證的。事實上，鼎銘的"三十三年"是從平安君府轉交單父上官的時間，而"二十八年""三十二年"則是平安邦校量鼎容的時間（不一定就是造器時間）。將銅鼎轉交于單父上官的平安君是衛國或魏國貴族的可能性都存在。②

武襄君

B  《集成》11635 相邦鈹：[守]相[武]襄君

"武襄君"，指武襄君樂乘，鈹銘"襄君"前也正有一字被鏽掩蓋。《史記·趙世家》："（孝成王）十五年，以尉文封相國廉頗爲信平君。……十六年，廉頗圍燕。以樂乘爲武襄君。十七年，假相大將武襄君攻燕，圍其國。十八年，延陵鈞率師從相國信平君助魏攻燕。……二十一年，孝成王卒。廉頗將，攻繁陽，取之。使樂乘代之，廉頗攻樂乘，樂乘走，廉頗亡入魏。子偃立，是爲悼襄王。"③

信平君

B 《集成》11711 十三年鈹：守相躳（信）平君

《遺珠》178 十六年守相鈹：十六年守相躳（信）平君

"躳平君"，讀爲"信平君"，是歷史上有名的趙將廉頗的封號。上列兩鈹爲信平君廉頗監造的鈹。《史記·廉頗藺相如列傳》："趙使廉頗將，擊，大破燕軍於鄗，殺栗腹，遂圍燕。燕割五城請和，乃聽之。趙以尉文封廉頗爲信平君。"司馬

---

① 何琳儀：《平安君鼎國別補正》，《考古與文物》1986 年第 5 期，第 39 頁。
李學勤：《秦國文物的新認識》，《新出青銅器研究》，文物出版社，1990 年，第 8~83 頁。
② 吴良寶：《平安君鼎國別研究評議》，《吉林大學學報》2009 年第 4 期，第 86 頁。
③ 吴振武：《趙武襄君鈹考》，《文物》2000 年第 1 期，第 65~69 頁。

貞索隱：“信平，號也。徐廣云：‘尉文，邑名。’按：漢書表有‘尉文節侯’，云在南郡。蓋尉，官也；文，名也。謂取尉文所食之邑復以封頗，而後號爲信平君。”①

平國君

B 《新收》1811 十八年平國君鈹：相邦平國君

B  《兵器圖錄》2.14 趙國平國君殘鈹：相邦平國君

“平國君”，或懷疑是見於文獻的“平都侯”。平都侯見於《史記·趙世家》悼襄王二年以及《戰國策·趙策四》，都是講當時平都侯和春平君同時爲質於秦。②

建信君

B  《集成》11619 四年相邦建信君劍：建躳（信）〔君〕

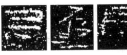 《集成》11677 八年相邦建信君劍：建躳（信）君

 《集成》11678 八年相邦建信君劍：建躳（信）君

 《集成》11679 八年相邦建信君鈹：建躳（信）君

 《集成》11680 八年相邦建信君鈹：建躳（信）君

《集成》11681 八年相邦建信君鈹：建躳（信）君

《集成》11687 三年相邦建信君鈹：建躳（信）君

---

① 吳振武：《趙十六年守相信平君鈹考》，《第三屆國際中國古文字學研討會論文集》，香港中文大學中國文化研究所、中國語言及文學系，1997年，第397~414頁。

② 黃盛璋：《關於加拿大多倫多市安大略博物館所藏三晉兵器及相關問題》，《考古》1991年第1期，許進雄：《十八年相邦平國君銅劍——兼談戰國晚期趙國的相》，《中國文字》新十七期，臺灣藝文印書館，1993年，第39~41頁。

《集成》11695 四年相邦建信君鈹：建𨈭（信）君

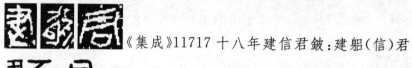《集成》11706 八年相邦建信君劍：建𨈭（信）君

《集成》11717 十八年建信君鈹：建𨈭（信）君

《新收》1548 元年相邦建信君鈹：相邦建𨈭（信）君

《新收》1775 廿年相邦建信君劍：建𨈭（信）君

《新收》1777 十二年相邦建信君劍：建𨈭（信）君

《新收》1778 六年相邦建信君劍：建𨈭（信）君

《新收》1988 三年建信君鈹：建𨈭（信）君

"建𨈭君"，讀爲"建信君"，趙相。《戰國策·趙策四》："田馴謂柱國韓向曰：'臣請爲卿刺之。客若死，則王必怒而誅建信君。建信君死，則卿必爲相矣；建信君不死，以爲交，終身不敝，卿因以德建信君矣。'"

信安君

《集成》2773.1 信安君鼎：諨（信）安君

《集成》2773.2 信安君鼎：諨（信）安君

《珍秦金·吴越三晉》182 頁信安下官鼎：諨（信）安

《珍秦金·吴越三晉》188 頁信安上官鼎：諨（信）安

"諨安君"，即"信安君"。信安君即戰國時期魏國宰相魏信。《戰國策·魏策

二》載有"秦召魏相信安君,信安君不欲往。蘇代爲説秦王……",由此可知"信安君"即魏信,是戰國晚期魏國宰相。"信安"乃"信安君"之省。

陽安君

B　　　《集成》11712 七年相邦陽安君鈹:陽安君

"陽安君"的封地"陽安",又見於燕國貨幣文和燕國陶文。這是因爲其地處燕、趙交壤的緣故①。

林鄉君

C　　　《璽彙》0004:邮(林)襄(鄉)君

"邮襄君",讀爲"林鄉君",封君。李家浩先生認爲此印的"襄"字與戰國襄城布的"襄"字寫法相同。古代"向"與"林""襄"與"鄉"音近可通。林鄉位於今河南新鄭東北,戰國時屬魏。《史記·魏世家》安釐王九年"從林鄉軍以至於今。"②

壽君

C　　　《璽彙》0009:陽(蕩)陰(陰)都之壽君坓(府)

"陽陰",讀爲"蕩陰"。③《史記·魯仲連列傳》:"魏安釐王使將軍晉鄙救趙,畏秦,止于蕩陰不進。"蕩陰在今河南湯陰縣西南,戰國時屬魏。此方璽當爲魏國封于蕩陰邑之某封君的府庫所用之印。④ 璽文"壽"的辨識,參施謝捷先生《古璽彙考》。⑤

---

① 何琳儀:《燕國布幣考》,《古幣叢考》,安徽大學出版社,2002年,第35頁。
② 李家浩:《戰國官印考釋三篇》,《出土文獻研究》第6輯,上海古籍出版社,2002年,第19頁。
③ 吳振武:《〈古璽彙編〉釋文訂補與分類修訂》,《〈古璽文編〉校訂》,人民美術出版社,2011年,第487頁。
④ 曹錦炎:《古璽通論》,上海書畫出版社,1996年,第167頁。
⑤ 施謝捷:《古璽彙考》,安徽大學博士學位論文,2006年,第110頁。

令狐君

A 《集成》09719 令狐君嗣子壺：命（令）狐君

"命狐君"，讀爲"令狐君"，戰國封君。《左傳·文公七年》："訓卒利兵，秣馬蓐食，潛師夜起。戊子，敗秦師于令狐，至于刳首。己丑，先蔑奔秦。士會從之。"令狐在今山西臨猗西南，戰國時屬韓國。

韓君

B  《璽彙》0006：富昌𫐐（韓）君

"𫐐君"，讀爲"韓君"。富昌，趙國地名，漢代屬西河郡，見《漢書·地理志》，地在今内蒙古鄂爾多斯左翼前旗。① 韓君，封君號。

陰成君

 《璽彙》0104：佥（陰）成君邑夫=（大夫）俞安

"佥成"，即"陰成"，地名。②《戰國策·趙策》"齊欲攻宋秦令起賈禁之"章："且王嘗濟於漳，而身朝於邯鄲，抱陰成……而趙無爲王行也。"陰成，在今河南省盧氏縣和洛寧縣之間。③ 陰成君，指封地在陰成的封君。

安國君

《彙考》93：安國君

"安國"，地名，地望在今河北省蠡縣南。安國在楚漢相争之時當爲趙國之

---

① 李學勤：《東周與秦代文明》，文物出版社，1984年，第331頁。
② 李學勤：《戰國題銘概述（中）》，《文物》1959年第8期，第62頁。
③ 何琳儀：《古璽雜識續》，《古文字研究》第19輯，中華書局，1992年，第470～489頁。

地。"安國君"就是當時趙國的封號,其人爲一介武夫,是戰時賞功空授的爵位。①

昌國君

 《集成》2482 四年昌國鼎:昌國

"昌國",即昌國君。黃盛璋先生指出,燕國樂毅曾奔趙,其子樂間沿其"昌國君"舊封。②

廣城君

《彙考》92:坓(廣)成(城)君

鄡君

《璽彙》1962:鄡君

文成君

《彙考》92:文成君

襄平君

《彙考》91:襄平君

---

① 張頷:《"安國君"印跋》,《中國歷史博物館館刊》1980 年第 2 期,第 115 頁。
② 黃盛璋:《新出戰國金銀器銘文研究(三題)》,《古文字研究》第 12 輯,中華書局,1985 年,第 341 頁。

襄安君

《彙考》92：襄安君

建安君

《彙考》92：聿（建）安君

春安君

《璽彙》0005：旾（春）安君

《彙考》91：旾（春）安君

信陰君

《飛諾藏金》信陰君少府器：訫（信）陰（陰）君

以上之"君"，皆指封君。"君"前多爲地名。

春平侯

B 《集成》11556 元年相邦春平侯矛：旾（春）平侯

《集成》11557 五年相邦春平侯矛：旾（春）平侯

《集成》11558 十七年相邦春平侯矛：旾（春）平侯

三 晉系文字中的職官

《集成》11662 五年相邦春平侯劍：邑(春)平侯

《集成》11682 二年相邦春平侯鈹：邑(春)平侯

《集成》11683 三年相邦春平侯鈹：邑(春)平侯

《集成》11684 十七年相邦春平侯劍：邑(春)平侯

《集成》11688 相邦春平侯鈹：王立事相邦春平侯

《集成》11689 十七年相邦春平侯鈹：邑(春)平侯

《集成》11690 十七年相邦春平侯鈹：邑(春)平侯

《集成》11691 十五年相邦春平侯鈹：邑(春)平侯

《集成》11699 十七年相邦春平侯鈹：邑(春)平侯

《集成》11707 四年相邦春平侯鈹：邑(春)平侯

《集成》11708 十七年相邦春平侯鈹：邑(春)平侯

《集成》11709 十五年相邦春平侯劍：邑(春)平侯

《集成》11710 十七年相邦春平侯劍：〈春〉平侯

《集成》11713 十七年相邦春平侯鈹：邑(春)平侯

《集成》11714 十七年相邦春平侯鈹：邑(春)平侯

《集成》11715 十七年相邦春平侯鈹：甼（春）平侯

《集成》11716 十七年相邦春平侯鈹：甼（春）平侯

《新收》776 四年相邦春平侯鈹：甼（春）平侯

《新收》1779 十五年相邦春平侯劍：甼（春）平侯

《四海尋珍》94頁十七年春平侯鈹：相邦甼（春）平侯

《兵器圖錄》2.11 趙國殘鈹：甼（春）平〔侯〕

"甼平侯"，即"春平侯"。《史記·趙世家》悼襄王二年："秦召春平君，因而留之。泄鈞爲之謂文信侯曰：'春平君者，趙王甚愛之而郎中妒之，故相與謀曰"春平君入秦，秦必留之"，故相與謀而内之秦也。今君留之，是絕趙而郎中之計中也。君不如遣春平君而留平都。春平君者言行信於王，王必厚割趙而贖平都。'文信侯曰：'善。'因遣之。"張守節《正義》："《括地志》云：平都縣在今新興郡，與陽周縣相近也。"

長信侯

C 《集成》2304 長信侯鼎：鋹（長）訢（信）侯

"鋹訢侯"，讀爲"長信侯"，見《戰國策·魏策三》："支期曰：'王勿憂也，臣使長信侯請無内王，王待臣也。'支期説於長信侯曰：'王命召相國。'長信侯曰：'王何以臣爲？'支期曰：'臣不知也，王急召君。'長信侯曰：'吾内王於秦者，寧以爲秦邪？吾以爲魏也。'"

春成侯

A 《集成》9616 春成侯壺：春成侯

《新收》1484 春成侯盉：春成侯

《商周集成》2255 春成冢子鼎：春成冢子

"春成侯"，爲韓國封君。

長陰侯

《集成》2304 長陰侯鼎：戙（長）陰（陰）侯

《珍秦金·吴越三晉》188 頁長陰侯鼎：戙（長）陰（陰）侯

"戙陰侯"，即"長陰侯"，不見文獻記載。"長陰侯"與"信安君"當爲一人。信安君魏信也曾因封在長陰而爲長陰侯。

襄公

《集成》2303 襄公鼎器：戲（襄）公

《集成》2303 襄公鼎器耳：戲（襄）公

"襄公"，待考。

舟公

《陶録》5.54.1：舟公

《陶録》5.54.2：舟公

"舟"，裘錫圭先生讀爲"州"。舟、州上古音都在章母幽部，音近可通，傳世文獻中也有相通假的例證。州地在戰國早中期曾是韓國領土。今河南沁陽縣東南的州地，原爲周邑，後屬晉。《史記·韓世家》載春秋晚期"宣子徙居州"，《正義》引《括地志》云："懷州武德縣，本周司寇蘇忿生之州邑也。"可見州地春秋末期屬

韓氏。① 何琳儀師認爲"舟"字不必破讀，就是見於《國語·鄭語》"十邑皆有寄地"中的"舟"，在今河南新鄭一帶。②

邢公

B 《陶録》5.53.1：陞(邢)公

《陶録》5.54.3：陞(邢)公

《陶録》5.55.1：陞(邢)公

《陶録》5.55.2：陞(邢)公

《陶録》5.55.3：陞(邢)公

《陶録》5.53.4：埒(邢)公

《陶録》5.55.4：埒(邢)公

《陶録》5.55.5：埒(邢)公

《陶録》5.55.6：埒(邢)公

《陶録》5.56.4：埒(邢)公

"陞""埒"，讀爲"邢"，即文獻上所稱之"邢丘"。《左傳·宣公六年》："秋，赤

---

① 裘錫圭：《古文字釋讀三則》，《徐中舒先生九十壽辰紀念文集》，巴蜀書社，1990年，第10～13頁。

② 何琳儀：《鋭角布幣考》，《古幣叢考》，安徽大學出版社，2002年，第86～87頁。

狄伐晉,圍懷及邢丘。"杜預注:"邢丘,今河内平皋縣。"《春秋·襄公八年》:"季孫宿會晉侯、鄭伯、齊人、宋人、衛人、邾人于邢丘。"《左傳·昭公五年》:"晉侯送女于邢丘,子産相鄭伯會晉侯于邢丘。"邢公乃當時此地之封君。①

都

B　《彙考》130:卲(昭)陽都

C　《璽彙》0009:陽(蕩)陰(陰)都之壽君垰(府)

C　《璽彙》0353:句罕(句犢—句瀆)五都□□

《彙考》130:□臺都

《璽彙》3237:鈇邱都

《璽彙》5197:都

《彙考》131:都

---

① 李先登:《滎陽、邢丘出土陶文考釋》,《中國歷史博物館館刊》總第 11 期,1989 年,第 35～37 頁。

《璽彙》5659：都坓（府）

《壹戎》002：葭陽都

《璽彙》5196：都

《璽彙》5198：都

《璽彙》3419：枰酉都

《璽彙》0303：□□都鄸（縣）

《彙考》133：都

"都"，古代行政區劃名。周制，四縣爲都。《周禮·地官·小司徒》："九夫爲井，四井爲邑，四邑爲丘，四丘爲甸，四甸爲縣，四縣爲都，以任地事而令貢賦。"或四鄉爲都。《管子·乘馬》："官成而立邑：五家而伍，十家而連，五連而暴，五暴而長，命之曰某鄉，四鄉命之曰都，邑制也。"或十州为都。《管子·度地》："故百家爲里，里十爲術，術十爲州，州十爲都，都十爲霸國。"

"都"前或爲地名，如"卲陽"即"昭陽"，地名，見於《漢書·溝洫志》載賈讓《治河策》："河從河内北至黎陽爲石隄，激使東抵東郡平剛；又爲石隄，使西北抵黎陽觀下；又爲石隄，使東北抵東郡津北；又爲石隄，使西北抵魏郡昭陽；又爲石隄，激使東北。百餘里間，河再西三東。"王先謙《補注》引沈欽韓曰："《紀要》：昭陽亭，在大名府濬縣東北。"魏郡的"昭陽"戰國時期屬趙,上揭璽印呈典型的三晉風格,"昭陽都"或即此地。另《後漢書·郡國志四》荊州零陵郡屬縣有"昭陽,侯國",即後世作"邵陽"者,其地戰國時期屬楚,與"昭陽都"無涉。①

里

《彙考》134:大事里

"里",古代地方行政組織。自周始,後代多因之,其制不一。或二十五家爲一里。《周禮·地官·遂人》:"五家爲鄰,五鄰爲里。"《禮記·郊特牲》:"唯爲社事,單出里。"鄭玄注:"二十五家爲里。"或五十家爲一里。《管子·小匡》:"制五家爲軌,軌有長;十軌爲里,里有司。"《鶡冠子·王鈇》:"五家爲伍,伍爲之長;十伍爲里,里置有司。"

縣

C 《集成》11213 涑縣戈:涑鄢(縣)

《古研》27 二十七年涑縣戈:涑鄢(縣)

B 《彙考》96:咎(皋)郎(狼)鄢(縣)南坐(府)

《彙考》136:鄻(鄻)逸鄢(縣)

《璽彙》0303:□□都鄢(縣)

---

① 施謝捷:《古璽彙考》,安徽大學博士學位論文,2006 年,第 130 頁。

《璽彙》0352：獏（貘）蘁噩垂（丘）鄦（縣）昌里坿（府）

"鄦"，讀爲"縣"，行政區域單位。古代縣、畏、鄦可通借，[①]"縣"作"鄦"是戰國時期晉文字的特有寫法。

館

《彙考》111：𪧟（館）

《璽彙》5299：𪧟（館）

《彙考》111：𪧟（館）

《彙考》111：𪧟（館）

B　《璽彙》0305：厽杲＝（三臺）在（士）𪧟（館）

C　《彙考》111：箕榆𪧟（館）

C　《彙考》111：垣余（餘）子（館）

---

① 李家浩：《先秦文字中的"縣"》，《文史》第 28 輯，中華書局，1987 年，第 49～58 頁。

三　晉系文字中的職官

C　《彙考》113：余（餘）子卣（館）

《璽彙》0254：樆（穌）榑右卣（館）

《彙考》110：左卣（館）

《璽彙》2718：右丞（丞）卣（館）

《彙考》110：欮（射）卣（館）

《彙考》111：介單=（介單）卣（館）

《彙考》111：羊葉卣（館）

"卣"，參本書"齊系文字中的職官"部分。

《璽彙》0305"厽杲"讀爲"三臺"，"在"讀爲"士"。① 三臺，地名，在今河北容城縣西南。"士卣"讀爲"士館"，猶漢代的"官舍"，是士辦公、住宿的地方。②

---

① 吴振武：《古璽合文考（十八篇）》，《古文字研究》第 17 輯，中華書局，1989 年，第 270～271 頁。王人聰：《古璽印與古文字論集》，香港中文大學文物館，2000 年，第 35 頁。

② 李家浩：《戰國文字中的"卣"》，《出土文獻與古文字研究》（第 6 輯），上海古籍出版社 2015 年，第 261 頁。

《彙考》111"介單",大多認爲是地名,或認爲"介單"當讀作"結單"。東漢《昆陽都鄉正衛彈碑》云:"結單言府,斑(班)董科例。"結單就是結社,且須上報官府。此"介單序"或即管理民間結社之機構。① 李家浩先生讀爲"介單館",考證此機構猶漢代的"街彈之室"。《周禮·地官·里宰》"以歲時合耦于鋤",鄭玄注:"玄謂鋤者,里宰治處也,若今街彈之室。"孫詒讓正義:"云'玄謂鋤者,里宰治處也'者,即里宰之官府治事處也。"②

《璽彙》0254 一般從右往左讀作"左㔻橾(穌)槫",李家浩先生認爲應該讀作"穌槫右㔻",他指出:"穌槫"除作地名解,其實還有一種解釋,即"穌槫"之"槫",可能跟鄂君啓節"見其金節則毋征,毋舍槫(傳)食"之"槫"一樣,也應該讀爲"傳"。古代往來使者住宿之所曰"傳舍"。例如:《史記·廉頗藺相如列傳》説藺相如到秦國,秦昭王"舍相如廣成傳舍";又《酈生陸賈列傳》説"沛公至高陽傳舍,使人召酈生"。"蘇傳右館"猶此"廣成傳舍""高陽傳舍"。此璽當是管理蘇邑驛傳右㔻(館)官吏所用的印。③

官

《璽彙》5096:官

《璽彙》5097:官

《彙考》109:官

《彙考》109:官

《彙考》110:官

---

① 蕭春源:《珍秦齋藏印【戰國篇】》,第25頁,澳門基金會2008年。
② 李家浩:《戰國文字中的"㔻"》,《出土文獻與古文字研究》(第6輯),上海古籍出版社,2015年,第263頁。
③ 李家浩:《戰國文字中的"㔻"》,《出土文獻與古文字研究》(第6輯),上海古籍出版社,2015年,第264頁。

三 晉系文字中的職官

C 《彙考》110：喪（相）昜（陽）官

C 《彙考》109：馬遬（旅）官

《璽彙》1139：高鄔（鄢）官

《壹戎》004：蒙昏（牙）官

《鑒印》219：㐬樂官

《璽彙》2563：南閔（門）埮

《彙考》127：北陞（陸）室

《彙考》128：北陞（陸）室

· 349 ·

《彙考》129：北陸（陸）䜌

"官""垍""䜌"，讀爲"館"，指館舍一類的機構。① 早有學者提出"官"是"館"字的初文，所以"館"字在古文字中多以"官"爲之。②

太官

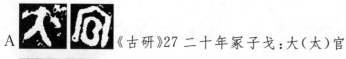

A 《古研》27 二十年冢子戈：大（太）官

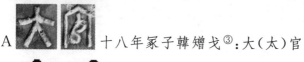

A 十八年冢子韓矰戈③：大（太）官

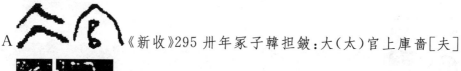

A 《新收》295 卅年冢子韓担鈹：大（太）官上庫嗇［夫］

A 《商周集成》2255 春成冢子鼎：大（太）官

A 《商周集成》17350 冢子韓政戈：大（太）官庫嗇夫

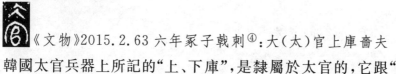

《文物》2015.2.63 六年冢子戟刺④：大（太）官上庫嗇夫

韓國太官兵器上所記的"上、下庫"，是隸屬於太官的，它跟"邦庫"不在同一系統，更無統屬關係；而"大（太）官"本身，也非指兵器的置用場所。

"大官"，古書多作"太官"，秦漢有太官令、丞，掌皇帝飲食宴會，屬少府。《漢

---

① 何琳儀：《戰國古文字典——戰國文字聲系》下册，中華書局，1998 年，第 1073 頁。李家浩：《戰國文字中的"㠯"》，《出土文獻與古文字研究》（第 6 輯），上海古籍出版社，2015 年，第 257 頁。

② 王輝編著：《古文字通假字典》，中華書局，2008 年，第 704 頁；白於藍編著：《戰國秦漢簡帛古書通假字彙纂》，福建人民出版社，2012 年，第 805～806 頁。

③ 吳振武：《新見十八年冢子韓矰戈研究——兼論戰國"冢子"一官的職掌》，《古文字與古代史》第 1 輯，"中央研究院歷史語言研究所"，2007 年，第 332 頁附圖 3。

④ 吳桂兵、周言、張萍萍：《宿遷青墩發現戰國銅戟刺》，《文物》2015 年第 2 期，第 61～64 頁。

書·百官公卿表》:"少府,秦官,掌山海池澤之税,以給共養,有六丞。屬官有尚書、符節、太醫、太官、湯官、導官、樂府、若盧、考工室、左弋、居室、甘泉居室、左右司空、東織、西織、東園匠十二官令丞……"顔師古注:"太官主膳食,湯官主餅餌,導官主擇米。"可知,太官是掌王室膳食及燕享事務的機構。從三晉兵器銘文來看,太官也主造兵器。① 或認爲太官可能是主管兵器、器具製造的中央官署之名。② 看來戰國時韓國的太官應屬工官系統,主制造。

府

《璽彙》5343:庙(府)

《璽彙》5392:庽(府)

A 《彙考》108:陽盛(城)坒(府)

B 《璽彙》3442:坣(當)盛(城)坒(府)

B 《璽彙》3236:宫厲(寓)坒(府)守

B 《璽彙》1386:戀(樂)成(城)坒(府)

---

① 黄錫全:《介紹一件韓廿年冢子戈》《古文字研究》第 27 輯,中華書局,2008 年,第 318 頁。
② 吴桂兵、周言、張萍萍:《宿遷青墩發現戰國銅戟刺》,《文物》2015 年第 2 期,第 61~62 頁。

B　　　　　　　《彙考》96：佫(皋)郎(狼)鄡(縣)南坣(府)

C　　　　　　　《璽彙》3228：上各(洛)坣(府)

C　　　　　　　《彙考》107：隌(合)陽坣(府)

C　　　　　　　《彙考》107：坪(平)险(陰)坣(府)

C　　　　　　　《璽彙》0009：陽(蕩)险(陰)都之壽君坣(府)

　　　　　　　《彙考》118：□陽廥(府)

　　　　　　　《璽彙》3438：庶犀坣(府)

　　　　　　　《彙考》107：闗里坣(府)

三　晉系文字中的職官

《彙考》107：痤（城）北坒（府）

《彙考》108：䩅（韓）氏𠙹（府）

《彙考》107：□□坒（府）

《彙考》107：䣙（鄐）坒（府）

《彙考》107：蘽邑坒（府）

《璽彙》5659：都坒（府）

《璽彙》5414：又（右）廥（府）

《璽彙》3159：虞𠦪（丘）坒（府）

《璽彙》3160：新（新）聚坒（府）

《璽彙》2332：阡隂（陰）坿（府）

《璽彙》2316：陽源坿（府）

《璽彙》2315：陽匠坿（府）

《鶴廬印存》：桑閔（門）坿（府）

《璽彙》0352：獲（貘）蘄噩丘鄲（縣）昌里坿（府）

《璽彙》5483：□坿（府）

《半稱幣權》：梁（梁）廥（府）①

"坿"，府之異體，坿從土與從貝不同，從土者當爲地方政府，從貝者當爲府庫。

"府"前多爲地名，比如："堂城"，讀爲"當城"，地名，《漢書·地理志》顏師古注："當桓都城，故曰當城。"其地在今天河北蔚縣東，戰國時屬趙②。

---

① 黃盛璋：《三晉銅器的國別、年代與相關制度》，《古文字研究》第 17 輯，中華書局，1989 年，第 5 頁。

② 曹錦炎：《古璽通論》，上海書畫出版社，1996 年，第 164 頁。

三 晉系文字中的職官

"上各",讀爲"上洛",上洛戰國時屬魏,后歸秦,其地在今陝西商洛。該璽當是魏上洛之地的官署所用之物。

"櫟成",讀爲"樂城"。《漢書·地理志》河間國下本注:"(樂城)故趙,文帝三年別爲國。"樂城戰國時屬趙,其地在今河北獻縣。

"郃陽",讀爲"合陽",典籍亦作"郃陽",在今陝西合陽縣。此應爲魏國官印。①

邦府

B 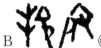 《集成》11390□年邦府戟:邦府夫=(大夫)

北府

 《彙考》108:北坓(府)

 《璽彙》3096:北坓(府)

器府

C   《珍秦金·吳越三晉》182頁信安下官鼎:下官器甾(貨—府)

C   《珍秦金·吳越三晉》188頁信安上官鼎:上官器甾(貨—府)

"器",即禮樂之器。《周禮·天官·司書》"器械之數",賈公彥疏:"謂禮樂之器。"《周禮·春官·叙官》"典庸器",孫詒讓正義:"謂鐘鼎盤盂之屬"。《禮記·郊特牲》"器用陶匏",鄭玄注:"器,謂酒尊及豆籩之屬。""府"即庫,藏物之所。《周禮·天官·序官》"府六人",孫詒讓正義:"與庫亦通稱。"《禮記·曲禮下》"天子之六府",孔穎達疏:"府者,藏物之處也。""器府",即收藏禮樂器的府庫。②

---

① 蕭春源:《珍秦齋古印展》裘錫圭按語,澳門市政厅,1993年。
② 劉余力、褚衛紅:《戰國信安君鼎考略》,《文物》2009年第11期,第72頁。

貸府

《璽彙》0304：鄫（曹）逸餼（貸）廥（府）

"餼廥"，讀爲"貸府"，疑"泉府"類之借貸機構。《周禮·地官·泉府》："凡民之貸者，與其有司辨而授之，以國服爲之息。""鄫（曹）逸餼廥（府）"，該璽爲曹國逸縣掌管借貸的府庫機構所用。①

中府

A 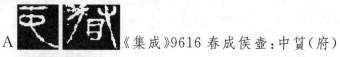《集成》9616 春成侯壺：中貣（府）

A 《新收》1484 春成侯盉：中貣（府）

B 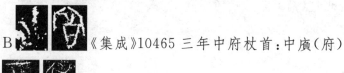《集成》10465 三年中府杖首：中廥（府）

《集成》2530 王子中府鼎：中貣（府）

《集成》11906 中府鍴：中廥（府）

《集成》3134 中府簠：中廥（府）

《彙考》118：中廥（府）

"中貣""中廥""中廥"，皆讀爲"中府"，內庫，以藏財物。《穀梁傳·僖公二年》："如受吾幣而借吾道，則是取之中府，而藏之外府。"《史記·田叔列傳》："魯王聞之大慙，發中府錢。"張守節正義："王之財物所藏也。"中府不僅爲藏器之官府，亦爲鑄作之所。②

---

① 曹錦炎：《釋兔》，《古文字研究》第 20 輯，中華書局，2000 年，第 188～189 頁。

② 唐友波：《春成侯盉與長子盉綜合研究》，《上博博物館集刊》第 8 輯，2000 年，第 150～151 頁。

少府

A 《集成》10458 少府銀圜器：少廥(府)

A 《集成》9452 長陵盉：少廥(府)

B 《集成》12039 少府銀節約：少廥(府)

C 《新收》1818 平安少府鼎足：平安少廥(府)

《飛諾藏金》信陰君少府器：少廥(府)

"少廥""少廥"，即"少府"，《戰國策·韓策一》："天下之強弓勁弩皆自韓出，谿子、少府時力、距來皆射百步之外。"黃盛璋先生指出，所謂"少府"係指少府所造兵器，因取以為弓弩之名。黃先生據傳世銀器上亦有"少府"，推斷少府不僅造兵器，也造其他器。"少府"又見於《漢書·百官公卿表》："少府，秦官，掌山海池澤之税，以給共養。"顔師古注："少者，小也。大司農供軍國之用，少府以養天子也。"

庫

A 《商周集成》17350 冢子韓政戈：大(太)官庫嗇夫

B 《新收》1307 二年邢令戈：□庫工市

C 《彙考》101 二十九年叚陽戈：叚(瑕)陽庫

《璽彙》5212：庫

《璽彙》5213：庫

《璽彙》5214：庫

《璽彙》5215：庫

《彙考》116：庫

《彙考》116：庫

《彙考》116：下閒庫

"庫"，儲藏戰車兵甲的屋舍。《墨子·七患》："庫無備兵。"《禮記·曲禮下》："在府言府，在庫言庫。"鄭玄注："庫謂車馬兵甲之處也。"《淮南子·道應》："葉公入，乃發大府之貨以予衆，出高庫之兵以賦民，因而攻之，十有九日而禽白公。"

"叚陽"，讀爲"瑕陽"。春秋時晉國河外之"瑕"在戰國時期已稱"曲沃"，因此戈銘"瑕陽"應與河內之"瑕"有關，在今山西省臨猗縣西南。這件瑕陽戈，只能是魏惠王時之物。①

上庫

A

B 《新收》1307 二年邢令戈：□庫工帀

A

B 《集成》11039 邯鄲上庫戈：甘（邯）單（鄲）上庫

B 《集成》10996 邯鄲上戈：甘（邯）單（鄲）上

---

① 吴良寶：《十七年坪陰鼎蓋新考》，《中國歷史文物》2007年第5期，第7頁。

三 晉系文字中的職官

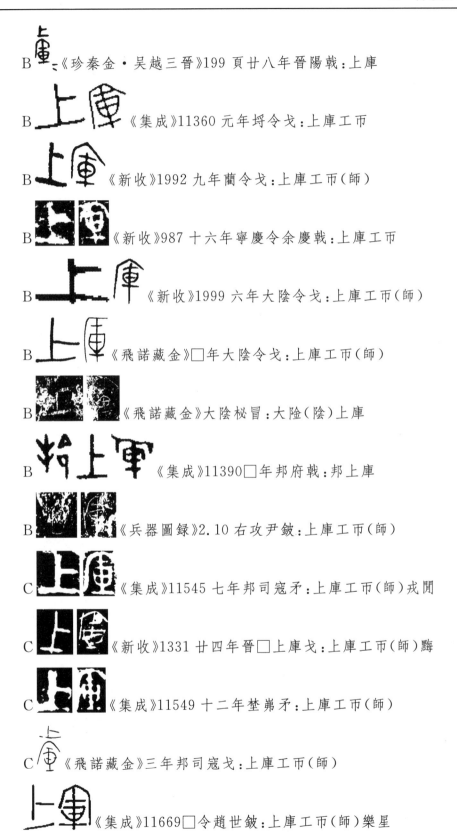

B 《珍秦金·吳越三晉》199頁廿八年晉陽戟：上庫

B 《集成》11360 元年塀令戈：上庫工帀

B 《新收》1992 九年蘭令戈：上庫工帀（師）

B 《新收》987 十六年寧慶令余慶戟：上庫工帀

B 《新收》1999 六年大陰令戈：上庫工帀（師）

B 《飛諾藏金》□年大陰令戈：上庫工帀（師）

B 《飛諾藏金》大陰秘冒：大险（陰）上庫

B 《集成》11390 □年邦府戟：邦上庫

B 《兵器圖錄》2.10 右攻尹鈹：上庫工帀（師）

C 《集成》11545 七年邦司寇矛：上庫工帀（師）戎閒

C 《新收》1331 廿四年晉□上庫戈：上庫工帀（師）黗

C 《集成》11549 十二年埜弟矛：上庫工帀（師）

C 《飛諾藏金》三年邦司寇戈：上庫工帀（師）

C 《集成》11669 □令趙世鈹：上庫工帀（師）樂星

下庫

A   十八年冢子韓矰戈：下庫嗇夫樂瘫

A 《集成》11354 三年紛匋令戈：下庫工帀（師）王豈

B 《集成》11320 六年□令戈：下庫工帀（師）

B   （ ）《集成》11561 十一年閺令趙狽矛：下庫工帀（師）臤石

B 《集成》11323 八年茲氏令吳庶戈：下庫工帀（師）張武

B （ ）《集成》11661 三年鈹：下庫工帀（師）孫屯

B 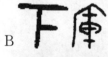 《新收》1299 十一年房子令趙結戈：下庫工帀（師）

B 《集成》10385 五年司馬權：下庫工帀（師）

B 《兵器圖錄》2.12 趙國殘鈹：下庫工帀（師）

C 《新收》1186 十四年鄴下庫戈：鄴下庫

C 《珍秦金·吳越三晉》98頁廿一年晉或戟：下庫

 《集成》11657 七年劍：下庫工帀（師）□

三 晉系文字中的職官

《集成》11672 七年劍：下庫工帀（師）孫□

右庫

A 《集成》11565 廿三年襄城令羍名矛：右庫工帀（師）

A 《集成》11328 王二年鄭令戈：右庫工帀（師）

A 《集成》10995 鄭右庫戈：鄭右庫

A 《集成》11336 六年鄭令戈：右庫工帀（師）

A 《集成》11355 十二年少曲令戈：右庫工帀（師）

A 《集成》11356 二十四年申陰令戈：右庫工帀（師）

A 《集成》11357 王三年鄭令戈：右庫工帀（師）

A 《集成》11485 鄭右庫矛：奠（鄭）右庫

A 《集成》11372 二十年鄭令戈：右庫工帀（師）

A 《集成》11385 五年鄭令戈：右庫工帀（師）

A 《集成》11388 十五年鄭令戈：右庫工帀（師）

A 《集成》11328 王二年鄭令戈：右庫工帀（師）駱鷹

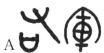
A 《集成》11386 八年鄭令戈：右庫

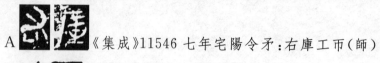A 《集成》11546 七年宅陽令矛:右庫工帀(師)

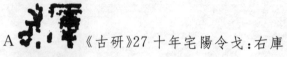A 《古研》27 十年宅陽令戈:右庫

A 《新收》583 八年陽翟令矛:右庫工帀(師)

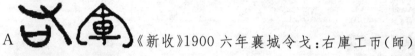A 《新收》1900 六年襄城令戈:右庫工帀(師)

A 《新收》1996 六年襄城令戈:右庫工帀(師)

A 《集成》11562 六年安陽令矛:右庫工帀(師)

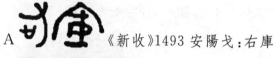A 《新收》1493 安陽戈:右庫

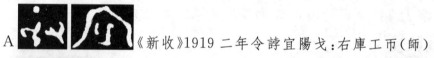A 《新收》1919 二年令詩宜陽戈:右庫工帀(師)

A 《珍秦金·吴越三晉》廿二年屯留戟:右庫工帀(師)

A 《商周集成》17344 鄭令棺涵戈:右庫工帀(師)

A 《商周集成》12192 邦右茜鈁:邦右茜

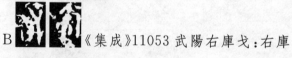B 《集成》11053 武陽右庫戈:右庫

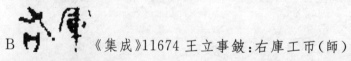B 《集成》11674 王立事鈹:右庫工帀(師)

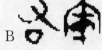B 《集成》11675 三年馬師鈹:右庫啓工帀(師)

· 362 ·

三 晉系文字中的職官

B 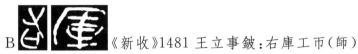《新收》1481 王立事鈹：右庫工帀（師）

B 《新收》1492 廿三年代相邙皮戈：右庫工帀（師）

B 《集成》11712 七年相邦陽安君鈹：邦右庫工帀（師）史篆胡

B 《遺珠》178 十六年守相信平君鈹：邦右庫工帀（師）韓𢓾

B 《集成》11556 元年相邦春平侯矛：邦右庫工帀（師）

B

B 《集成》11709 十五年相邦春平侯劍：邦右庫

B

B 《集成》11695 四年相邦建信君鈹：邦右庫軏（韓）叚（假）

B 《集成》11717 十八年建信君鈹：邦右庫工帀（師）

B 《新收》1548 元年相邦建信君鈹：邦右庫工帀（師）

B 《新收》1775 廿年相邦建信君劍：邦右庫工帀（師）

B 《新收》1778 六年相邦建信君劍：邦右庫工帀（師）

B （）《新收》777 四年邙相樂遽鈹：右軍〈庫〉

工帀（師）

B 《集成》11700 十五年守相杜波劍：邦右庫工帀（師）

B （）《集成》11701 十五年守相杜波劍：邦右庫工帀（師）

B 《新收》1832 十六年守相鈹：邦右庫工帀（師）

B 《集成》11837 八年邦右庫兵器：邦右庫冶吏

B 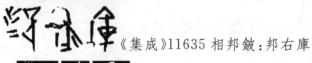《集成》11635 相邦鈹：邦右庫

B 《商周集成》2387 春平相邦葛得鼎：邦右庫工帀（師）

B 《兵器圖錄》5.12 趙國銘文弩機：邦右庫

B 《兵器圖錄》2.11 趙國殘鈹：邦［右庫］工帀（師）

B 《新收》1811 十八年平國君鈹：邦右

B 《四海尋珍》94 頁十七年春平侯鈹：邦右伐器

C 《集成》11337 六年令戈：右庫工帀（師）

C 《集成》11633 十二年窳右庫劍：窳右庫

C 《集成》11182 朝歌右庫戈：右庫工帀（師）

C 《集成》11291 十年邙令戈：右庫工帀（師）

三　晉系文字中的職官

C　《集成》11266　四年右庫戈：右庫

C　《集成》11343　二年亡令戈：右庫工帀(師)

C　《集錄》1223　二十四年盲命戈：右庫工帀(師)甘丹寅冶□

C　《新收》1995　銅鞮右庫戈：同(銅)是(鞮)右庫

C　《新收》1330　七年大梁司寇綏戈：右庫工帀(師)

C　《珍秦金·吳越三晉》廿七年頓丘令戟：右庫工帀(師)

C　《璽彙》0350：右庫眂(視)事

C　《珍秦金·吳越三晉》內黃右庫戈：內黃右庫

C　《新收》1498　汶陽戈：汶陽右庫

C　《集成》12016　右庫車辖：右庫

C　《集成》10933　右庫戈：右庫

C　《集成》10974　閒右庫戈：右庫

C　《飛諾藏金》邨右庫矛：右庫

C　《商周集成》17168　宜令不啟戈：右庫工帀(師)疸

365

《璽彙》2716：右庫

"右庫"，與"左庫"相對，亦是製造、儲藏、輸送器物的處所。"邦右庫"或省爲"邦右"。

左庫

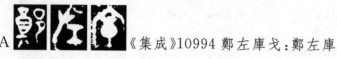
A　　《集成》10994 鄭左庫戈：鄭左庫

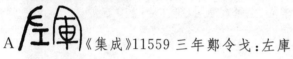
A　　《集成》11559 三年鄭令戈：左庫

A　　《集成》11397 六年鄭令戈：左庫工帀（師）

A　　《集成》11564 四年雍令韓匡矛：左庫工帀（師）

A　　《集成》11373 二十一年鄭令戈：左庫工帀（師）

A　　《集成》11553 五年鄭令韓□矛：左庫工帀（師）

A　　《集成》11554 七年鄭令矛：左庫工帀（師）

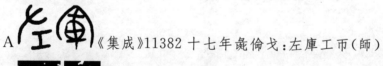
A　　《集成》11382 十七年彘倫戈：左庫工帀（師）

A　　《新收》1090 洰陽令戈：左庫工帀（師）

A　　《珍秦金·吳越三晉》250 頁□年宅陽命戟刺：左庫工帀（師）

A　　《珍秦金·吳越三晉》卅一年鄭命戟：春成左庫

A　　《商周集成》16551 鄭左庫戈：奠（鄭）左庫

三 晋系文字中的职官

B 《集成》11660 元年剑：左库工帀（师）

B 《集成》11671 六年安平守鈹：左库工帀（师）

B 《集成》11674 王立事剑：左库工帀（师）

B 《新收》1632 六年相邦司空马鈹：左库工帀（师）

B 《集成》11678 八年相邦建信君剑：邦左库

B （）《集成》11679 八年相邦建信君鈹：邦左库

B 《集成》11680 八年相邦建信君鈹：邦左库

B 《集成》11681 八年相邦建信君鈹：邦左库

B 《集成》11682 二年相邦春平侯鈹：邦左库

B 《集成》11683 三年相邦春平侯鈹：邦左库

B 《集成》11684 十七年相邦春平侯剑：邦左库

B 《集成》11687 三年相邦建信君鈹：邦左库

B 《集成》11688 相邦春平侯鈹：邦左库

B 《集成》11702 十五年守相杜波鈹：邦左库

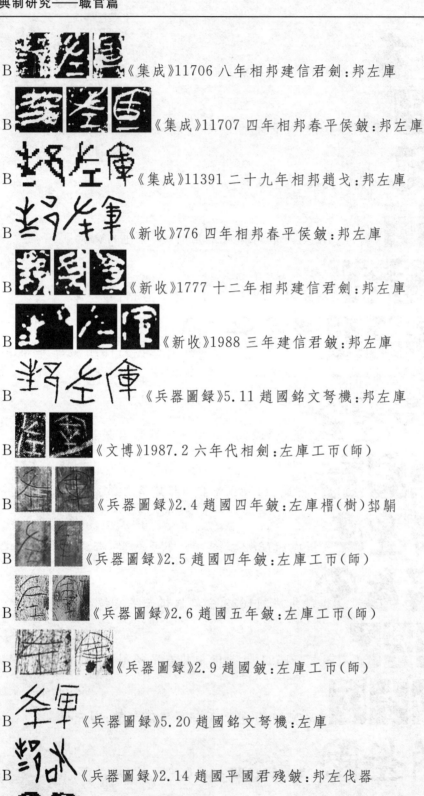

B　《集成》11706 八年相邦建信君劍：邦左庫
B　《集成》11707 四年相邦春平侯鈹：邦左庫
B　《集成》11391 二十九年相邦趙戈：邦左庫
B　《新收》776 四年相邦春平侯鈹：邦左庫
B　《新收》1777 十二年相邦建信君劍：邦左庫
B　《新收》1988 三年建信君鈹：邦左庫
B　《兵器圖錄》5.11 趙國銘文弩機：邦左庫
B　《文博》1987.2 六年代相劍：左庫工帀（師）
B　《兵器圖錄》2.4 趙國四年鈹：左庫榗（樹）邻䎽
B　《兵器圖錄》2.5 趙國四年鈹：左庫工帀（師）
B　《兵器圖錄》2.6 趙國五年鈹：左庫工帀（師）
B　《兵器圖錄》2.9 趙國鈹：左庫工帀（師）
B　《兵器圖錄》5.20 趙國銘文弩機：左庫
B　《兵器圖錄》2.14 趙國平國君殘鈹：邦左伐器
C　《集成》11264 十八年雝令戈：鄩（雍）左庫吳□

三 晉系文字中的職官

C 《集成》11312 三十二年業令戈：左庫工帀（師）

C 《集成》11344 八年亡令戈：左庫工帀（師）

C 《集成》11348 五年龏令戈：左庫工帀（師）

C 《集成》11349 五年龏令戈：左庫工帀（師）

C 《集成》11330 三十三年大梁戈：左庫工帀（師）丑

C 《九店》234 二十八年上洛戈：上洛左庫

C  《集成》11022 鄗左庫戈：鄗左庫

C 《集成》11135 陰晉左庫戈：陰晉左庫

C 《新收》1183 廿八年上河左庫戈：左庫工帀（師）

C 《珍秦金·吳越三晉》117 頁廿八年戟：左庫

C 《珍秦金·吳越三晉》卅年戟：左庫

 《集成》11351 十六年喜令戈：左庫

 《新收》1181 六年陀□戈：左庫工帀（師）

 《新收》1776 三年武平令劍：殿尹左庫

 《文物》2013.11 京左庫矛：京左庫

· 369 ·

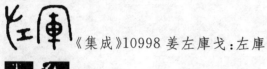《集成》10998 姜左庫戈：左庫

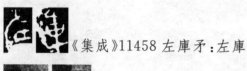《集成》11458 左庫矛：左庫

《商周集成》17203 并陽令其戈：左庫工帀（師）媛

《新收》1490 武陽戈：武昜（陽）左

《彙考》115：左庫尚（當）歲

"右庫"，與"左庫"相對，亦是製造、儲藏、輸送器物的處所。"武陽左"，爲"武陽左庫"省。

牙庫

C 《集成》11907 梁牙庫鐓：邥（梁）舀（牙）庫

"牙庫"，待考。

武庫

A 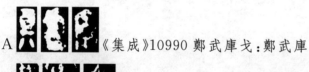《集成》10990 鄭武庫戈：鄭武庫

A 《集成》10991 鄭武庫戈：鄭武庫

A 《集成》11371 十七年鄭令戈：武庫工帀（師）

A 《集成》11375 王三年馬雕令戈：武庫工帀（師）

A 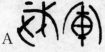《集成》11384 四年鄭令戈：武庫工帀（師）

三 晉系文字中的職官

A　《集成》11387 十四年鄭令戈：武庫工帀（師）

A　《集成》11389 十六年鄭令戈：武庫工帀（師）

A　《集成》11551 九年鄭令矛：武庫工帀（師）

A　《集成》11590 鄭武庫劍：奠（鄭）武庫

A　《商周集成》18542 鄭武庫殳鐱：鄭武庫

"武庫"，掌管兵器的官署。《漢書·百官公卿表》："中尉，秦官，掌徼循京師，有兩丞、候、司馬、千人。武帝太初元年更名執金吾。屬官有中壘、寺互、武庫、都船四令丞。都船、武庫有三丞，中壘兩尉。"《史記·平准書》："初置張掖、酒泉郡，而上郡、朔方、西河、河西開田官，斥塞卒六十萬人戍田之。中國繕道餽糧，遠者三千，近者千餘里，皆仰給大農。邊兵不足，乃發武庫工官兵器以贍之。"

往庫

A　《集成》10992 鄭往庫戈：鄭𨒂（往）庫

A　《集成》10993 鄭往庫戈：鄭𨒂（往）庫

A　《集成》11398 卅一年鄭令戈：𨒂（往）庫工帀（師）

A　《集成》11457 往庫戈：𨒂（往）庫

A　《集成》11507 鄭往庫矛：鄭𨒂（往）庫

A　《集成》11552 元年鄭令戈：𨒂（往）庫

A　《集成》11555 卅二年鄭令戈：𨒂（往）庫

A 《集成》11560 卅四年鄭令戈：坒（往）庫

A 《集成》11693 卅三年鄭令劍：坒（往）庫

A 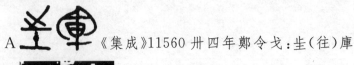《珍秦金·吴越三晉》卅一年鄭命戟：坒（往）庫

"往庫"，待考。

工庫

B 《集成》11676 十二年邦司寇劍：返（工）庫工帀（師）

B 《集成》11686 五年邦司寇劍：返（工）庫工帀（師）

B 《保利藏金》273 頁二年邦司寇趙或鈹：返（工）庫

B 《兵器圖録》2.3 趙國二年鈹：返（工）庫

B 《兵器圖録》2.8 趙國殘鈹：返（工）庫工帀（師）

"返庫"，讀爲"工庫"。返，又見於古璽文字。① 工庫，在兵銘中位置與"左庫""右庫""武庫""往庫"相同，故工庫也應是掌管兵器的官署。

大庫

C 《珍秦金·吴越三晉》三年王垣戟：大庫工帀（師）

"大庫"，待考。

芋庫

A 《集成》11563 二年鄭令矛：芋庫

---

① 徐在國：《戰國官璽考釋三則》，《考古與文物》1999 年第 3 期，第 82～84 頁。

"芉庫",待考。

私庫

A　《兩漢印帛》(增補篇):私庫冢子

"私庫",參本章下文"冢子"條。

工室

C　《珍秦金·吴越三晉》十七年相邦卯戈:攻(工)室

"工室",李學勤先生認爲是手工業機構。秦也有工室,見雲夢睡虎地秦簡《工律》。①

倉

A　《集成》3398宜陽右倉簋:宜陽右倉

　《新鄭圖》452.17:右倉

A　《陶録》5.46.1:倉

A　《陶録》5.43.4 陽城倉器:詹(倉)

A　《彙考》116:滎陽詹(倉)器

　《陶録》5.75.2:詹

---

① 李學勤:《〈珍秦齋藏金·吴越三晉篇〉前言》,澳門基金会,2008年。

珍秦戰 222：倉

吳振武先生謂："'庮'即倉廩之'倉'。倉是一種儲藏穀物或其他物資的建築，故字可從'广'。"①倉，貯藏糧食的場所。《詩·小雅·甫田》："乃求千斯倉，乃求萬斯箱。"《孟子·滕文公上》："陳相見孟子，道許行之言曰：'滕君則誠賢君也。雖然，未聞道也。賢者與民並耕而食，饔飧而治。今也滕有倉廩府庫，則是厲民而以自養也，惡得賢？'"

"滎陽"，地名，亦見於陶文。《史記·六國年表》及《韓世家》："（趙桓惠王）二十四年，秦拔我城皋、滎陽。"故城在今河南省滎陽縣東北十二公里處。"滎陽倉器"璽當是韓國滎陽官倉專門用來標識所用器物的印，正可以和"陽城倉器"戳印陶文相印證。

東倉

A　綴遺 28.10 鄭東蒼銅器②：鄭東蒼

右倉

A　《集成》1992 宜陽右倉鼎：右蒼（倉）

《集成》3398 宜陽右倉簠：右倉

"東倉""右倉"，均為韓國糧倉。③

廩

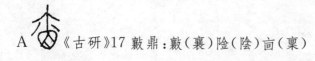
A　《古研》17 歗鼎：歗（襄）陉（陰）亩（廩）

---

① 吳振武：《釋三方收藏在日本的中國古代官印》，《中國文字》新 24 期，藝文印書館，1998 年，第 84 頁。

② 黃盛璋：《三晉銅器的國別、年代與相關制度》，《古文字研究》第 17 輯，中華書局，1989 年，第 17 頁。

③ 何琳儀：《戰國文字通論（訂補）》，江蘇教育出版社，2003 年，第 116 頁。

A 　《陶録》5.51.2：㐭（廩）

《陶録》5.51.3：㐭（廩）

《陶録》5.51.4：㐭（廩）

A 《陶録》5.51.6：㐭（廩）

A 　《陶録》5.47.1：滎陽㐭（廩）

A 　《陶録》5.47.2：滎陽㐭（廩）

B 《集成》9977 土匀錍：土匀（軍）㐭（廩）

C 　《璽彙》0324：泰（漆）垩（丘）㐭（廩）劀（半）

《璽彙》3327：㐭（廩）韧（半）

　《璽彙》2226：鄒（參）鄵（蜀）㐭（廩）韧（半）

《丹篆》9：□陽亩(廩)剬(半)

"亩"，即"廩"，倉廩。《周禮·地官·廩人》："廩人掌九穀之數。""土勹亩"，讀爲"土軍廩"，即設在土軍的倉廩。①

"黍丘"，地名。《左傳·哀公七年》："曹伯……乃背晉而奸宋。宋人伐之，晉人不救，築五邑於其郊，曰：黍丘、揖丘、大城、鍾、邘。"杜預注："梁國下邑縣西南有黍丘亭。"該璽當爲黍丘之地倉廩負責制造廩所用量器的官署用印。②

右廩

A   《集成》9575 盛季壺：奠(鄭)右稟(廩)

  《集成》2307 右□公鼎：右亩(廩)公萳官

"右亩""右稟"，即"右廩"。黄盛璋先生指出，盛季壺的"盛季"既然是用器者，此處的"右廩"當然是制作器物的作坊。③

廩陶

A  《陶錄》5.48.4：亩(廩)匋(陶)䒸(新)市

A  《陶錄》5.47.3：滎陽亩(廩)匋(陶)

---

① 吴振武：《戰國"亩(廩)"字考察》，《考古與文物》1984年第4期，第80、83頁。

② 李家浩：《戰國官印考釋三篇》，《出土文獻研究》第6輯，上海古籍出版社，2004年，第17～19頁。

③ 黄盛璋：《新鄭出土戰國兵器中的一些問題》，《考古》1973年第6期，第376頁。

三 晉系文字中的職官

A　　　　　　　《陶録》5.102.1：熒陽亩（廩）匋（陶）

"亩匋"，讀爲"廩陶"。陶指制陶機構，可見熒陽廩下轄手工業作坊。① 廩擁有的手工業生產機構可以製作銅器、陶器等產品。②

市

A　　　　　　　《璽彙》0332：苺陽垪（市）

A　　《陶録》5.97.4：垪（市）人之璽

《彙考》134：垪（市）

《彙考》135：垪（市）

《璽彙》4224：上比垪（市）

《璽彙》3443：青堵垪（市）

---

① 李先登：《熒陽、邢丘出土陶文考釋》，《古文字研究》第 19 輯，中華書局，1992 年，第 351 頁。
② 陸德富：《戰國時代官私手工業的經營形態》，復旦大學博士學位論文，2011 年，第 56 頁。

《大風堂》1：莀余垺（市）

《響盦》1：陽安市

《陶彙》6.52：㐭（廩）匋（陶）亲（新）市

《陶彙》6.53：㐭（廩）匋（陶）亲（新）市

《陶録》7.1.1：□肺（𦙍—市）

《步黟》311 頁：淇□垺（市）

《步黟》313 頁：業（鄴）垺（市）

《古研》24 圖 3：業（鄴）垺（市）

《古研》24 圖 3：業（鄴）垺（市）

三 晉系文字中的職官

《古研》24 圖 3：業（鄴）坿（市）

《古研》24 圖 3：業（鄴）坿（市）

《中國篆刻全集》887.4：業（鄴）坿（市）

《步黟》321 頁：業（鄴）坿（市）

《印學》二圖 1－1：業（鄴）坿（市）

《古研》24 圖 14：□陽市？

"市"，臨時或定期集中一地進行的貿易活動。《易·繫辭下》："日中爲市，致天下之民，聚天下之貨，交易而退，各得其所。"《周禮·地官·司徒》："司市掌市之治、教、政、刑、量度、禁令。以次敘分地而經市，以陳肆辨物而平市，以政令禁物靡而均市，以商賈阜貨而行布，以量度成賈而徵價，以質劑結信而止訟，以賈民禁偽而除詐，以刑罰禁虣而去盜，以泉府同貨而斂賒。"所謂的"市東""市南""市西""市中"大概是指鑄錢作坊的位置，① 這些鑄錢作坊是官市所設。漢代的官市兼營手工業，其經營範圍除了陶器、漆器，還有鑄造業。西漢哀帝年間的《南陵銅鍾》載："南陵大泉第五十八，乘輿禦水銅鍾，容一石，重卅四斤半。建平四年十一

---

① 裘錫圭：《戰國文字中的"市"》，《古文字論集》，中華書局，1992 年，第 464 頁。

月,長安市造。"①

"市"前或爲地名,比如"少曲",是韓國的屬縣。《史記·范雎列傳》:"秦昭王四十二年,東伐韓少曲、高平。"地在今河南濟源西北。

門

《璽彙》0171:增陽門

《璽彙》2656:閔(閭)門

《彙考》120:嵷(嵷)門

《彙考》120:晏門

《彙考》120:窑(匋)閔(門)

《璽彙》3075:昌閔(門)

《彙考》120:□□閔(門)

《璽彙》2563:坿南閔(門)

《璽彙》1674:昜(陽)閔(門)

---

① 徐正考:《漢代銅器銘文選釋》,作家出版社,2007年,第164頁。

《璽彙》0169：上東門尕（璽）

《彙考》121：北閏（門）

《璽彙》0170：上東閏（門）

《璽彙》2244：下南閏（門）

《彙考》121：下南閏（門）

《彙考》121：卤（西）閏（門）

《彙考》121：上卤（西）閏（門）

《璽彙》3077：下卤（西）閏（門）

《彙考》121：下卤（西）閍（門）

"門"，稽查、徵稅的關卡。《左傳·文公十一年》："宋公於是以門賞耏班，使食其征。"杜預注："門，關門。"《周禮·地官·司徒》："司門掌授管、鍵，以啟閉國門。"《周禮·秋官·司寇》："墨者使守門，劓者使守關，宮者使守內，刖者使守囿，髡者使守積。"

關

《璽彙》0340：句丘=（穀丘）閈（關）

"關"，城門、要塞。《易·復》："先王以至日閉關，商旅不行。"《周禮·地官·司徒》："司關掌國貨之節，以聯門市。司貨賄之出入者，掌其治禁與其征廛。"《管子·幼官》："市賦百取二，關賦百取一。"《管子·大匡》："弛關市之征，五十而取一。"

旅

B　《彙考》123：陽澨（原）右旟（旅）

《璽彙》3430：句䪾=（句瀆）旟（旅）

《彙考》125：右旟（旅）

三 晉系文字中的職官

《彙考》124：武□厸（尉）左簇（旅）

《彙考》124：武□左簇（旅）

《彙考》125：左簇（旅）

"簇"，李家浩先生讀爲"旅"。上古音簇屬余母魚部，旅屬來母魚部，二字韻部相同，聲母相近，都是舌頭音，可以通用。《左傳·成公二年》"君子謂華元、樂舉於乎不臣"，《吕氏春秋·安死》高誘注引此，"樂舉"作"樂吕"。陳奇猷説："吕、舉音同通假（皆隸魚部）。《史記·蔡澤傳》'唐舉'，《索隱》'《荀卿書》作唐莒'，可證。"《説文》"膂"字正篆作"吕"。簇、舉皆从與聲，膂从旅聲。此是簇、旅可通的例子。所以，"師簇"可以讀爲"師旅"，爲群有司之名。《周禮·天官·冢宰》："掌百官府之徵令，辨其八職。一曰正，掌官法以治要；二曰師，掌官成以治凡；三曰司，掌官法以治目；四曰旅，掌官常以治數……"《左傳·襄公十年》："官之師旅不勝其富。"又《襄公十四年》："今官之師旅，無乃實有所闕以攜諸侯。"又《昭公三年》："景公欲更晏子之宅……辭曰：'君之先臣容焉，臣不足以嗣之，於臣侈矣。且小人近市，朝夕得所求，小人之利也，敢煩里旅？'"

"句瀆""武□""陽湔"縣或邑的有司"旅"所使用的璽印。[①]

李家浩先生釋作"陽湔"，讀爲"陽原"，《漢書·地理志》幽州代郡屬縣有陽原，其地在今河北省陽原縣西南，戰國時屬趙國。

---

① 李家浩：《戰國官印中的"簇"》，《安徽大學漢語言文字研究叢書·李家浩卷》，安徽大學出版社，2013年，第112～117頁。

千畝左軍

C　　《璽彙》0349：千畂（畝）左軍

"左軍"，古代三軍中的左翼軍。《左傳·桓公五年》："秋，王以諸侯伐鄭，鄭伯御之。王爲中軍；虢公林父將右軍，蔡人衛人屬焉；周公黑肩將左軍，陳人屬焉。"《墨子·旗幟》："城上吏卒置之背，卒於頭上。城下吏卒置之肩，左軍於左肩，中軍置之胸。""千畝"，地名。《左傳·桓公二年》："初，晉穆侯之夫人姜氏以條之役生太子，命之曰仇；其弟以千畝之戰生，命之曰成師。"杜預注："西河界休縣南有地名千畝。"在今山西界休縣南，其地在戰國時屬魏。①

輕兵

　　《璽彙》3445：武陽翠（輕）兵

"翠兵"，讀爲"輕兵"，指輕裝的部隊。《吴子·論將》："善行間諜，輕兵往來，分散其衆，使其君臣相怨，上下相咎，是謂事機。"

相邦

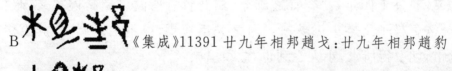

B　　《集成》11391 廿九年相邦趙戈：廿九年相邦趙豹

B　　《集成》11619 四年相邦建信君劍：相邦建䛐（信）[君]

B　　《集成》11619 四年相邦建信君劍：相邦

B　　《集成》11677 八年相邦建信君劍：相邦

---

①　李家浩：《戰國官印考釋兩篇》，《于省吾教授百年誕辰紀念文集》，吉林大學出版社，1996年，第166~167頁。

三　晉系文字中的職官

B 《集成》11678 八年相邦建信君劍：相邦

B （）《集成》11679 八年相邦鈹：相邦建躳（信）君

B 《集成》11680 八年相邦建信君鈹：相邦建躳（信）君

B 《集成》11681 八年相邦建信君鈹：相邦建躳（信）君

B （）《集成》11687 三年建信君鈹：相邦

B 《集成》11695 四年建信君鈹：相邦

B 《集成》11706 八年相邦建信君劍：相邦

B 《集成》11717 十八年建信君鈹：相邦

B 《新收》1548 元年相邦建躳（信）君鈹：相邦

B 《新收》1775 廿年相邦建信君劍：相邦

B 《新收》1777 十二年相邦建信君劍：相邦

B 《新收》1778 六年相邦建信君劍：相邦

B 《新收》1988 三年建信君鈹：相邦

B 《集成》11556 元年相邦春平侯矛：相邦春平侯

385

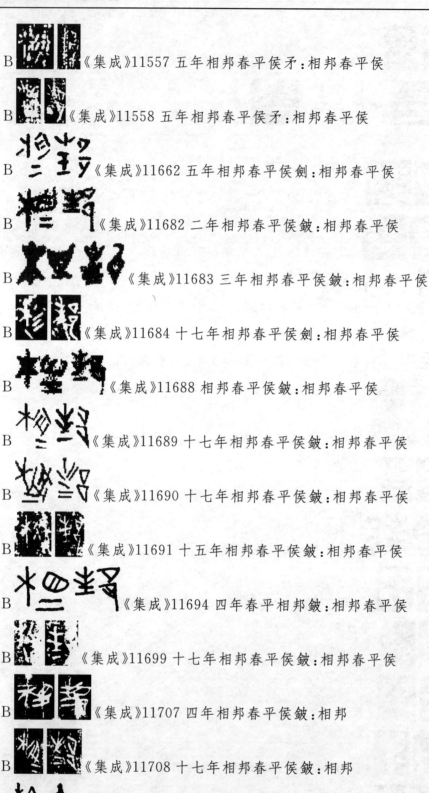

B　　《集成》11557 五年相邦春平侯矛：相邦春平侯

B　　《集成》11558 五年相邦春平侯矛：相邦春平侯

B　　《集成》11662 五年相邦春平侯劍：相邦春平侯

B　　《集成》11682 二年相邦春平侯鈹：相邦春平侯

B　　《集成》11683 三年相邦春平侯鈹：相邦春平侯

B　　《集成》11684 十七年相邦春平侯劍：相邦春平侯

B　　《集成》11688 相邦春平侯鈹：相邦春平侯

B　　《集成》11689 十七年相邦春平侯鈹：相邦春平侯

B　　《集成》11690 十七年相邦春平侯鈹：相邦春平侯

B　　《集成》11691 十五年相邦春平侯鈹：相邦春平侯

B　　《集成》11694 四年春平相邦鈹：相邦春平侯

B　　《集成》11699 十七年相邦春平侯鈹：相邦春平侯

B　　《集成》11707 四年相邦春平侯鈹：相邦

B　　《集成》11708 十七年相邦春平侯鈹：相邦

B　　《集成》11709 十七年春平侯鈹：相邦

三 晉系文字中的職官

B 《集成》11712 七年相邦陽安君鈹：相邦

B 《集成》11713 十七年春平侯鈹：相邦

B 《集成》11714 十七年春平侯鈹：相邦

B 《集成》11715 十七年春平侯鈹：相邦

B 《集成》11716 十七年春平侯鈹：相邦

B 《新收》776 四年相邦春平侯鈹：相邦

B 《新收》1416 藺相如戈：相邦

B 《新收》1632 六年相邦司空馬：相邦

B 《新收》1779 十五年相邦春平侯劍：相邦

B 《新收》1810 十七年春平侯鈹：相邦

B 《新收》1811 十八年平國君鈹：相邦

B

B 《商周集成》2387 春平相邦葛得鼎：春平相邦

B 《兵器圖錄》2.13 趙國春平侯殘鈹：相邦春平［侯］

B 《兵器圖錄》2.14 趙國平國君殘鈹：相邦平國君

· 387 ·

B 《兵器圖錄》5.14 趙國銘文弩機：相邦

B 《璽彙》0094：凶奴相邦

C 《珍秦金·吳越三晉》140 頁十七年相邦卯戈：相邦瘠

"相邦"，即"相國"，官名。《史記·趙世家》記載，惠文王十四年，"相國樂毅將趙、秦、韓、魏、燕攻齊，取靈丘"；"二十七年，徙漳水武平南，封趙豹爲平陽君"，《史記集解》引《戰國策》説："趙豹，平陽君，惠文王母弟。"典籍爲避漢高祖劉邦之諱改作"相國"，位尊于丞相。《荀子·彊國》："賢士願相國之朝，能士願相國之官。"

相邦的職責，一定是包括制定工官生産的計劃（監造的内容），並就此事向國君負責。至於工師和冶，都有技術性的工作，直接關係到產品的質量，也和事務性的工作有别，所以他們加刻名字總是必要的。由此來看，藺相如戈的"丞"也是代理其上司行事，解釋成"丞輔相邦"的"丞相"，和"大攻尹"代理相邦行事，性質也是類似的。①

"凶奴相邦"印，黄盛璋先生謂："此印文字既屬三晉，而三晉與匈奴接壤者是趙，此印的刻制當與趙有關；時間應在趙武靈王二十六年（前 300 年），'攘地，北至燕、代，西至雲中、九原'（《史記·趙世家》）以後，秦統一六國（前 221 年）以前……是趙國賞賜其北部少數民族領袖之禮物。"②

十七年相邦卯戈中的"相邦瘠"，據董珊先生考證，即屢見於文獻記載的戰國晚期魏國人物芒卯。這件戈以相邦爲監造者，在魏器中尚屬首見，形制、銘文字體均屬特殊，説明該戈等級較高。③

守相

B 《集成》11635 三年相邦建信君鈹：[守]相[武]襄君

B 《集成》11670 守相廉波鈹：守相

---

① 董珊：《戰國題銘與工官制度》，北京大學博士學位論文，2002 年，第 20～21 頁。
② 黄盛璋："匈奴相邦"印之國别年代及相關問題》，《文物》1983 年第 8 期，第 67～72 頁。
③ 董珊：《讀珍秦齋吳越三晉銘文札記》，《珍秦齋藏金·吳越三晉篇》，澳門基金會，2001 年，第 291～292 頁。

三 晉系文字中的職官

B 《集成》11700 十五年守相廉波劍：守相

B 《集成》11701 十五年守相廉波鈹：守相

B 《集成》11702 十五年守相廉波鈹：守相

B 《集成》11711 十三年鈹：守相

B 《新收》1832 十六年守相信平君鈹：十六年守相郥(信)平君

"守相"，代理丞相。《戰國策·秦策五》："文信侯出走，與司空馬之趙，趙以爲守相。"高誘注："守相，假也。"

相室

B 六年相室趙翌鼎：相室肖(趙)翌

《璽彙》4561：相室

《璽彙》4562：相室

《璽彙》4563：相室

《彙考》137：相室

《彙考》138：相室

《彙考》138：相室

《彙考》138：相室

《彙考》138：相室

"相室"，官名，相當於相邦、守相之類的中央高級執政官員。《管子·地圖》："論功勞，行賞罰……使百吏肅敬，不敢懈怠行邪，以待君之令，相室之任也。"《漢書·五行志》："記曰：不當華而華，易大夫；不當實而實，易相室。"應劭曰："冬水王木相，故象大臣，冬實者，變置丞相與宮室也；但華則變大夫也。"顏師古曰："相室，猶言相國，謂宰相也。合韻故言相室。相室者，相王室。"

代相

B　《新收》777 四年代相樂寅鈹：邿（代）相樂寅

B　《文博》1987.2 六年代相劍：六年邿（代）相

B　《新收》1492 廿三年代相邙皮戈：邿（代）相邙皮

B　《兵器圖錄》2.5 趙國四年鈹：邿（代）相樂寅

"邿"，讀爲"代"，地名，在趙國地位特殊，僅次於趙國都，襄子封其兄太子伯魯於周爲代成君，趙武靈王又封其長子章爲代安陽君，均證明其地位僅次於國君。① 趙亡後，趙之亡大夫共立悼襄王嫡子嘉爲王，王代（今河北蔚縣東北）六年，終爲秦所滅，這時已是戰國的最末一年，即公元前222年。②

大夫

C　《集成》11390 □年邦府戟：大夫

　《璽彙》0107：大夫

　《侯馬》一六：三：大夫

---

① 黃盛璋：《新發現之三晉兵器及其相關的問題》，《文博》1987年第2期，第53～57頁。
② 《保利藏金》編輯委員會編：《保利藏金——保利藝術博物館精品選》李學勤先生釋文，嶺南美術出版社，1999年，第276頁。

三 晉系文字中的職官

"大夫",職官名。春秋戰國時期,各國普遍流行設置大夫之職。

C 《集成》11215 二十七年晉上容戈:晉上容夫=(大夫)

"上容大夫","上容",吴良寶先生認爲是地名,與"容城"相關,曾被魏國涉足。① 蘇輝先生認爲難以確定是地名還是官名,也有可能是魏的爵名,因魏國有爵名"五大夫""長大夫","上容大夫"可能爲其中之一級。② 待考。

A 《璽彙》0103:武隊(遂)夫=(大夫)

"武隊(遂)大夫"。"武隊",讀爲"武遂",其地在今山西臨汾,③戰國時屬韓。《史記·秦本紀》:"(秦武王四年)拔宜陽,斬首六萬。涉河,城武遂。"裴駰《集解》引徐廣曰:"韓邑也。"《史記·韓世家》:"六年,秦復與我武遂。九年,秦復取我武遂……十六年,秦與我河外及武遂。"韓國有"大夫"之官,此方璽當爲韓武遂之地的大夫所用之璽。

C 《璽彙》0104:会(陰)成君邑夫=(大夫)俞安

該璽當爲陰成邑大夫俞某所用之璽。

《璽彙》0105:行夫=(大夫)

"行大夫",疑是掌管外事的大夫。

卜大夫

《璽彙》0106:卜夫=(大夫)

《彙考》104:卜夫=(大夫)

"卜大夫",即《周禮》之"太卜",當是掌占卜之事的卜正之屬官大夫春秋晉國

---

① 吴良寶:《寧夏彭陽出土"二十七年晉戈"考》,《考古》2007年第10期,第84～85頁。
② 蘇輝:《秦三晉紀年兵器研究》,上海古籍出版社,2013年,第94頁。
③ 汪慶正:《中國歷代貨幣大系·先秦貨幣》,上海人民出版社,1988年,第16頁。

卜偃,即掌卜大夫。從兩枚晉"卜大夫"璽可見,戰國時期三晉仍設有"卜大夫"之職。①

卜正

C 《璽彙》5128:卜正

"卜正",官名。《左傳·隱公十一年》:"春,滕侯、薛侯來朝,爭長。薛侯曰:'我先封。'滕侯曰:'我,周之卜正也;薛,庶姓也。我不可以後之。'"杜預注:"卜正,卜官之長。"《周禮·春官·宗伯》:"大卜,下大夫二人。"鄭玄注:"問龜曰卜。大卜,卜筮官之長。"然則卜正蓋相當於《周禮》的大卜。

卜史

《丹篆》13:卜史

"卜史",官名,掌管占卜的官吏。

將行

B　《璽彙》0093:南宮牆(將)行

B　《彙考》95:咎(皋)郎(狼)牆(將)行

"牆行",讀爲"將行",官名。《漢書·百官公卿表上》:"將行,秦官,景帝中六年更名大長秋,或用中人,或用士人。"顏師古注:"皇后卿也。"

"南宮",地名,在今河北南宮。"南宮",也可能爲宮名。"咎郎",地名,即古書中之皋狼,漢屬西河郡國時爲趙邑,今山西離石附近。

---

① 施謝捷:《古璽彙考》,安徽大學博士學位論文,2006年,第104頁。

彊弩後將

《璽彙》0096：邙（代）弱（彊）弩後牁（將）

"弱弩後牁"，讀爲"彊弩後將"，職官名。彊弩爲專門負責射弩的兵種，傳世封泥有"彊弩將軍"，漢印有"彊弩司馬"等。《漢書·宣帝紀》："夏四月，遣後將軍趙充國、彊弩將軍許延壽擊西羌。"此方璽當爲趙代地掌管射弩兵種的后將軍所用之璽。①

右騎將

《璽彙》0048：右騎牁（將）

此璽有兩種讀法，讀爲"駬（騎）右牁（將）"或"右牁（將）駬（騎）"，官名，爲統帥騎兵的將領。② 可分左、右。《史記·傅靳蒯成列傳》："陽陵侯傅寬，以魏五大夫騎將從，爲舍人，起橫陽。"《三國志·吕布傳》"明公將步，令布將騎，則天下不足定也。"引申爲騎兵武官。

司馬

《集成》10385 司馬成公權：司馬=（司馬）成公朏

《考古》學集刊第 4 輯：司馬

"司馬"，董珊先生認爲："該器銘文所見的最高職官是'司馬'，也就是該器的監造者，其制造機構爲'下庫'。這裏的'司馬'前面沒有修飾成分，應該就是屬於趙國的國家級司馬。"③

---

① 曹錦炎：《古璽通論》，上海書畫出版社，1996 年，第 162 頁。
② 劉釗：《釋戰國"右騎將"璽》，《史學集刊》1994 年第 3 期，第 74～76 頁。
③ 董珊：《戰國題銘與工官制度》，北京大學博士學位論文，2002 年，第 51 頁。

《璽彙》0044：左槀（郭）司馬₌（司馬）

《盛世》015：東陽平右槀（郭）司馬₌（司馬）

戰國時期各國均設有"司馬"一職，並分爲左、右。春秋戰國時期晉設三軍，每軍別置司馬。"左槀""右槀"，分別讀爲"左郭""右郭"。

B　　　《璽彙》0045：疋荅司馬₌（司馬）

何琳儀師疑此璽"疋荅"與上海博物館藏楚竹書《容成氏》簡1讀作"赫胥"的"荅疋"有關。①

《璽彙》2131：牵邑₌（犢邑）司馬₌（司馬）

《彙考》95：上玨（黨）遻（濾）司馬₌（司馬）

《璽彙》3828：司馬₌（司馬）

《璽彙》3829：司馬₌（司馬）

《璽彙》0056：右司馬₌（司馬）

---

① 何琳儀：《第二批滬簡選釋》，《學術界》2003年第1期，第85～93頁。

《璽彙》0057:右司馬_(司馬)遝

《彙考》93:右司馬_(司馬)遝

《彙考》94:右司馬_(司馬)遝

"遝",即"遝"字異體,指遝舍,也就是傳舍。①《周禮·秋官·司寇》:"行夫掌邦國傳遽之小事媺惡、而無禮者。凡其使也,必以旌節,雖道有難,而不時必達,居於其國,則掌行人之勞辱事焉,使則介之。"該璽當爲上黨地區傳舍官署中的司馬所用。

C  《彙考》94:單父左司馬_(司馬)

B 《璽彙》0049:夲(臯)郎(狼)左司馬_(司馬)

"夲郎",讀爲"臯狼"。《戰國策·趙策一》:"知伯……又使人之趙請蔡、臯狼之地,趙襄子弗與。"《漢書·地理志》西河郡屬縣有臯狼,其地位於今山西省離石縣西北。該璽當爲趙國臯狼之地左司馬所用之物。②

朱司馬

B  《璽彙》0046:陽邑州左右朱司馬_(司馬)

"左右朱司馬",讀爲"左右少司馬",左少司馬與右少司馬。《史記·孔子世

---

① 朱德熙、裘錫圭:《戰國文字研究(六種)》,《考古學報》1972年第1期,第83~89頁。
② 李家浩:《戰國官印考釋(二篇)》,《文物研究》第7期,黃山書社,1991年,第346~348頁。

家》:"古者,諸侯出疆,必具官以從,請具左右司馬。""朱司馬",讀"小司馬"。《釋名·釋親屬》"朱,少也。"小、少一字分化。朱,透紐幽部;少,透紐宵部。幽、宵旁轉。何況"朱"初文本从"小"。小司馬,見《周禮·夏官·小司馬》:"小司馬之職掌,凡小祭祀、會同、饗射、師田、喪紀,掌其事,如大司馬之瀍。"①李家浩先生讀爲"右校司馬",《越絕書·記吳王佔夢》和《吳越春秋·夫差內傳》有右校司馬。②

或釋爲"陽州左邑","左邑"爲地名。《漢書·武帝紀》:"(武帝)將幸緱氏,至左邑桐鄉,聞南越破,以爲聞喜縣。""左邑"當爲秦漢時期河南郡的左邑,其地在今山西聞喜縣。從文獻記載來看,戰國時左邑正屬魏地。③

司徒

《彙考》72:又(右)司徒

"司徒",官名。《詩·大雅·綿》"乃召司空,乃召司徒,俾立室家",鄭玄箋:"司徒,掌徒役之事。"《戰國策·趙策》"魏王許諾,使司徒執范座而未殺也",鮑彪注:"司徒,周卿,此時主徒隸者耳。"司徒分左、右。

司寇

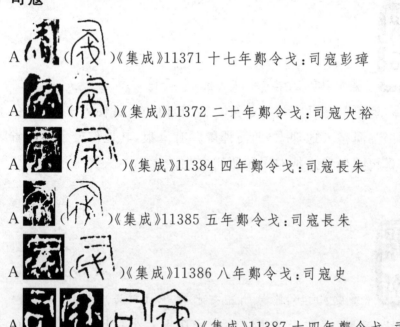

A（<ruby>寇</ruby>）《集成》11371 十七年鄭令戈:司寇彭璋

A（<ruby>寇</ruby>）《集成》11372 二十年鄭令戈:司寇犬裕

A（<ruby>寇</ruby>）《集成》11384 四年鄭令戈:司寇長朱

A（<ruby>寇</ruby>）《集成》11385 五年鄭令戈:司寇長朱

A（<ruby>寇</ruby>）《集成》11386 八年鄭令戈:司寇史

A（司<ruby>寇</ruby>）《集成》11387 十四年鄭令戈:司寇

---

① 何琳儀:《戰國官璽雜識》,《印林》,第16卷2期(臺灣),1995年,第2~11頁。
② 李家浩:《十年皋落戈銘文釋文商榷》,《考古》1993年第8期,第759頁。
③ 葉其峰:《戰國官璽的國別及有關問題》,《故宮博物院院刊》1981年第3期,第89頁。

三　晉系文字中的職官

A（）《集成》11388 十五年鄭令戈：司寇彭璋

A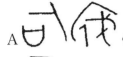《集成》11389 十六年鄭令趙距戈：司寇彭璋

A《集成》11397 六年鄭令戈：司寇

A《集成》11398 卅一年鄭令戈：司寇

A《集成》11551 九年鄭令向甸矛：司寇罾商

A《集成》11552 元年鄭令矛：司寇芊慶

A（）《集成》11553 五年鄭令韓□矛：司寇長朱

A《集成》11554 七年鄭令矛：司寇史陘

A《集成》11555 卅二年鄭令矛：司寇

A《集成》11559 三年鄭令矛：司寇芊慶

A《集成》11560 卅年鄭令矛：司寇＝（司寇）肖（趙）它

A《集成》11563 二年鄭令矛：司寇＝（司寇）芊慶

A《集成》11371 十七年鄭令戈：司寇彭璋

A《古研》26.217 八年陽城令戈：司寇＝（司寇）羋疧

A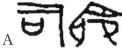《新收》1900 六年襄城令戈：司寇維

A　《新收》1996 六年襄城令戈：司寇維

A　《珍秦金·吴越三晉》244頁廿二年屯留戟：司寇鄭含

A　《集成》11564 四年雍令韓匡矛：司寇刊它

A　《集成》11565 廿三年襄城令牵名矛：司寇麻維

A　《集成》11693 卅三年鄭令劍：司寇肖（趙）它

A　《集成》11382 十七年虒倫戈：司寇莫（鄭）管

A　《新收》1090 十年洱陽令戈：司寇嘼相

A　《古研》27 二年梁令戟末：司寇=（司寇）

A　《新收》583 八年陽翟令矛：司寇□□

A　《新收》1493 安陽戈：司寇

A　《商周集成》17676 新城令馬□矛：司寇

A　《珍秦金·吴越三晉》卅一年鄭命戟：坒（往）庫司寇

A　《商周集成》17344 鄭令棓潘戈：司寇肖（趙）它

A　《璽彙》0070：高志司寇=（司寇）

"高志",地名。高志在今河南禹縣。①

B　《侯馬》一五六:二〇(4):司寇

B　《侯馬》一五六:二〇(4):司寇

B　《璽彙》0072:敍(且)居司寇

"敍居",讀爲"且居",即《漢書·地理志》上谷郡的屬縣且居。且居故城在今河北宣化東六十里,戰國時位於燕、趙兩國邊境交界處。"敍居司寇"印的形制和字體具有明顯的三晉作風,應該是且居屬於趙國時其地的司寇所用印。②

B　《璽彙》0068:佥(陰)室(館)司寇

"佥室",讀爲"陰館"。陰館屬《漢書·地理志》的雁門郡,其地在今山西代縣西北,戰國時屬趙國。③

B　《璽彙》0073:戀(樂)陰(陰)司寇

"戀陰司寇",讀爲"樂陰司寇"。據《漢書·地理志》載,漢代有樂陽縣,爲侯國,其地在今河北獲鹿縣東北,戰國時期屬趙。樂陰當與樂陽有關,該璽爲趙樂陰之地的司寇所用之物。

B　《璽彙》0077:裏(襄)陰(陰)司寇=(司寇)

---

① 何琳儀:《戰國文字通論(訂補)》,江蘇教育出版社,2003年,第119頁。
② 李家浩:《戰國官印考釋(二篇)》,《文物研究》第7期,黄山書社,1991年。
③ 徐在國:《戰國官璽考釋三則》,《考古與文物》1999年第3期,第82頁。

"裵陰",即"襄陰",地名。《漢書·地理志》載漢置襄陰縣,屬定襄郡,其地在今呼和浩特附近,戰國時正屬趙地。該璽當是趙襄陰之地的司寇所用印。①

B　　　《璽彙》0078:石垕(城)彊(疆)司寇=(司寇)

"石垕彊司寇",讀爲"石城疆司寇"。石城,地名。《史記·趙世家》惠文王十八年:"秦拔我石城。"其地在今河北林縣,戰國時屬趙。趙國設有司寇之職,見《史記·趙世家》:"公子成爲相,號安平君,李兌爲司寇。"該璽當是趙石城之地司寇所用印。②

B　　　《璽彙》0074:暑(雲)亥(中)司寇=(司寇)

"暑冢",讀爲"雲中",地名,在今內蒙呼和浩特。該璽當是趙雲中之地的司寇所用印。③

B　　　《彙考》99:厽杲=(三臺)司寇

"三杲",讀爲"三臺",地名,就是戰國時期燕、趙邊境上的三臺城,其地在今河北容城縣西南。④

B　　　《彙考》99:武陽司寇

"武陽",亦見於《殷周金文集成》17.10908 武陽戈、17.11053 武陽右庫戈、武

---

① 曹錦炎:《古璽通論》,上海書畫出版社,1996 年,第 161 頁。
② 曹錦炎:《古璽通論》,上海書畫出版社,1996 年,第 161 頁。
③ 何琳儀:《戰國文字通論(訂補)》,江蘇教育出版社,2003 年,第 127 頁。
④ 吳振武:《〈古璽文編〉校訂》,人民美術出版社,2011 年,第 29 頁。

陽三孔布，①原爲燕之下都，其地在今河北易縣，后來歸趙。《史記·趙世家》載，趙孝成王十九年(前247)趙與燕易土，"燕以葛、武陽、平舒與趙"。地在今河北省易縣東南。② 該璽當爲入趙后的司寇所用之物。

B　《彙考》100：家陽司寇

"家陽"，李家浩先生讀爲"瑕陽"。《水經·青衣水注》引《竹書紀年》："梁惠成王十年，瑕陽人自秦道岷山青衣水來歸。"因此，李先生認爲家陽當是魏邑而非趙邑。③ 何琳儀師讀爲"華陽"，見《史記·趙世家》：武靈王二十一年"攻取丹丘、華陽、鴟之塞。"認爲此地戰國晚期屬趙國，在今河北省唐縣西北。④

C　《集成》2609 廿七年大梁司寇鼎：大梁（梁）司寇

C　《集成》2610 廿七年大梁司寇鼎：大梁（梁）司寇

C　《新收》1330 七年大梁司寇綏戈：大梁（梁）司寇綏

C　《新收》1330 七年大梁司寇綏戈：大梁（梁）司寇綏

C　《集成》11337 六年令戈：司寇

C　《珍秦金·吳越三晉》152頁四年成陰嗇夫戟：司寇

C　《珍秦金·吳越三晉》96頁二十一年安邑戈：安邑司寇

---

① 施謝捷：《古璽彙考》，安徽大學博士學位論文，2006年，第100頁。
② 蕭春源：《珍秦齋藏印——戰國篇》，吳振武先生按語，澳門基金會，2001年，第21頁。
③ 李先生的説法參見裘錫圭：《戰國貨幣考（十二篇）》，《裘錫圭學術文集》（第三卷），復旦大學出版社，2012年，第227頁。
④ 何琳儀：《王夸布幣考》，《古幣叢考》，安徽大學出版社，2002年，第154～155頁。

C　　《璽彙》0079：文杲（臺）西彊（疆）司寇=（司寇）

"杲""枮"爲一字之異①。"文枮"讀爲"文臺"，其地在今山東東明。②張守節《正義》引《括地志》云："文臺在曹州冤句西北六十五里也。"司馬貞《索隱》則認爲"文臺"系魏國臺名。該璽爲掌管文臺之西部地區的司寇用印。③

　　《壹戎》001：禾司寇

"禾"，地名。亦見於"禾二釿"（《中國歷代貨幣大系》1.1311—1313）④。何琳儀師謂："疑讀'元'……檢《左傳·文公四年》：'晉侯伐秦，圍邧、新城。'沈欽韓云：'邧即元里也，在同州府東北。《魏世家》：文侯十六年伐秦，築臨晉、元里。'在今陝西澄城南，戰國前期屬魏，其後屬秦，見《魏世家》：'惠王十七年，與秦戰元里，秦取我少梁。'"⑤

《古研》30.235 二十三年單父鈹：單父司寇陸

"單父"，地名，也見於"二十八年坪安君鼎""三十二年坪安君鼎"（《集成》5·2793、2764）、"單父左司馬"官印（《文物》1988年第6期第89頁）與"單父右庐"官印（《盛世璽印錄》10·016）等資料，在今山東省單縣。這幾件帶有地名"單父"的器物國别曾有争議，主要表現在兩件坪安君鼎是魏器還是衛器的分歧上。吴良寶先生認爲，從單父的地理位置以及歸屬變化來看，此鈹的國别有屬宋、屬魏兩種可能。⑥

---

① 裘錫圭：《戰國貨幣考（十二篇）》，《裘錫圭學術文集》，復旦大學出版社，2012年，第215頁。
② 葉其峰：《戰國官璽的國别及有關問題》，《故宫博物院院刊》1981年第3期，第89頁。
③ 曹錦炎：《古璽通論》，上海書畫出版社，1996年，第170頁。
④ 施謝捷：《古璽彙考》，安徽大學博士學位論文，2006年，第10頁。
⑤ 何琳儀：《橋形布幣考》，《古幣叢考》，安徽大學出版社，2002年，第174頁。
⑥ 吴良寶：《二十三年單父鈹考》，《古文字研究》第30輯，中華書局，2014年，第235～237頁。

三 晉系文字中的職官

《彙考》98：左鞭司寇

"左鞭司寇"，讀爲"左偏司寇"。便、扁古音相近。《論語·季氏》"友便佞"，《說文·言部》"諞"字下引此文，"便"作"諞"。《史記·司馬相如列傳》"媥姺徶徆"之"媥"，《漢書·司馬相如傳》《文選·上林賦》皆作"便"。《說文·魚部》"鱅"字或體作"鯿"。皆可證。故"左鞭"可讀爲"左偏"。"左偏"猶《師默簋》"西扁""東扁"之比。① 施謝捷先生認爲第二字與古文"鞭"不盡相同，待考。②

《璽彙》0066：校里司寇

《璽彙》0067：佥（陰）陯（陰）司寇

《璽彙》0069：□奴司寇

《璽彙》0071：戲丘司寇

《璽彙》0075：□司寇

---

① 蕭春源：《珍秦齋古印展》裘錫圭按語，澳門市政厅，1993年。
② 施謝捷：《古璽彙考》，安徽大學博士學位論文，2006年，第98頁。

· 403 ·

《彙考》98：武憲司寇

《彙考》98：鄏（垎）司寇

《彙考》102：青氏司寇

《彙考》102：□奴司寇

《璽彙》3839：司寇

"司寇"，官名，掌管刑法。《周禮·秋官·序官》："乃立秋官司寇，使帥其屬，而掌邦禁，以佐王刑邦國。"大司寇主管刑獄，爲六卿之一。春秋時期，諸侯國均有司寇之職。戰國時期，有的國家已取消該職，但晉仍使用，且富有代表性，除了中央有司寇外，地方也有司寇。

邦司寇

B 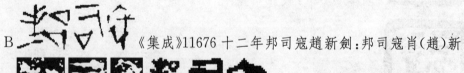《集成》11676 十二年邦司寇趙新劍：邦司寇肖（趙）新

B 《集成》11686 五年邦司寇馬㦷劍：邦司寇

B 《新收》1313 十九年邦司寇陳授鈹：邦司寇

B 《新收》1631 二年邦司寇趙或鈹：邦司寇

B 《珍秦金·吳越三晉》二年邦司寇鈹：邦司寇

B 《保利藏金》273頁二年邦司寇趙或鈹：邦司寇肖（趙）或

B 《兵器圖錄》2.3 趙國二年鈹：邦寇司（"司寇"之倒置）①

B 《兵器圖錄》2.12 趙國殘鈹：[邦]司寇肖（趙）厷

C 《集成》11545 七年邦司寇矛：邦司寇富勅（勝）

C 《集成》11549 十二年埜弟矛：邦司寇埜（野）弟（苐）

C 《飛諾藏金》：三年邦司寇戈：邦司寇公乘斯

"邦司寇"，應該是指趙、魏國的國家司寇。據《史記·趙世家》記載，趙惠文王四年（前295年）沙丘之亂以後，公子成爲相邦，李兌爲司寇，二人專國政。在趙國官制中，相邦跟司寇是最爲重要的兩個職位。《荀子·王制》："序官……抃急禁悍，防淫除邪，戮之以五刑，使暴悍以變，姦邪不作，司寇之事也。本政教，正法則，兼聽而時稽之，度其功勞，論其慶賞，以時慎脩，使百吏免盡，而衆庶不偷，冢宰之事也。"此處的冢宰就相當於戰國時各國的相邦。從官制上説，司寇次於相邦而可以並列；從工官系統上説，司寇掌邦上/下庫，相邦掌邦左/右庫，也具有一定的對等關係。②

---

① 徐佔勇、付雲抒：《有銘青銅兵器圖錄》，河北美術出版社，2007年，第26頁。
② 董珊：《戰國題銘與工官制度》，北京大學博士學位論文，2002年，第37~38頁。

司空

A 《璽彙》2227：掷（制）司工（司空）

B 《彙考》96：司工（空）

《彙考》96：司工（空）

《彙考》96：司工（空）

《璽彙》5544：司工（空）

《彙考》95：司工（空）

《璽彙》0080：司工（空）

《璽彙》0081：司工（空）

《璽彙》0084：木（？）陽司工（空）

《彙考》98：郊（郵）司工（空）

《清水河陶文》：司工（空）①

---

① 內蒙古自治區文物考古研究所：《清水河縣城嘴子遺址發掘報告》，《內蒙古文物考古文集》第 3 輯，科學出版社，2004 年，第 113 頁圖三九 2。"司工"二字考釋可參徐在國：《出土陶文補釋二則》，《古文字研究》第 29 輯，中華書局，2012 年，第 454 頁。

"司工",典籍多作"司空",官名。《詩·大雅·緜》"乃召司空",鄭玄箋:"司空,掌營國邑。"《周禮·考工記》鄭玄注:"司空掌營城郭、建都邑,立社稷、宗廟,造宮室、車服、器械,監百工者。唐虞已上曰共工。"其職責主要是掌管建築、製造等事務。晉地中央、地方均有司空,且常分左、右。《漢書·百官公卿表》:"少府,秦官,掌山海池澤之税,以給共養。"屬官有甘泉屋室,左右司空。

"挪",讀爲"制",地名。制地在今河南滎陽西北,春秋時屬鄭,戰國時屬韓。①該璽當是韓"制"地的司空所用印。

左司空

A　　《陶録》5.41.1:格氏左司工(空)

《璽彙》0087:左司工(空)

《璽彙》0088:左司工(空)

《璽彙》0089:莔芒左司工=(司空)

"左司空",官名。參上。

右司空

A　　《陶録》5.41.2:格氏右司工(空)

---

① 湯餘惠:《略論戰國文字形體研究中的幾個問題》,《古文字研究》第15輯,中華書局,1986年,第14頁。

A 《陶録》5.41.3：格氏右司工（空）

B 《璽彙》0091：浬（汪）窑（陶）右司工（空）

《璽彙》0090：右司工（空）

《彙考》96：右司工（空）

《彙考》97：右司工（空）

"右司空"，官名。參上。

"浬窑"，讀爲"汪陶"，地名。據《漢書·地理志》載，隸屬雁門郡，其地在今山西山陰縣，戰國時屬趙。① 該璽當爲晉"汪陶"之地的右司工所用之物。

令

A 《集成》11317 三年筥余令戈：筥（負）余（黍）命（令）

A 《集成》11318 三年筥余令戈：筥（負）余（黍）命（令）

A 《集成》11319 三年筥余令戈：筥（負）余（黍）命（令）

---

① 曹錦炎：《古璽通論》，上海書畫出版社，1996年，第160頁。

三 晋系文字中的職官

A 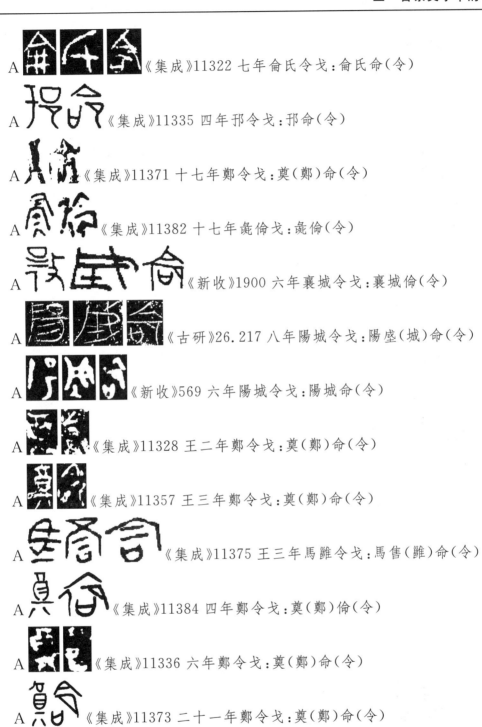《集成》11322 七年俞氏令戈：俞氏命（令）

A 《集成》11335 四年邢令戈：邢命（令）

A 《集成》11371 十七年鄭令戈：奠（鄭）命（令）

A 《集成》11382 十七年虤倫戈：虤倫（令）

A 《新收》1900 六年襄城令戈：襄城倫（令）

A 《古研》26.217 八年陽城令戈：陽城（城）命（令）

A 《新收》569 六年陽城令戈：陽城命（令）

A 《集成》11328 王二年鄭令戈：奠（鄭）命（令）

A 《集成》11357 王三年鄭令戈：奠（鄭）命（令）

A 《集成》11375 王三年馬雕令戈：馬售（雕）命（令）

A 《集成》11384 四年鄭令戈：奠（鄭）倫（令）

A 《集成》11336 六年鄭令戈：奠（鄭）命（令）

A 《集成》11373 二十一年鄭令戈：奠（鄭）命（令）

A 《集成》11387 十四年鄭令戈：奠（鄭）命（令）

A 《集成》11389 十六年鄭令戈：奠（鄭）命（令）

A　《集成》11552 元年鄭令戈：奠（鄭）倫（令）

A　《集成》11555 卅二年鄭令矛：奠（鄭）命（令）

A　《集成》11559 三年鄭令戈：奠（鄭）倫（令）

A　《集成》11560 卅四年鄭令矛：奠（鄭）命（令）

A　《集成》11563 二年鄭令矛：奠（鄭）倫（令）

A　《集成》11328 王二年鄭令戈：奠（鄭）命（令）

A　《集成》11388 十五年鄭令戈：奠（鄭）倫（令）

A　《集成》11357 王三年鄭令戈：奠（鄭）命（令）

A　《集成》11397 六年鄭令戈：奠（鄭）命（令）

A　《集成》11398 卅一年鄭令戈：奠（鄭）命（令）

A　《集成》11554 七年鄭令矛：奠（鄭）命（令）

A　《集成》11560 卅四年鄭令戈：奠（鄭）命（令）

A　《集成》11693 卅三年鄭令劍：奠（鄭）命（令）

A　《集成》11551 九年鄭令矛：奠（鄭）倫（令）

A　《集成》11386 八年鄭令戈：奠（鄭）倫（令）

三 晉系文字中的職官

A 《集成》11388 十五年鄭令戈：奠（鄭）倫（令）

A 《集成》11372 二十年鄭令戈：奠（鄭）倫（令）

A 《集成》11553 五年鄭令韓□矛：奠（鄭）倫（令）

A 《集成》11384 四年鄭令戈：奠（鄭）倫（令）

A 《集成》11385 五年鄭令戈：奠（鄭）倫（令）

A 《珍秦金·吳越三晉》卅一年鄭命戟：奠（鄭）命（令）

A 《商周集成》17344 鄭令棺涻戈：奠（郑）倫（令）

A 《集成》11355 十二年少曲令戈：肖（趙）命（令）

A 《新收》1090 洰陽令戈：洰陽倫（令）

A 《新收》1493 二十七年安陽戈：安陽倫（令）

A 《古研》27 二年梁令戟末：梁（梁）倫（令）

A 《集成》11341 四年咎奴令戈：咎奴曹（曹）命（令）

A 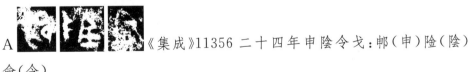《集成》11356 二十四年申陰令戈：䣊（申）陰（陰）命（令）

A 《集成》11316 四年令韓訷戈：四年命（令）

· 411 ·

A 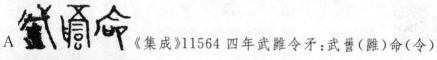《新收》1919 二年令詩宜陽戈：二年命（令）

A 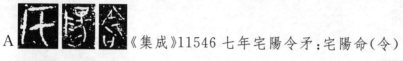《集成》11564 四年武雖令矛：武雪（雖）命（令）

A 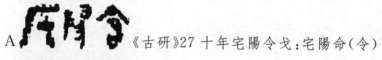《集成》11546 七年宅陽令矛：宅陽命（令）

A 《古研》27 十年宅陽令戈：宅陽命（令）

A 《珍秦金·吳越三晉》250 頁□年宅陽命戟刺：宅陽命（令）

A 《新收》1812 九年京令戈：京命（令）

A 《集成》11327 六年格氏令戈：格氏命（令）

A 《集成》11338 三年槊令戈：槊命（令）

A 《新收》583 八年陽翟令矛：陽翠（翟）倫（令）

A 《珍秦金·吳越三晉》158 頁五年陘令戟：陘（邢）命（令）

A 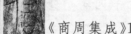《珍秦金·吳越三晉》244 頁廿二年屯留戟：屯留＝（屯留）倫（令）

A 《商周集成》17676 新城令馬□矛：新城倫（令）

B 《新收》1299 十一年房子令趙結戈：方子＝（房子）令

三　晉系文字中的職官

B 《新收》1481 王立事鈹：南徶（行昜—行唐）倫（令）

B 《文物》季刊 1992·4 十六年盜壽令戟：盜（寧）壽（壽）倫（令）

B 《集成》11366 十七年邢令戟：埅（邢）倫（令）

B 《集成》11561 十一年閵令趙狽矛：閵（藺）倫（令）

B 《新收》1992 九年藺令戈：藺命（令）

B 《新收》1307 二年邢令戈：埅（邢）倫（令）

B 《新收》1999 六年大陰令戈：大险（陰）倫（令）

B 《飛諾藏金》□年大陰令戈：大险（陰）命（令）

B 《集成》11661 三年鈹：䜌（欒）倫（令）

B 《集成》11673 王立事劍：南行陽（唐）倫（令）

B 《集成》11360 元年垾令戈：郚（垾）腧（令）

B 《珍秦金·吴越三晉》199 頁廿八年晉陽戟：晉陽倫（令）

B 兵器圖録 2.2 趙國二年鈹：東新城倫（令）

B 《兵器圖録》2.6 趙國五年鈹：邦御倫（令）

B 《兵器圖録》2.9 趙國鈹：□倫（令）

B 《兵器圖録》5.15 八年銘文弩機：武城倫（令）

B 《兵器圖録》5.20 趙國銘文弩機：□倫（令）

C 《集成》11291 十年邙令戈：邙（芒）命（令）

C 《集成》11343 二年亡令司馬戈䚟：肓（芒）命（令）

C 《集成》11344 八年亡令戈：肓（芒）命（令）

C 《集録》1223 二十四年肓命戈：肓（芒）命（令）

C 《集成》11299 二十三年郚令戈：郚命（令）

C 《集成》11302 二十九年高都令戈：高都命（令）

C 《集成》11303 二十九年高都令戈：高都命（令）

C 《集成》11306 二十一年啟封戈：攺（啟）峕（封）龠（令）

C 《集成》11312 三十二年業令戈：業龠（令）

C 《集成》11313 九年甾丘令戈：戈（甾）丘命（令）

C 《集成》11321 三十四年頓丘令戈：邨（頓）丘命（令）

三　晉系文字中的職官

C 《珍秦金·吳越三晉》廿七年頓丘令戟：邨(頓)丘命(令)

C 《集成》2527 卅年虡令癰鼎：虡龠(令)癰

C 《集成》2590 十三年上官鼎：鄝(梁)䧹(陰)命(令)

C 《集成》2611 卅五年虡命周共鼎：虡命(令)周共

C 《集成》11347 十三年繁陽令戈：壑(繁)陽命(令)

C 《集成》11349 五年龏令戈：龏(龏)龠(令)

C 《集成》11348 五年龏令思戈：龏(恭)龠(令)

C 《集成》11306 二十一年啓封令戈：攺(啓)峕(封)龠(令)

C 《集成》11312 三十三年業令戈：業龠(令)

C 《新收》1974 □陽邑令戈：□陽邑命(令)

C 《飛諾藏金》四(?)年夼命戈：夼命(令)

C 《商周集成》17110 夼令戈：夼命(令)

C 《新收》1182 十一年邱令戈：邱命(令)

C 《集成》11351 十六年喜令戈：喜倫(令)

《集成》11270 非揍戈：業邗谕（令）

《集成》11669 □令趙世鈹：□倫（令）肖（趙）世

《商周集成》17853 襄平令劍：襄平命（令）

《商周集成》17168 宜令不啟戈：宜谕（令）

《商周集成》17203 并陽令其戈：并陽谕（令）

《兵器圖録》1.14 十五年戈：封氏伶（令）

《兵器圖録》5.16 二十九年弩機：串倫（令）

《璽彙》0261：赼□命（令）鋏（璽）

《璽彙》3437：□宜倫（令）

"命""倫""谕"，均讀爲"令"，官名，即縣令。"令"前多爲地名。《戰國策·趙策一》："趙勝至曰：'敝邑之王使使者臣勝，太守有詔，使臣勝謂曰："請以三萬户之都封太守，千户封縣令，諸吏皆益爵三級，民能相集者，賜家六金。"'"《漢書·百官公卿表》："縣令、長，皆秦官，掌治其縣。萬户以上爲令，秩千石至六百石。減萬户爲長，秩五百石至三百石。皆有丞、尉，秩四百石至二百石，是爲長吏。百石以下有斗食、佐史之秩，是爲少吏。"

假令

《兵器圖録》2.4 趙國四年鈹：上成氏府叚（假）倫（令）

三 晉系文字中的職官

（）《兵器圖録》2.10 右攻尹鈹：邯丘叚（假）倫（令）

"假令"，疑指地方的代理縣令。《吕氏春秋·審分》"假乃理事也"，高誘注："假，攝也。"

太令

A 　　　《集成》11345 八年新城大令戈：亲（新）城大（太）命（令）

A 　　　《新收》365 十一年皋落戈：昝（皋）茖（落）會〔大〕命（令）

A 　　　《考古》2005.6 上皋落戈：上昝（皋）茖（落）大（太）命（令）

《飛諾藏金》五年茅□大命戈：茅□大命（令）

"大命"，讀爲"太令"。太令，是對縣級最高長官的稱呼。

蔡運章、楊海欽先生認爲十一年皋落戈第三字是"大"，"大命"，讀爲"太令"，辭例頗爲罕見。戰國時郡的首長叫做"守"，但有時也尊稱爲"太守"，《戰國策·趙策一》："今王令韓興兵以上黨入和於秦，使陽言之太守，太守其效之。"故縣令稱爲"太令"，猶如郡守稱做"太守"一樣。① 李家浩先生釋爲"皋落會令"，"會令"猶"大令""曹令"，是一種縣令的名稱，其義待考。② 劉釗先生根據新出上皋落戈銘文，提出十一年皋落戈中的"會"字很可能是"大"字的誤刻。③

嗇夫

《集成》9707 安邑下官鍾：嗇夫

---

① 蔡運章、楊海欽：《十一年皋落戈及其相關問題》，《考古》1991 年第 5 期，第 414 頁。
② 李家浩：《十一年皋落戈銘文釋文商榷》，《考古》1993 年第 8 期，第 45～46 頁。
③ 劉釗：《上皋落戈考釋》，《考古》2005 年第 6 期，第 48 頁。

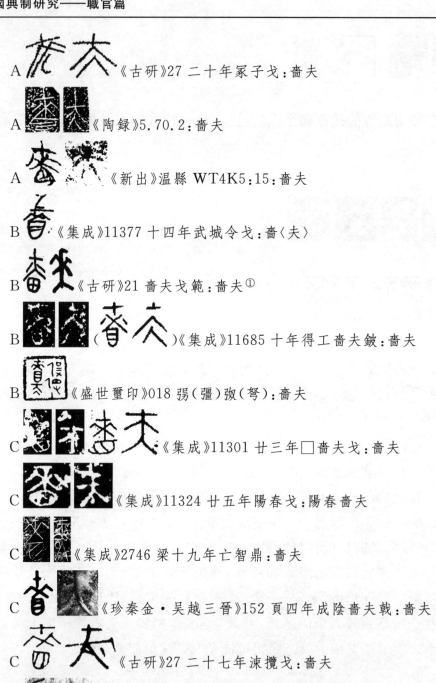

A 《古研》27 二十年冢子戈：嗇夫

A 《陶録》5.70.2：嗇夫

A 《新出》溫縣 WT4K5:15：嗇夫

B 《集成》11377 十四年武城令戈：嗇〈夫〉

B 《古研》21 嗇夫戈範：嗇夫①

B （嗇夫）《集成》11685 十年得工嗇夫鈹：嗇夫

B 《盛世璽印》018 弱（彊）弢（弩）：嗇夫

C 《集成》11301 廿三年□嗇夫戈：嗇夫

C 《集成》11324 廿五年陽春戈：陽春嗇夫

C 《集成》2746 梁十九年亡智鼎：嗇夫

C 《珍秦金·吳越三晉》152 頁四年成陰嗇夫戟：嗇夫

C 《古研》27 二十七年涷攬戈：嗇夫

C 《出土文獻》6.77 二十二年郝嗇夫戈：郝（湖）嗇夫②

---

① 陶正剛：《山西省近年出土銘文兵器的國別和編年》，《古文字研究》第 21 輯，中華書局，2001 年，第 198 頁。

② 董越：《廿二年郝戈考》，《中原文物》2014 年第 5 期，第 72～74 頁。吳良寶：《二十二年郝嗇夫戈考》，《出土文獻》第 6 輯，中西書局，2015 年，第 76～81 頁。

三 晉系文字中的職官

《兵器圖録》5.16 二十九年弩機：嗇夫

《璽彙》0112：(予)嗇夫

《璽彙》0108：庍庎嗇夫

《東方藝術》2009.8：疋(胥)麻(靡)嗇夫①

"嗇夫"，官名。《左傳·昭公十七年》："故《夏書》曰：'辰不集于房，瞽奏鼓，嗇夫馳，庶人走。'"《淮南子·人間》："中行穆伯攻鼓，弗能下。餽聞倫曰：鼓之嗇夫，聞倫知之。請無罷武大夫，而鼓可得也。"《韓非子·説林下》："晉中行文子出亡，過於縣邑。從者曰：此嗇夫，公之故人。公奚不休舍，且待後車？"嗇夫前有地名的，有的可能是縣邑嗇夫，如"陽春嗇夫""胥靡嗇夫"等。②

府嗇夫

A 《新出》1737 滎陽上官皿：廈(府)嗇夫成

B 《集成》9707 安邑下官鍾：廈(府)嗇夫成

"廈嗇夫"，即"府嗇夫"，是主管鑄造器物的官吏。③"府"不但負保管的責任，並且也從事鑄造等生產工作。④

---

① 張宇暉：《觀妙堂藏歷代璽印選》，《東方藝術》2009 年第 8 期。程龍東：《戰國官璽考釋兩則》，《印學研究》第 2 輯，山東大學出版社，2010 年，第 234～237 頁。
② 裘錫圭：《嗇夫初探》，《古代文史研究新探》，江蘇古籍出版社，1992 年，第 449 頁。
③ 裘錫圭：《嗇夫初探》，《古代文史研究新探》，江蘇古籍出版社，1992 年，第 451 頁。
④ 黄盛璋(署名"黄茂琳")：《新鄭出土戰國兵器中的一些問題》，《考古》1973 年第 6 期，第 374 頁。

戟嗇夫

C 《集成》2746 梁十九年亡智鼎：戟嗇夫庶麃

"戟嗇夫"可能是主管兵器制造的官吏。①

庫嗇夫

A 《集成》11376 十八年冢子戈：邦庫嗇夫

A 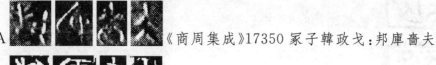 《商周集成》17350 冢子韓政戈：邦庫嗇夫

A  《文物》2015.2.63 六年冢子戟刺②：邦庫嗇夫

A 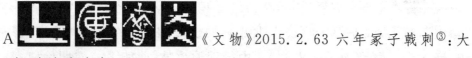 《文物》2015.2.63 六年冢子戟刺③：大（太）官上庫嗇夫

A 《商周集成》17350 冢子韓政戈：大（太）官庫嗇夫

A 十八年冢子韓矰戈④：下庫嗇夫樂瘫

A 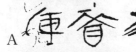 《飛諾藏金》四年冢子戈：□庫嗇夫

B  《集成》2608 十一年庫嗇夫鼎：庫嗇夫

"庫嗇夫"，與上文"府嗇夫"的職掌相似，都是主管鑄造這些器物的官吏。

---

① 李剛：《三晉系記容記重銅器銘文集釋》，吉林大學碩士學位論文，2005年，第11頁。

② 吳桂兵、周言、張萍萍：《宿遷青墩發現戰國銅戟刺》，《文物》2015年第2期，第61~64頁。

③ 吳桂兵、周言、張萍萍：《宿遷青墩發現戰國銅戟刺》，《文物》2015年第2期，第61~64頁。

④ 吳振武：《新見十八年塚子韓矰戈研究——兼論戰國"塚子"一官的職掌》，《古文字與古代史》第1輯，"中央研究院歷史語言研究所"，2007年，第332頁附圖3。

三　晉系文字中的職官

C　《璽彙》0111：余（餘）子嗇夫

《璽彙》0109：左邑余（餘）子嗇夫

《璽彙》0110：左邑余（餘）子嗇夫

"余子嗇夫"，讀爲"餘子嗇夫"，應是主管役使餘子的嗇夫。①

冶勺嗇夫

C   《珍秦金·吴越三晉》96頁二十一年安邑戈：冶勺嗇夫

裘錫圭先生在討論中山國器銘"冶勺嗇夫"時認爲此官"似是以冶鑄爲專職的官吏"。② 李學勤先生説："'冶勺'應爲冶鑄機構，其主事官員稱嗇夫，我懷疑這裏的'勺'字當讀爲同音的'堅'，不知對否。"③ 董珊先生讀"冶勺"爲"冶金"④，但勺、金聲韻俱不近，此説恐不可從。韓自強先生讀"勺"爲"鈞"，《史記·鄒陽列傳》司馬貞索隱引張晏注云："鈞，範也，作器下所轉者名鈞。"冶勺嗇夫是負責管理冶煉配料和陶鑄的官員。⑤

---

① 裘錫圭：《嗇夫初探》，《古代文史研究新探》，中華書局，1981年，第451頁。
② 裘錫圭：《嗇夫初探》，《古代文史研究新探》，中華書局，1981年，第452頁。
③ 蕭春源：《珍秦齋藏金·吴越三晉篇》李學勤先生前言，澳門基金會，2008年，第12頁。
④ 董珊：《讀珍秦齋藏吴越三晉銘文劄記》，《珍秦齋藏金·吴越三晉篇》，澳門基金會，2008年，第292頁。
⑤ 韓自強：《過眼雲煙——記新見五件晉系銘文兵器》，《古文字研究》第27輯，中華書局，2008年，第324頁。

賈氏

B 《集成》2608 十一年庫嗇夫鼎：賈氏長斨所爲

"賈氏"，或讀爲"冶氏"。《周禮·冬官·考工記》："攻金之工，築氏執下齊，冶氏執上齊，鳧氏爲聲。""冶氏"專管製造箭矢、戈、戟等兵器之屬。或釋爲"賈人"。

上官

A 《新收》1737 滎陽上官皿：滎（熒）陽上官

C 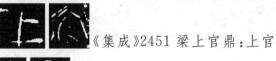《集成》2451 梁上官鼎：上官

C 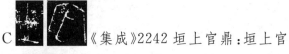《集成》2242 垣上官鼎：垣上官

C 《新收》367 三年垣上官鼎：垣上官

C 《集成》2590 十三年上官鼎：上官

C 《集成》2764 卅二年平安君鼎蓋：上官

C 《集成》2764 卅二年平安君鼎器：上官

C 《集成》2793.2 廿八年平安君鼎器：上官

C 《集成》2590 十三年上官鼎：上官

C 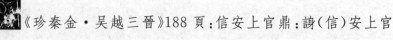《珍秦金·吳越三晉》188 頁：信安上官鼎：訫（信）安上官

三 晉系文字中的職官

"上官",是掌膳食的食官。① "上官"前或爲地名。"滎陽",在今河南滎陽東北,戰國屬韓②。"垣",魏邑,曾見於上海博物館收藏的垣上官鼎和魏國圜錢,③其地在今山西省垣曲縣東南。④ 或爲封君名,如"信安",即"信安君",曾任魏國的相邦。

下官

C 《集成》2610 廿七年大梁司寇鼎:下官

C 《集成》2611 卅五年虒令周共鼎:下官

C 《集成》2773 信安君鼎:下官

C 《集成》9515 繁下官鍾:䇂(魏)下官

C 《集成》9707 安邑下官鍾:安邑下官

C 信安君鼎⑤:諆(信)安下官

C 《珍秦金·吴越三晉》182 頁信安下官鼎:下官

C 《新收》1695 橐佗壺:下官

---

① 朱德熙、裘錫圭:《戰國銅器銘文中的食官》,《朱德熙古文字論集》,商務印書館,1995 年,第 83~88 頁。

② 李學勤:《滎陽上官皿與安邑下官鍾》,《當代名家學術思想文庫李學勤卷》,萬卷出版公司,2010 年,第 259 頁。

③ 唐友波:《垣上官鼎及其相關問題》,《文物》2004 年第 9 期,第 85~87 頁。

④ 蔡運章、趙曉軍:《三年垣上官鼎銘考略》,《文物》2005 年第 8 期,第 90~93 頁。

⑤ 劉餘力、褚衛紅:《戰國信安君鼎考略》,《文物》2009 年 11 期,第 71 頁。

"下官",是掌膳食的食官。①

中官

B 《飛諾藏金》兹氏中官冢子戈:中官

《陶彙》6.17:中官②

"中官",見衛宏《漢舊儀》:"太官尚食用黃金釦器,中官私官尚食用白銀釦器,如祠廟器云。"(這裏的"中官"大概是泛指宫中的官屬),晉陶器銘文裏的"中官"大概也指食官。③ 董珊先生讀"官"爲"館舍"之"館",是戰國時代各國安置客人的機構。④

樂官

C 《彙考》136:郚(魏)樂官

"樂官",古代掌理音樂的官員或官署。《詩·周頌·有瞽》"有瞽有瞽",毛傳:"瞽,樂官也。"《漢書·藝文志》:"漢興,制氏以雅樂聲律,世在樂官,頗能紀其鏗鏘鼓舞,而不能言其義。"

北陸官

《彙考》110:北陸(陸)室

"北陸培",讀爲"北陸官",星官。《爾雅·釋天》"北陸,虛也。"《左傳·昭公

---

① 朱德熙、裘錫圭:《戰國銅器銘文中的食官》,《朱德熙古文字論集》,商務印書館,1995年,第83~88頁。
② 郭寶鈞等:《一九五四年春洛陽西郊發掘報告》,《考古學報》1956年2期,第20頁。
③ 朱德熙、裘錫圭:《戰國銅器銘文中的食官》,《朱德熙古文字論集》,商務印書館,1995年,第85頁。
④ 蕭春源:《珍秦齋藏金·吴越三晉篇》,澳門基金會,2008年,第298頁。

四年》:"日在北陸而藏冰。"杜預注:"陸,道也。謂夏十二月日在虛危。"①

工官

《璽彙》2619:迲(工)官

"迲官",讀爲"工官"。《漢書·貢禹傳》:"禹奏言:……故時齊三服官輸物不過十笥,方今齊三服官作工各數千人,一歲費數鉅萬。蜀廣漢主金銀器,歲各用五百萬。三工官官費五千萬。東西織室亦然。"顏師古曰:"三工官,謂少府之屬官,考工室也,右工室也,東園匠也。上已言蜀漢主金銀器,是不入三工之數也。"②工官是戰國時期負責管理手工業生產的重要官職,各國均有。

官吏

《彙考》108 官史(吏)

"官史",讀爲"官吏",指官員。《墨子·號令》:"官吏、豪傑與計堅守者,十人及城上吏比五官者,皆賜公乘。"《史記·秦始皇本紀》:"於是二世乃遵用趙高,申法令。乃陰與趙高謀曰:'大臣不服,官吏尚彊,及諸公子必與我爭,爲之奈何?'"

私官

A 《集成》2658 卅六年私官鼎:厶(私)官

A 《集成》9583 韓氏私官壺:𩏃(韓)氏厶(私)官

A 《新收》1487 韓氏私官鼎:𩏃(韓)氏厶(私)官

A 《古研》10 新鄭都城陶文:厶(私)官

---

① 何琳儀:《戰國古文字典》,中華書局,1998年,第120頁。
② 徐在國:《戰國官璽考釋三則》,《考古與文物》1999年第3期,第82～84頁。

C 《集成》2102.1 中私官鼎：中厶（私）官

C 《集成》2102.2 中私官鼎：中厶（私）官

C 《集成》2773.1 信安君鼎：厶（私）官

C 《集成》2773.2 信安君鼎：厶（私）官

C 《集成》1508 私官鼎：厶（私）官

C 《集成》2304 長信侯鼎：厶（私）官

《陶録》5.71.1：厶（私）官

"厶官"，讀爲"私官"。《漢書・張湯傳》附《張放傳》："放取皇后弟平恩侯許嘉女，上爲放供張，賜甲第，充以乘輿服飾，號爲天子取婦，皇后嫁女。大官、私官並供其第。"顏師古注"服虔曰，私官，皇后之官也。"衛宏《漢舊儀》："太官尚食用黃金釦器，中官私官尚食用白銀釦器，如祠廟器云。""私官"，可以是皇后的食官，也可以是太后或公主的食官。①

庫吏

A 十八年冢子韓繒戈：庫吏安

A《新收》1997 十九年冢子矛：庫吏高（圖片不清）

A 《文物》2015.2.63 六年冢子戟刺②：庫吏班

---

① 朱德熙、裘錫圭：《戰國銅器銘文中的食官》，《朱德熙古文字論集》，商務印書館，1995年，第83~88頁。
② 吳桂兵、周言、張萍萍：《宿遷青墩發現戰國銅戟刺》，《文物》2015年第2期，第61~64頁。

"庫吏"一官,曾見於雲夢睡虎地秦簡。睡虎地秦簡《秦律雜抄》:"稟卒兵,不完善(繕),丞、庫嗇夫、吏貲二甲,法(廢)。"庫吏爲嗇夫的下級,當是專門負責管庫的官吏,其位置有可能比同類器的"冶尹"要高。[①] 或認爲"庫吏"應該就是管理府庫並負責藏器日常維護的管理人員。按:從六年冢子戟刺銘文來看,"庫吏"位於嗇夫之下、冶尹之上,黄錫全先生的推測完全正確。

《兵器圖錄》2.4 趙國四年鈹:吏夜楢(樹)

"吏","庫吏"之省。從鈹銘看,此吏隸屬於"左庫"。

給事

《珍秦金·吴越三晉》二年邦司寇鈹:級(給)事

《新收》777 四年代相樂寏鈹:級(給)事

()兵器圖錄 2.3 趙國二年鈹:級=((給)事

《文物》2006.4 三年大將李牧弩機:級(給)事伐

《新收》1632 六年司空馬鈹:級(給)事笶(苾)鬲

《兵器圖錄》2.5 趙國四年鈹:級((給)事)

《兵器圖錄》2.6 趙國五年鈹:級(給)事伐

《兵器圖錄》2.8 趙國殘鈹:級(給)事

《兵器圖錄》2.12 趙國殘鈹:級(給)事

---

① 黄錫全:《介紹一件韓廿年冢子戈》,《古文字研究》第 27 輯,中華書局,2008 年,第 319~320 頁。

"級事",讀爲"給事"。《國語・周語中》:"恭所以給事也,儉所以足用也。"《史記・衛將軍驃騎列傳》:"其父鄭季,爲吏,給事平陽侯家。"給事與治事義近,也可以用來指治事之吏,是趙國特有的職官。①

視事

C 《集成》2773.1 信安君鼎:眂(視)事歓

C 《集成》2773.2 信安君鼎:眂(視)事司馬歓

C 《集成》2527 卅年虒令鼎:眂(視)事鵂(鳳)

C 《集成》2611 卅五年虒令周共鼎:眂(視)事狋

C 《集成》2577 十七年平陰鼎蓋:眂(視)事餷

"眂事",讀爲"視事",監鑄一類的職官。② "視事"是魏器特有的職官名稱。見《左傳・襄公二十五年》:"夏五月……甲戌,饗諸北郭,崔子稱疾不視事。"《周禮・夏官・司馬》:"若大師,則掌其戒令,涖大卜,帥執事涖釁主及軍器。及致,建大常,比軍衆,誅後至者。及戰,巡陳眂事而賞罰。若師有功,則左執律,右秉鉞,以先愷樂獻于社。若師不功,則厭而奉主車。"有官治事之意。魏器中的視事大概是主管造器之吏,其地位隷屬於令,而高於冶。③

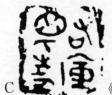C 《璽彙》0350:右庫眂(視)事

"右庫視事"璽當是魏國右庫監督鑄造之官視事所用的印。

---

① 董珊:《讀珍秦齋藏金吴越三晉銘文札記》,《珍秦齋藏金・吴越三晉篇》,澳門基金會,2008年,第299頁。
② 裘錫圭:《武功縣出土平安君鼎讀後記》,《考古與文物》1982年第2期,第53頁。
③ 何琳儀:《戰國文字通論(訂補)》,江蘇教育出版社,2003年,第129頁。

御史

B 《集成》10385 司馬成公權:卸(御)史命代(?)慧

B 《商周集成》2387 春平相邦葛得鼎:卸(御)史臧是

B 《内蒙古文物考古文集》(第 3 輯)141 頁圖一四 1:卸(御)史肖(趙)序

B 《兵器圖録》2.7 趙國七年鈹:卸(御)史

"卸史",讀爲"御史",官名。春秋戰國時期列國皆有御史,爲國君親近之職,掌文書及記事。秦設御史大夫,職副丞相,位甚尊;並以御史監郡,遂有糾察彈劾之權,蓋因近臣使作耳目。漢以後,御史職銜累有變化,職責則專司糾彈,而文書記事乃歸太史掌管。《周禮·春官·宗伯》:"御史掌邦國、都鄙及萬民之治令,以贊冢宰。凡治者受灋令焉,掌贊書,凡數從政者。"《戰國策·韓策三》"安邑之御史"章:"安邑之御史死,其次恐不得也。輸人爲之謂安令曰:'公孫綦爲人請御史於王,王曰:"彼固有次乎?吾難敗其法。"'因遽置之。"董珊先生考證五年相邦鼎所見的"御史臧是"應當是"偽在序朝勁"的屬官,主管機構内的文書與記事,職位不高。韓國地方縣邑的御史是縣令的屬官,因此可以由縣令自行辟除。鼎銘御史的級別可能與安邑之御史相當。①

右史

A 《新收》1737 滎陽上官皿:右史

"右史",古代史官名。《禮記·玉藻》:"動則左史書之,言則右史書之。"《漢書·藝文志》:"古之王者世有史官,君舉必書,所以慎言行,昭法式也。左史記言,右史記事,事爲《春秋》,言爲《尚書》,帝王靡不同之。"

---

① 董珊:《五年春平相邦葛得鼎考》,《古文字與古代史》(第 3 輯),"中央研究院歷史語言研究所",2012 年,第 287~300 頁。

冶尹

A　《集成》11384 四年鄭令戈：冶𦘔（尹）

A　《集成》11397 六年鄭令戈：冶𦘔（尹）

A　《集成》11398 卅一年鄭令戈：冶𦘔（尹）

A　《集成》11552 元年鄭令戈：冶𦘔（尹）

A　《集成》11554 七年鄭令矛：冶𦘔（尹）

A　《集成》11555 卅二年鄭令矛：冶𦘔（尹）

A　《集成》11559 三年鄭令戈：冶𦘔（尹）

A　《集成》11560 卅四年鄭令矛：冶𦘔（尹）

A　《集成》11563 二年鄭令矛：冶𦘔（尹）

A　《集成》11693 卅三年鄭令劍：冶𦘔（尹）

A　《集成》11553 五年鄭令韓□矛：冶𦘔（尹）

A　《商周集成》17344 鄭令棺潘戈：冶𦘔（尹）

A　《文物》2015.2.63 六年冢子戟刺[①]：冶𦘔（尹）

---

①　吳桂兵、周言、張萍萍：《宿遷青墩發現戰國銅戟刺》，《文物》2015年第2期，第61~64頁。

三 晉系文字中的職官

B 《集成》11678 八年相邦建信君劍：冶肩（尹）

B 《集成》11679 八年相邦建信君鈹：冶肩（尹）

B 《集成》11680 八年相邦建信君鈹：冶肩（尹）

B 《集成》11681 八年相邦建信君鈹：冶肩（尹）

B 《集成》11688 相邦春平侯鈹：冶肩（尹）

B 《集成》11706 八年相邦建信君劍：冶肩（尹）

B 《新收》776 四年相邦春平侯鈹：冶肩（尹）

B 《新收》1632 六年相邦司空馬鈹：冶肩（尹）

B 《新收》1777 十二年相邦建信君劍：冶肩（尹）

B 《新收》1775 廿年相邦建信君劍冶肩（尹）

B 《珍秦金·吳越三晉》二年邦司寇鈹：冶肩（尹）

B 《保利藏金》273 頁 二年邦司寇趙或鈹：冶肩（尹）

B 《兵器圖錄》2.2 趙國二年鈹：冶肩（尹）

《兵器圖錄》2.3 趙國二年鈹：冶肩（尹）

B 《兵器圖録》2.12 趙國殘鈹：冶肙（尹）紐

"冶肙"，即"冶尹"，官名。

冶人

B 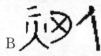《集成》11561 十一年蘭令趙狽矛：冶人參

B 《新收》1999 六年大陰令戈：冶人逢

B 《珍秦金·吴越三晉》廿八年陽邑戈：冶人

B 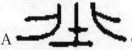《飛諾藏金》□年大陰令戈：冶人

"冶人"，鑄造金屬器物的工人。《韓非子·外儲説左上》："右御冶工言王曰：'臣聞人主無十日不燕之齋。今知王不能久齋以觀無用之器也，故以三月爲期。凡刻削者，以其所以削必小。今臣冶人也，無以爲之削，此不然物也，王必察之。'王因囚而問之，果妄，乃殺之。冶人謂王曰：'計無度量，言談之士多'棘刺'之説也。'"

冶

A 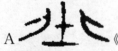《集成》11565 廿三年襄城令䇂名矛：冶

A 《新收》1900 六年襄城令戈：冶疋

A 《新收》1996 六年襄城令戈：冶疋

A 《集成》11316 四年令宜陽戈：冶

A 《集成》11317 三年筐余令戈：冶隔

A 《集成》11318 三年筐余令戈：冶隔

A 《集成》11319 三年筐余令戈:冶竈

A 《集成》11335 四年邘令戈:冶髯

A 《集成》11357 王三年鄭令戈:冶□

A 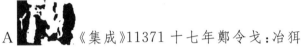 《集成》11371 十七年鄭令戈:冶狃

A 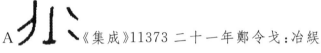 《集成》11373 二十一年鄭令戈:冶緹

A 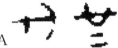 《集成》11375 王三年馬雒令戈:冶祥造

A 《集成》11336 六年鄭令戈:冶狄

A 《集成》11322 七年侖氏戈:冶敏

A 《集成》11327 六年格氏令戈:冶□

A 《集成》11341 四年㕣奴令戈:冶□

A 《集成》11345 八年新城大令戈:冶褚

A 《集成》11356 二十四年申陰令戈:冶豎(豎)

A 《集成》11387 十四年鄭令戈:冶狃

A 《集成》11389 十六年鄭令戈:冶瘖

A 《集成》11551 九年鄭令矛:冶狃

· 433 ·

A 《集成》11564 四年雍令韓匡矛：冶狄

A 《集成》11590 鄭武庫劍：冶□

A 《古研》26.217 八年陽城令戈：冶教歔

A 《集成》11376 十八年冢子戈：冶舒歔（造）

A 十八年冢子韓熷戈：冶悆歔（造）

A 《集成》11382 十七年彘倫戈：冶□

A 《新收》1090 洍陽令戈：冶明無

A 《新收》1919 二年令䛀宜陽戈：冶

A 《新收》583 八年陽翟令矛：冶啟

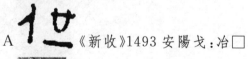A 《新收》1493 安陽戈：冶□

A 《珍秦金·吳越三晉》158 頁五年陛令戟：冶裛（寰）

A 《新收》365 十一年皋落戈：冶午

A 《考古》2005.6 上皋落戈：冶午

A 《珍秦金·吳越三晉》七年王子工師戈：冶妥

A 《珍秦金·吳越三晉》廿二年屯留戟：冶甸

三 晉系文字中的職官

A 《珍秦金·吳越三晉》卅一年鄭令戈:冶屠

A 《商周集成》17350 冢子韓政戈:冶斀(造)戈廿

A 《商周集成》17110 夲令戈:冶

B 《集成》11391 廿九年相邦趙戈:冶匜義

B 《集成》11660 元年劍:冶參

B 《集成》11687 三年相邦建信君鈹:冶朏

B 《集成》11702 十五年守相杜波鈹:冶句

B 《集成》11673 王立事劍:冶得

B 《新收》1481 王立事鈹:冶

B 《新收》1988 三年建信君鈹:冶魁

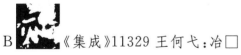
B 《集成》11329 王何戈:冶□

B 《新收》1299 十一年房子令趙結戈:冶巸

B 《集成》11390 □年邦府戟:冶问執齊(劑)

B 《集成》11707 四年相邦春平侯鈹:冶匋寑

B 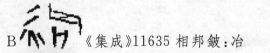《集成》11635 相邦鈹：冶

B 《集成》11671 六年安平守鈹：冶余

B 《集成》11710 十八年相邦春平侯劍：冶

B 《集成》11712 七年相邦陽安君鈹：冶史瘥

B 《新收》1811 十八年平國君鈹：冶

B 《新收》1992 九年蘭令戈：冶國

B 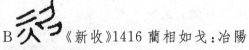《新收》1416 藺相如戈：冶陽

B 《新收》1832 十六年守相信平君鈹：冶明

B 《新收》1548 元年相邦建信君鈹：冶瘠

B 《新收》1313 十九年邦司寇陳授鈹：冶奚昜

B 《新收》1307 二年邢令戈：冶明

B 《珍秦金·吳越三晉》199 頁二十八年晉陽戟：冶憲

B 《珍秦金·吳越三晉》三年得工秘帽：冶留堯

B 《商周集成》2387 春平相邦葛得鼎：冶臣市所伐

B 《四海尋珍》94 頁十七年春平侯鈹：冶醇

三 晉系文字中的職官

B 《兵器圖録》2.4 趙國四年鈹:冶昌

B 《兵器圖録》2.6 趙國五年鈹:冶郵䴰

B 《兵器圖録》2.7 趙國七年鈹:冶□

B 《兵器圖録》2.9 趙國鈹:冶砬(?)

B 《兵器圖録》2.10 右攻尹鈹:冶□

B 《兵器圖録》2.13 趙國春平侯殘鈹:冶□

B 《兵器圖録》2.14 趙國平國君殘鈹:冶疕

B 《兵器圖録》5.11 趙國銘文弩機:冶□匜

B 《兵器圖録》5.15 八年銘文弩機:冶畫

B 《兵器圖録》5.20 趙國銘文弩機:冶□

C 《集成》11269 十四年□州戈:冶乘

C 《集成》11291 十年邔令戈:冶□

C 《集成》11293 三年莆子戈:冶□

C 《集成》11299 二十三年鄁令戈:冶良

C 《集成》11302 二十九年高都令戈:冶乘

C 《集成》11303 二十九年高都令戈：冶乘

C 《集成》11306 二十一年啓封戈：冶者

C 《集成》11312 三十二年業令戈：冶山

C 《集成》11313 九年邨丘令戈：冶猈

C 《集成》11321 三十四年頓丘令戈：冶夢

C 《珍秦金·吴越三晉》廿七年頓丘令戟：冶壬

C 《集成》11324 廿五年陽春戈：冶剌（斷）

C 《集成》11330 三十三年大梁戈：冶卂

C 《集成》11337 六年令戈：冶□

C 《集成》11343 二年亡令戈：冶□

C 《集成》11344 八年亡令戈：冶小

C 《集録》1223 廿四年盲命戈：冶□

C 《集成》11347 十三年繁陽令戈：冶黄

C 《集成》11348 五年龔令戈：冶襄從

C 《集成》11349 五年龔令戈：冶襄從

· 438 ·

三　晉系文字中的職官

C 　《集成》2481 二年盗鼎:冶諎爲

C 　《集成》2527 卅年虒令鼎:冶巡釴（鑄）

C 　《集成》2611.1 卅五年虒令周共鼎蓋:冶期釴（鑄）

C 　《集成》2611.2 卅五年虒令周共鼎器:冶期釴（鑄）

C 　《集成》2773.1 信安君鼎:冶膾

C 　《集成》2773.2 信安君鼎:冶王石

C 　《集成》2590 十三年上官鼎:冶㾟（勝）釴（鑄）

C 　《集成》2577 十七年平陰鼎蓋:冶敬

C 　《新收》1330 七年大梁司寇綏戈:冶疴

C 　《九店》234 二十八年上洛戈:冶□

C 　《新收》1183 廿八年上洛左庫戈:冶蠣

C 　《新收》1331 廿四年晉□上庫戈:冶愆

C 　《珍秦金·吳越三晉》96 頁二十一年安邑戈:冶牵

C 　《珍秦金·吳越三晉》117 頁廿八年戟:冶

C 　《珍秦金·吳越三晉》卅年戟:冶

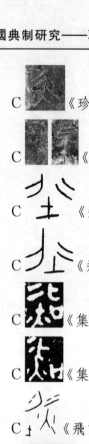

C　《珍秦金·吳越三晉》五年邢命戟：冶裏

C　《珍秦金·吳越三晉》十七年相邦卯戈：右冶

C　《飛諾藏金》王之一年戈：冶塋

C　《飛諾藏金》四(?)年弇命戈：冶□

C　《集成》11545 七年邦司寇矛：冶脒

C　《集成》11549 十二年埜弟矛：冶賢

C　《飛諾藏金》三年邦司寇戈：冶疾

C　《集成》11684 十七年相邦春平侯劍：冶厲

C　《出土文獻》6.77 二十二年郊嗇夫戈：冶

《新收》1182 十一年邰令戈：冶愿

《新收》1776 三年武平令劍：冶

《集成》11351 十六年喜令戈：冶何

《飛諾藏金》五年茅□大命戈：冶疣

《商周集成》19360 卅一年杖首：冶痦

《商周集成》17168 宜令不啟戈：冶□

三 晉系文字中的職官

《商周集成》17203 幷陽令其戈：冶悶

《古研》30.235 二十三年單父鈹：冶陽

《兵器圖録》1.14 十五年戈：冶固

《兵器圖録》5.16 二十九弩機：冶□

"冶"，鑄造金屬器物的工人。《莊子·大宗師》："今大冶鑄金，金踴躍曰'我且必爲鏌鋣'，大冶必以爲不祥之金。"《淮南子·説林》："巧冶不能鑄木，巧工不能斲金者，形性然也。"

冶吏

B 《集成》11682 二年相邦春平侯鈹：冶吏闞

《集成》11683 三年相邦春平侯鈹：冶吏闞

《集成》11556 元年相邦春平侯矛：冶吏闞

《文博》1987.02 六年代相劍：冶吏息

《兵器圖録》2.5 趙國四年鈹：冶事（吏）

"冶吏"，與"冶"的職能相類，主管金屬器物的鑄造。

工師

A 《古研》26.217 八年陽城令戈：左庫工帀（師）

A 《集成》11316 四年令宜陽戈：宜陽工帀（師）

A 《集成》11317 三年筐余令戈：工帀（師）

441

《集成》11318 三年赲余令戈：工帀（師）

A《集成》11319 三年赲余令戈：工帀（師）

A《集成》11565 廿三年襄城令䍙名矛：右庫工帀（師）

A《集成》11328 王二年鄭令戈：右庫工帀（師）鮥鷹

A《集成》11356 二十四年申陰令戈：右庫工帀（師）

A《集成》11357 王三年鄭令戈：右庫工帀（師）吏（史）裘（狄）

A《集成》11371 十七年鄭令戈：武庫工帀（師）

A《集成》11373 二十一年鄭令戈：左庫工帀（師）

A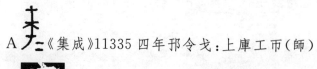《集成》11375 王三年馬雕令戈：武庫工帀（師）

A《集成》11335 四年邗令戈：上庫工帀（師）

A《集成》11336 六年鄭令戈：右庫工帀（師）司馬瑧（瓔）

A《集成》11322 七年龠氏戈：工帀（師）

A《集成》11327 六年格氏令：工帀（師）

A《集成》11345 八年新城大令戈：工帀（師）

三 晉系文字中的職官

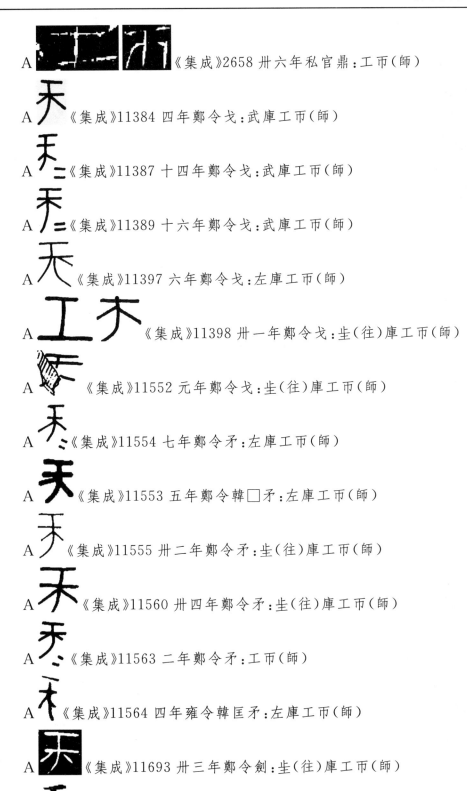

A　《集成》2658 卅六年私官鼎：工帀（師）

A　《集成》11384 四年鄭令戈：武庫工帀（師）

A　《集成》11387 十四年鄭令戈：武庫工帀（師）

A　《集成》11389 十六年鄭令戈：武庫工帀（師）

A　《集成》11397 六年鄭令戈：左庫工帀（師）

A　《集成》11398 卅一年鄭令戈：坓（往）庫工帀（師）

A　《集成》11552 元年鄭令戈：坓（往）庫工帀（師）

A　《集成》11554 七年鄭令矛：左庫工帀（師）

A　《集成》11553 五年鄭令韓□矛：左庫工帀（師）

A　《集成》11555 卅二年鄭令矛：坓（往）庫工帀（師）

A　《集成》11560 卅四年鄭令矛：坓（往）庫工帀（師）

A　《集成》11563 二年鄭令矛：工帀（師）

A　《集成》11564 四年雍令韓匡矛：左庫工帀（師）

A　《集成》11693 卅三年鄭令劍：坓（往）庫工帀（師）

A　《集成》11382 十七年巟倫戈：左庫工帀（師）

A 《集成》11345 八年新城大令戈：工帀（師）

A 《新收》1090 洱陽令戈：左庫工帀（師）

A 《新收》1919 二年令諻宜陽戈：工帀（師）

A 《古研》27 十年宅陽令戈：工帀（師）

A 《珍秦金·吳越三晉》250 頁宅陽令戟刺：工帀（師）

A 《集成》11562 六年安陽令矛：工帀（師）

A 《集成》11551 九年鄭令矛：工帀（師）

A 《新收》365 十一年皋落戈：工帀（師）

A 《考古》2005.6 上皋落戈：工帀（師）高悋

A 《新收》583 八年陽翟令矛：右庫工帀（師）

A 《集成》11338 三年鄭令戈：工帀（師）

A 《新收》1900 六年襄城令戈：右庫工帀（師）

A 《新收》1996 六年襄城令戈：右庫工帀（師）

A 《集成》11341 四年咎奴令戈：工帀（師）

A 《珍秦金·吳越三晉》七年王子工師戈：王子工帀（師）

三 晉系文字中的職官

A 《珍秦金·吳越三晉》廿二年屯留戈:右庫工帀(師)

A 《珍秦金·吳越三晉》卅一年鄭命戈:坐(往)庫工帀(師)

A 《商周集成》17110 夻令戈:工帀(師)

A 《商周集成》17344 鄭令棓涺戈:右庫工帀(師)

B 《集成》10385 司馬成公權:下庫工帀=(工師)孟□

B 《文物》2008.5 六年相室趙翌鼎:工帀(師)

B 《集成》11391 廿九年相邦趙戈:邦左庫工帀(師)

B 《新收》1492 廿三年代相邙皮戈:右庫工帀(師)史

B 《文博》1987.02 六年代相劍:左庫工帀(師)

B 《新收》776 四年相邦春平侯鈹:邦左庫工帀(師)

B 《新收》1632 六年相邦司空馬鈹:左庫工帀(師)

B 《新收》1481 王立事鈹:工帀(師)

B 《集成》11364 二年戈:左工帀(師)

B 《集成》11390 □年邦府戈:工帀(師)韓□

B 《集成》11619 四年相邦建信君劍:工帀(師)

445

B 《集成》11660 元年劍：左庫工帀（師）

B 《集成》11694 四年春平相邦鈹：工帀（師）

B 《集成》11683 三年相邦春平侯鈹：邦左庫工帀（師）

B 《集成》11684 十七年相邦春平侯劍：邦左庫工帀（師）

B 《集成》11688 相邦春平侯鈹：邦左庫工帀（師）

B 《集成》11673 王立事劍：左庫工帀（師）

B 《集成》11702 十五年守相杜波鈹：邦左庫工帀（師）

B 《集成》11706 八年相邦建信君劍：邦左庫工帀（師）

B 《集成》11712 七年相邦陽安君鈹：工帀（師）

B 《集成》11556 元年相邦春平侯矛：邦右庫工帀（師）

B 《集成》11561 十一年閏令趙狽矛：工帀（師）

B 《集成》11701 十五年守相杜波鈹：工帀（師）

B 《集成》11716 十七年春平侯鈹：工帀（師）

B 《集成》11679 八年相邦建信君鈹：工帀（師）

B 《集成》11681 八年相邦建信君鈹：邦左庫工帀（師）

三 晉系文字中的職官

B 《集成》11682 二年相邦春平侯鈹：邦左庫工帀（師）

B 《集成》11671 六年安平守鈹：工帀（師）

B 《新收》1777 十二年相邦建信君劍：邦左庫工帀（師）

B 《新收》1299 十一年房子令趙結戈：下庫工帀（師）

B 《新收》1988 三年建信君鈹：邦左庫工帀（師）

B 《文博》1987.2 六年代相鈹：工帀（師）

B 《珍秦金·吳越三晉》199 頁廿八年晉陽戟：工帀（師）

B 《集成》11680 八年相邦建信君鈹：工帀（師）

B 《集成》11707 四年相邦春平侯鈹：工帀（師）

B 《新收》1481 王立事鈹：右庫工帀（師）

B 《新收》1999 六年大陰令戈：上庫工帀（師）

B 《新收》1775 廿年相邦建信君劍：邦右庫工帀（師）

B 《新收》1548 元年相邦建信君鈹：邦右庫工帀（師）

B 《新收》1832 十六年守相鈹：邦右庫工帀（師）

B 《集成》11364 二年主父戟：左工帀（師）

447

B 《新收》987 十六年寧慶令余慶戟：上庫工帀（師）

B 《新收》1307 二年邢令戈：□庫工帀（師）

B 《新收》1313 十九年邦司寇陳授鈹：□庫工帀（師）

B 《珍秦金·吳越三晉》韓少夫戟：工帀（師）

B 《保利藏金》273 頁二年邦司寇趙或鈹：返（工）庫工帀（師）

B 《商周集成》2387 春平相邦葛得鼎：邦右庫工帀（師）

B 《集成》2482 四年昌國鼎：工帀（師）

B《四海尋珍》94 頁十七年春平侯鈹：工帀（師）笽酷

B 《兵器圖錄》2.2 趙國二年鈹：左庫工帀（師）

B 《兵器圖錄》2.4 趙國四年鈹：工帀（師）長續鋖（鏤）

B 《兵器圖錄》2.5 趙國四年鈹：左庫工帀（師）

B 《兵器圖錄》2.6 趙國五年鈹：左庫工帀（師）

B 《兵器圖錄》2.8 趙國殘鈹：返（工）庫工帀（師）

B 《兵器圖錄》2.9 趙國鈹：左庫工帀（師）

B 《兵器圖錄》2.10 右攻尹鈹：上庫工帀（師）

三　晉系文字中的職官

B　《兵器圖錄》2.11 趙國殘鈹：邦[右庫]工帀(師)

B　《兵器圖錄》2.12 趙國殘鈹：下庫工帀(師)

B　《兵器圖錄》2.13 趙國春平侯殘鈹：工帀(師)

B　《兵器圖錄》5.13 趙國銘文弩機：工帀(師)

B　《兵器圖錄》5.14 趙國銘文弩機：□庫工帀(師)

B　《兵器圖錄》5.15 八年銘文弩機：工帀(師)

C　《集成》11269 十四年□州戈：州工帀(師)

C　《集成》11291 十年邙令戈：□庫工帀(師)

C　《集成》11293 三年莆子戈：工帀(師)罾

C　《集成》11299 二十三年郚令戈：右工帀(師)

C　《集成》11301 廿三年□嗇夫戈：嗇夫□工帀(師)

C　《集成》11302 二十九年高都令戈：工帀(師)

C　《集成》11303 二十九年高都令戈：工帀(師)

C　《集成》11306 二十一年啓封令戈：工帀(師)

C　《集成》11312 三十二年業令戈：左庫工帀(師)

449

C 《集成》11313 九年邙丘令戈：工帀（師）鵬

C 《集成》11321 三十四頓丘令戈：工帀（師）

C 《珍秦金·吳越三晉》廿七年頓丘令戟：右庫工帀（師）

C 《新收》1330 七年大梁司寇綏戈：右庫工帀（師）緵

C 《集成》2577 十七年平陰鼎蓋：工帀（師）王馬重（童）

C 《集成》11182 朝歌右庫戈：右庫工帀（師）

C 《集成》11324 廿五年陽春戈：工帀（師）斅（操）

C 《集成》11330 三十三年大梁戈：左庫工帀（師）丑

C 《集成》11337 六年令戈：工帀（師）

C 《集成》11343 二年亡令戈：□庫工帀（師）

C 《集成》11347 十三年繁陽令戈：工帀（師）北宮（序）壐

C 《集成》11348 五年龔令戈：左庫工帀（師）長鴈

C 《集成》11349 五年龔令戈：左庫工帀（師）長史鴈

C 《新收》1183 廿八年上河左庫戈：左庫工帀（師）

C 《集成》11710 十八年相邦春平侯劍：工帀（師）

三 晉系文字中的職官

C 《集成》2577 十七年坪陰鼎蓋:工帀(師)

C 《集錄》1223 二十四年盲命戈:右庫工帀(師)

C 《集成》11344 八年盲令戈:工帀(師)

C 《東南文化》1991.2□年芒碭守令虡戈:工帀(師)

C 《吉博館藏兵器整理》36頁七年安擯令戈:工帀(師)

C 《集成》11347 十三年鬬陽令戈:工帀(師)

C 《珍秦金·吳越三晉》117頁廿八年戟:工帀(師)

C 《珍秦金·吳越三晉》卅年戟:工帀(師)愈

C 《珍秦金·吳越三晉》98頁廿一年晉或戟:下庫工帀(師)

C 《珍秦金·吳越三晉》五年邢命戟:工帀(師)

C 《珍秦金·吳越三晉》三年王垣戟:大庫工帀(師)

C 《飛諾藏金》王之一年戈:工帀(師)覞

C 《飛諾藏金》四(?)年夼命戈:工帀(師)敔

C 《新收》1331 廿四年晉□上庫戈:上庫工帀(師)騥

C 《集成》11545 年邦司寇矛:工帀(師)

· 451 ·

C 《集成》11549 十二年𡎚弟矛：上庫工帀（師）

C 《飛諾藏金》三年邦司寇戈：上庫工帀（師）

C 《集成》11687 三年相邦建信君鈹：邦左庫工帀（師）

C 《出土文獻》6.77 二十二年郑嗇夫戈：工帀（師）

《新收》1776 三年武平令劍：左庫工帀（師）

《新收》1181 六年陀□戈：左庫工帀（師）

《集成》11351 十六年喜令戈：工帀（師）

《新收》1182 十一年邰令戈：工帀（師）

《飛諾藏金》五年茅□大命戈：工帀（師）韓□

《商周集成》17168 宜令不啟戈：右庫工帀（師）疸

《商周集成》17203 幷陽令其戈：左庫工帀（師）媛

《古研》30.235 二十三年單父鈹：工帀（師）□

《兵器圖錄》14 十五年戈：工帀（師）喪豹

《陶彙》9.106：十六年□工帀（師）比高□

"工帀"，讀爲"工師"，古官名。上受司空領導，下爲百工之長。專掌營建工

三 晉系文字中的職官

程和管教百工等事。《禮記·月令》:"(孟冬之月)是月也,命工師效功,陳祭器,按度程,毋或作爲淫巧,以蕩上心,必功致爲上。"鄭玄注:"工師,工官之長也。"《荀子·王制》:"論百工,審時事,辨功苦,尚完利,便備用,使雕琢文采不敢專造於家,工師之事也。"《史記·五帝本紀》:"讙兜進言共工,堯曰不可而試之工師,共工果淫辟。"張守節正義:"工師,若今大匠卿也。"

鍛工師

B 《兵器圖録》2.14 趙國平國君殘鈹:段(鍛)工帀(師)

B  《新收》1811 十八年相邦平國君鈹:相邦右伐器段(鍛)工帀(師)

"段工帀",讀爲"鍛工師"。《説文》:"鍛,小冶也。從金,段聲。"鍛工師疑爲掌管冶煉的工師。

工

A 《集成》2658 卅六年私官鼎:工疑

C 《文物》2004.9 右冢子鼎:工牂(臧)

"工"是直接製造器物的工匠。

攻正

B 《集成》11364 二年主父戈:二年主父攻正

"攻正",讀爲"工正",職責是掌百工、主作器械。《左傳·莊公二十二年》:"齊侯使敬仲爲卿。辭曰:……使爲工正。"《左傳·宣公四年》:"及令尹子文卒,鬭般爲令尹,子越爲司馬。蒍賈爲工正,譖子揚而殺之,子越爲令尹,己爲司馬。"《左傳·襄公九年》:"使皇鄖命校正出馬,工正出車,備甲兵,庀武守。"趙國的工正,在國家職官系統裏是手工製造業的最高主管。主父攻正所掌管的百工,應該是一些附屬於主父的世代手工業家族。①

---

① 董珊:《戰國題銘與工官制度》,北京大學博士學位論文,2002年,第41頁。

大工尹

B 《集成》10459 大攻圖器：大攻（工）君（尹）

《集成》11576 大攻尹劍：大攻（工）君（尹）

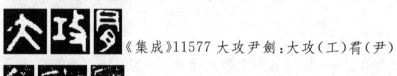《集成》11577 大攻尹劍：大攻（工）君（尹）

《集成》11670 守相杜波鈹：大攻（工）君（尹）

《集成》11700 十五年守相杜波劍：大攻（工）君（尹）

《集成》11701 十五年守相杜波劍：大攻（工）君（尹）

《集成》11702 十五年守相杜波劍：大攻（工）君（尹）

《集成》11706 八年相邦建信君劍：大攻（工）君（尹）

《集成》11712 七年相邦陽安君鈹：大攻（工）君（尹）

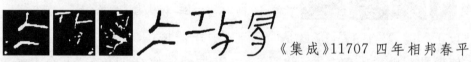《集成》11707 四年相邦春平侯鈹：大攻（工）君（尹）

《集成》11708 十七年相邦春平侯鈹：大攻（工）君（尹）

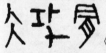《集成》11709 十五年相邦春平侯劍：大攻（工）君（尹）

《集成》11710 十八年相邦春平侯劍：大攻（工）君（尹）

三 晉系文字中的職官

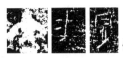《集成》11711 十三年鈹：[大]攻（工）君（尹）

《集成》11712 七年相邦鈹：大攻（工）君（尹）

《集成》11713 十七年春平侯鈹：大攻（工）君（尹）

《集成》11714 十七年春平侯鈹：大攻（工）君（尹）

《集成》11715 十七年春平侯鈹：大攻（工）君（尹）

《集成》11716 十七年春平侯鈹：大攻（工）君（尹）

《集成》11717 十八年建信君鈹：大攻（工）君（尹）

《保利藏金》274 六年相邦司空馬鈹：大攻（工）君（尹）

《新收》1810 十七年春平侯鈹：大攻（工）君（尹）

《新收》1811 十八年平國君鈹：大攻（工）君（尹）

《新收》1832 十六年守相鈹：大攻（工）君（尹）

B 《四海尋珍》94 頁十七年春平侯鈹：大攻（工）君（尹）

《兵器圖錄》2.13 趙國春平侯殘鈹：大攻（工）君（尹）

B 《兵器圖錄》2.14 趙國平國君殘鈹：大攻（工）君（尹）

"大攻君"，讀爲"大攻尹"，趙國官名。掌管工官，可能是相邦的屬官，加刻

"大攻尹"的鈹,可能是表示生產這些鈹的決定,都是由大攻尹做出的,代理相邦行事。《左傳·文公十年》:"王使爲工尹。"杜預注:"掌百工之官。"

廄尹

《新收》1776 三年武平令劍:殿(廄)眉(尹)左庫

"廄眉",即"廄尹",官名。見于包山 61,曾侯乙墓簡有"宮廄尹"。《左傳·昭公元年》:"右尹子干出奔晉,宮廄尹子晳出奔鄭。"《左傳·昭公六年》:"吳人敗其師於房鍾,獲宮廄尹棄疾。"廄尹當是掌管馬舍之官。

得工

B 《集成》11996 廿一年得工鐱:昰₌(得工)

B 《集成》11329 王何戈:昰₌(得工)

B 《珍秦金·吳越三晉》三年得工柲帽:昰₌(得工)

《集成》11943 右得工鐱:右昰₌(得工)

《集成》11944 右得工鐱:右昰₌(得工)

《集成》11945 右得工鐱:右昰₌(得工)

《集成》11946 右得工鐱:右昰₌(得工)

《集成》11947 右得工鐱:右昰₌(得工)

《集成》11948 右得工鐱:右昰₌(得工)

《集成》11949 右得工鐱:右昰₌(得工)

《集成》11950 右得工鐱：右旱=（得工）

《集成》11951 右得工鐱：右旱=（得工）

《集成》11952 右得工鐱：右旱=（得工）

《集成》11953 右得工鐱：右旱=（得工）

《集成》11954 右得工鐱：右旱=（得工）

《集成》11955 右得工鐱：右旱=（得工）

《集成》11956 右得工鐱：右旱=（得工）

《集成》11957 右得工鐱：右旱=（得工）

《集成》11958 右得工鐱：右旱=（得工）

《集成》11959 右得工鐱：右旱=（得工）

《集成》11960 右得工鐱：右旱=（得工）

《集成》11961 右得工鐱：右旱=（得工）

《集成》11962 右得工鐱：右旱=（得工）

《集成》11963 右得工鐱：右旱=（得工）

《集成》11964 右得工鐱：右旱=（得工）

《集成》11965 右得工鏃：右旦=（得工）

《集成》11966 右得工鏃：右旦=（得工）

《集成》11967 右得工鏃：右旦=（得工）

《集成》11968 右得工鏃：右旦=（得工）

《集成》11969 右得工鏃：右旦=（得工）

《集成》11970 右得工鏃：右旦=（得工）

《集成》11971 右得工鏃：右旦=（得工）

《集成》11972 右得工鏃：右旦=（得工）

《集成》11973 右得工鏃：右旦=（得工）

《商周集成》18401 右得工鏃：右旦=（得工）

《商周集成》18402 右得工鏃：右旦=（得工）

《兵器圖録》4.11 銘文鏃：右旦=（得工）

《兵器圖録》4.11 銘文鏃：右旦=（得工）

《兵器圖録》4.14 右得工鏃：右旦=（得工）

三 晉系文字中的職官

《集成》11974 右得工鏃：左旦₌（得工）

《集成》11975 右得工鏃：左旦₌（得工）

《集成》11976 右得工鏃：左旦₌（得工）

《集成》11977 右得工鏃：左旦₌（得工）

《集成》11978 右得工鏃：左旦₌（得工）

《集成》11979 右得工鏃：左旦₌（得工）

《集成》11980 右得工鏃：左旦₌（得工）

《集成》11981 右得工鏃：左旦₌（得工）

《集成》11982 右得工鏃：左旦₌（得工）

《集成》11983 右得工鏃：左旦₌（得工）

《集成》11984 右得工鏃：左得₌（得工）

《集成》11985 右得工鏃：左旦₌（得工）

《集成》11685 十年得工嗇夫鈹：左旦₌（得工）

《兵器圖錄》4.11 銘文鏃：左旦₌（得工）

《兵器圖録》4.13 左得工鏃:左昦=(得工)

"昦","得工"的合文。董珊先生認爲"得工"的總管者稱爲"得工嗇夫",其下分爲左、右兩部,每一部以"工師"爲長官,所以"得工"在趙國工官系統中屬於宫廷工官。① 湯餘惠先生釋爲"冢工",指鑄器的有司,其名殆取義於總攝百工之事。② 何琳儀師釋爲"服工",大概就是製造器物的機構。③

司客

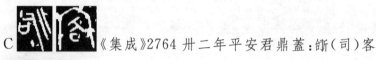
C 《集成》2764 卅二年平安君鼎蓋:䣉(司)客

《集成》2793.1 廿八年平安君鼎蓋:䣉(司)客

《集成》2793.2 廿八年平安君鼎:䣉(司)客

"䣉客",讀爲"司客",相當於"掌客"。《周禮·秋官·掌客》:"掌四方賓客之牢禮、饔獻、飲食之等數,與其政治。"司客和掌客當是同一職官的異名。④

右卜廚

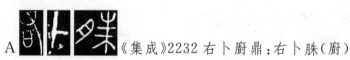
A 《集成》2232 右卜廚鼎:右卜脁(廚)

廚

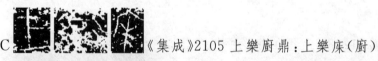
C 《集成》2105 上樂廚鼎:上樂床(廚)

C 《集成》2104 上▮廚鼎:上▮床(廚)

---

① 董珊:《戰國題銘與工官制度》,北京大學博士學位論文,2002年,第38頁。
② 湯餘惠:《讀金文瑣記(八篇)》,《出土文獻研究》第3輯,中華書局,1998年,第63頁。
③ 何琳儀:《戰國文字通論(訂補)》,江蘇教育出版社,2003年,第124頁。
④ 朱德熙:《戰國時代的"料"和秦漢時代的"半"》,《朱德熙文集》,商務印書館,1999年,第118頁。吳振武先生有新説,改讀爲"斛格",且從中間斷讀,參《新見十八年冢子韓熷戈研究——兼論戰國"冢子"一官的職掌》,《古文字與古代史》第1輯,"中央研究院歷史語言研究所",2007年,第323頁,

三　晉系文字中的職官

A 《集成》2103 眉脒鼎：覺（管）脒（廚）

A 《新收》1488 眉脒鼎：覺（管）脒（廚）

"脒""床"即"廚"字異體。廚，主持烹飪的人；主持官食的官。《漢書·王嘉傳》："賢母病，長安廚給祠具，道中過者皆飲食。"顏師古注："長安有廚官，主爲官食。"劉剛先生將眉脒鼎"眉"字改隸作"覺"，讀爲"管"，地名，故城在今鄭州北二里。①

守

《港續》247：守

《璽彙》5298：守

《彙考》122：守

A 《璽彙》034：侖（綸）守坽（璽）

B 《集成》11671 六年安平守鈹：安平守

B 《璽彙》3236：官寓坿（府）守

C 《彙考》123：上陽守

《珍秦金·吴越三晉》鄅守戈：鄅守

---

① 劉剛：《晉系文字的範圍及内部差異研究》，復旦大學博士學位論文，2013年，第39頁。

《彙考》122：佥（陰）成（城）守

《璽彙》2238：邮（曲）邹（鄒）守

"守"，地方長官。蔡邕《獨斷》："守者，秦置也。秦兼天下，置三川守。"驗之戰國文字，知其非是。"守"前多爲地名，如："佥成"，讀爲"陰成"或"陰城"，地名。《史記·建元以來侯者年表第九》："陰城（《索隱》表、志缺）。趙敬肅王子。"《戰國策·趙策四》："且王嘗濟於漳，而身朝於邯鄲，抱陰成，負葛蘖，以爲趙蔽。"①"上陽"，地名。《左傳·僖公五年》："八月甲午，晉侯圍上陽，問于卜偃曰：'吾其濟乎？'對曰：'克之。'"杜預注："上陽，虢國都，在弘農陝縣東南。"

守令

《新收》1998□年芒碭守令戈：芒昜（陽）守命（令）

"守命"，讀爲"守令"，官名。

守丘

《璽彙》3307：守垩（丘）

"守丘"，官名，爲看守陵墓的官吏。② 王人聰先生考此璽應是這種官吏使用的官璽。③

祝史

《侯馬》318：而敢不巫覡祝史

"祝史"，司祭祀之官。《左傳·昭公十八年》："郊人助祝史除於國北。"孔穎

---

① 徐在國：《"佥成"封泥考》，《中國文字研究》第8輯，廣西教育出版社，2007年，第61頁。
② 河北文物管理處：《河北省平山縣戰國時期中山國墓葬發掘簡報》，《文物》1979年第1期，第1頁。
③ 王人聰：《古璽考釋》，《古文字學論集》（初編）香港中文大學中國研究所吳多泰中國語文研究中心，1983年，第478～479頁。

三　晉系文字中的職官

達疏:"祝史,掌祭祀之官。"《禮記·王制》:"凡執技以事上者,祝、史、射、御、醫、卜及百工。"

冢子

A 《集成》2590 十三年上官鼎:上官冢子疾

A （）《集成》11376 十八年冢子戈:塚(冢)子馯(韓)熷

A 十八年冢子戈:塚(冢)子馯(韓)熷

A  《新收》295 卅年塚子韓担鈹:塚(冢)子韓担

A 《古研》27 二十年冢子戈:塚(冢)子

A 《兩漢印帚》(增補篇):厶(私)庫塚(冢)子

A  《飛諾藏金》四年冢子戈:塚(冢)子

A 《商周集成》17350 冢子韓政戈:塚(冢)子馯(韓)政

A 《文物》2015.2.63 六年冢子戟刺①:塚(冢)子馯(韓)政

A 《商周集成》2255 春成冢子鼎:春成冢子

B 《飛諾藏金》兹氏中官冢子戈:中官塚(冢)子

B 《彙考》119:承匡冢子

---

① 吴桂兵、周言、張萍萍:《宿遷青墩發現戰國銅戟刺》,《文物》2015年第2期,第61～64頁。

《集成》2451 梁上官鼎：宜諹（信）冢子

《集成》2481 二年盗鼎：冢子

（）《集成》2764 三十二年坪安君鼎：單父上官冢子

《集成》2793 坪安君鼎：單父上官冢子

《文物》2004.9 右冢子鼎：右冢子

《璽彙》3102：稟（廩）冢子

《璽彙》3543：稟（廩）冢子

"冢子"，官名。關於其字形，各家考釋如下：

李家浩先生考證："冢"字的寫法很特别，只不過是把"土"旁移到"勹"旁左下側，省去原來佔據在這個位置上的"豖"旁，並在"勹"旁右側加上"卜"作爲飾筆。①

何琳儀師認爲："冢"之右旁本从"主"。有可能从"主"得聲。主，照紐三等（古歸端紐）侯部；冢，端紐東部。侯東陰陽對轉。②

吴振武先生進一步論證：韓兵銘文中的"塚（冢）子"之"塚"均作 ，其結構是由土、勹（"冢"之省）、卜三旁組成的。雖然目前我們還不能圓滿解釋塚（冢）字爲何从卜的原因，但下引二年寧冢子鼎上的"塚"字作 ，可以證明戰國時期的塚（冢）字確有从卜的寫法。③

冢子一官的具體職掌，學者意見不統一，主要的觀點有：

---

① 李家浩：《戰國時代的"冢"字》，《著名中年語言學家自選集·李家浩卷》，安徽教育出版社，2002年，第5～7頁。
② 何琳儀：《句吴王劍補釋——兼釋冢、主、开、丂》，《第二屆國際中國古文字學研討會論文集》，香港中文大學，1993年，第249～263頁。
③ 吴振武：《新見十八年冢子韓贈戈研究——兼論戰國"冢子"一官的職掌》，《古文字與古代史》第1輯，"中央研究院歷史語言研究所"，2007年，第324～325頁。

三 晉系文字中的職官

1.（冢子）似皆爲職官名。有的"冢子"冠以地名，有的"冢子"冠以機構名稱"上官"，它們似與文獻裏稱太子爲冢子的冢子名同而實異。①

2. 冢子這一職官戰國時見於三晉。在魏國設在地方，在韓、趙設於朝中，其共同點是所轄有冶，職責是製作青銅器，包括兵器在内……趙國戈銘云"冢子攻正"，"攻"讀爲"工"，工正爲工官之長。從這裏我們明白，無論是朝廷的冢子，還是地方的冢子，都是工官。帛書《刑德》的軍吏冢子，應爲軍中的工官，其職能當即軍用器械的製造。相信今後還會有更多材料，來印證這一點。②

3. 或將《刑德》和《兵略訓》的軍吏作一比較（按《兵略訓》之序）：

《兵略訓》：將　　大尉　司馬　候　司空　輿
《刑　德》：將軍　尉　　司馬　候　司空　冢子

《兵略訓》中没有冢子，與之相當的軍吏是輿。輿的職掌是"收藏於後，遷舍不離，無淫輿，無遺輜"，注文説："輿，衆也，候領輿衆（原注："候領輿衆"，日本古寫本作"獲輿衆"，學者或懷疑是"護輿衆"之訛，參看何寧《淮南子集釋》第1058～1059頁），在軍之後者。"輿大概是管理輜重和收藏的軍吏。《刑德》的冢子到底是輿那樣管理輜重、收藏的軍吏，還是如李學勤所説是職掌軍械製造的工官，目前還不易論定。③

4. 冢子是主掌收藏的官吏。"冢子"很可能就是"總御衆子"的意思。它跟"輿"的意思是"候領輿衆"，正是相應的……總之，綜合所有相關資料來看，無論哪一級冢子，其職掌總能和收藏相聯繫，故將其定性爲主掌收藏的官吏，應該是八九不離十的。④

"冢子"前或是地名，如："承匡"，地名。《左傳》文公十一年《經》：'夏叔仲彭生會晉郤缺于承匡'，杜預注'承匡，宋地，在陳留襄邑縣西。'其地在戰國時期屬魏。《戰國策·齊策三》：'犀首以梁爲（鮑彪本作"與"）齊戰于承匡而不勝。'"⑤ 或

---

① 李家浩：《戰國時代的"冢"字》，《著名中年語言學家自選集·李家浩卷》，安徽教育出版社，2002年，第5～7頁。

② 李學勤：《馬王堆帛書〈刑德〉中的軍吏》，《當代學者自選文庫·李學勤卷》，安徽教育出版社，1999年，第459～462頁。

③ 劉樂賢：《簡帛數術文獻探論》，湖北教育出版社，2003年，第105～110頁。

④ 吳振武：《新見十八年冢子韓矰戈研究——兼論戰國"冢子"一官的職掌》，《古文字與古代史》第1輯，"中央研究院歷史語言研究所"，2007年，第329頁。

⑤ 李家浩：《戰國時代的"冢"字》，《著名中年語言學家自選集·李家浩卷》，安徽教育出版社，2002年，第1～14頁。

爲機構名,如"私庫",是職司冶鑄的官手工業機構。韓璽"私庫"和"冢子"放在一起,那么"冢子"爲鑄器工官,是很自然的。所以,李學勤先生對"冢子"的看法無疑是正確的。

厫厉

《璽彙》0108:厫厉嗇夫

晉璽"厫厉",或疑爲倉廩之官。

取水

《彙考》137:曲堤取水

《璽彙》4061:下匡取水

"取水",官名。古之水官,先秦時司空之下屬專管水利的官員曰"取水"。①《管子·度地》:"請除五害之説,以水爲始。請爲置水官,令習水者爲吏。大夫、大夫佐各一人,率部校長官佐各財足,及取水左右各一人。"該璽可能爲晉下匡之地掌管水利設施的官員所用。"下匡",地名,晉有匡邑,《左傳·定公元年》:"衛成公不朝,使孔達侵鄭,伐緜、訾及匡。"杜預注:"匡,在潁川汲縣東北。"其地在今河南扶溝縣。

發弩

《集成》11213 涑縣戈:涑鄢(縣)發攼(弩)

---

① 李蘭昌:《"下匡取水"古璽淺釋》,《文博》2000 年第 4 期,第 32 頁。

三 晉系文字中的職官

《璽彙》0113:左邑癹(發)弨(弩)

《璽彙》0115:擄(鹽)座(城)癹(發)弨(弩)

《彙考》105:左發(發)弨(弩)

《璽彙》0116:榆平癹(發)弨(弩)

《彙考》105:左癹(發)弨(弩)

"癹弨""發弨",即"發弩",官名,且常分左、右。發弩本來是指專管射弩的兵種,《漢書·地理志》南郡下本注:"有發弩官。"顏師古注:"主教放弩也。"云夢秦簡中也有"發弩嗇夫"這一職官。發弩官和司馬一樣也分左、右兩職。"發弩"前或爲地名,如"擄城",何琳儀師讀爲"鹽城",鹽城在今山西運城。① 或釋爲"鄄城",讀作"甄城"。② 或釋爲"墻城",讀作"鹵城",謂即《漢書·地理志》中的鹵城,其地在今山西繁峙縣東,戰國時屬趙。③

---

① 何琳儀:《戰國文字通論(訂補)》,江蘇教育出版社,2003年,第134頁。
② 于豪亮:《古璽考釋》,《古文字研究》第5輯,中華書局,1981年,第260頁。
③ 李家浩:《先秦文字中的"縣"》,《文史》第28輯,中華書局,1987年,第49~58頁。

強弩

B　《璽彙》0096：邿（代）弜（強）弢（弩）逡（後）牆

B　《盛世璽印》018：弜（強）弢（弩）嗇夫

"弜弢"，即"強弩"，官名。《漢書·武帝紀》："遣光禄勳徐自爲築五原塞外列城，西北至盧朐，游擊將軍韓説將兵屯之。強弩都尉路博多築居延。"

長史

C　《璽彙》0301：昌絔䣓（長）史

"䣓史"，讀爲"長史"，官名。《史記·李斯列傳》："秦王乃拜斯爲長史。"

丞

B　《新收》1416 藺相如戈：丞閵（藺）相女（如）

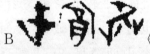

B　《集成》10465 三年錯銀觟杖首：中廥（府）丞

"丞"，乃是"丞相"的省稱，藺相如的職位。《史記·廉頗藺相如列傳》記載，藺相如本爲趙人，最早是趙宦者令繆賢的舍人，爲趙使秦而完璧歸趙有功，"相如既歸，趙王以爲賢大夫使不辱於諸侯，拜相如爲上大夫"；澠池之會"既罷歸國，以相如功大，拜爲上卿，位在廉頗之右"。藺相如以丞相之職監造兵器，乃是一種代理制度。① 中府丞，是指中府機構中的長吏。

---

① 董珊：《戰國題銘與工官制度》，北京大學博士學位論文，2002年，第17頁。

縣吏

C 《璽彙》0302：脩（修）武鄏（縣）史（吏）

《璽彙》2719：右鄏（縣）吏

《璽彙》1814：鄏（縣）吏

《彙考》137：鄏（縣）史（吏）

《璽彙》1903：寰（縣）吏

"鄏吏""寰史"，讀爲"縣吏"，職官名。《管子·大匡》："凡縣吏進諸侯士而有善，觀其能之大小以爲之賞，有過無罪。"古代縣、寰、鄏可通借，①縣作"鄏"是戰國時期晉文字的特有寫法。

縣丞

《璽彙》1905：鄏（縣）承（丞）

"鄏丞"，讀爲"縣丞"②。縣丞的地位較高，僅次於縣令。《史記·商君列傳》："而集小鄉邑聚爲縣，置令、丞。"

宗正

B 《璽彙》0095：平窑（陶）宗正

---

① 李家浩：《先秦文字中的"縣"》，《文史》第 28 輯，中華書局，1987 年，第 49～58 頁。
② 李家浩：《先秦文字中的"縣"》，《文史》第 28 輯，中華書局，1987 年，第 49～58 頁。

《彙考》129：陽险（陰）宗正

"宗正"，官名，掌親屬之官。《史記·淮南衡山列傳》："天子使宗正以符節治王。"《漢書·百官公卿表》："宗正，秦官，掌親屬，有丞，平帝元始四年更名宗伯。"根據此璽可知，宗正這一職官在戰國時期就已經出現。《國語·魯語下》："宗室之謀，不過宗人。"韋昭注："此宗人則上宗臣也。"此方璽當爲掌管王室親族事務之官所用之璽。

"平陶"，地名，《漢書·地理志》屬太原郡，其地在今山西文水縣西南，戰國時屬趙。

使君

《新收》1482 修武使君瓿：攸（修）武事（使）君

"事君"，讀爲"使君"。攸、修音通，修武，縣名，本爲寧邑，《韓詩外傳·三》："武王伐紂……乃修武勒兵于寧。"因名修武。今爲河南省獲嘉縣。《韓非子·初見秦》："拔邯鄲，筦山東河間，引軍而去，西攻修武。"《戰國策·秦策》："然則是邯鄲不守，拔邯鄲，完河間，引軍而去，西攻修武，踰羊腸。"高誘注："修武，趙邑也。"使君，爲魏國職官名。

左正

《胡莊》M2 銘文①：左正

"左正"，官名。待考。

---

① 馬俊才、張明立：《鄭州胡莊墓地發掘獲重大發現》，《中國文物報》2009 年 3 月 27 日。

彊

B 《璽彙》1310：㙣（成）彊（疆）

B 《璽彙》2254：莫（鄭）邑彊（疆）

“彊”，讀爲“疆”，邊界。此類官璽應是掌邊疆守備之官所用。胡匡衷《儀禮釋官・侯國職官表》：“《左傳・桓十七年》：‘齊人侵魯疆，疆吏來告。’疆吏疑即掌疆也。”

掌事

《璽彙》1824：学（掌）事

“掌事”，官名。《周禮・天官・職幣》：“振掌事者之餘財。”鄭玄注：“掌事，謂以王命有所作爲。”《春官・小祝》：“凡外内小祭祀，小喪紀，小會同，小軍旅，掌事焉。”賈公彦疏：“掌事者，此數事皆小祝專掌其事也。”

公車

《彙考》112：公車官

《彙考》112：左公車宫

《彙考》112：左公車宫

《彙考》111：右公車宦

《彙考》111：右公車宦

"公車"，當是指官車，《周禮·春官·巾車》："掌公車之政令。"鄭玄注："公猶官也。"《後漢書·霍諝傳》："服闋，公車徵，再遷北海相，入爲尚書僕射。""左公車宦"是掌官車之機構。① 從所見璽文看，此機構分左、右。

逸徒

《璽彙》2622：遹（逸）徒

《璽彙》2620：逸徒

《璽彙》2621：逸徒

《璽彙》2720：右逸徒

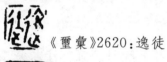《彙考》114：右逸徒

或認爲"逸徒"的含義如同典籍中的逸德而隱處者②。璽文可能還是官名。

掌歲

《彙考》115：左庫尚（掌）䄙（歲）

---

① 蕭春源：《珍秦齋藏印·戰國篇》，澳門基金會，2001年，第23頁。
② 曹錦炎：《釋兔》，《古文字研究》第二十輯，中華書局，2000年，第184頁。

"左庫尚歲",讀爲"左庫掌歲",文例與三晉官印"左庫視事"相同,掌歲是職官名,大概是職歲的異名。職歲見於戰國官印和《周禮·天官》。據《周禮·天官》,職歲職掌財物支出,左庫掌歲當是掌管左庫財物支出的官吏所用的印。① 吳振武先生讀作"左庫當歲",認爲是左庫用來標識其產品製造時間或物資儲藏輸運時間的一種記時印。②

氏馬

A 《彙考》117:縈(滎)易(陽)氏馬

"縈易"即"縈易",當讀爲地名"滎陽"。"氏馬",應爲職官名,待考。

武卒長

《東方藝術》2009.8:左武萃(卒)敡(長)

"武萃",讀爲"武卒"。卒,精母物部;萃,從母物部,韻部相同,聲母同爲精組,音近相通。"武卒",見於《荀子》。《荀子·議兵》:"魏氏之武卒,以度取之,衣三屬之甲,操十二石之弩,負服矢五十個,置戈其上,冠胄帶劍,贏三日之糧,日中而趨百里。中試則復其户,利其田宅,是數年而衰,而未可奪也,改造則不易周也。是故地雖大,其稅必寡,是危國之兵也。"此璽可能是魏國官璽,武卒長,應是統領武卒的長官。③

---

① 李家浩:《戰國官印"尚路璽"考釋》,《揖芬集——張政烺先生九十華誕紀念文集》,社會科學文獻出版社,2002年,第329~332頁。
② 吳振武:《釋三方收藏在日本的中國古代官印》,《中國文字》新二十四期,藝文印書館,1998年,第83~93頁。
③ 張宇暉:《觀妙堂藏歷代璽印選》,《東方藝術》2009年第8期。程龍東:《戰國官璽考釋兩則》,《印學研究》第2輯,山東大學出版社,2010年,第237~238頁。

車御

《璽彙》3415：任車䮂（御）

《古璽印菁華》2：遊車御璽

李家浩先生認爲，"䮂"从馬，卸省聲。任車，載重之車。《吕氏春秋·舉難》："甯戚欲干齊桓公，窮困無以自進，於是爲商旅將任車以至齊。"遊車，或作"游車""斿車"，是遊獵、巡遊之車。《國語·齊語》"戎車待遊車之裂"，韋昭注："遊車，遊獵之車。"在春秋晉國職官中，也有跟車御有關的職官。例如《國語·晉語七》"知欒糾之能御以和于政也，使爲戎御"，韋昭注："戎御，御公戎車。"①任車御、遊車御疑指不同類別的御車官。

車御令

《彙考》139：車䮂（御）倫（令）信

李家浩先生認爲"車御令"，當是任車御、游車御等之長，可能是《周禮·春官》"車僕"的别名。古代把御車馬者或稱爲"僕"。例如：《左傳·成公十八年》"程鄭爲乘馬御"，杜預注："乘馬御，乘車之僕也。"《國語·晉語七》第一章記此事，"乘馬御"作"贊僕"。據此，車御當然可以説成車僕。如果此説不誤，車御令的職掌當與《周禮·春官》的車僕相當。②

---

① 李家浩：《戰國官印"車御令信"考釋》，《印學研究》（2014），文物出版社，2014年，第68頁。

② 李家浩：《戰國官印"車御令信"考釋》，《印學研究》（2014），文物出版社，2014年，第69頁。

左御

《文物》2004.7 畢公左御玉戈:畢公左御①

"左御",車御之官。《書·冏命》"其侍御僕從",蔡沈《集傳》:"御,車御之官。"又見於包山151"左御番戌"、包山152"左御遊"。包山簡、燕國十年鄆王詈造行議鐓有"右御","右御"見於《韓非子·外儲説左上》:"右御、冶工言王曰。"可見,御分左、右。

旗

《璽彙》5408:旂(旗)

掌旗

《彙考》125:尚(掌)旂(旗)

《彙考》125:尚(掌)旂(旗)

《璽彙》2375:尚(掌)旂(旗)

《璽彙》2376:尚(掌)旂(旗)

旗士

《璽彙》2377:旂(旗)在(士)

《璽彙》2378:旂(旗)在(士)

《璽彙》2380:旂(旗)在(士)

---

① 王子揚:《"畢公左徒"玉戈小考》,《中國文字研究》2008年第1輯,大象出版社,2008年,第57~58頁。

《璽彙》2381：旂（旗）在（士）

《璽彙》2382：旂（旗）在（士）

《璽彙》2383：旂（旗）在（士）

《璽彙》2384：旂（旗）在（士）

《璽彙》2385：旂（旗）在（士）

《璽彙》4569：旂（旗）在（士）

《彙考》125：旂（旗）在（士）

《彙考》125：旂（旗）在（士）

《彙考》126：旂（旗）在（士）

《彙考》126：旂（旗）在（士）

《彙考》126：旂（旗）士

《彙考》127：旂（旗）士

《璽彙》4058：下沱 =（下池一下虎）旂（旗）士

"尚旂"，讀爲"掌旗"。"旂在"，讀爲"旗士"。旗，古代畫有熊虎圖像的旗幟。《周禮·春官·司常》："熊虎爲旗。"《周禮·春官·司常》："師都建旗。"鄭玄注：

"師都,六鄉六遂大夫也。謂之師都,都,民所聚也。畫熊虎者,鄉遂出軍賦象其守猛,莫敢犯也。"泛指各種旗幟。《周禮·春官·司常》:"掌九旗之物名,各有屬以待國事……凡祭祀各建其旗。"旗、掌旗、旗士大概與上引司常的職掌相似。

尉

B　《珍秦展》1:上苏(艾)㞢(尉)

C　《彙考》127:州㞢(尉)

《璽彙》3335:飴(館)氏㞢(尉)

《璽彙》0125:襄(襄)平右㞢(尉)

《盛世璽印》016:單父右㞢(尉)

《璽彙》0124:堵坐(城)河㞢(尉)

《璽彙》0122:亡陞栒(苑)㞢(尉)

《彙考》128:鄑(鄎)栒(苑)㞢(尉)

《璽彙》0123：坓（上）谷桐（苑）厃（尉）

《璽彙》5103：厃（尉）

《璽彙》5105：厃（尉）

《璽彙》5104：厃（尉）

《彙考》124：武佐厃（尉）左旃（旅）

《彙考》128：邦厃（尉）

《彙考》128：黃生厃（尉）

"厃"，讀爲"尉"①，古代官名。《左傳·閔公二年》："羊舌大夫爲尉。"杜預注："尉，軍尉。"《史記·秦始皇本紀》："分天下爲三十六郡，郡置守、尉、監。"《漢書·百官公卿表上》："太尉，秦官，金印紫綬，掌武事。"顏師古注引應劭曰"自上安下曰尉，武官悉以爲稱"。《漢書·百官公卿表上》："郡尉，秦官。掌佐守典武職甲卒。"

畋

《彙考》129：闋（闢一辟）陽畋

---

① 王獻唐：《國史金石志稿》（王文耀整理校記），青島出版社，2004年；大西克也：《試論上博楚簡〈緇衣〉中的'鯊'字和相關諸字》，《第四届國際中國古文字學研討會論文集》，香港中文大學中國語言及文學系，2003年，第338頁；李家浩：《戰國官印考釋三篇》，《出土文獻研究》第6輯，上海古籍出版社，2002年，第19頁、第23頁注36。

三 晉系文字中的職官

"闢陽",讀爲"辟陽"。《史記·高祖本紀》張守節《正義》引《括地志》:"辟陽故城,在冀州信都縣西三十五里,漢舊縣。"又《吕太后本紀》司馬貞《索隱》引韋昭:"辟陽,信都之縣名。"《漢書·地理志下》冀州信都國屬縣有辟陽。辟陽其地戰國時期屬趙。"畋",指畋官。"闢(辟)陽畋"璽,當是戰國時期趙國辟陽地方掌管畋獵的官員所用之印。①

《璽彙》2717:右畋

《璽彙》5277:畋

"畋",打獵。《書·五子之歌》:"(太康)乃盤遊無度,畋於有洛之表,十旬弗反。"孔安國傳:"田獵過百日不還。"《文選·司馬相如〈子虛賦〉》:"楚使子虛使於齊,王悉發車騎,與使者出畋。"郭璞注引司馬彪曰:"畋,獵也。"畋璽,是掌管田獵的官員所用之璽。②

麓

《彙考》137:□□右萰(麓)

"萰",即"麓"字異體,管理山林、苑囿的官吏。《國語·晉語九》:"主將適螻,而麓不聞。"韋昭注:"麓,主君苑囿之官。"《説文·林部》:"麓,守山林吏也。"

津

《璽彙》1616:鄡(鄭)逸津(津)

"津",即"津",指渡口。《論語·微子》:"長沮、桀溺耦而耕,孔子過之,使子路問津焉。"此璽應爲管理渡口的官員所掌。

---

① 施謝捷:《古璽彙考》,安徽大學博士學位論文,2006年,第129頁。
② 吴振武:《戰國官璽釋解兩篇》,《金景芳九五誕辰紀念文集》,吉林文史出版社,1996年,第191頁。

· 479 ·

王子

A 《珍秦金·吴越三晉》七年王子工師戈：王子工帀（師）

《集成》2530 王子中府鼎：王子中廥（府）

"王子"，天子或王的兒子。《書·微子》："父師若曰：'王子，天毒降災荒殷邦。'"孔安國傳："微子，帝乙元子，故曰王子。"《吕氏春秋·至忠》："吴王欲殺王子慶忌。"

太后

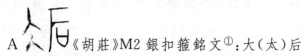

A 《胡莊》M2 銀扣箍銘文①：大（太）后

B 《璽彙》1068：肖（趙）賹夫（太）句（后）

"夫句"，讀爲"太后"。《史記·秦始皇本紀》："九年……長信侯毐作亂而覺，矯王御璽及太后璽以發縣卒。"②

夫人

C （ ）《文物》1980.9 漆圓盒：坪（平）安夫人

"夫人"，諸侯之妻。《禮記·曲禮下》："公侯有夫人，有世婦，有妻，有妾。"《論語·季氏》："邦君之妻，君稱之曰夫人。夫人自稱曰小童。"孔穎達疏："邦君之妻者，諸侯之夫人也。"《韓非子·内儲説下》："魏王遺荆王美人，荆王甚悦之，夫人鄭袖知王悦愛之也，亦悦愛之，甚於王。"

餘子

C 《彙考》112：余（餘）子

---

① 馬俊才、張明立：《鄭州胡莊墓地發掘獲重大發現》，《中國文物報》2009 年 3 月 27 日。
② 朱德熙：《壽縣出土楚器銘文研究》，《朱德熙古文字論集》，中華書局，1995 年，第 16 頁。

三 晉系文字中的職官

C 《彙考》111：垣余（餘）子肁

《陶錄》7.19.4：余子₌（餘子）妻（？）肎（尹）王睪

《璽彙》1651：左余（餘）子

《彙考》113：余（餘）子肁

《璽彙》0109：左邑余（餘）子嗇夫

《璽彙》0110：左邑余（餘）子嗇夫

《璽彙》0111：余（餘）子嗇夫

《璽彙》5345：余（餘）子

"余子"，讀爲"餘子"。《左傳・宣公二年》："及成公即位，乃宦卿之適子而爲之田，以爲公族。又宦其餘子，亦爲餘子；其庶子爲公行。晉於是有公族、餘子、公行。"杜預注："皆官名。"孔穎達疏："下庶子爲妾子，知餘子則是適子之母弟也。言亦爲餘子，則知餘子之官，亦治餘子之政。"由此可知，"餘子"本來指支子，後成

· 481 ·

爲職官名。① "垣余（餘）子𠂤""余（餘）子𠂤"中的"𠂤"，李家浩先生讀作"館"，爲候館、館舍之義。②

嗣子

《集成》09719 令狐君嗣子壺：嗣子

"嗣子"，帝王或諸侯的承嗣子（多爲嫡長子）。《左傳·哀公二十年》："趙孟曰：'黃池之役，先主與吳王有質，曰："好惡同之。"今越圍吳，嗣子不廢舊業而敵之。'"杜預注："嗣子，襄子自謂。"《史記·五帝本紀》："堯曰：'誰可順此事？'放齊曰：'嗣子丹朱開明。'堯曰：'吁！頑凶，不用。'"或釋爲"乳子"，③此字亦見於清華簡。

庶子

《兵器圖録》2.7 趙國七年鈹：卸（御）庶子

《文物》2004.1 龍石庶子燈：序（庶）子

"序子"，合文，李學勤先生讀爲"庶子"，他說："繆文遠先生《七國考訂補》據《魏策一》'（公叔）痤有御庶子公孫鞅'，云'則御庶子爲大夫家臣，不待煩言而解'，是正確的。《禮記·燕義》：'古者周天子之官有庶子官，庶子官職諸侯卿大夫士之庶子之卒，掌其戒令與其教治，別其等，正其位。國有大事，則率國子而致于大夫，唯所用之；若有甲兵之事，則授之以車甲，合其卒伍，置其有司，以軍法治之。'龍陽君的家臣庶子，其職務也應類似。"④

寺人

《璽彙》5266：寺人

---

① 裘錫圭：《嗇夫初探》，《古代文史研究新探》，中華書局，1981年，第451頁。
② 李家浩：《戰國文字中的"𠂤"》，《出土文獻與古文字研究》（第6輯），上海古籍出版社，2015年，第254～255頁。
③ 趙平安：《釋戰國文字中的"乳"字》，《中國文字學報》，商務印書館，2012年，第51～55頁。
④ 李學勤：《談龍陽燈》，《三代文明研究》，商務印書館，2011年，第134頁。何琳儀師定其爲楚器，將"庶子"釋爲"邑子"。參《龍陽燈銘文補釋》，《東南文化》2004年第4期，第85～86頁。

三　晉系文字中的職官

"寺人",宫中供使唤的小臣,以閹人爲之。《詩·秦風·車鄰》:"未見君子,寺人之令。"毛傳:"寺人,内小臣也。"《周禮·天官·寺人》:"掌王之内人及女宫之戒令,相道其出入之事而糾之。"賈公彦疏:"云寺之言侍者,欲取親近侍禦之義,此閹人也。"

士

《璽彙》5121:士

《璽彙》5122:士

《璽彙》5123:士

《彙考》145:士

《彙考》144:士

《彙考》144:士

《彙考》144:士

《彙考》144:士尔(璽)

《彙考》144:士尔(璽)

《彙考》144:士尔(璽)

《彙考》144:士尔(璽)

古代諸侯設上士、中士、下士,士的地位次於大夫。《禮記·王制》:"王者之制禄爵:公、侯、伯、子、男,凡五等。諸侯之上大夫卿、下大夫、上士、中士、下士,凡五等。"《國語·周語上》："諸侯春、秋受職於王以臨其民,大夫、士日恪位著以儆其官,庶人、工、商各守其業以共其上。"

上士

《璽彙》4633：上士

《璽彙》4632：上士

《璽彙》4633：上士

《璽彙》4634：上士

《彙考》143：上士

《璽彙》4819：王之上士

《璽彙》4820：王之上士

《璽彙》4821：王之上士

《璽彙》4822：王之上士

三 晉系文字中的職官

《璽彙》4823：王之上士

《彙考》140：王之上士

《彙考》141：王之上士

《彙考》141：王之上士

《彙考》141：王之上士

《彙考》141：王之上士

《彙考》141：王之上士

《彙考》141：王之上士

《彙考》142：王之上士

《彙考》142：王之上士

《彙考》142：王之上士

《彙考》142：王之上士

《彙考》142：王之上士

《彙考》142：王之上士

《彙考》141：王之上士

《彙考》142：王之上士

《彙考》140：王之上士卩（節）

《彙考》140：王之上士卩（節）

《璽彙》4826：王之上士卩（節）

"上士"，古代官階之一，其地位次於下大夫，高於中士。《周禮·天官·序官》："宰夫下大夫四人，上士八人，中士十有六人，旅下士三十有二人。"孫詒讓正義："凡諸官上士，《王制》謂之元士，又謂之適士，中、下士又謂之官師。"《孟子·萬章下》："君一位，卿一位，大夫一位，上士一位，中士一位，下士一位，凡六等。"

中士

《彙考》143：中士

《彙考》143：中士

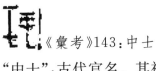《彙考》143：中士

"中士"，古代官名。其祿位在上士之下，下士之上。《孟子·萬章下》："上士倍中士，中士倍下士，下士與庶人在官者同祿，祿足以代其耕也。"

馬童

B 《集成》11329：馬重（童）

B 《集成》11364 二年主父戟：馬重（童）

B《集成》12032 車蓋弓冒：馬重（童）

李學勤先生指出："'馬重'似爲與冶相近的一種身份。"又據王何立事得工戈指出，"馬重"尚低於冶。董珊先生讀爲"馬童"，就是"大童"的意思，指尚未傅籍的成童。銘文中所見的馬童指在冶鑄機構里學習技藝的成童。①

公乘

《集成》1347 公乘鼎：公乘

《集成》9496 公乘壺：公乘

"公乘"，王室或諸侯國的兵車。《左傳·文公二年》："囚呼，萊駒失戈，狼瞫取戈以斬囚，禽之以從公乘。"《漢書·百官公卿表上》："爵：一級曰公士，二上造……八公乘。"顏師古注："言其得乘公家之車也。"《漢書·王子侯表上》："元壽二年五月甲子，侯勳以廣玄孫之孫長安公乘紹封'千户'。"顏師古注："公乘，第八爵也。"

待考

《彙考》139：固陽邡□

《璽彙》0321：□□鼎（？）□

《彙考》139：禺（萬）山欱爲

---

① 董珊：《戰國題銘與工官制度》，北京大學博士學位論文，2002年，第41～42頁。

三　晉系文字中的職官

《彙考》139：又（右）工和

《彙考》140：室阝止尔

《彙考》140：室阝止尔

《璽彙》3457：室阝止尔

《璽彙》3455：室阝止尔

《璽彙》5558：䢧粱（梁）公鈢（璽）

《彙考》138：稅公

《璽彙》3836：司寇=在（士）

《東方藝術》2009.8：右在（士）𠅘

三　晉系文字中的職官

中　山

中山王

《集成》2840 中山王𧺫鼎：中山王

《集成》9735 中山王𧺫壺：中山王

中山侯

《集成》11758 中山侯鉞：中山侯

燕君子

《集成》2840 中山王𧺫鼎：郾（燕）君子會

《集成》9735 中山王𧺫壺：郾（燕）君子會

平君

《中山編》140 頁中山玉板：平君

相邦

《集成》9735 中山王𧺫方壺：相邦

"相邦"，參上。

大夫

《集成》9735 中山王𧺫方壺：在（士）大夫

· 491 ·

"大夫",參上文。

執帛

《集成》10478 兆域圖:執白(帛)官

"執白",讀爲"執帛",官名。文獻記載楚官爵名有"執帛""執珪",與兆域圖的"執帛"和"正珪"分别相當。①

大匠

《集成》10478 兆域圖:大㾓(匠)官

"大㾓",董珊先生讀爲"大匠",大匠爲古官,跟《周禮·地官》之"匠師"、《禮記·雜記下》之"匠人"、《儀禮·既夕禮》之"匠"職責並同。大匠、匠師、匠人是同一職官的不同稱呼,據《周禮》鄭玄注,是冬官司空的"考",也就是"事官"。②

臼藏

《中山編》100 頁守丘刻石:白牀(藏)闋

"臼牀",董珊先生認爲讀爲"臼藏"或"齒藏"皆可,古代管理收藏文書或器物的機構往往就可以稱爲"藏"。"臼藏"應該是跟中山王陵有關的某種藏府的名稱。③

閽

《中山編》100 頁守丘刻石:白牀(藏)闋(閽)

"闋",讀爲"閽"。《周禮·天官冢宰·敘官》:"閽人,王宫每門四人,囿游亦如之。"其職責爲守門。④

守丘

《中山編》100 頁守丘刻石:守丘

---

① 黄盛璋:《平山戰國中山石刻初步研究》,《古文字研究》第 7 輯,中華書局,1983 年,第 55 頁。
② 董珊:《戰國題銘與工官制度》,北京大學博士學位論文,2002 年,第 146 頁。
③ 董珊:《戰國題銘與工官制度》,北京大學博士學位論文,2002 年,第 143 頁。
④ 董珊:《戰國題銘與工官制度》,北京大學博士學位論文,2002 年,第 143 頁。

三　晉系文字中的職官

"守丘",董珊先生認爲戰國中山"守丘"的職掌相當於《周禮·春官·宗伯》中的"冢人"。①

令

（伶）《金石癖·青銅》二□戈：中倫（令）

"倫",讀爲"令",參上。

府

《集成》10478 兆域圖版：亓（其）一痡膚（府）

"膚",讀爲"府"。參上。

嗇夫

《集成》10442 十四年銅犀：嗇夫

《集成》10443 十四年銅虎：嗇夫

《集成》10473 十四□帳橛：嗇夫

《集成》10474 十四□帳橛：嗇夫

《集成》10475 十四□帳橛：嗇夫

《集成》9665A 十四年壺：嗇夫

《集成》9665B 十四年壺：嗇夫

《集成》9666A 十四年壺：嗇夫

---

① 董珊：《戰國題銘與工官制度》,北京大學博士學位論文,2002年,第143頁。

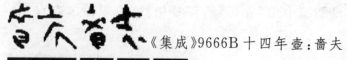《集成》9666B 十四年壺：嗇夫

《集成》10441 十四年銅牛：床麃嗇夫

"嗇夫"，官名，參上。中山雜器"麃"，或疑讀爲"鑢"。《説文》"鑢，器也。从金，慮聲。一曰，金器。"《淮南子·本經》："金器不鑢。""床麃嗇夫"，讀爲"藏鑢嗇夫"，掌藏金器之官。

私庫嗇夫

《集成》11863 私庫嗇夫鑲金銀泡飾：厶（私）庫嗇夫

《集成》11864 私庫嗇夫鑲金銀泡飾：厶（私）庫嗇夫

《集成》12042 十四年私庫嗇夫煮正車䡠：厶（私）庫嗇夫

《集成》12043 十四年私庫嗇夫煮正車䡠：厶（私）庫嗇夫

《集成》12044 十四年私庫嗇夫煮正衡飾：厶（私）庫嗇夫

《集成》12045 十四年私庫嗇夫煮正衡飾：厶（私）庫嗇夫

《集成》12046 十四年私庫嗇夫煮正蓋杠接管：厶（私）庫嗇夫

《集成》12047 十四年私庫嗇夫煮正蓋杠接管：厶（私）庫嗇夫

《集成》12048 十四年私庫嗇夫煮正蓋杠接管：厶（私）庫嗇夫

《集成》12049 十四年私庫嗇夫煮正蓋杠接管：厶（私）庫嗇夫

《集成》12050 十四年私庫嗇夫煮正蓋杠接管：厶（私）庫嗇夫

三　晉系文字中的職官

《集成》12051 十四年私庫嗇夫煮正蓋杠接管：厶（私）庫嗇夫

《集成》12052 十四年私庫嗇夫煮正蓋杠接管：厶（私）庫嗇夫

《集成》12053 十四年私庫嗇夫煮正蓋杠接管：厶（私）庫嗇夫

冶勻嗇夫

《集成》9683 十年冶勻壺：冶勻嗇夫啟重

《集成》10257 八年冶勻嗇夫殷重匜：冶勻嗇夫

《集成》11284 冶勻嗇夫戈：冶勻嗇夫

右使庫嗇夫

《集成》2707 右使車嗇夫鼎：右徙（使）車（庫）嗇夫

《集成》9448 十一茉盉：右徙（使）車（庫）嗇夫

《集成》9450 十二年盉：右徙（使）車（庫）嗇夫

《集成》9684 十年右使壺：右徙（使）車（庫）嗇夫

《集成》10333 十年盆：右徙（使）車（庫）嗇夫

《集成》10359 十二年銅盒：右徙（使）車（庫）嗇夫

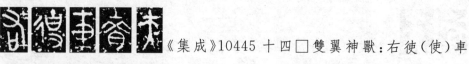《集成》10445 十四□雙翼神獸：右徒（使）車（庫）嗇夫

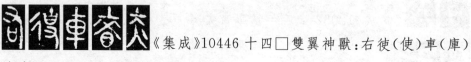《集成》10446 十四□雙翼神獸：右徒（使）車（庫）嗇夫

《集成》10477 十四□鳳方案：右徒（使）車（庫）嗇夫

右使嗇夫

《集成》9674 十年右使嗇夫吳丘壺：右徒（使）嗇夫

左使庫嗇夫

《集成》9675 十三□左使車嗇夫孫固壺：左徒（使）車（庫）嗇夫

《集成》9685 十二年壺：左徒（使）車（庫）嗇夫

《集成》9686 十三□左使車嗇夫孫固壺：左徒（使）車（庫）嗇夫

《集成》9692 三□左使車嗇夫孫固壺：左徒（使）車（庫）嗇夫

《集成》9693 十三□左使車嗇夫孫固壺：左徒（使）車（庫）嗇夫

《集成》10358 十□銅盒：左徒（使）車（庫）

嗇夫

《集成》10402 十□燈座：左徒（使）車（庫）

嗇夫

《集成》10444 十四□雙翼神獸：左徒（使）車（庫）

嗇夫

《集成》10447 十四□雙翼神獸：左徒（使）車（庫）嗇夫

《集成》12054 十四□左使車嗇夫孫固賬桿母扣：左徒（使）車（庫）嗇夫

《集成》12055 十四□左使車嗇夫孫固賬桿母扣：左徒（使）車（庫）嗇夫

《集成》12056 十四□左使車嗇夫孫固賬桿母扣：左徒（使）車（庫）嗇夫

《集成》12057 十四□左使車嗇夫孫固賬桿母扣：左徒（使）車（庫）嗇夫

《集成》12058 十四□左使車嗇夫孫固賬桿母扣：左徒（使）車（庫）嗇夫

《集成》12059 十四□左使車嗇夫孫固賬桿母扣：左徒（使）車（庫）嗇夫

《集成》12060 十四□左使車嗇夫孫固賬桿母

扣：左使（使）車（庫）嗇夫

《集成》12061 十四□左使車嗇夫孫固賬桿母

扣：左使（使）車（庫）嗇夫

《集成》12062 十四□左使車嗇夫孫固賬桿母

扣：左使（使）車（庫）嗇夫

《集成》12063 十四□左使車嗇夫孫固賬桿母

扣：左使（使）車（庫）嗇夫

裘錫圭先生指出：除左使車嗇夫外，尚有右使車嗇夫夫、冶匀嗇夫、□器嗇夫、床麃嗇夫等名稱。這些嗇夫大概都是官嗇夫。其中"冶匀嗇夫"和"□器嗇夫"似是以冶鑄爲專職的官吏。在屬于一號墓的二號車馬坑所出的車衡飾件上，還有"十四年厶（私）庫嗇夫……"刻銘。庫的本職是管理車和各種武器，所以車器由庫嗇夫監鑄。① 吳振武先生認爲：銘文中"嗇夫"爲主造官吏，"工"即是直接製造器物的工匠。②

使庫

《集成》2088 右使車工鼎：右使（使）車（庫）

《集成》2089 右使車工鼎：右使（使）車（庫）

《集成》2090 右使車工鼎：右使（使）車（庫）

《集成》2091 左使車工鼎：右使（使）車（庫）

《集成》2092 左使車工北鼎：右使（使）車（庫）

---

① 裘錫圭：《嗇夫初探》，《云夢秦簡研究》，中華書局，1981年，第244～245頁。
② 吳振武：《釋平山戰國中山王墓器物銘文中的"鈢"和"私庫"》，《史學集刊》1982年第3期，第69頁。

三　晉系文字中的職官

《集成》2093 左使車工蔡鼎：右徒（使）車（庫）

《集成》2094 左使車工蔡鼎：右徒（使）車（庫）

《集成》9933 十三苯勺：右徒（使）車（庫）

《集成》10397 右使車箕：右徒（使）車（庫）

《集成》9934 十三苯勺：右徒（使）車（庫）

《集成》10349 右使車銅形器：右徒（使）車

《集成》10413 右使車鋪首：右徒（使）車（庫）

《集成》10450 左使車工蔡山形器：左徒（使）車（庫）

"徒車"，讀爲"使庫"。左、右使車可能是屬於宫外的工官機構。①

工師

《金石癖·青銅》二□戈：工币（師）

"工币"，即"工師"，參上。

工

《集成》2088 右使車工鼎：工竘

《集成》2089 右使車工鼎：工竘

《集成》2090 右使車工鼎：工竘

---

① 董珊：《戰國題銘與工官制度》，北京大學博士學位論文，2002年，第150頁。

《集成》2091 左使車工䰙鼎：工䰙

《集成》2092 左使車工北鼎：工弧

《集成》2093 左使車工蔡鼎：工蔡

《集成》2094 左使車工蔡鼎：工蔡

《集成》2707 右使車嗇夫鼎：工筲（籌）

《集成》9933 十三茉勺：工疥

《集成》9934 十三茉勺：工疥

《集成》9448 十一茉盉：工觸

《集成》9450 十二年盉：工處

《集成》9674 十年右使壺：工胄

《集成》9683 十年扁壺：工弧

《集成》9684 十年右使壺：工角

《集成》9685 十二年扁壺：工賃

《集成》9686 十三年壺：工竴

《集成》9692 三年壺：工□

《集成》9693 十三年壺:工頯

《集成》10257 八年匜:工慎

《集成》10349 右使車銅形器:工蔡

《集成》10358 十年銅盒:工慎

《集成》10359 十二年銅盒:工虔

《集成》10397 右使車箕:工㳑

《集成》10402 十年燈座:工弧

《集成》10413 右使車鋪首:工□

《集成》10444 十四□雙翼神獸:工蔡

《集成》10445 十四□雙翼神獸:工㳑

《集成》10446 十四□雙翼神獸:工㳑

《集成》10447 十四□雙翼神獸:工鬲

《集成》10477 十四□鳳方案:工㳑

《集成》10450 左使車工蔡山形器:工蔡

"工"是直接製造器物的工匠。

釁者

《集成》9692 三茉壺：左釁（釁）者

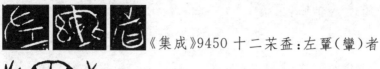《集成》9450 十二茉盉：左釁（釁）者

《集成》10358 十年銅盒：左釁（釁）者

《集成》10359 十二年銅盒：左釁（釁）者

《集成》9685 十二年扁壺：左釁（釁）者

《集成》9683 七年扁壺：左釁（釁）者

《集成》9448 十一茉盉：右釁（釁）者

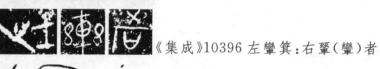《集成》10396 左釁箕：右釁（釁）者

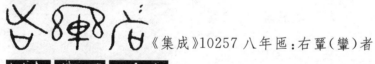《集成》10257 八年匜：右釁（釁）者

《集成》10402 十年燈座：右釁（釁）者

"釁者"，讀爲"釁者"，官名，分左、右。

私庫

《集成》11864 私庫嗇夫鑲金銀泡飾：厶（私）庫嗇夫

《集成》12042 十四年私庫嗇夫煮正車軎：厶（私）庫嗇夫

《集成》12043 十四年私庫嗇夫煮正車軎：厶（私）庫嗇夫

三 晉系文字中的職官

《集成》12044 十四年私庫嗇夫煮正衡飾：厶（私）庫嗇夫

《集成》12045 十四年私庫嗇夫煮正衡飾：厶（私）庫嗇夫

《集成》12046 十四年私庫嗇夫煮正蓋杠接管：厶（私）庫嗇夫

《集成》12047 十四年私庫嗇夫煮正蓋杠接管：厶（私）庫嗇夫

《集成》12048 十四年私庫嗇夫煮正蓋杠接管：厶（私）庫嗇夫

《集成》12049 十四年私庫嗇夫煮正蓋杠接管：厶（私）庫嗇夫

《集成》12050 私庫嗇夫蓋杠接管：厶（私）庫嗇夫

《集成》12051 私庫嗇夫蓋杠接管：厶（私）庫嗇夫

《集成》12052 十四年私庫嗇夫煮正蓋杠接管：厶（私）庫嗇夫

《集成》12053 十四年私庫嗇夫煮正蓋杠接管：厶（私）庫嗇夫

《集成》11863 私庫嗇夫鑲金銀泡飾：厶（私）庫嗇夫

《集成》11864 私庫嗇夫鑲金銀泡飾：厶（私）庫嗇夫

《集成》11865 私庫嗇夫鑲金銀泡飾：厶（私）庫嗇夫

中山雜器"厶庫"，讀爲"私庫"。何琳儀師根據《漢書·張延壽傳》注"服虔

· 503 ·

曰,私官,皇后之官也"的解釋,懷疑"私庫"是皇后之府庫。① 吴振武先生認爲:"私庫",當是中山國職司冶鑄的官手工業機構,和三晉地區督造兵器或其他器物的"庫""武庫""左庫""右庫""市庫"等相仿。② 疑"私庫"與"邦庫"相對。

王后

《集成》10478 王后兆域圖:王后

"王后",《禮記·祭法》:"王后豔于北郊。"

諸侯

《集成》9735 中山王䦈方壺:者(諸)侯

"者侯",讀"諸侯",參上。

---

① 何琳儀:《戰國古文字典——戰國文字聲系》,中華書局,1998 年,第 1278 頁。
② 吴振武:《釋平山戰國中山王墓器物銘文中的"鈉"和"私庫"》,《史學集刊》1982 年第 3 期,第 68～69 頁。

三 晉系文字中的職官

兩　周

周公

《周金文存》6.22.1 周公乍武用戈：周公

"周公"，指戰國時的東周君或西周君。

周王

《集成》11212 周王叚戈：周王叚

"周王叚"，高明先生認爲是周敬王。①

公廚

《集成》2396 公廚右官鼎：公朱（廚）右官

《集成》2701 公朱左𠂤鼎：公朱（廚）左官

《集成》1946 公朱右𠂤鼎：公朱（廚）右𠂤（官）

《集成》2361 公脒右𠂤鼎：公脒（廚）右𠂤（官）

"公朱""公脒"，讀爲"公廚"。②《漢書·百官公卿表》："詹事，秦官，掌皇后、太子家，有丞。屬官有太子率更、家令丞、僕、中盾、衛率、廚廄長丞，又中長秋、私

---

① 高明：《略論汲縣山彪鎮一號墓的年代》，《高明論著選集》，科學出版社，2001 年，第 155 頁。
② 朱德熙、裘錫圭：《戰國銅器銘文中的食官》，《朱德熙古文字論集》，中華書局，1995 年，第 86 頁。

府、永巷、倉、廄、祠祀、食官令長丞。諸宦官皆屬焉。"

冶大夫

《集成》2701 公朱左𦉢鼎：左𦉢（官）冶大夫

"冶大夫"，冶官。

左官

《集成》2701 公朱左𦉢鼎：左𦉢（官）冶大夫

《集成》2701 公朱左𦉢鼎：公朱（廚）左𦉢（官）

《集成》2701 公朱左𦉢鼎：左𦉢（官）

《集成》9590 徝予左官方壺：徝予左𦉢（官）

《集成》9660 徝予左𦉢方壺：徝予左𦉢（官）

《集成》9647 徝予左官方壺：徝予左𦉢（官）

右官

《集成》1946 公朱右官鼎：公朱（廚）右𦉢（官）（西周）

《集成》2361 公右官鼎：公朱（廚）右𦉢（官）（西周）

《集成》1945 徝予右□鼎：徝予右𦉢（官）（周）

"左𦉢""右𦉢"，分別讀爲"左官""右官"，指左、右食官。① 參《漢書·百官公

---

① 朱德熙、裘錫圭：《戰國銅器銘文中的食官》，《朱德熙古文字論集》，中華書局，1995年，第83～88頁。

卿表》:"詹事,秦官,掌皇后、太子家,有丞。屬官有太子率更、家令丞,僕、中盾、衞率、廚廄長丞,又中長秋、私府、永巷、倉、廄、祠祀、食官令長丞。諸宦官皆屬焉。"

左曹

《集成》9647 徣予左官方壺:左佰(曹)

《集成》9590 徣予左官方壺:左佰(曹)

《集成》9660 徣予左官方壺:左佰(曹)

"佰",讀爲"曹"。《禮記·内則》"稻粱湇糟",《周禮·天官·酒正》注引"糟"作"湇",是其佐證。官府下設曹,主要是因官分左右,分工管理,其辦事之處當然亦分左右,即曹。所屬官吏聚處於一曹,職權管轄,機構隸屬。①

内曹

《集成》9649 四斗乜客方壺:左内佰(曹)

《度量衡圖集》附録 8 金村銅鈁:右内佰(曹)

"内佰",讀爲"内曹",疑内宫之官。

冢工

《集成》12033 冢工銀節約:賕(冢)工

《集成》12034 冢工銀節約:賕(冢)工

《集成》12035 冢工銀節約:賕(冢)工

---

① 黄盛璋:《試論戰國秦漢銘刻中从"酉"諸奇字及其相關問題》,《古文字研究》第 10 輯,中華書局,1983 年,第 221~241 頁。

《集成》12036 𧴪工銀節約：賕(冢)工

《集成》12037 𧴪工銀節約：賕(冢)工

《集成》12038 𧴪工銀節約：賕(冢)工

"賕工"，湯餘惠先生釋爲"冢工"，指鑄器的有司，其名殆取義於總攝百工之事。① 或認爲首字與楚簡中的從"貝""叚"聲的字有關。②

予

《集成》9590 徝予左官方壺：徝予左𠂤(官)

《集成》9660 徝予左官方壺：徝予左𠂤(官)

《集成》1945 徝予右官鼎：徝予右𠂤(官)

《集成》9647 徝予左官方壺：徝予左官

金村器"予"，或疑讀爲"伃"。《説文》："伃，婦官也。从人，予聲。"

右庫

《新收》570 周右庫戈：周右庫

左庫

《集成》11504 東周矛：東周左庫

《集成》11505 東周矛：東周左庫

---

① 湯餘惠：《讀金文瑣記(八篇)》，《出土文獻研究》第 3 輯，中華書局，1998 年，第 63 頁。
② 劉剛：《晉系文字的範圍及内部差異研究》，復旦大學博士學位論文，2013 年，第 86 頁。

中府

[字] 《書道》1 銀柄杯：中貸（府）

"中貸",即"中府",參上。

市

[字] 《貨系》44 平肩空首布：少曲坿（市）南

[字] 《貨系》45 平肩空首布：少曲坿（市）南

[字] 《貨系》48 平肩空首布：少曲坿（市）南

[字] 《貨系》49 平肩空首布：少曲坿（市）南

[字] 《貨系》57 平肩空首布：少曲坿（市）ナ（左）

[字] 《貨系》56 平肩空首布：少曲坿（市）ナ（左）

[字] 《貨系》59 平肩空首布：少曲坿（市）西

[字] 《貨系》60 平肩空首布：少曲坿（市）西

[字] 《貨系》61 平肩空首布：少曲坿（市）西

[字] 《貨系》41 平肩空首布：少曲坿（市）南

[字] 《貨系》42 平肩空首布：少曲坿（市）南（周）

[字] 《貨系》43 平肩空首布：少曲坿（市）南（周）

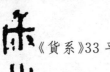《貨系》33 平肩空首布：少曲市南

《貨系》36 平肩空首布：少曲市南

《貨系》34 平肩空首布：小（少）曲坿（市）南

《貨系》54 平肩空首布：小（少）曲坿（市）ナ（左）

《貨系》55 平肩空首布：少曲坿（市）ナ（左）

《貨系》51 平肩空首布：少曲坿（市）中

《錢典》796 平肩空首布：少曲坿（市）東

《貨系》58 平肩空首布：少曲坿（市）西

《貨系》50 平肩空首布：少曲坿（市）中

"市"，參上。

游宰

《集成》1349 向游子鼎：向斿（游）子（宰）

《集成》1947 滑孝子鼎：滑斿（游）子（宰）

《集成》2396 公朱右自鼎：斿（游）子（宰）

《集成》9516 粤孝子壺：粤斿（游）子（宰）

《集成》9538 左孝子壺：左斿（游）子（宰）

三　晉系文字中的職官

《集成》9540 己游子壺：己斿（游）子（宰）

《集成》9541 己游子壺：己斿（游）子（宰）

《四海尋珍》84 頁樂游子盉：樂斿（游）子（宰）

《書道》1 銀柄杯：甘斿（游）子（宰）

"斿子"，李學勤先生讀爲"游宰"，是某地離宫掌管飲食的職官。① 董珊先生認爲，所謂"孝"字有可能是"韓"字古文寫法，讀爲"縣"。稱縣邑之長爲"縣宰"，見於《漢書·王莽傳》及《東觀漢記》。②

---

① 李學勤：《東周與秦代文明》，上海人民出版社，2007 年，第 24 頁。
② 董珊：《戰國題銘與工官制度》，北京大學博士學位論文，2002 年，第 165 頁。

四 楚系文字中的職官

楚王

《集成》11092 敔戟；郙（楚）王

"楚王"，楚國的君王。

楚王熊章

《集成》83 楚王酓章鐘；楚王酓（熊）章

《集成》85 楚王酓章鐘；楚王酓（熊）章

《集成》11659 楚王酓章劍；楚□酓（熊）章

《集成》11381 楚王酓章戈；楚王酓（熊）章

"楚王酓章"，讀爲"楚王熊章"，楚惠王，昭王的兒子。《史記·楚世家》："乃與子西、子綦謀，伏師閉塗，迎越女之子章立之，是爲惠王。然後罷兵歸，葬昭王。"《列女傳·節義傳》："乃伏師閉壁，迎越姬之子熊章立，是爲惠王。然後罷兵歸，葬昭王。"

《清華一·楚居》13：獻惠王

《清華二·繫年》106：獻惠王

"獻惠王"，即昭王之子惠王章，又作"酓章"。"獻惠"屬多字謚。

楚王熊元

《集成》2623 楚王酓肯鈚鼎：楚王酓（熊）肯（元）

《集成》2479 楚王酓肯鈚鼎：楚王酓（熊）肯（元）

《集成》4549 楚王酓肯瑚：楚王酓（熊）肯（元）

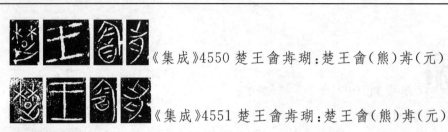

《集成》4550 楚王酓肵瑚：楚王酓（熊）肵（元）

《集成》4551 楚王酓肵瑚：楚王酓（熊）肵（元）

《集成》10100 楚王酓肵盤：楚王酓（熊）肵（元）

"楚王酓肵"，讀爲"楚王熊元"，楚考烈王（？—前238年），芈姓，熊氏，名完，戰國時期楚國國君，頃襄王之子。《史記·楚世家》："三十六年，頃襄王病，太子亡歸。秋，頃襄王卒，太子熊元代立，是爲考烈王。考烈王以左徒爲令尹，封以吳，號春申君。"① 劉洪濤先生根據葛陵簡中的"延""脡"等字及上博簡《弟子問》用作"延"的字提出楚王名應釋作"脡"。②

楚王熊悍

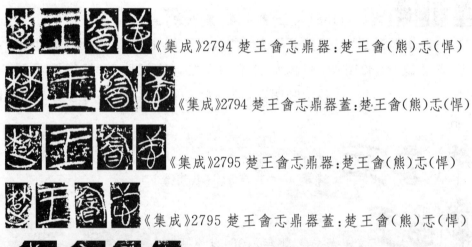

《集成》2794 楚王酓忎鼎器：楚王酓（熊）忎（悍）

《集成》2794 楚王酓忎鼎器蓋：楚王酓（熊）忎（悍）

《集成》2795 楚王酓忎鼎器：楚王酓（熊）忎（悍）

《集成》2795 楚王酓忎鼎器蓋：楚王酓（熊）忎（悍）

《集成》10158 楚王酓忎盤：楚王酓（熊）忎（悍）

"楚王酓忎"，讀爲"楚王熊悍"，楚幽王（？—前228年），芈姓，熊氏，名悍，楚考烈王之子。《史記·楚世家》："二十五年，考烈王卒，子幽王悍立。"

---

① 唐蘭：《壽縣所出銅器考略》，《國學季刊》第4卷第1號，1934年。轉引自《金文文獻集成》第29冊，線裝書局，第278頁。陳秉新：《壽縣楚器銘文考釋拾零》，《楚文化研究論集》第1集，荊楚書社，1987年，第331~332頁。

② 小蟲（劉洪濤）：《説〈上博五·弟子問〉"延陵季子"的"延"字》，簡帛網2006年5月20日。

威王

《包山》166：愄（威）王

《包山》172：愄（威）王

《包山》173：愄（威）王

《包山》183：愄（威）王

《包山》192：愄（威）王

《包山簡》"愄王"，即"威王"，公元前339年至公元前329年在位。① 《書·皋陶謨》"天明畏"，陸德明《釋文》："畏，馬本作威。"《書·洪範》"威用六極"，《史記·宋微子世家》"威"作"畏"。是其佐證。楚威王，見《史記·楚世家》："宣王六年，周天子賀秦獻公。秦始復彊，而三晉益大，魏惠王、齊威王尤彊。三十年，秦封衛鞅於商，南侵楚。是年，宣王卒，子威王熊商立。"

武王

《集成》11102 武王戈：武王之童（撞）戟（戈）

《集成》11103 武王戈：武王之童（撞）戟（戈）

《集成》11104 武王戈：武王之童（撞）戟（戈）

《新收》1386 武王戈：武王之童（撞）戟（戈）

《益陽墓》153頁武王戈：武王之童（撞）戟（戈）

---

① 湖北省荆沙鐵路考古隊：《包山楚簡》，文物出版社，1991年，第51頁。

《益陽墓》153頁武王戈：武王之童（撞）戠（戈）

王

《集成》418王鐸：王

《集成》11817王刮刀：王

《集成》11818王刮刀：王

《商周集成》18586二十九年弩機：王以子横質于齊

《清華一·楚居》14：王自郧吁遷（徙）郙（蔡）

《清華一·楚居》15：王自郙（蔡）返（復）郯（鄙）

莊王

《中國歷史文物》2007.5臧（莊）王之楚用戟：臧（莊）王

《丹篆》6：臧（莊）王族鈢（璽）

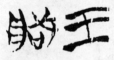《清華一·楚居》10：至臧（莊）王

《清華二·繫年》58：臧（莊）王

《清華二·繫年》59：臧（莊）王

《清華二·繫年》61:楚臧(莊)王

《清華二·繫年》61:臧(莊)王

《清華二·繫年》63:臧(莊)王

《清華二·繫年》74:楚臧(莊)王

《清華二·繫年》74:臧(莊)王

《清華二·繫年》75:臧(莊)王

《清華二·繫年》77:臧(莊)王

"臧王",即"莊王",穆王之子莊王侶。《左傳·文公十四年》:"楚莊王立。"

景平王

《集成》37 秦王鐘:競(景)坪(平)王之定

《清華一·楚居》12:競(景)坪(平)王即立(位)

《清華二·繫年》81:競(景)坪(平)王

《清華二·繫年》82:競(景)坪(平)王

《清華二·繫年》99:競(景)坪(平)王

《清華二·繫年》100:競(景)坪(平)王

《清華二·繫年》104：競（景）坪（平）王

《清華二·繫年》104：競（景）坪（平）王

"競坪王"，即景平王、楚平王，楚靈王之弟公子棄疾，即位後改名爲熊居。楚人皆稱楚平王爲競（景）平王。

昭王

《集成》2288 昭王之諻鼎：卲（昭）王之諻（媓）

《清華一·楚居》12：卲（昭）王

《清華二·繫年》82：卲（昭）王

《清華二·繫年》83：卲（昭）王

《清華二·繫年》84：卲（昭）王

《清華二·繫年》100：卲（昭）王

《清華二·繫年》106：卲（昭）王

《清華二·繫年》106：卲（昭）王

《清華二·繫年》102：楚卲（昭）王

《清華三·良臣》5：楚昭（昭）王

"卲王"，讀爲"昭王"，即昭王珍，平王之子。

四　楚系文字中的職官

共王

《清華一·楚居》11：龏（共）王

《清華二·繫年》77：龏（共）王

《清華二·繫年》90：龏（共）王

《清華二·繫年》85：楚龍（共）王

《清華二·繫年》87：龍（共）王

《清華三·良臣》11：楚恭（共）王

"龏王""龍王""恭王"，讀爲"共王"，指莊王子共王熊審。

康王

《清華一·楚居》11：康王

《清華二·繫年》096：楚康王

《清華二·繫年》097：康王

"康王"，共王之子，名昭。

乳子王

《清華一·楚居》11：乳子王

《清華二·繫年》97：乳子王

《清華二·繫年》98：乳子王

"乳子王",即"孺子王"。錢大昕考定古代天子諸侯等的嫡長子承位者專稱"孺子",清華簡"乳子王"指的是康王之子郟敖。①

靈王

《清華一・楚居》11:霝(靈)王

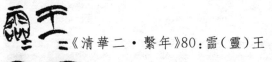《清華二・繫年》80:霝(靈)王

《清華二・繫年》80:霝(靈)王

《清華二・繫年》98:霝(靈)王

《清華二・繫年》98:霝(靈)王

《清華二・繫年》99:霝(靈)王

《清華二・繫年》104:楚霝(靈)王

"霝王",即"靈王",共王之子,康王之弟。《左傳・昭公元年》:"楚靈王即位。"杜預注:"靈王,公子圍也,即位易名熊虔。"

柬大王

《清華一・楚居》15::柬大王

《清華二・繫年》114:柬大王

"柬大王",即楚簡王,惠王之子。

---

① 趙平安:《釋戰國文字中的"乳"》字,《中國文字學報》第 4 輯,商務印書館,2012 年,第 53 頁。

聲桓王(聲王)

《清華二·繫年》119：聖(聲)趄(桓)王

《清華二·繫年》126：聖(聲)趄(桓)王

《清華二·繫年》127：聖(聲)王

"聖趄王"，讀爲"聲桓王"，即楚聲王熊當，《史記·楚世家》："聲王六年，盜殺聲王。"

悼哲王

《清華一·楚居》16：恕(悼)折(哲)王

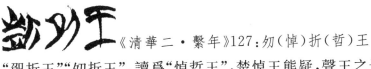《清華二·繫年》127：刎(悼)折(哲)王

"恕折王""刎折王"，讀爲"悼哲王"，楚悼王熊疑，聲王之子。

巨恒王

《集成》2301 巨萱王鼎：巨萱(恒)王

"巨萱王"，或讀爲"巨恒王"，待考。

中陽王

《新收》1375 中陽鼎：宙(中)昜(陽)王

"宙昜王"，讀爲"中陽王"，待考。

中甫王

《集成》1933 中賻王鼎：中賻(甫)王鼎(鼎)

"中賻王"，讀爲"中甫王"，待考。

曾侯邘

《文物》2008.2 曾侯越鼎：曾厌(侯)邘

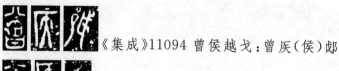《集成》11094 曾侯越戈：曾厌(侯)邘

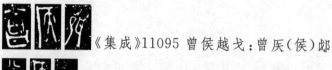《集成》11095 曾侯越戈：曾厌(侯)邘

《集成》11174 曾侯越戈：曾厌(侯)邘

《集成》11096 曾侯越雙戈戟：曾厌(侯)邘

《集成》11097 曾侯越雙戈戟：曾厌(侯)邘

《集成》11098 曾侯越雙戈戟：曾厌(侯)邘

《集成》11174 曾侯越戈：曾厌(侯)邘

《集成》11175 曾侯越雙戈戟：曾厌(侯)邘

《集成》11176 曾侯越雙戈戟：曾厌(侯)邘

《集成》11177 曾侯越雙戈戟：曾厌(侯)邘

《集成》11567 曾侯越殳：曾厌(侯)邘

《古研》24.167頁曾侯邘簠：曾厌(侯)邘

"曾厌郕",即"曾侯郕"。李學勤先生曾認爲曾侯乙和曾侯郕是同一個曾君。① 曾侯乙墓發掘報告認爲曾侯郕是曾侯乙的先君。② 張昌平先生認爲曾侯郕與曾侯乙的年代相近,但曾侯乙時代略晚。③

曾侯乙

《集成》2290 曾侯乙鼎:曾厌(侯)乙

《集成》2291 曾侯乙鼎:曾厌(侯)乙

《集成》2292 曾侯乙鼎:曾厌(侯)乙

《集成》2293 曾侯乙鼎:曾厌(侯)乙

《集成》2295 曾侯乙鼎:曾厌(侯)乙

《新收》1218 曾侯乙鼎:曾厌(侯)乙

《曾侯乙墓》191 頁曾侯乙鼎:曾厌(侯)乙

《曾侯乙墓》192 頁曾侯乙鼎:曾厌(侯)乙

《集成》3636—3643 曾侯乙簠:曾厌(侯)乙

《集成》4495 曾侯乙瑚:曾厌(侯)乙

《集成》4670 曾侯乙豆:曾厌(侯)乙

---

① 李學勤:《筆談〈湖北隨縣曾侯乙墓出土文物展覽〉》,《中國歷史博物館館刊》1980 年總第 2 期,第 15 頁。
② 湖北省博物館:《曾侯乙墓》,文物出版社,1989 年,第 460 頁。
③ 張昌平:《曾侯乙、曾侯𡩖和曾侯郕》,《江漢考古》2009 年第 1 期,第 92~99 頁。

《集成》4671 曾侯乙豆：曾厌(侯)乙

《集成》974 曾侯乙匕：曾厌(侯)乙

《集成》9927 曾侯乙匕：曾厌(侯)乙

《集成》9928 曾侯乙匕：曾厌(侯)乙

《集成》9929 曾侯乙勺：曾厌(侯)乙

《集成》9930 曾侯乙斗：曾厌(侯)乙

《曾侯乙墓》236 頁曾侯乙斗：曾厌(侯)乙

《集成》9582 曾侯乙壺：曾厌(侯)乙

《曾侯乙墓》228 頁曾侯乙盤：曾厌(侯)乙

《集成》9581 提鏈壺：曾厌(侯)乙

《集成》10000 曾侯乙鑑缶：曾厌(侯)乙

《集成》10348 曾侯乙過濾器：曾厌(侯)乙

《集成》9998 曾侯乙尊缶：曾厌(侯)乙

《集成》10292 曾侯乙鑑：曾厌(侯)乙

《集成》10077 曾侯乙盤：曾厌(侯)乙

四　楚系文字中的職官

《集成》10198 曾侯乙匜:曾戻(侯)乙

《集成》10197 曾侯乙匜:曾戻(侯)乙

《曾侯乙墓》243 頁曾侯乙匜:曾戻(侯)乙

《新收》1219 曾侯乙鬲:曾戻(侯)乙

《集成》10387 曾侯乙爐:曾戻(侯)乙詐(作)峕(持)甬(用)終

《曾侯乙墓》213 頁曾侯乙豆:曾戻(侯)乙

《集成》10399 曾侯乙箕:曾戻(侯)乙

《集成》10398 曾侯乙漏鏟柄:曾戻(侯)乙

《集成》10455 曾侯乙鉤形:曾戻(侯)乙

《集成》10439 曾侯乙銅鶴:曾戻(侯)乙詐(作)峕(持)甬(用)終

《集成》11167 曾侯乙戈:曾戻(侯)乙之寢戈

《集成》11168 曾侯乙戈:曾戻(侯)乙之走戈

《集成》11169 曾侯乙戈:曾戻(侯)乙之用戈

《集成》11170 曾侯乙戈:曾戻(侯)乙之用戈

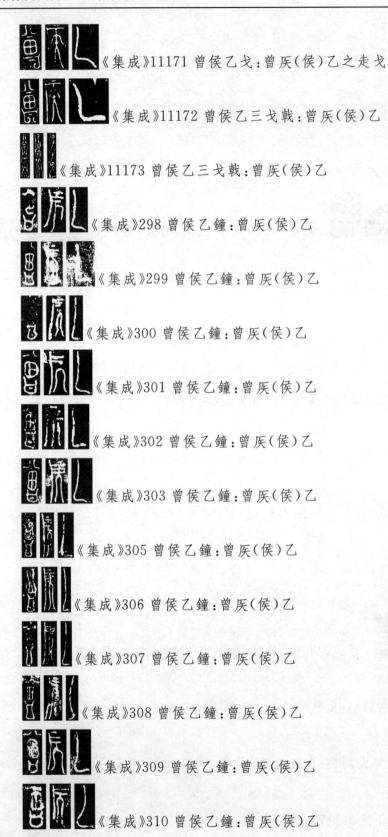

《集成》11171 曾侯乙戈：曾厌(侯)乙之走戈

《集成》11172 曾侯乙三戈戟：曾厌(侯)乙

《集成》11173 曾侯乙三戈戟：曾厌(侯)乙

《集成》298 曾侯乙钟：曾厌(侯)乙

《集成》299 曾侯乙钟：曾厌(侯)乙

《集成》300 曾侯乙钟：曾厌(侯)乙

《集成》301 曾侯乙钟：曾厌(侯)乙

《集成》302 曾侯乙钟：曾厌(侯)乙

《集成》303 曾侯乙钟：曾厌(侯)乙

《集成》305 曾侯乙钟：曾厌(侯)乙

《集成》306 曾侯乙钟：曾厌(侯)乙

《集成》307 曾侯乙钟：曾厌(侯)乙

《集成》308 曾侯乙钟：曾厌(侯)乙

《集成》309 曾侯乙钟：曾厌(侯)乙

《集成》310 曾侯乙钟：曾厌(侯)乙

四 楚系文字中的職官

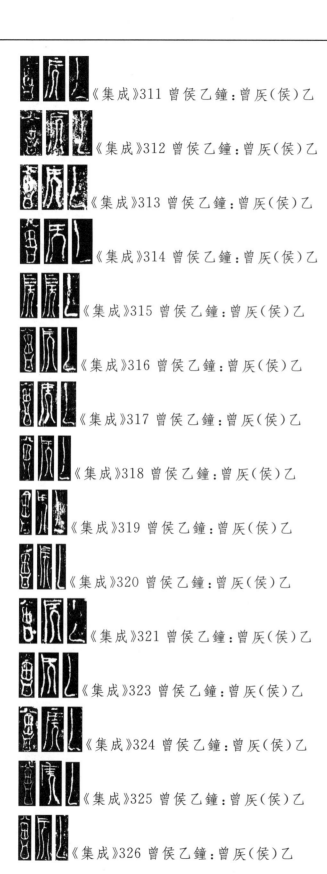

《集成》311 曾侯乙鐘：曾疾（侯）乙

《集成》312 曾侯乙鐘：曾疾（侯）乙

《集成》313 曾侯乙鐘：曾疾（侯）乙

《集成》314 曾侯乙鐘：曾疾（侯）乙

《集成》315 曾侯乙鐘：曾疾（侯）乙

《集成》316 曾侯乙鐘：曾疾（侯）乙

《集成》317 曾侯乙鐘：曾疾（侯）乙

《集成》318 曾侯乙鐘：曾疾（侯）乙

《集成》319 曾侯乙鐘：曾疾（侯）乙

《集成》320 曾侯乙鐘：曾疾（侯）乙

《集成》321 曾侯乙鐘：曾疾（侯）乙

《集成》323 曾侯乙鐘：曾疾（侯）乙

《集成》324 曾侯乙鐘：曾疾（侯）乙

《集成》325 曾侯乙鐘：曾疾（侯）乙

《集成》326 曾侯乙鐘：曾疾（侯）乙

· 529 ·

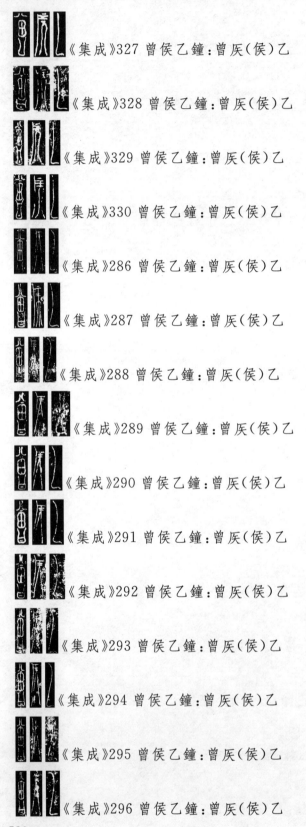

《集成》327 曾侯乙鐘：曾厌（侯）乙

《集成》328 曾侯乙鐘：曾厌（侯）乙

《集成》329 曾侯乙鐘：曾厌（侯）乙

《集成》330 曾侯乙鐘：曾厌（侯）乙

《集成》286 曾侯乙鐘：曾厌（侯）乙

《集成》287 曾侯乙鐘：曾厌（侯）乙

《集成》288 曾侯乙鐘：曾厌（侯）乙

《集成》289 曾侯乙鐘：曾厌（侯）乙

《集成》290 曾侯乙鐘：曾厌（侯）乙

《集成》291 曾侯乙鐘：曾厌（侯）乙

《集成》292 曾侯乙鐘：曾厌（侯）乙

《集成》293 曾侯乙鐘：曾厌（侯）乙

《集成》294 曾侯乙鐘：曾厌（侯）乙

《集成》295 曾侯乙鐘：曾厌（侯）乙

《集成》296 曾侯乙鐘：曾厌（侯）乙

四 楚系文字中的職官

"曾庚乙",即"曾侯乙",以前有學者認爲是楚國的封君,現在隨著考古界對曾侯乙墓性質的認識已經基本認可曾侯乙是曾國的國君。可參上條"曾侯邱"。

曾侯與

《集成》11178 曾侯與之用戟:曾庚(侯)與

《集成》11179 曾侯與之用戟:曾庚(侯)與

《集成》11180 曾侯與之行戟:曾庚(侯)與

《集成》11181 曾侯與之行戟:曾庚(侯)與

《集成》4488 曾子與之行簠:曾子與

《集成》4489 曾子與之行簠:曾子與

《集成》9996 曾子與之行缶:曾子與

《江漢考古》2014.4 曾侯與編鐘:曾侯臟

《江漢考古》2014.4 曾侯與編鐘:曾侯臟

"曾侯與""曾侯臟",曾國國君,與"曾子與"是同一人。曾子、曾侯是兩種不同的稱謂而已,由曾子到曾侯的變化,反映了他以曾國公室的身份繼承曾國國君之位。①

公

《集成》10977 隴公戈:隴公

---

① 張昌平:《曾侯乙、曾侯與和曾侯邱》,《江漢考古》2009 年第 1 期,第 94 頁。

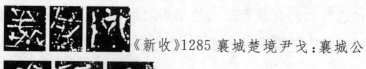《新收》1285 襄城楚境尹戈：襄城公

《集成》11358 羕陵公戈：羕（養）陵公

虎鄭公佗戈①：虎（雩）鄭（婁）公佗之用

叾思公戟②：叾（巫—期）思公智上爲叾（巫—期）思右王告（造）

《璽彙》0264：鄴（晉）陵公鈢（璽）

《輯證》陶豆：赾公祚

《包山》183：驨公

《包山》177：羕（養）陵公

《包山》166：陳公

《包山》163：邬思公

---

① 韓自強：《楚國有銘兵器的重要發現》，《紀念中國古文字研究會成立三十周年國際學術研討會會議論文集》，2008年，第92～98頁。

② 韓自強：《楚國有銘兵器的重要發現》，《紀念中國古文字研究會成立三十周年國際學術研討會會議論文集》，2008年，第92～98頁。

四 楚系文字中的職官

《包山》159：鄧公

《包山》138：坪（平）弞（射）公

《包山》131：湯公

《包山》135 反：湯公

《包山》139 反：子郾（宛）公

《包山》134：子郾（宛）公

《包山》134：子郾（宛）公

《包山》133：子郾（宛）公

《包山》119：芙公

《包山》117：安陵公

《包山》115：冀陵公

《包山》103：冀陵公

《包山》83：嗌（益）昜（陽）公

《包山》61：長昷（沙）公

《包山》58：登（鄧）公

《包山》2：魯昜（陽）公

《清華二·繫年》134：遞（魯）昜（陽）公

《清華二·繫年》135：遞（魯）昜（陽）公

《包山》121：昜（陽）成公

《包山》120：昜（陽）城公

《包山》120：昜（陽）成公

《包山》125：邔昜（陽）公

《包山》28：邑公

《包山》79：邑公

《包山》183：邑公

《包山》22：州加公里公

《包山》24：州加公里公

《包山》30：州加公里公

春秋時，楚強大以後，滅國設縣，縣的行政長官稱"公"，如申公、息公等。戰國時，楚低級官吏亦稱"公"，如包山楚簡中的敔公、邑公等。《左傳·莊公三十年》："秋，申公鬥班殺子元。"杜預注："申，楚縣也。楚僭號，縣尹皆稱公。"《淮南子·覽冥》:"魯陽公與韓搆難,戰酣日暮,援戈而撝之,日爲之反三舍。"高誘注:"楚僭號稱王,其守縣大夫皆稱公。"杜預注:"楚,僭號,縣尹皆稱公。""赳公牠",當是楚國封君。①

公子

《集成》11285 相公子戩戈:相公子戩(戩)

《新蔡》甲一 25:□禕公子虞(虩)

《新蔡》甲二 5:禕公子虞(虩)

《新蔡》乙一 16:公子虞(虩)

《新蔡》零 67:公子爲□

《新蔡》乙四 110、117:公子見君王

《新蔡》甲三 133:公子命彭(彭)定

《新蔡》零 101:定爲公子□

"公子",新蔡簡文"公子"疑是與"公族"類似的職官名,隸屬于平夜君。"公族"的職司,是負責管理公族及卿大夫嫡子的事務。②

君

《楚文物圖典》158 頁君字銅車害:君

《集成》4494 盛君臣:盛君縈

---

① 黃錫全:《湖北出土商周文字輯證》,武漢大學出版社,1992 年,第 174~175 頁。
② 宋華强:《新蔡楚簡的初步研究》,北京大學博士學位論文,2007 年,第 220 頁。

《集成》11048 挮君戈：挮（制）君

《集成》11214 析君戟：析君

《集成》11026 埶君戈：埶君鳳瘖

《集成》2305 平夜君鼎：坪（平）夜（輿）君成

《新收》572 坪夜君成戈：坪（平）夜（輿）君成

《新收》573 坪夜君成戈：坪（平）夜（輿）君成

《新收》574 坪夜君成戈：坪（平）夜（輿）君成

《新收》575 坪夜君成戈：坪（平）夜（輿）君成

《新收》576 坪夜君成戈：坪（平）夜（輿）君成

《新收》577 坪夜君成戈：坪（平）夜（輿）君成

《新收》578 坪夜君成戈：坪（平）夜（輿）君成

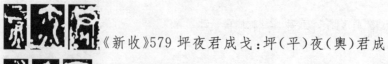《新收》579 坪夜君成戈：坪（平）夜（輿）君成

《新收》580 坪夜君成戈：坪（平）夜（輿）君成

《新收》581 坪夜君成戈：坪（平）夜（輿）君成

四　楚系文字中的職官

《新收》582 坪夜君成戈：坪（平）夜（輿）君成

《包山》181：坪（平）夜（輿）君

《包山》203：文坪（平）柰（輿）君

《清華二·繫年》135：坪（平）亦（輿）愻（悼）武君

《清華二·繫年》137：坪（平）亦（輿）悼武君

《曾侯乙》67：坪（平）夜（輿）君

《曾侯乙》160：坪（平）夜（輿）君

《曾侯乙》161：坪（平）夜（輿）君

《曾侯乙》191：坪（平）夜（輿）君

《集成》10297 邡陵君鑒：邡陵君王子申

《集成》4695 邡陵君豆：邡陵君王子申

《集成》12110 鄂君啟車節：鄂君啟

《集成》12112 鄂君啟車節：鄂君啟

《集成》12113 鄂君啟舟節：鄂君啟

· 537 ·

《包山》76：噩（鄂）君

《包山》164：鄴（鄂）君

《包山》193：噩（鄂）君

《商周集成》1673 唬皆君鼎：唬皆君

《商周集成》11790 楚君會嗒尊：楚君

《商周集成》16739 備（？）君畐戈：備（？）君

《璽彙》0002：邔昜君鉩（璽）

《璽彙》0003：㱿（長）坪（平）君但（作）室鉩（璽）

《璽彙》0008：上斡（贛）君之証（諎）鉩（璽）

《彙考》147：勻君

《彙考》147：鄯（著）君之□

四 楚系文字中的職官

《璽彙》5486：君

《彙考》147：君

《彙考》147：曲昜(陽)君胤

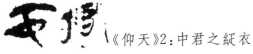《仰天》2：中君之紝衣

《包山》27：邱昜(陽)君

《包山》54：喜君

《包山》68：酈君

《包山》86：鄶君昜

《包山》86：羕(養)陵君

《包山》108：莫囂(敖)邸壽君

《包山》133：百宜君

《包山》140 反：鄭君

《包山》142：君夫人

《包山》153：陞君

《包山》153：郙君

《包山》164：莋君

《包山》165：佸陵君

《包山》165：鄩君

《包山》172：邲君

《包山》176：壄（陽）君之人

《包山》180：鄝君

《包山》180：鄩君

《包山》189：鄭君

《包山》190：豪君之子

《包山》192：坪陵君

《清華二·繫年》135：昜（陽）城洹（桓）惡（定）君

《夕陽坡簡》：邥（越）湮君

《曾侯乙》53：鄜君

《曾侯乙》60：鄜君

四 楚系文字中的職官

《曾侯乙》194：鄡君

《曾侯乙》197：鄡君

《曾侯乙》166：鄘城君

《曾侯乙》170：鄱君子

《曾侯乙》192：鄴君

《曾侯乙》201：椇君

"君"，指楚國分封在各地的封君，故"君"前多爲地名。比如"曲陽"，《漢書·地理志上》揚州九江郡屬縣有"曲陽，侯國"，應劭曰："在淮曲之陽。""坪夜"，讀爲"平輿"。《史記·秦始皇本紀》："二十三年，秦王復召王翦，彊起之，使將擊荊。取陳以南至平輿，虜荊王。秦王游至郢陳。"《漢書·地理志》："汝南郡（高帝置，莽曰汝汾。分爲賞都尉。屬豫州），户四十六萬一千五百八十七，口二百五十九萬六千一百四十八。縣三十七：平輿，陽安，陽城……"清華簡悼武君可能是第三代平夜君，爲新蔡葛陵墓主平夜君成之子。

沅陵侯

《彙考》147：鄝（沅）坴（陵）厌（侯）厽（叁）鈢（璽）

"鄝坴厌"，讀爲"沅陵侯"。《史記·惠景間侯者年表》有"沅陵"侯國，司馬貞《索隱》："縣近長沙，《漢志》屬武陵。"《漢書·地理志上》荊州武陵郡屬縣有"沅陵"。

州

《璽彙》0184：州鈢（璽）

《璽彙》0185：右州之鉨（璽）

《璽彙》5554：北州之鉨（璽）

《彙考》169：虒（滤）州

《彙考》169：李是之州

《彙考》169：安州之鉨（璽）

《壹戎》003：棠里州鉨（璽）

"州"，古代民戶編制。二千五百户爲一州。《周禮·地官·大司徒》："令五家爲比，使之相保；五比爲閭，使之相受；四閭爲族，使之相葬；五族爲黨，使之相救；五黨爲州，使之相賙；五州爲鄉，使之相賓。"賈公彥疏："二千五百家爲州，立一中大夫爲州長。"《左傳·昭公二十二年》："冬，十月，丁巳，晉籍談、荀躒帥九州之戎及焦、瑕、溫、原之師，以納王于王城。"杜預注："州，鄉屬也。五州爲鄉。"《管子·度地》："百家爲里，里十爲術，術十爲州，州十爲都。"

四 楚系文字中的職官

里

《璽彙》0178：安昌里鉨（璽）

《璽彙》0179：樊（樂）成里鉨（璽）

《璽彙》0180：郭里之鉨（璽）

《璽彙》0181：楮里之鉨（璽）

《璽彙》5601：犉（犉）公里鉨（璽）

"里"，是地方基層行政單位。據《包山楚簡》記載，楚國的"里"在州之下，里的長官稱作"里正"。"里"前是地名。

遂

《彙考》176：中述（遂）之鉨（璽）

《彙考》177：陽（陽）郎之述（遂）

《璽彙》0333：陦（阿）門述（遂）①

"述"，讀爲"遂"，指鄉遂。吳振武先生認爲"𨺝鄘"是地名，即古書中的"陽夏"。《史記·項羽本紀》："漢五年，漢王乃追項王至陽夏南。"《正義》曰："《括地志》云：'陳州太康縣，本漢陽夏縣也。《續漢書·郡國志》云陽夏縣屬陳國。'太康縣城夏后太康所築，隋改陽夏爲太康。"其地在今河南省太康縣，戰國時正在楚國疆域內。"陽夏之遂"璽，當是陽夏所屬之遂所用的印。②

縣

《彙考》184：睘（縣）

《彙考》190：蔡還（縣）

"睘""還"，均讀爲"縣"。"郡縣"之"縣"，指隸屬于國都、大城或郡的一種邑。《戰國策·秦策五》："趙攻燕，得上谷三十六縣，與秦什一。"

都

《璽彙》0281：陳之𫲷（新）都

"陳"爲地名，本爲陳國的國都（其地在今天淮陽縣），后陳爲楚所滅，公元前278年，楚遷都至此。"陳"在今天河南淮陽③。該璽當爲楚都城的地方官署所用

---

① 參拙文《釋"何"》，《中國文字學報》第4輯，商務印書館，2012年，第59頁。
② 吳振武：《釋三方收藏在日本的中國古代官印》，《中國文字》新24期，藝文印書館，1998年，第90～93頁。
③ 何琳儀：《戰國文字通論》，中華書局，1989年，第143頁。

之物。

宦

《彙考》162：䣈（鵲）宦

《彙考》162：䣈（鵲）宦

《彙考》148：鄸厌（侯）宦鈢（璽）

大宦

《包山》12：漾（養）陵大宦

《包山》67：鄴邮大宦屈㐌

大亨
《包山》126：大宦疸大駐尹帀（師）

大宦
《包山》127：大宦疸芮氏䇂（等）

小宦

小宦
《包山》62：少（小）宦陽申

"宦"，讀爲"館"。《國語·魯語上》"晉文公解曹地以分諸侯"章"僖公使臧文仲往，宿於重館"，韋昭注："重，魯地；館，候館也。《周禮》：'五十里有市，市有候館也。'"《說文·食部》："館，客舍也。从食，官聲。《周禮》：'五十里有市，市有館，館有積，以待朝聘之客。'"楚璽中"館"指機構,楚簡中的"館"乃職掌這一機構的職官名。①

官

《彙考》157：官

"官",可能是指藏版圖、文書的機構。《禮記·曲禮下》："在官言官,在府言府,在庫言庫,在朝言朝。"鄭玄注："官,謂版圖文書之處。"

府

《集成》2397 壽春府鼎：壽春賡（府）

《璽彙》5538：司馬之賡（府）

《彙考》154：士賡（府）

《彙考》154：五□賡（府）

《璽彙》0133：不正賡（府）鈢（璽）

---

① 李家浩：《戰國文字中的"宫"》,《出土文獻與古文字研究》（第 6 輯）,上海古籍出版社,2015 年,第 254～258 頁。

《東方藝術》2013.8：旞□賡（府）鉨（璽）

《彙考》155：賡（府）

《彙考》155：□賡（府）

"賡"，從"府"，贅加義符"貝"，"府"字異體。"府"即"庫"，指藏物之所。《周禮·天官·序官》"府六人"，孫詒讓正義："與庫亦通稱。"《禮記·曲禮下》："天子之六府。"孔穎達疏："府者，藏物之處也。""府"之前或加地名，如"壽春"；或加官名，如"司馬"。

行府

《璽彙》0128：行賡（府）之鉨（璽）

《璽彙》0129：行賡（府）之鉨（璽）

《璽彙》0130：郂（六）行賡（府）之鉨（璽）

《璽彙》0134：行惪（德）賡（？府）鉨（璽）

《彙考》154：行賡（府）

《彙考》154：行廥（府）

"行廥"，即"行府"，但其究竟爲何種官府機構，學界説法不一。葉其峰先生懷疑是楚王行宮之府庫。"邟"，即"六"，古國，在今安徽省六安縣東北，見於《左傳·文公五年》及《史記·楚世家》等記載。① 鄭超先生認爲："行府之'行'當和行宮之'行'同義。六行府可能是楚王設在六地之府，它和行宮可能没有什麽從屬關係。""行府之璽"没有標出行府所在地，"大概是在行府和當地地方政府之間使用"。② 黄錫全先生指出後世有"行府"之名。《晉書·楚王瑋傳》告諸軍令："吾今受詔都督中外諸軍，諸在直衛者皆嚴加警備；其在外營，便相率徑詣行府，助順討逆。"《宋史·高宗紀》："罷樞密行府。"這類行府是中央在京外所置之代行指定事務的機構。楚之行府的性質可能與之類似。邟行府應是楚設在"六"地的行府。行府與六行府應有主從關係，"行府之璽"的印面比"邟行府之璽"印面大，也可説明這一點。没有標明地點的行府，應是設在國都的掌管各地行府的機構。③ 曹錦炎先生認爲行府之名，也見於其他楚官璽，如"行廥之鉨"（0128、0129），其義疑爲設置于外的府庫之意。④ 李家浩先生認爲"行府"大概是儲藏、供應行旅所用財物的機構。⑤

"行惪（德）廥（？府）鉨（璽）"，李家浩先生讀"惪"爲"置"，"置"就是"傳"，"置馹"是指供應驛傳車馬及飲食的機構。"置"後一字李先生存疑，"置□"當與"武城置馹"之"置馹"同義。因爲"置馹"就行旅之舍，故加"行"字稱爲"行置□"。⑥

---

① 葉其峰：《戰國官璽的國別及有關問題》，《故宫博物院院刊》1981年第3期，第86頁。
② 鄭超：《楚國官璽考述》，《文物研究》第2輯，黄山書社，1986年，第94頁。
③ 黄錫全：《古文字中所見楚官府官名輯證》，《文物研究》第7輯，黄山書社，1991年，第210~211頁。
④ 曹錦炎：《古璽通論》，上海書畫出版社，1996年，第104頁。
⑤ 李家浩：《戰國文字中的"宦"》，《出土文獻與古文字研究》（第6輯），上海古籍出版社，2015年，第259頁。
⑥ 李家浩：《戰國文字中的"宦"》，《出土文獻與古文字研究》（第6輯），上海古籍出版社，2015年，第259頁。

四　楚系文字中的職官

高府

《璽彙》0132：高賡（府）之璽

"高賡"，即"高府"。曹錦炎先生指出："高府，又名高庫，府內有兵械糧穀之蓄，是春秋戰國時期楚都城內重要府庫之一。"① 黄錫全先生認爲高府和高庫應是兩個機構，高庫儲藏糧食，高府儲藏武器。② 《史記·楚世家》："白公勝怒，乃遂與勇力死士石乞等襲殺令尹子西、子綦於朝，因劫惠王，置之高府，欲弒之。"裴駰《集解》引賈逵云："高府，府名也。"又杜預注："楚別府。"

考府

《盛世》003：考賡（府）

"考賡"，即"考府"。此府職能待考。

卒府

《璽彙》0337：倅（卒）賡（府）

"倅賡"，讀爲"卒府"，李家浩先生認爲是儲藏備用物資之府。③

圜府

《彙考》153：袁（圜）賡（府）之鉩（璽）

"袁府"，黄錫全先生讀爲"圜府"，即楚之"錢府"。《漢書·食貨志》："遂於長

---

① 曹錦炎：《古璽通論》，上海書畫出版社，1996 年，第 104 頁。
② 黄錫全：《古文字中所見楚官府官名輯證》，《文物研究》第 7 輯，黄山書社，1991 年，第 210～211 頁。
③ 李家浩：《楚國官印考釋（四篇）》，《江漢考古》1984 年第 2 期，第 44～49 頁。

安及五都立五均官,更名長安東、西市令及洛陽、邯鄲、臨菑、宛、成都市長皆爲五均司市(稱)師。東市稱京,西市稱畿,洛陽稱中,餘四都各用東、西、南、北爲稱,皆置交易丞五人,錢府丞一人。工商能采金銀銅連錫登龜取貝者,皆自占司市錢府,順時氣而取之。"①圜府,就是古代主管貨幣、金融的機構。

大府

《集成》4476 大府瑚:大寶(府)之臣

《集成》4634 大府盞:大寶(府)之饋(餾)盞

《集成》10370 郘大府量:郘大寶(府)之爲(?)笒(筲)

《集成》10438 大府銅牛:大寶(府)之器

中國文物精華大辭典·青銅卷 1033 大府銅鹿:大寶(府)之器

《新收》1327 大府鎬:大寶(府)

《彙考》153:大寶(府)之鉢(璽)

"大寶",即"大府",掌管財物的機構,負責財物的收支使用。《周禮·天官·大府》:"掌九貢、九賦、九功之貳。以受其貨賄之入;頒其貨於受藏之府;頒其賄於受用之府。"鄭玄注:"九功謂九職也。受藏之府,若內府也。受用之府,若職內也。凡貨賄皆藏以給用耳。良者以給王之用;其餘以給國之用。或言受藏,或言受用,又雜言貨賄,皆互文。"又於職官叙注云:"大府爲王治藏之長,若今司農矣。"又《史記·貨殖列傳》:"其後齊中衰,管子修之,設輕重九府。"張守節正義:"周有大府、玉

---

① 黃錫全:《古文字中所見楚官府官名輯證》,《文物研究》第 7 輯,黃山書社,1991 年,第 208~236 頁。

府、内府、外府、泉府、天府、職内、職金、職幣,皆財幣之官,故云九府也。"

少府

《集成》2393 王后少府鼎:王句(后)小(少)賓(府)

《集成》2394 王后少府鼎:王句(后)小(少)賓(府)

《集成》914 集糈甗:集糈小(少)賓(府)

"少賓",即"少府",供養天子財物的機構。《漢書·百官公卿表》:"少府,秦官,掌山海地澤之税,以給供養。"顔師古注:"少者,小也。大司農供軍國之用,少府以養天子也。"從王后少府鼎銘可知,少府的職責不僅供奉王,亦供奉王后。

造府

《集成》2309 造府左冶鼎:郜(造)賓(府)

《集成》11251 陈旺戟:佸(造)賓(府)

《璽彙》0131:敁(造)賓(府)之鈢(璽)

《璽彙》2550:佸(造)賓(府)

《彙考》153:佸(造)賓(府)訒(信)鈢(璽)

"敁賓""佸賓",均讀爲"造府",可能是職掌器物製造的機構。①

---

① 曹錦炎:《古璽通論》,上海書畫出版社,1996年,第103頁。

玉府

《包山》3：玉賡（府）之典

"玉賡"，讀爲"玉府"。《周禮·天官·玉府》："掌王之金玉玩好、兵器，凡良貨賄之藏，共王之服玉、佩玉、珠玉、齋則共食玉。"

中瑟府

《彙考》151：中齊（瑟）寶（府）眕（廷）客鈢（璽）

"中齊寶"，讀爲"中瑟府"，府名。具體所指，待考。

左庫

《楚文物圖典》110 頁：邦（荊）左庫

"左庫"，與"右庫"相對，是製造、儲藏、輸送器物的處所。

東庫

《丹篆》4：東庫之鈢（璽）①

"東庫"，府庫機構之名。先秦時期的東庫，典籍未見。唐代有東庫、西庫之設。《新唐書》卷一百五十二："若心爲獻，是徙東庫物實西庫，進官物結私恩。"《資治通鑒》卷二百三十八："若自左藏輸之内藏，以爲進奉，是猶東庫移之西庫，臣不敢踵此弊也。"

藏室

《彙考》158：竁（藏）室

---

① 璽文第二字"庫"乃孫合肥釋，參孫合肥《〈丹篆寄心聲〉録陶鈢室藏印補釋》，《中國古文字研究會第二十一届年會散發論文集》，2016 年 10 月 21—23 日，第 126 頁。

四 楚系文字中的職官

《彙考》158：臧（藏）室

"寶室""臧室"，即"藏室"，疑專指藏書之處。《史記·老子韓非列傳》："老子者，楚苦縣厲鄉曲仁里人也，姓李氏，名耳，字聃，周守藏室之史也。"司馬貞《索隱》："藏室史，周藏書室之史也。"①藏室，疑與秦簡的"藏府"同，《睡虎地秦墓·内史雜律》："節（即）新爲吏舍，毋依臧（藏）府、書府。"

畏户

《彙考》175 郢室惡（畏）床（户）之鈢（璽）

"惡床"，讀爲"畏户"，指楚國郢都太廟或宫室中掌管門户的官署。②

作室

《璽彙》0003：䛒（長）坪（平）君俎（作）室鈢（璽）

"俎室"，讀爲"作室"。《漢書·王莽傳下》"燒作室門"，王先謙注："程大昌曰：未央宫西北織室、暴室之類。《黃圖》謂爲尚方工作之所者也。作室門則工徒出入之門，蓋未央宫之便門也。"由"長平君作室璽"可以看出：不但楚王室有"作室"，地方也有"作室"。這與楚王室有"莫囂""連囂"，地方也有"莫囂""連囂"的現象十分類似。③

---

① 吴振武：《珍秦齋藏印（戰國篇）·釋文》，澳門基金會，2001年，第19頁。
② 陳松長：《湖南新出土楚璽考略（四則）》，《第四届國際中國古文字學研討會論文》，2003年，第598頁。
③ 何琳儀：《楚官璽雜識》，《南京師範大學文學院學報》2002年第1期。

尃室

《璽彙》0228：尃室之鈢（璽）

《璽彙》0229：尃室之鈢（璽）

《彙考》160：尃室之鈢（璽）

《彙考》160：尃室之鈢（璽）

《丹篆》5：尃室之鈢（璽）

"尃室"，湯餘惠先生讀爲"簿室"，是古時貯藏簿書的有司。《漢書·李廣傳》："大將軍長史急責廣之莫府上簿。"簿室，略相當於秦簡之"書府"，《睡虎地秦墓·内史雜律》："毋敢以火入臧（藏）府、書府中。"又云："節（即）新爲吏舍，毋依臧（藏）府、書府。"睡虎地秦墓竹簡整理小組注云："書府，收藏文書的府庫。"《周禮·天官》有司書，"掌邦之六典、八灋、八則、九職、九正、九事、邦中之版、土地之圖"。與簿室、書府實爲同類性質的機構。① "尃室"，何琳儀師讀爲"薄室"或"暴室"。《漢書·宣帝紀》："爲取暴室嗇夫許廣漢女。"顏師古注："應劭曰，暴室，宮人獄也。今曰薄室。許廣漢坐法腐爲宦者作嗇夫也。師古曰，暴室者，掖庭主織作染練之署，故謂之暴室，取暴曬爲名耳。或云薄室者，薄亦暴也。今俗語亦云薄曬。蓋暴室職務既多，

---

① 湯餘惠：《戰國銘文選》，吉林大學出版社，1993年，第79頁。

因爲置獄主治其罪人,故往往云暴室獄耳,然本非獄名。應説失之矣。"《漢書·外戚傳》:"取牛官令舍婦人新産兒、婢六人,盡置暴室獄。"《後漢書·皇后紀》:"詔廢后,送暴室,以憯死。"注:"《漢官儀》曰,暴室在掖庭内,丞一人。主官中婦人疾病者,其皇后、貴人有罪,亦就此室也。"《晉書·左貴嬪傳》:"姿陋無寵,以才德見禮,體羸多患,常居薄室。"①或釋"傳室",指供應驛傳車馬及飲食休憩的機構。② 按,從字形看,應釋"專"。但"專室"究指哪個機構,還難以確定。

織室

《璽彙》0213:哉(織)室之鉩(璽)

《彙考》151:中哉(織)室鉩(璽)

"哉室",讀爲"織室"。《漢書·百官公卿表》:"少府,秦官,掌山海池澤之税,以給共養,有六丞。屬官有……東織,西織……河平元年省東織,更名西織爲織室。"《風俗通·正失·孝文帝》:"傅詣雒陽織室。"從楚璽文字可知,古籍所載"織室"一官職戰國已有之。"中織室璽"和"織室之璽",均爲掌管宫廷紡織事業官吏所用之印。③ 或認爲"中織室璽"可能是指中地的織室,中乃地名。④

亭

《璽彙》0279:童(鐘)邸(離)亭鉩(璽)

---

① 何琳儀:《戰國官璽雜職》,《印林》1992年第2期,第8頁。
② 韓自强、韓朝:《安徽阜陽出土的楚國官璽》,《古文字研究》第22輯,中華書局,2000年,第179頁。
③ 石志廉:《戰國古璽考釋十種》,《中國歷史博物館館刊》1980年總第2期,第109~110頁。
④ 黄錫全:《古文字中所見楚官府官名輯證》,《文物研究》第7輯,黄山書社,1991年,第213頁。

《彙考》179：鄧（鑄）郊亭鉨（璽）

"亭"，吳振武先生說："古代的亭本具有旅館功能。《漢書·高帝紀上》顏師古注云：'亭，謂停留行旅宿食之館。'《後漢書·百官志五》劉昭注引《風俗通》云：'漢家因秦，大率十里一亭；亭，留也，蓋行旅宿會之所館。'"① 劉信芳等先生認爲0279號璽"郊"是"麗"的省形，"童麗"讀爲"鐘離"。②

市

《集成》12110 鄂君啟車節：鄂坿（市）

《集成》12112 鄂君啟車節：鄂坿（市）

《集成》12113 鄂君啟舟節：鄂坿（市）

《彙考》186：成坴（陵）坿（市）鉨（璽）

《彙考》186：□□者之坿（市）鉨（璽）

---

① 吳振武：《談"左掌客亭"陶璽——從構形上解釋戰國文字中舊釋爲"毫"的字應是"亭"字》，《社會科學戰線》2012年第12期，第200~204頁。

② 劉信芳、闞緒杭、周群：《安徽鳳陽縣卞莊一號墓出土鎛鐘銘文初探》，《考古與文物》2009年第3期，第102~108頁。

四 楚系文字中的職官

《彙考》186：坿（市）鉩

《彙考》186：夕坿（市）

《彙考》186：攻坿（市）

《彙考》186：□蔡坿（市）

《彙考》186：□坿（市）

《彙考》187：□坿（市）鉩（璽）

《彙考》187：坿（市）鉩

《彙考》187：坿（市）

《彙考》187：坾（市）

《彙考》187：坾（市）

《古研》28：邦丘坾（市）客

"坾"，即"市"，临时或定期集中一地进行的贸易活动。《周易·繫辞下》："日中爲市，致天下之民，聚天下之貨，交易而退，各得其所。"《周禮·地官·司徒》："司市掌市之治教、政刑、量度禁令。以次敘分地而經市，以陳肆辨物而平市，以政令禁物靡而均市，以商賈阜財而行市，以量度成賈而征價，以質劑結信而止訟，以賈民禁偽而除詐，以刑罰禁虣而去盗，以泉府同貨而斂賒。"

大市

 《古研》22 大市量：爲大坾（市）鑄①

"大坾"，即"大市"，《周禮·地官·司市》："大市日昃而市，百族爲主；朝市朝時而市，商賈爲主；夕市夕時而市，販夫販婦爲主。"賈公彥疏："向市人多，而稱大市。"亦可指大的集市。《荀子·非相》："俄則束乎有司而戮乎大市，莫不呼天啼哭，苦傷其今而後悔其始。"

公所

《上博五·姑》9：長魚矞（矯）典自公所

"公所"，官府。②

---

① 唐友波：《"大市"量淺議》，《古文字研究》第 22 輯，中華書局，2000 年，第 129~132 頁。
② 馬承源主編：《上海博物館藏戰國楚竹書（五）》，上海古籍出版社，2005 年，第 248 頁。

四　楚系文字中的職官

公卒

《璽彙》5560：公쭅（卒）之三（四）

"公卒"，指隸屬於"公"之下的軍事組織。《周禮·地官·小司徒》："五人爲伍，五伍爲兩，四兩爲卒。"《左傳·昭公三年》"公乘無人，卒列無長"，杜預注："百人爲卒。"在春秋戰國時期，卒是與連同一級別的行政和軍事組織，一卒的人數可能已擴大到二百人至三百人。楚國也有連、卒的建制是没有問題的。《左傳·襄公十五年》："屈蕩爲連尹。"《左傳·僖公二十八年》在記述歷史上著名的晉楚城濮之戰時，就提到了子玉所率"唯西廣、東宫與若敖之六卒。"楚璽中還有"司馬卒璽"（《璽彙》0042），所見楚國的"卒"，分别隸屬若敖、司馬及公之下，是基本的作戰單位。① 或認爲"公쭅"指縣公所屬倅府。②

陲戍軍

《彙考》175：陲（陲）戍勻（軍）

"陲戍勻"，讀爲"陲戍軍"，爲楚戍守邊疆的軍隊機構所用之璽。③《全晉文·奏劾周莚劉胤李匡》："軍是戍軍，非爲征軍，以乏軍興論，於理爲枉。"

燧革

《彙考》162：䑏（燧）革

"䑏革"，即"燧革"。䑏，乃烽燧之"燧"的籒文。"革"即兵革，指甲、冑、盾等

---

① 劉紹剛：《古璽補釋三則》，《出土文獻研究》第7輯，上海古籍出版社，2005年，第39～43頁。
② 肖毅：《古璽所見楚系官府官名考略》，《江漢考古》2001年第2期，第39頁。
③ 吴振武：《珍秦齋藏印戰國篇》釋文15頁，澳門基金會，2001年。黄錫全先生釋第三字爲"於"，參《介紹兩枚楚官璽》，《古文字研究》第28輯，中華書局，2010年，第361頁。

革製用具。該璽當爲楚負責製造烽燧兵革等軍需物資的官署用璽。①

相

《璽彙》0239：區夫相鈢

《包山》149：陵卜尹之梗（相）陽余

"相"，官名。《左傳·成公二年》"使相告之"，杜預注："相，相禮者。"文炳淳先生指出古籍中楚令尹或稱"相"，《史記·楚世家》："考烈王以左徒爲令尹，封以吳，號春申君。"《史記·春申君列傳》："考烈王元年，以黃歇爲相，封爲春申君，賜淮北地十二縣。"《包山簡》"相"是陵卜尹的屬官，不可能是令尹的泛稱。② 楚璽"區夫"可能是地名，"相"可能是區夫封君之相。③

里人

《包山》31：里人

"里人"，里中主事者。《國語·魯語上》："唯里人所命次。"韋昭注："里人，里宰也。"

冶師

《集成》2794 楚王酓忎鼎器：冶帀（師）

《集成》2794 楚王酓忎鼎器蓋：冶帀（師）

《集成》2795 楚王酓忎鼎器：冶帀（師）

《集成》2795 楚王酓忎鼎器蓋：冶帀（師）

---

① 吳振武：《珍秦齋藏印戰國篇》釋文第 19 頁，澳門基金會，2001 年。
② 文炳淳：《包山楚簡所見楚官制研究》，台灣大學碩士學位論文，1998 年，第 187 頁。
③ 鄭超：《楚國官璽考述》，《文物研究》第 2 輯，黃山書社，1986 年，第 92 頁。

四 楚系文字中的職官

《集成》10158 楚王酓忎盤：冶帀（師）聚（紹）圣

"冶師"，朱德熙先生釋作"剛帀"，讀作"工師"。① 李學勤先生釋作"冶師"。② 林澐先生認爲首字是"強"。③ 何琳儀師曾釋作"肆師"。④ 程鵬萬先生根據郭店簡和上博簡字形將此字釋作"強"，並認爲"強"可讀作"冶"。冶是餘母魚部字，強是見母陽部字，韻部爲魚陽對轉的關係。餘母與見母也可以相通。⑤ 目前看來，釋"冶師"更爲合理。關於此官的職掌，學者們亦有不同看法。郝本性先生認爲冶師與其助手佐能標出姓名，地位較高，是官府鑄造機構中的基層職官。⑥ 李零先生指出冶師、佐是直接制器的工匠。⑦ 李天虹先生同意李零先生的意見，並通過對冶師組和鑄客組器銘是否標注姓名的考察，得出結論：鑄客的級別有可能高於冶師，但不一定有直接隸屬關係。⑧《列仙傳》："陶安公者，六安鑄冶師。"

冶吏

《集成》9931 秦苛朕勺：冶事（吏）秦苛朕爲之

《集成》9932 秦苛朕勺：冶事（吏）秦苛朕

"冶事"，讀爲"冶吏"，應爲職掌冶鑄業的官吏。《漢書·惠帝紀》："吏，所以治民也。"

冶士

《包山》80：少臧之州人冶士石佢

---

① 朱德熙：《壽縣出土楚器銘文研究》，《歷史研究》1954年第1期，第108～114頁。
② 李學勤：《戰國題銘概述》（下），《文物》1959年第9期，第60頁。
③ 林澐：《新版〈金文編〉正文部分釋字商榷》，中國古文字研究會第九屆學術討論會論文（南京），1992年。
④ 何琳儀：《楚官肆師》，《江漢考古》1991年第1期，第77～81頁。
⑤ 程鵬萬：《安徽壽縣朱家集出土青銅器銘文集釋》，黑龍江人民出版社，2009年，第114頁。
⑥ 郝本性：《試論楚國器銘中所見的府和鑄造組織》，《楚文化研究論集》第1集，荊楚書社，1987年，第326頁。
⑦ 李零：《楚燕客銅量銘文補正》，《江漢考古》1988年第4期，第103頁。
⑧ 李天虹：《楚國銅器與竹簡文字研究》，湖北教育出版社，2012年，第43頁。

"冶士",應與《周禮·冬官》"冶氏"相類,其職司是負責銅器鑄造。[1]

冶

《集成》975 冶盤野匕:冶盤埜(野)

《集成》976 冶盤野匕:冶盤埜(野)

《集成》977 冶紹夆匕:冶絅(紹)夆

《集成》978 冶紹夆匕:冶絅(紹)夆

《集成》12040 陳共車飾:冶絅(紹)夆

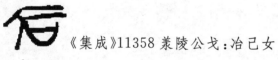
《集成》11358 羕陵公戈:冶己女

《吉林大學社會科學學報》2015.1.152 羕陵攻尹戈:冶己女[2]

"冶",冶官,疑與古書"冶氏"同。《戰國策·西周策》:"函冶氏爲齊太公買良劍。"高誘注:"冶,官名也,因以爲氏。"《周禮·考工記·冶氏》:"攻金之工,築氏執下齊,冶氏執上齊。"

佐

《集成》2794 楚王酓忎鼎器:冶帀(師)尃秦差(佐)苛滕

《集成》2794 楚王酓忎鼎器蓋:冶帀(師)盤埜(野)差(佐)秦忑

《集成》2795 楚王酓忎鼎器:冶帀(師)絅(紹)夆差(佐)陳共

---

[1] 文炳淳:《包山楚簡所見楚官制研究》,台灣大學碩士學位論文,1998年,第219頁。
[2] 吳良寶:《新見羕陵攻尹戈及相关問題研究》,《吉林大學社會科學學報》2015年第1期,第149～153頁。

四 楚系文字中的職官

《集成》2795 楚王酓忎鼎器蓋：冶帀（師）聚（紹）圣差（佐）陳共

《集成》10158 楚王酓忎盤：冶帀（師）聚（紹）圣差（佐）陳共

"差"，讀爲"佐"，助也。黃錫全先生認爲"佐"爲冶師的助手。"冶師"和"冶佐"均爲直接製器的技術官。[①]

鑄客

《集成》2393 王后少府鼎：鑄客爲王句（后）小（少）寶（府）爲之

《集成》2394 王后少府鼎：鑄客爲王句（后）小（少）寶（府）爲之

《集成》4506 鑄客簠：鑄客爲王句（后）六室爲之

《集成》4507 鑄客簠：鑄客爲王句（后）六室爲之

《集成》4508 鑄客簠：鑄客爲王句（后）六室爲之

《集成》4509 鑄客簠：鑄客爲王句（后）六室爲之

《集成》4510 鑄客簠：鑄客爲王句（后）六室爲之

《集成》4511 鑄客簠：鑄客爲王句（后）六室爲之

《集成》4512 鑄客簠：鑄客爲王句（后）六室爲之

① 黃錫全：《古文字中所見楚官府官名輯證》，《文物研究》第 7 輯，黃山書社，1991 年，第 225 頁。

《集成》4513 鑄客簠:鑄客爲王句(后)六室爲之

《集成》4675 鑄客豆:鑄客爲王句(后)六室爲之

《集成》9.4676 鑄客豆:鑄客爲王句(后)六室爲之

《集成》4677 鑄客豆:鑄客爲王句(后)六室爲之

《集成》4678 鑄客豆:鑄客爲王句(后)六室爲之

《集成》4679 鑄客豆:鑄客爲王句(后)六室爲之

《集成》4680 鑄客豆:鑄客爲王句(后)六室爲之

《集成》10002 鑄客缶:鑄客爲王句(后)六室爲之

《集成》10003 鑄客缶:鑄客爲王句(后)六室爲之

《集成》10293 鑄客鑑:鑄客爲王句(后)六室爲之

《集成》10578 鑄客器:鑄客爲王句(后)六室爲之

《集成》2395 鑄客鼎:鑄客爲大(太)句(后)胆(廚)官爲之

《集成》2296 集胆鼎:鑄客爲集胆(廚)

《集成》2297 集胆鼎:鑄客爲集胆(廚)爲之

《集成》2298 集胆鼎:鑄客爲集胆(廚)爲之

四　楚系文字中的職官

《集成》2299 集脰鼎：鑄客爲集脰爲之

《集成》2300 集䣂鼎：鑄客爲集䣂爲之

《集成》2480 鑄客大鼎：鑄客爲集䐠（腏）

《集成》9420 集䣂盉：鑄客爲集䣂爲之

《集成》10199 辻𨒌匜：鑄客爲辻𨒌（令）爲之

《集成》10388 集䣂鐱：鑄客爲集䣂爲之

《集成》10389 集既方爐：鑄客爲集既與（舉）爲之

《集成》10577 集脰爐：鑄客爲集脰爲之

《新收》1325 鑄客鼎：鑄客爲集䣂爲之

《新收》1326 鑄客甗：鑄客爲集□鑄爲之

"鑄客"，黃錫全先生認爲是主鑄造之官。① 郝本性先生認爲"鑄客"不標姓名，比"冶師"的地位低。② 吳振武先生認爲"鑄客"是管鑄銅器的官。③ 李零先生指出"鑄客"是監造官員。④ 李天虹先生通過考察得出"鑄客的級別有可能高於冶

---

① 黃錫全：《古文字中所見楚官府官名輯證》，《文物研究》第 7 輯，黃山書社，1991 年，第 225 頁。

② 郝本性：《試論楚國器銘中所見的府和鑄造組織》，《楚文化研究論集》第 1 集，荊楚書社，1987 年，第 326 頁。

③ 吳振武：《朱家集楚器銘文辨析三則》，《黃盛璋先生八秩華誕紀念文集》，中國教育文化出版社，2005 年，第 291～299 頁。

④ 李零：《楚燕客銅量銘文補正》，《江漢考古》1988 年第 4 期，第 103 頁。

師"的結論。① "鑄客"是職掌鑄造的職官,這一點是可以肯定的。但其與"冶師"的地位關係究屬何種,還有待新材料的進一步印證。

鑄器客

《集成》914 集䋩瓶:鑄器客爲集䋩小(少)寶(府)

"鑄器客",何琳儀師認爲"鑄客"是"鑄器客"省稱。② 吳振武先生亦指出"鑄器客"即"鑄客"。③

集尹

《集成》12110 鄂君車節:窠(集)尹

《集成》12112 鄂君車節:窠(集)尹

《集成》12113 鄂君舟節:窠(集)尹

《集成》10373 燕客銅量:窠(集)尹陳夏

"窠尹",即"集尹",官名。楚官中有一系列以"集"字開頭的職官,疑"集尹"與此類職官有關。

少集尹

《集成》10373 燕客銅量:少窠(集)尹夆賜

"少窠尹",即"少集尹",爲集尹副職。

諜尹

《包山》138:大賺(諜)尹

---

① 李天虹:《楚國銅器與竹簡文字研究》,湖北教育出版社,2012年,第43頁。
② 何琳儀:《楚官肆師》,《江漢考古》1991年第1期,第80頁。
③ 吳振武:《朱家集楚器銘文辨析三則》,《黃盛璋先生八秩華誕紀念文集》,中國教育文化出版社,2005年,第291~299頁。

《包山》164：泹昜（陽）䐑（諜）尹

《包山》175：鄭䐑（諜）尹

"䐑尹"，讀爲"諜尹"。"䐑"亦可能是間諜之"諜"的本字。諜尹應是負責間諜事務的官員。①

醓佐

《包山》138：酪（醓）差（佐）

"酪差"，讀爲"醓佐"，應爲醓人的佐官。

醓尹

《集成》425 徐邘尹鉦：郐酪（沈）尹

《包山》165：囂酪（沈）尹

《包山》177：大室酪（沈）尹湯

《上博六·莊》1：以昏（問）酪（沈）尹子桱

《上博六·莊》2：酪（沈）尹固辭

《上博六·莊》2：酪（沈）尹子桱答

《上博六·莊》4：酪（沈）尹子桱曰

《天星觀》：酪（沈）尹

---

① 馮勝君：《郭店簡與上博簡對比研究》，線裝書局，2007年，第93～97頁。

"酓尹",讀爲"沈尹"。黄德寬、徐在國先生從李家浩先生釋 ![字](信陽楚簡 2—023,右邊字跡殘去)爲"枕"得到啟發,將首字釋爲"酓"。① 趙平安先生隸作"酓",並認爲楚簡中的"酓"是職官名。"䜈"爲楚地名。孫詒讓曾考證,醢典籍又作"肶""臕""溢",它和醢是同義詞,都是牲肉做成的肉醬,並無有汁無汁、肉醢血醢之别。作爲職官,酓大概與醢人相當,只是叫法不同而已。《周禮·天官·冢宰》:"醢人掌四豆之實。朝事之豆,其實韭菹、醓醢,昌本、麋臡,菁菹、鹿臡,茆菹、麕臡。饋食之豆,其實葵菹、蠃醢,脾析、蜃、蚳醢,豚拍、魚醢。加豆之實,芹菹、兔醢,深蒲、醓醢,箈菹、雁醢,筍菹、魚醢。羞豆之實,酏食、糝食。凡祭祀,共薦羞之豆實,賓客、喪紀亦如之。爲王及后、世子共其内羞。王舉,則共醢六十甕,以五齊、七醢、七菹、三臡實之。賓客之禮,共醢五十甕。凡事,共醢。"② 或認爲《上博六》"酓尹"爲官名,"子䢯"爲人名。疑是"尹巫",春秋楚人,沈縣大夫、楚莊王師。③ 陳偉先生同意黄德寬、徐在國先生釋爲"酓",讀爲"沈",並指出出土文字"酓尹"即典籍中習見的"沈尹"。④ 按,從字形和文意分析,黄德寬、徐在國先生之説更合理。

右酓

《璽彙》0001:王右酓(沈)鈢(璽)

"右酓",即"右沈",官名。待考。

連尹

《璽彙》0145 連尹之鈢(璽)

---

① 黄德寬、徐在國:《郭店楚簡文字考釋》,《吉林大學古籍整理研究所建所十五周年紀念文集》,吉林大學出版社,1998年,第 104 頁。
② 趙平安:《釋"畬"及相關諸字》,《古文字研究》第 24 輯,中華書局,2002年,第 283 頁。
③ 馬承源主編:《上海博物館藏戰國楚竹書(六)》,上海古籍出版社,2007年,第 242 頁。
④ 陳偉:《讀〈上博六〉條記》,武漢大學簡帛研究網,2007年 7 月 9 日。

四　楚系文字中的職官

《清華二·繫年》76:連尹襄老與之争

《清華二·繫年》76:連尹戠(止)於河澭

《清華二·繫年》81:譖(讒)連尹頯(奢)而殺之

"連尹",官名。《左傳·襄公十五年》"屈蕩爲連尹",孔穎達疏:"服虔云,連尹,射官,言射相連屬。"《國語·晉語七》:"邲之役,吕錡佐智莊子於上軍,獲楚公子穀臣與連尹襄老。"韋昭注:"連尹,楚官名。"《史記·樊酈滕灌傳》"連尹一人",裴駰集解:"大夫,楚官。"從古注看,有關連尹職掌的資料不夠豐富,故後人對其職掌衆説紛紜。清人洪亮吉以連尹爲連地之尹,連爲楚地名。高本漢本卜魯曼之説,謂連尹爲掌管車輛之官。① 駱瑞鶴先生認爲連爲"輦"古字,認同連尹爲主車之官的説法。② 黄錫全先生提出連尹即聯尹,是掌管"六官"聯事之長官,如是軍職,則掌軍旅之聯事。其職大致相當於後世的聯絡官。《周禮·天官·小宰》:"以官府之六聯,合邦治,一曰祭祀之聯事,二曰賓客之聯事,三曰喪荒之聯事,四曰軍旅之聯事,五曰田役之聯事,六曰斂弛之聯事。凡小事皆有聯。"③除去清華簡所載文獻材料,僅憑一方"連尹之璽",目前還難以判斷連尹一官的具體職掌。

令尹

《商周集成》18586 二十九年弩機:立令尹乍(作)弩五千

《包山》92:登賹(令)尹之里人

《郭店·窮達》8:出而爲命(令)尹

---

① 楊伯峻:《春秋左傳注》(修訂本),中華書局,1990年,第743頁。
② 駱瑞鶴:《楚連尹爲主車之官説》,《江漢論壇》1984年6期,第81頁。
③ 黄錫全:《古文字中所見楚官府官名輯證》,《文物研究》第7輯,黄山書社,1991年,第227頁。

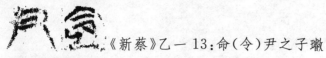《新蔡》乙一13：命（令）尹之子墩

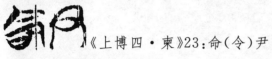《上博四·柬》22：命（令）尹子林

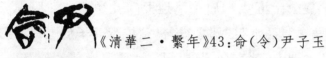《上博四·柬》23：命（令）尹

《清華二·繫年》43：命（令）尹子玉

《清華二·繫年》85：命（令）尹子重

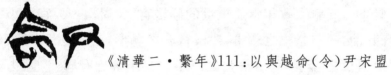《清華二·繫年》96：命（令）尹子木

《清華二·繫年》111：以與越命（令）尹宋盟

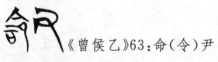《清華三·良臣》5：楚䎃（昭）王又（有）命（令）君（尹）子西

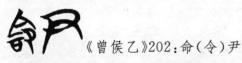《曾侯乙》63：命（令）尹

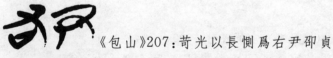《曾侯乙》202：命（令）尹

"命尹""賸尹""命君"，讀爲"令尹"，春秋戰國時期楚國高位官職。《左傳·哀公十六年》："令尹、司馬，非勝而誰。"《史記·楚世家》"考烈王以左徒爲令尹"，注："應劭曰，令尹，楚相也。"

右尹

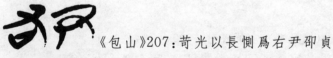《包山》207：苛光以長惻爲右尹邵貞

《清華二·繫年》135：與右尹邵（昭）之㠯（竢）死焉

《曾侯乙》144：右尹之騮爲右驂

《曾侯乙》145：右尹之白爲左驂

《曾侯乙》154：右尹之白

《曾侯乙》154：右尹之騏

《曾侯乙》154：右尹之騮

《曾侯乙》210：右尹兩馬

左尹

《包山》12：子左尹

《包山》16：子左尹

《包山》17反：左尹

《包山》126：子左尹

《包山》128：左尹與鄭公賜

《包山》135反：左尹

《包山》137反：子左尹

《包山》139反：左尹

《包山》141：左尹與郯公賜

《包山》143：左尹與郯公賜

《包山》145：郯（越）客左尹軭

《包山》155：反左尹

《包山》156：左尹冠

《包山》197：左尹蛇

《包山》199：左尹蛇

《包山》201：左尹蛇

《包山》209：左尹蛇

《包山》212：左尹蛇

《包山》216：左尹蛇

《包山》218：左尹邵蛇

《包山》220：左尹邵蛇

《包山》221：左尹邵

《包山》223：左尹邵蛇

四 楚系文字中的職官

《包山》224：子左尹鉈

《包山》225：子左尹鉈

《包山》226：左尹鉈

《包山》228：左尹鉈

《包山》230：左尹鉈

《包山》232：左尹鉈

《包山》234：左尹鉈

《包山》236：左尹鉈

《包山》238：左尹鉈

《包山》242：左尹鉈

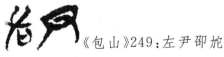《包山》245：左尹鉈

《包山》247：左尹鉈

《包山》249：左尹卲鉈

《包山》267：左尹䊭（葬）甬（用）車

《上博六·慎》3：殺左尹宛、少帀（師）亡慈

《曾侯乙》31：左尹

《曾侯乙》176：左尹

《曾侯乙》210：左尹乘馬

"左尹""右尹"，楚官名。《左傳·昭公二十七年》："左尹郤宛、工尹壽帥師至於潛，吳師不能退。"①黃錫全先生據《左傳·襄公十五年》"楚公子午爲令尹，公子罷戎爲右尹，蒍子馮爲大司馬"，《左傳·宣公十一年》"楚左尹子重侵宋"，《左傳·昭公二十七年》"左尹郤宛、工尹壽帥師至於潛"，推斷左尹的地位僅次於令尹，作戰時可將重兵，平時則主管司法。② 到秦楚之際，項羽季父項伯爲楚左尹，仍沿用這一官名。③

左尹士

《包山》151：左尹士

"左尹士"，官名，隸左尹。《周禮·秋官·司寇》敘官鄭玄注："士，察也，主察獄訟之事者。"孫詒讓正義："古通以士爲刑官之稱。"左尹士爲左尹之屬，疑爲司法執行官吏。④

執令

《包山》156：執命（令）爲王毅取郲不涅毅而逃命

"執命"，讀爲"執令"，楚國的官職。⑤

---

① 湖北省荊沙鐵路考古隊：《包山楚簡》，文物出版社，1991年，第41頁。
② 黃錫全：《古文字中所見楚官府官名輯證》，《文物研究》第7輯，黃山書社，1991年，第217頁。
③ 李學勤：《包山楚簡中的土地買賣》，《中國文物報》1992年3月22日。
④ 文炳淳：《包山楚簡所見楚官制研究》，台灣大學碩士學位論文，1998年，第139、140頁。
⑤ 張新俊：《上博楚簡文字研究》，吉林大學博士學位論文2005年4月，第118～126頁。

四　楚系文字中的職官

左令

𠂤敍《包山》152：左敍（令）𣪠

差敍《曾侯乙》7：差（左）敍（令）弘

右令

㦵敍《曾侯乙》1背：右敍（令）

"左敍""右敍"，讀爲"左令""右令"，官名。右令，典籍或作"右領"。《左傳·哀公十七年》："楚子問帥大師子穀與葉公諸梁，子穀曰：'右領差車與左史老皆相令尹、司馬以伐陳，其可使也。'子高曰：'率賤，民慢之，懼不用命焉。'"杜預注："右領、左史皆楚賤官。""右領"讀如"右令"。① 吳永章先生認爲右領是領兵之官。② 黃錫全先生認爲右領曾爲令尹的輔相，其地位不低。左令、右令可能是因令尹的左右佐官而得名，戰時可將兵出征。③ 文炳淳先生依據簡文左令受命左司馬，判決土地糾紛，認爲其官屬司馬。楚官令大半是某官或某機構之屬，其具體職掌因前綴成份而定，故懷疑左令爲司馬之屬，即司馬令。④

左關尹

𠂤闗尹《包山》138：左闗（關）尹黃㤈

"左闗尹"，即"左關尹"。⑤ 左關尹，應爲關尹的佐官。《國語·周語》："敵國賓至，關尹以告。"韋昭注："關尹，司關，掌四方之賓客，叩關則爲之告。"

---

① 裘錫圭、李家浩：《曾侯乙墓竹簡釋文與考釋》注8，《曾侯乙墓》（上），文物出版社，1989年。
② 吳永章：《楚官考》，《中華文史論叢》1982年第2期，第157～180頁。
③ 黃錫全：《古文字中所見楚官府官名輯證》，《文物研究》第7輯，黃山書社，1991年，第228頁。
④ 文炳淳：《包山楚簡所見楚官制研究》，台灣大學碩士學位論文，1998年，第138頁。
⑤ 何琳儀：《戰國古文字典》，中華書局，1998年，第1001頁。

關人

《包山》34：鄅塦之䦱（關）人

《包山》91：䦱（關）人周敓

"䦱人"，讀爲"關人"。①《儀禮·聘禮》："乃謁關人。"鄭玄注："古者，竟上爲關，以譏異服，識異言。"《周禮·地官·司關》："凡四方之賓客敂關。"鄭玄注："敂關，猶謁關人也。"《周禮·秋官·小行人》："門關用符節。"鄭玄注："由關者，關人爲之節。"

高陵關

，《璽彙》0311：高陵串（關）

"高陵串"，讀爲"高陵關"，指高陵地方的司關。《周易·復》："先王以至日閉關，商旅不行。"《周禮·地官·司關》："司關掌國貨之節以聯門市。司貨賄之出入者，掌其治禁與其征廛。"

喬尹

《包山》107：喬尹黃驕

《包山》117：喬尹驕

《新蔡》甲三 310：喬尹申之述

左喬尹

《包山》49：䣓（鄂）左喬尹穆翃

---

① 何琳儀：《戰國古文字典》，中華書局，1998年，第1001頁。

四　楚系文字中的職官

"喬尹",讀爲"囂尹"。① 或讀爲"郊尹"。《左傳·昭公十三年》:"王奪鬭韋龜中壄,又奪成然邑,而使爲郊尹。"杜預注:"郊尹,治郊竟大夫。"②喬尹分左、右,應爲喬尹的屬官。

喬與尹

《包山》128：少里喬毀（與）尹

《包山》141：少里喬毀（與）尹

《包山》143：少里喬毀（與）尹

《包山》195：少里喬毀（與）尹

《曾侯乙》156：憍（喬）臸（與）尹

"喬毀尹"屬於左尹的中央官,應與喬尹有所區別,待考。③

喬與

《包山》128 反：喬與

"喬與",似爲少里"喬毀尹"的省稱。

喬佐

《包山》128 反：喬差（佐）

《包山》108：喬差（佐）痊

"喬差",讀爲"喬佐",文炳淳先生認爲是"喬尹"的副貳。④

---

① 何琳儀:《包山竹簡選釋》,《江漢考古》1993 年第 4 期,第 56 頁。
② 文炳淳:《包山楚簡所見楚官制研究》,台灣大學碩士學位論文,1998 年,第 92 頁。
③ 文炳淳:《包山楚簡所見楚官制研究》,台灣大學碩士學位論文,1998 年,第 92 頁。
④ 文炳淳:《包山楚簡所見楚官制研究》,台灣大學碩士學位論文,1998 年,第 170 頁。

芋尹

《包山》44：鄦右仔(芋)尹

"仔尹"，讀爲"芋尹"，楚官名。《史記·楚世家》"芋尹申無宇之子申亥"，張守節正義："芋尹，種芋之尹也。"所謂"種芋"乃望文生義。① 鄭超先生認爲"竽壐"的"竽"當即"芋尹"的"芋"。"芋"，也許字當作"竽"，竽尹大概是管理樂隊的。②《左傳·昭公七年》："楚子之爲令尹，爲王旌以田。芋尹無宇斷之，曰：'一國兩君，其誰堪之？'"楊伯峻注："芋尹爲官名。《哀公十五年》陳國亦有芋尹。《新序·義勇篇》誤作羋尹，云：'羋尹文者，荆之歐鹿彘者也。'《新序》所述人名雖不同，事實卻類似，則芋尹爲歐獸之官。"黄錫全先生同意此説。③ 按，"芋尹"又見於《國語·吳語》："王覺而無見也，乃匍匐將入於棘闈，棘闈不納，乃入芋尹申亥氏焉。"韋昭注："申亥，楚大夫，芋尹無宇之子。"

芋

《壐彙》0283：蒿夌(陵)竽(芋)鉩

《壐彙》0346：竽鉩

"竽"，即文獻中的"芋"，是楚、陳等國特有的官名。鄭超先生認爲"竽壐"的"竽"當即"芋尹"的"芋"。④

芋官

《包山》157 竽倌之舊賣解：竽(芋)馴官

---

① 何琳儀：《包山竹簡選釋》，《江漢考古》1993 年第 4 期，第 56 頁；《戰國古文字典——戰國文字聲系》，中華書局，1998 年，第 457 頁。
② 鄭超：《楚國官壐考述》，《文物研究》第 2 輯，黄山書社，1986 年，第 89 頁。
③ 黄錫全：《古文字中所見楚官府官名輯證》，《文物研究》第 7 輯，黄山書社，1991 年，第 228 頁。
④ 鄭超：《楚國官壐考述》，《文物研究》第 2 輯，黄山書社，1986 年，第 89 頁。

四 楚系文字中的職官

《包山》157：竽（芋）駐（駔）倌（官）

"竽駐倌"，讀爲"竽駔官"，李家浩先生認爲此官是管理駔的職官，比"大駔尹師"的級別低。同時，他還指出此"竽"與簡文"竽官"、印文"竽鈴""蒿凌竽鈴"之"竽"同義。① 但"竽"到底爲何意，李先生在文章中没有提及。我們懷疑既然"竽"可"駔"連言，那麼其意思應與"駔"有一定的關聯。在上文提到的"毆獸之官"和"樂器"的兩個意思中，解釋爲"毆獸之官"於文意似乎更恰當一些。

主尹

《包山》116：主尹蘪蘊

大主尹

《包山》87：鄎昜（陽）大主尹

"主尹""大主尹"，官名，其職掌不詳。

甸尹

《新蔡》甲三 400：甸尹宋之述

《曾侯乙》151：敏（甸）尹

少甸尹

《包山》186：羕（養）陵少甸尹

"甸尹"，官名。曾侯乙簡"敏尹"，亦讀爲"甸尹"。何琳儀師認爲"甸尹"之職可參《儀禮·士喪禮》"甸人"，鄭玄注："有司主田野者。"《周禮·天官·序官》"甸師"，鄭玄注："郊外曰甸。師猶長也。甸師，主共野物官之長。"《周禮·天官·甸師》："掌帥其屬而耕耨王藉，以時入之，以共齍盛。"②可見，甸尹與古籍中的"甸

---

① 李家浩：《南越王墓車駔虎節銘考釋——戰國符節銘文研究之四》，《容庚先生百年誕辰紀念文集》，廣東人民出版社，1998年，第667頁。
② 何琳儀：《戰國古文字典》，中華書局，1998年，第1123頁。

人""甸師"相類,可能是管理野外農作物的官長。少甸尹應爲甸尹的佐官。

發尹

《包山》128:發尹利之命胃(謂)

《包山》141:發尹利

《包山》171:所詎(屬)於發尹利

"發尹",協助左尹處理日常司法事務的主要官員之一,其具體職掌,待考。①

馬尹

《曾侯乙》153:䣜馬尹

"馬尹",官名,疑爲掌管馬的官長。䣜,地名。②

嬴尹

《曾侯乙》157:嬴尹

《曾侯乙》157:嬴尹

"嬴尹",官名。待考。

復尹

《曾侯乙》160:復尹

《曾侯乙》162:復尹

"復尹",官名。待考。

---

① 文炳淳:《包山楚簡所見楚官制研究》,台灣大學碩士學位論文,1998年,第92頁。
② 裘錫圭、李家浩:《曾侯乙墓竹簡釋文與考釋》注225,《曾侯乙墓》(上),文物出版社,1989年。

釐尹

《包山》28：贅（釐）尹

《包山》28：贅（釐）尹

《上博四·柬》2：贅（釐）尹智（知）王之疠（病）

《上博四·柬》4：贅（釐）尹許諾

《上博四·柬》4：贅（釐）尹至（致）命於君王

《上博四·柬》5：贅（釐）尹僉（答）曰

《上博四·柬》8：王㠯（以）䛑（問）贅（釐）尹高

《上博四·柬》19：贅（釐）尹

《上博四·柬》21：陸（陵）尹與贅（釐）尹

《上博四·柬》21：不㠯（以）丌巳身戛（弁）贅（釐）尹之棠古

《上博四·柬》21：贅（釐）尹

《曾侯乙》158：贅（釐）尹之騏

《曾侯乙》158：贅（釐）尹之騮

《曾侯乙》165：贅（釐）尹之駬

"贅尹",黄錫全先生認爲可能就是"藍尹"。《楚書》云:"藍尹、陵尹分掌山澤,位在朝廷。"① 陳劍先生認爲"贅尹"讀爲"釐尹",主管楚國鬼神祭祀之事。② 周鳳五先生將上博四簡文"賷尹爲楚邦之鬼神主",對照《周禮·春官·大宗伯》:"大宗伯之職,掌建邦之天神、人鬼、地示之禮,以佐王建保邦國。"指出賷尹的地位、職掌當與大宗伯類似。③ 陳偉先生引《漢書·文帝紀》"今吾聞祠官祝釐",顏注"釐,福也"等古注材料提出:釐尹可能取義於祈神求福。④ 周波先生認爲釐尹司卜筮、祭祀,當是國家主持宗教事務的長官。⑤ 按,綜合各家研究成果可知,楚官"贅尹"讀爲"釐尹",與《周禮》"大宗伯"職掌類似,掌管祭祀卜筮等相關事宜。

箴尹

《集成》12110 鄂君啟車節:箴(箴)尹

《集成》12112 鄂君啟車節:箴(箴)尹

《集成》8.12113 鄂君啟舟節:箴(箴)尹

《新蔡》零 271:箴(箴)尹□

《曾侯乙》152:箴(箴)尹

《曾侯乙》171:箴(箴)尹

《曾侯乙》211:箴(箴)尹

---

① 黄錫全:《湖北出土商周文字輯證》,武漢大學出版社,1992年,第193頁。
② 陳劍:《上博竹書〈昭王與龔之脽〉和〈柬大王泊旱〉讀後記》,簡帛研究網,2005年2月15日。
③ 周鳳五:《上博四〈柬大王泊旱〉重探》,《簡帛》第1輯,上海古籍出版社,2006年,第122頁。
④ 陳偉:《〈簡大王泊旱〉新研》,武漢大學簡帛研究網,2006年11月22日。
⑤ 周波:《試説徐器銘文中的官名"賷尹"》,《出土文獻與古文字研究》第4輯,上海古籍出版社,2011年,第100頁。

"䇂尹",讀爲"箴尹"。"䇂",乃"鍼"字。①《左傳·襄公十五年》:"楚公子午爲令尹,公子罷戎爲右尹,蔿子馮爲大司馬,公子橐師爲右司馬,公子成爲左司馬,屈到爲莫敖,公子追舒爲箴尹,屈蕩爲連尹,養由基爲宮廄尹,以靖國人。"典籍中亦作"鍼尹",見《左傳·定公四年》:"己卯,楚子取其妹季羋畀我以出,涉睢。鍼尹固與王同舟,王使執燧象以奔吳師。"《呂氏春秋·勿躬》高誘注:"楚有箴尹之官,亦諫臣也。"恐是望文生義的臆説。②

箴令

《集成》12110 鄂君啓車節:䇂(箴)敀(令)

《集成》12112 鄂君啓車節:䇂(箴)敀(令)

《集成》12113 鄂君啓舟節:䇂(箴)敀(令)

"䇂敀",讀爲"箴令",官名。

舟箴

《包山》157:舟竅(箴)

"舟竅",讀爲"舟箴",官名,待考。

胖尹

《包山》132 反:䏦(胖)尹

《包山》141:䏦(胖)尹

《包山》143:䏦(胖)尹

---

① 商承祚:《鄂君啓節考》,《文物精華》第 2 集,文物出版社,1963 年。
② 裘錫圭、李家浩:《曾侯乙墓竹簡釋文與考釋》注 224,《曾侯乙墓》(上),文物出版社,1989 年。羅運環:《古文字資料所見楚國官制研究》,《楚文化研究論集》第 2 集,湖北人民出版社,1991 年,第 281~282 頁。

[圖] 《包山》193：臠（胖）尹

"臠尹""臠尹"，讀爲"胖尹"。徐在國先生認爲：臠，上從叕，下部是臠即"胖"，上古音"叕"屬端紐月部字，"肖"（胖）屬幫母元部字，月、元對轉，此字是個雙聲符的字。《説文》："胖，半體肉也。一曰廣肉。從半從肉，半亦聲。"《周禮·天官·臘人》："凡祭祀，共豆脯，薦脯、膴、胖，凡臘物。"鄭玄注："胖宜爲膴而腥，胖之言片也，析肉意也。"①"胖尹"大概是管理肉食的官員。

陵尹

[圖]《包山》179：陵尹之人

[圖]《上博四·柬》7：以告安君與陵尹子高

[圖]《上博四·柬》19：陵尹

[圖]《上博四·柬》20：大（太）剌（宰）胃（謂）陵尹

[圖]《上博四·柬》20：陵尹與

[圖]《新蔡》甲三 216：陵尹懌之大堡（寶）

[圖]《新蔡》甲三 219：陵尹懌之大保（寶）

[圖]《新蔡》零 584＋《新蔡》甲三 266、277：陵尹懌之髒（髒）牌

[圖]《新蔡》乙一 12：晌（夏）與良志以陵尹[懌]□

---

① 徐在國：《談楚文字中從"胖"的幾個字》，《楚簡楚文化與先秦歷史文化國際學術研討會論文集》，湖北教育出版社，2013年，第484～487頁。

《新蔡》乙二 27：陵尹懌之大堡（寶）□

《新蔡》零 42：陵尹

《新蔡》零 200、323：陵𦙫（尹）懌□

《新蔡》乙四 6：□陵尹子簡紡紫繏廿。（二十）□

"陵尹"，楚官名，亦複姓。《通志·氏族略·以官爲氏》："陵尹氏，楚大夫陵尹喜、陵尹招之後。"《左傳·昭公十二年》："楚子狩於州來，次於潁尾，使蕩侯、潘子、司馬督、囂尹午、陵尹喜帥師圍徐以懼吳。"陵尹，一曰掌管山陵之官，一曰陵爲地名，以爲陵縣縣令。① 宋華强先生認爲陵尹可能是管理山陵之官，與《書·立政》所載"阪尹"類似。②

宮廄尹

《曾侯乙》48：宮廄（廄）尹

《曾侯乙》175：宮廄（廄）尹

《曾侯乙》210：宮廄（廄）尹

"宮廄尹"，即"宮廄尹"，官名。"宮廄"，應指曾國宮庭之廄。黃錫全先生說："宮廄尹，泛言之當是掌管宮廷馬舍之官，相對於大廄、中廄而言，有可能主要掌管王子的馬廄……其地位排在'連尹'（《左傳》襄公 15 年）、'右尹'（昭公元年）之後，而在'大宰'之前（曾簡）。"③《左傳·襄公十五年》："楚公子午爲令尹，公子罷戎爲右尹，蒍子馮爲大司馬，公子橐師爲右司馬，公子成爲左司馬，屈到爲莫敖，公子追舒爲箴尹，屈蕩爲連尹，養由基爲宮廄尹，以靖國人。"《左傳·昭公元年》："右尹子干出奔

---

① 馬承源主編：《上海博物館藏戰國楚竹書（四）》，上海古籍出版社，2004 年，第 201 頁。
② 宋華强：《新蔡葛陵楚簡初探》，武漢大學出版社，2010 年，第 377 頁。
③ 黃錫全：《古文字中所見楚官府官名輯證》，《文物研究》第 7 輯，黃山書社，1991 年，第 226 頁。

晉,宮廄尹子皙出奔鄭。"《左傳·昭公六年》:"吳人敗其師於房鍾,獲宮廄尹。"

廄尹

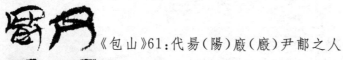《包山》61:代昜(陽)厩(廄)尹郜之人

《包山》189:昜(陽)厩(廄)尹

"厩尹",即"廄尹",官名。疑與曾侯乙簡的"宮廄尹"同。

宮廄令

《曾侯乙》4:宮廄(廄)敍(令)

"宮廄敍",讀爲"宮廄令"。宮廄令的地位略低於宮廄尹。① 莊淑慧先生認爲宮廄尹之職掌應與《周禮》之"僕夫"、《漢書》之"太僕"相類似,爲專掌出入輿馬之官員。宮廄令,乃宮廄尹之從屬。② 蕭聖中先生引《廄苑律》所記"其大廄、中廄、宮廄,馬牛殿"證明以上皆主馬官。③

廄佐

《天星觀》:故(廄)差(佐)夏臣

"故差",朱德熙先生讀爲"廄佐"。④ 廄佐,應是廄的佐官。

大廄

《璽彙》5590:大廄(廄)

《包山》61:新(新)大厩(廄)

---

① 湖北省博物館編:《曾侯乙墓》(上册)註41,文物出版社,1989年,第507頁。
② 莊淑慧:《曾侯乙墓出土竹簡考》,臺灣師範大學碩士學位論文,1995年,第213～214頁。
③ 蕭聖中:《曾侯乙墓竹簡釋文補正暨車馬制度研究》,科學出版社,2011年,第54頁。
④ 朱德熙:《戰國文字中所見有關廄的資料》,《朱德熙文集》第5卷,商務印書館,1999年,第164頁。

"大廐""大廄",即"大廄"。李家浩先生據《汗簡》字形釋璽文爲"大廄",朱德熙先生指出大廄是宫廷御廄。《漢舊儀》:"天子六廄:未央廄、承華廄、騊駼廄、路軨廄、騎馬廄、大廄。馬皆萬匹。"楚國的"大廄"當是楚王御廄,是管理、飼養馬匹的機構。① 或讀爲"大食",專管楚王飲食之機構。②

《彙考》150:厩(廄)鈢(璽)

"厩",即"廄"。與上文"大廄"同屬一類,應是管理、飼養馬匹的機構。

靈里子

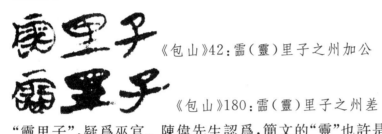

《包山》42:霝(靈)里子之州加公

《包山》180:霝(靈)里子之州差

"靈里子",疑爲巫官。陳偉先生認爲,簡文的"靈"也許是巫官之稱。③《周禮·春官·宗伯》:"司巫,中士二人,府一人,史一人,胥一人,徒十人。"鄭玄注:"司巫,巫官之長。"靈里子,與《周禮》所載"司巫"相類。

廬人

《包山》84:膚(廬)人之州人

"膚人",讀爲"廬人"。《考工記·廬人》:"廬人爲廬器,戈柲六尺有六寸,殳長尋有四尺,車戟常,酋矛常有四尺,夷矛三尋。"可見,廬人爲製作長兵器柲柄的工匠。④

---

① 朱德熙:《戰國文字中所見有關廄的資料》,《朱德熙文集》第5卷,商務印書館,1999年,第163~164頁。
② 湯餘惠:《楚器銘文八考》,《古文字論集(一)》(《考古與文物》叢刊第二號),1983年,第60頁。
③ 陳偉:《包山楚簡初探》,武漢大學出版社,1996年,第93頁。
④ 陳偉:《包山楚簡初探》,武漢大學出版社,1996年,第93頁。

大馴尹師

《包山》12：大駐（馴）尹帀（師）

《包山》126：大駐（馴）尹帀（師）

"大駐尹帀"，讀爲"大馴尹師"。"駐"，又見於廣州所出南越王墓虎節，李家浩先生有詳考，釋作"馴"，並指出包山簡"大馴尹師"是管理馴的職官。① 《爾雅·釋言》："馴、遜，傳也。"《説文·馬部》："馴，驛傳也。"

工尹

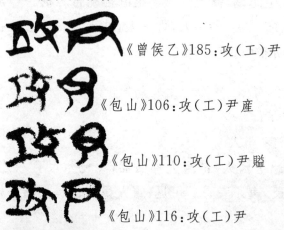

《集成》10373 燕客銅量：以命攻（工）尹穆丙

《吉林大學社會科學學報》2015.1.152 羕陵攻尹戈：羕（養）陵攻尹仆昜②

《曾侯乙》185：攻（工）尹

《包山》106：攻（工）尹産

《包山》110：攻（工）尹賵

《包山》116：攻（工）尹

《包山》117：攻（工）尹

---

① 李家浩：《南越王墓車馴虎節銘文考釋——戰國符節銘文研究之四》，《容庚先生百年誕辰紀念文集》，廣東人民出版社，1998年，第666~667頁。

② 吳良寶：《新見羕陵攻尹戈及相關問題研究》，《吉林大學社會科學學報》2015年第1期，第149~153頁。

四　楚系文字中的職官

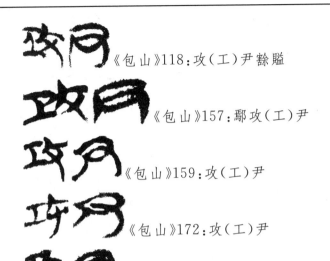

《包山》118：攻（工）尹絵賸

《包山》157：鄢攻（工）尹

《包山》159：攻（工）尹

《包山》172：攻（工）尹

《包山》224：攻尹之祍（攻）執事人

"攻尹"，讀爲"工尹"。曹錦炎先生認爲工尹即工官之長，掌百工之官。楚國中央政府設有工尹一職，見《左傳·文公十年》："（楚）王使（子西）爲工尹。"杜預注："掌百工之官。"《禮記·檀弓下》："工尹商陽與陳棄疾追吴師，及之。"鄭玄注："工尹，楚官名。"①

祍尹

《包山》225：祍（攻）尹之祍（攻）執事人

"祍尹"，讀爲"攻尹"。李家浩先生認爲攻尹當是掌管攻祭的長官。"攻執事人"即攻尹下所屬執行攻祭事務的人員。《周禮·春官·小宗伯》："大烖，及執事禱祠上下神示。"此是小宗伯下所屬執事人進行禱祠神祇，與簡文情況相同。②

大工尹

《集成》12110 鄂君啓車節：大攻（工）尹

《集成》12112 鄂君啓車節：大攻尹

---

① 曹錦炎：《工尹坡鋻銘文小考》，《古文字學論稿》，安徽大學出版社，2008年，第18~19頁。

② 李家浩：《包山祭禱簡研究》，《簡帛研究（二〇〇一）》，廣西教育出版社，2001年，第21~32頁。

《集成》12113 鄂君啓舟節：大攻尹

《曾侯乙》145：大攻（工）尹之驌

《曾侯乙》152：大攻（工）尹之驌

"大攻尹"，讀爲"大工尹"，應是釋作百工之長的工尹之正職。

少工尹

《包山》106：少攻（工）尹

《包山》111：少攻（工）尹

"少攻尹"，讀爲"少工尹"，工尹之副職。

工佐

《集成》10373 燕客銅量：攻（工）差（佐）競（竟）之

《古研》22 大市量：攻（工）差（佐）競（竟）之①

《新蔡》乙四 144：攻（工）差（佐）

《曾侯乙》120：攻（工）差（佐）

"攻差"，讀爲"工佐"。李零先生認爲銅量工尹、工佐、少工佐是負責製造的工官。② 邴尚白先生說："爲掌百工之官工尹的下屬。"③ 宋華強先生指出葛陵簡"工佐"負責取龜，不知是否也負責貞問。《周禮·春官·龜人》下屬有"工四人"，

---

① 唐友波：《"大市"量淺議》，《古文字研究》第 22 輯，中華書局，2000 年，第 129～132 頁。
② 李零：《楚燕客銅量銘文補正》，《江漢考古》1988 年第 4 期，第 103 頁。
③ 邴尚白：《葛陵楚簡研究》，臺大出版中心，2009 年，第 128 頁。

鄭玄注:"工,取龜攻龜。"與簡文"攻差"職司類似。①

少工佐

《集成》10373 燕客銅量:少攻(工)差(佐)李癸

"少攻差",讀爲"少工佐",攻尹之副職官員。

大尹

《包山》187:大尹之人

《上博四·昭》6:大尹遇之

《上博四·昭》6:大尹內(入)告王

《上博四·昭》8:大尹昏(聞)之

《上博四·昭》9:大尹之言

《曾侯乙》210:大尹

"大尹",即"大攻尹"。② 文炳淳先生引《左傳·昭公二十七年》:"楚莠尹然,王尹麇帥師救潛。"孔穎達疏引服虔曰:"王尹,主宫内之政。"簡文"大尹"可能與王尹相類,其具體職掌,待考。③ 周鳳五先生引《左傳》杜預注"近官有寵者",結合下文所記大尹自稱"老臣爲君王守視之臣",認爲大尹似掌王宫出入或職司監察,也可能守衛先王陵墓。④

---

① 宋華強:《新蔡葛陵楚簡初探》,武漢大學出版社,2010年,第407頁。
② 馬承源主編:《上海博物館藏戰國楚竹書(四)》,上海古籍出版社,2004年,第187頁。
③ 文炳淳:《包山楚簡所見楚官制研究》,台灣大學碩士學位論文,1998年,第79頁。
④ 周鳳五:《上博四〈昭王與龔之脽〉重探》,《台大中文學報》第29期,台灣大學中文系,2008年,第55頁。

工祝

《包山》231：囟（思）攻（工）祝歸珮取

"攻祝"，讀爲"工祝"。《詩·小雅·楚茨》"工祝致告，徂賚孝孫"，毛亨傳："善其事曰工。"《楚辭·招魂》"工祝招君，背行先些"，王逸注："工，巧也。男巫曰祝。背，倍也。言選擇名工巧辯之巫，使招呼君，倍道先行，導以在前，宜隨之也。"馬瑞辰説："《少牢饋食禮》'皇尸命工祝'，鄭玄注：'工，官也。'《周頌》'嗟嗟臣工'，毛亨傳：'工，官也。'《皋陶謨》'百工'即百官。'工祝'正對'皇尸'爲君尸言之，猶《書》言'官占'也。傳謂'善其事曰工'，失之。"①據馬氏所説，工祝是指祝官。②

卜尹

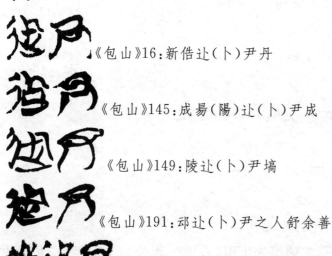

《包山》16：新佲辻（卜）尹丹

《包山》145：成昜（陽）辻（卜）尹成

《包山》149：陵辻（卜）尹墦

《包山》191：邟辻（卜）尹之人舒余善

《夕陽坡簡》：佲辻（卜）尹

"辻尹"，讀爲"卜尹"，官名。《史記·楚世家》："楚平王謂觀從：'恣爾所欲。'欲爲卜尹，王許之。"賈逵曰："卜尹，卜師，大夫官。"董説曰："故卜尹亦曰卜大夫也。"③

大卜尹

《包山》112：大辻（卜）尹足

---

① 馬瑞辰：《毛詩傳箋通釋》，中華書局，1989年，第705頁。
② 李家浩：《包山祭禱簡研究》，《簡帛研究（二〇〇一）》，廣西教育出版社，2001年，第32～33頁。
③ 董説：《七國考》，中華書局，1998年，第45頁。

《包山》51：佥（陰）大辻（卜）尹宋勞

《曾侯乙》145：大辻（卜）尹

"大辻尹"，讀爲"大卜尹"，官名。曾侯乙簡"大卜尹"是直屬國家的官員，而《包山簡》所見"大卜尹"是地方官。①

大卜

《包山》169：告大辻（卜）舒右

《包山》178：告大辻（卜）緣迌

《包山》167：大辻（卜）苛罗

"大辻"，讀爲"大卜"，掌卜筮之事，爲卜官之長。《周禮·春官·大卜》："掌三兆之法：一曰玉兆，二曰瓦兆，三曰原兆。其經兆之體，皆百有二十，其頌皆千有二百。掌三易之法：一曰連山，二曰歸藏，三曰周易。其經卦皆八，其別皆六十有四。掌三夢之法，一曰致夢，二曰觭夢，三曰咸陟。其經運十，其別九十，以邦事作龜之八命，一曰征，二曰象，三曰與，四曰謀，五曰果，六曰至，七曰雨，八曰瘳。以八命者贊三兆、三易、三夢之占，以觀國家之吉凶，以詔救政。"

卜史

《曾侯乙》155：辻（卜）史啟

《曾侯乙》156：辻（卜）史伐

"辻史"，讀爲"卜史"，官名。《漢書·王莽傳》："臣聞功亡原者賞不限，德亡首者褒不檢。是故成王之于周公也，度百里之限，越九錫之檢，開七百里之宇，兼商、奄之民，賜以附庸殷民六族，大路大旂，封父之繁弱，夏后之璜，祝宗卜史，備物典策，官司彝器，白牡之牲，郊望之禮。"

---

① 劉信芳：《楚系簡帛釋例》，安徽大學出版社，2011年，第17頁。

卜令

《集成》10199 辻垤匜：鑄客爲辻（卜）垤（令）爲之

《包山》194：辻（卜）敓（令）史腏

《包山》177：鄴辻（卜）敓（令）絑

《包山》77：辻（卜）命（令）人周甬

《包山》164：集辻（卜）命（令）登嘉

"辻垤""辻敓""辻命"，均讀爲"卜令"，官名。①

卜大令

《包山》74：辻（卜）大敓（令）朋

"辻大敓"，讀爲"卜大令"。卜大令應爲卜令之長。

卜令尹

《上博四·昭》3：辻（卜）命（令）尹墜（陳）眚（省）

《上博四·昭》4：辻（卜）命（令）尹不爲之告

《上博四·昭》4：辻（卜）命（令）尹爲之告

"辻命尹"，讀爲"卜令尹"，疑即"卜尹"。卜尹爲官名，春秋楚置，掌占卜。《左傳·昭公十三年》楚子召觀從，"曰：'臣之先佐開卜。'乃使爲卜尹"。②

---

① 程鵬萬：《安徽壽縣朱家集出土青銅器銘文集釋》，黑龍江人民出版社，2009年，第201～202頁。

② 馬承源主編：《上海博物館藏戰國楚竹書（四）》，上海古籍出版社，2004年，第184頁。

四 楚系文字中的職官

卜人

《包山》174：𦊆（卜）人余爲

"𦊆人"，讀爲"卜人"，協助大卜、卜師行事的官員。《周禮·春官·序官》："太卜，下大夫二人。卜師，上士四人。卜人，中士八人。"賈公彥疏："此大卜有卜師及卜人，皆士官，而卜人無別職者，以其助大卜、卜師行事故也。"《禮記·玉藻》："卜人定龜，史定墨，君定體。"

佶卜

《包山》172：大佶辻（卜）䜌洇

《包山》174：新佶辻（卜）黃賸

《包山》179：佶辻（卜）李訑

《包山》166：佶辻（卜）喦甬

《包山》185：佶辻（卜）喦甬

《包山》186：佶辻（卜）邵和

《包山》146：佶辻（卜）六敓（命）李悁

卜

《包山》174：正昜（陽）辻（卜）雷秦

《包山》186：正昜（陽）辻（卜）䥅脵志

《包山》173：古辻（卜）湯戻

《包山》179：邞（正）昜（陽）辻（卜）周賢

《新蔡》乙四 98：鄭卜子愄

"辻"，讀爲"卜"，前皆爲地名，應爲地方卜官。宋華强先生指出，新蔡簡"卜"應是身份標誌名或職官名，與《左傳》"卜楚丘""卜招父"之"卜"同義，都説明了其職業卜人的身份。①

龜尹

《上博四·柬》1：命龜尹羅貞於大顕（夏）

《上博四·柬》2：龜尹智（知）王之庶（炙）於日而疠（病）疢（疥）

《上博四·柬》2：乘龜尹速卜

《新蔡》乙四 141：黽（龜）尹丹以承國爲

《新蔡》零 294、482＋《新蔡》乙四 129：黽（龜）尹［丹］□

《新蔡》甲三 193 鄳（龜）尹羕習之

"龜尹"，官名，掌卜大夫，在楚亦稱"卜尹""開卜大夫"。《史記·楚世家》："平王謂觀從：'恣爾所欲。'欲爲卜尹，王許之。"《集解》引賈逵曰："卜尹，卜師，大夫官。""羅"，龜尹名。②《左傳·昭公二十七年》"楚蒍尹然、工尹麇帥師救潛"，杜預注："二尹楚官。"孔穎達疏："楚官多以尹爲名，知二尹是官名耳。"馮勝君先生指出"黽尹"應該讀爲"龜尹"，新蔡簡的"龜尹"可能就是見於《周禮》《左傳》等書中的"龜人"這一職官。③ 宋華强先生考證新蔡簡的"龜尹"大概是龜人之長。

---

① 宋華强：《新蔡葛陵楚簡初探》，武漢大學出版社，2010 年，第 136 頁。
② 馬承源主編：《上海博物館藏戰國楚竹書（四）》，上海古籍出版社，2004 年，第 195 頁。
③ 馮勝君：《戰國楚文字"黽"字用作"龜"字補議》，《漢字研究》第 1 輯，學苑出版社，2005 年，第 477～479 頁。《郭店簡與上博簡對比研究》，線裝書局，2007 年，第 84～186 頁。

東陵是平夜君成所居之地,此龜尹應該就是當地職掌占卜的官員。①

寢尹

《包山》171:刼瘑(寢)尹

"瘑尹",即"寢尹"。寢,地名。《左傳・宣公十二年》:"沈尹將中軍",杜預注:"沈或作寢,寢縣也。"在今河南固始縣。② 何琳儀師認爲寢尹乃楚國官名,《左傳・哀公十八年》"寢尹、工尹勤先君者也",杜預注:"柏舉之役,寢尹吳由于以背受戈。"③文炳淳先生認爲簡文"寢尹"可能是在縣府中侍候縣公的近臣,正如中央政府之寢尹掌王之寢處。④

寢令

《包山》166:刼瘑(寢)斂(令)

"瘑斂",讀爲"寢令",參上條。

大虞尹

《包山》121:大斂(虞)尹屈遙

"大斂尹",讀爲"大虞尹"。劉釗先生根據金文"虞"或從"魚"作"鱸",判斷斂、虞可通。釋"虞"爲"虞衡"之"虞",即掌山之官。⑤ 文炳淳先生指出《周禮・地官》有"山虞""澤虞"之分,山虞:"掌山林之政令,物爲之厲而爲之守禁。仲冬斬陽木,仲夏斬陰木。"澤虞:"掌國澤之政令,爲之厲禁,使其地之人守其財物,以時入之于玉府,頒其餘于萬民。"《國語・周語中》:"虞人入材。"韋昭注:"虞人,掌山澤之官。祭祀、賓客,供其材也。"《周禮・天官・獻人》:"掌以時獻爲梁。春獻王鮪。辨魚物,爲鱻薨,以共王膳羞。"賈公彥疏:"《禮運》注引'獻'並作'漁',古用假字,今用正字也。"簡文"大斂尹"的職掌與澤虞或獻人更相類。⑥

---

① 宋華強:《新蔡葛陵楚簡初探》,武漢大學出版社,2010年,第137~138頁。
② 湖北省荊沙鐵路考古隊:《包山楚簡》,文物出版社,1991年,第50頁。
③ 何琳儀:《包山竹簡選釋》,《江漢考古》1993年第4期,第62頁。
④ 文炳淳:《包山楚簡所見楚官制研究》,台灣大學碩士學位論文,1998年,第163頁。
⑤ 劉釗:《包山楚簡文字考釋》92條,中國古文字研究會第九屆學術研討會論文,1992年。
⑥ 文炳淳:《包山楚簡所見楚官制研究》,台灣大學碩士學位論文,1998年,第159頁。

波尹

《包山》110：波（陂）尹宜

"波尹"，文炳淳先生疑讀爲"陂尹"。青川木牘"十月爲橋，修波隄，利津澗"，"波隄"即陂隄。《説文》："陂，阪也。一曰池也。"段玉裁注："陂得訓池者，陂言其外之障，池言其中所蓄之水。"陂尹可能是負責管理池塘、湖泊之官員。①

洛尹

《上博六·天甲》6：洛尹行身和二

《上博六·天乙》5：洛尹行身和二

"洛尹"，官名，待考。

衛尹

《新蔡》甲三 380：□梘癰孨（衛）尹□□

"孨尹"，即"衛尹"，待考。

畋尹

《包山》162：鄧畋尹斁

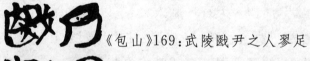

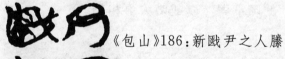

《包山》194：鄅畋尹鼉之人

---

① 文炳淳：《包山楚簡所見楚官制研究》，台灣大學碩士學位論文，1998年，第160頁。

四 楚系文字中的職官

"戲尹",官名。何琳儀師懷疑戲尹相當於文獻中的"遂人"或"遂大夫"。① "戲"亦見於上博《容成氏》16號簡,李零先生疑爲古"烈"字。② 王輝先生認爲此字應隸作"威",在古文獻中可與"列""厲"聲字通用。③ 戲尹究指何官,目前還難有定論。

軍卿

《郭店·窮達》7:爲瞥(軍)卿

"瞥卿",或讀爲"朝卿"。④ 裘錫圭先生指出瞥可能原本是一個從口、黽聲的字,由於古文字階段"口"旁往往會變作"曰""甘"等形,所以後來寫作從甘了。瞥可能是"名"字的異體。瞥卿可讀爲"名卿","名卿"見於《墨子·耕柱》和《法言·問神》。⑤ 馮勝君先生根據戰國楚文字"黽"作"龜"的用字現象,將瞥卿讀爲"軍卿"。《左傳·襄公二十五年》"自六正、五吏、三十帥",杜預注:"皆軍卿之屬官。"據典籍記載,百里奚在秦,經常率兵征戰,在郩之戰中曾爲晉人所俘,秦穆公三十五年,百里奚帥師伐晉,以報郩之役,第二年"奚伐晉,濟河焚舟,取王官及郊,晉人不出(《左傳·文公三年》)。……三十七年,用戎人由余謀,伐戎王。益國十二,開地千里,遂霸西戎(《史記·秦本紀》《左傳·文公三年》),奚之力也"。可見百里奚在秦以武功著稱,所以簡文稱之爲"瞥(軍)卿"。⑥ 宋華强先生開始認爲瞥卿還有讀爲"命卿"的可能,⑦但後來他放棄了這一觀點,同意馮勝君先生的"軍卿"之説,並加以申述。⑧ 從字用特點和文獻記載來看,以釋"軍卿"更佳。

---

① 何琳儀:《戰國古文字典》,中華書局,1998年,第931頁。
② 馬承源主編:《上海博物館藏戰國楚竹書(二)》,上海古籍出版社,2002年,第262頁。
③ 王輝:《讀上博楚竹書〈容成氏〉劄記(十則)》,《古文字研究》第25輯,中華書局,2004年,第318頁。
④ 荊門博物館:《郭店楚墓竹簡》,文物出版社,1998年,第145頁。
⑤ 轉引自宋華强:《楚墓竹簡中的"瞥"字及"繻"字》,武漢大學簡帛研究網,2004年6月13日。
⑥ 馮勝君:《戰國楚文字"黽"字用作"龜"字補議》,《漢字研究》第1輯,學苑出版社,2005年,第479頁;武漢大學簡帛研究網,2005年11月7日;《郭店簡與上博簡對比研究》,線裝書局,2007年,第184~186頁。
⑦ 宋華强:《楚墓竹簡中的"瞥"字及"繻"字》,武漢大學簡帛研究網,2004年6月13日。
⑧ 宋華强:《楚簡中從"黽"從"甘"之字新考》,武漢大學簡帛研究網,2006年12月30日。

司馬

《璽彙》0024：司馬之璽

《璽彙》5538：司馬之鉨（府）

《包山》30：司馬

《包山》53：司馬

《包山》60：司馬

《包山》140：司馬

《包山》22：邡司馬

《包山》125：敔司馬

《包山》119：昜（陽）陵司馬逹

《包山》119：正昜（陽）司馬

《包山》103：宜昜（陽）司馬

《包山》60：鈇昏君之司馬

四　楚系文字中的職官

《包山》38：弒咎君之司馬

《包山》114：州司馬庚

《曾侯乙》168：司馬

《曾侯乙》174：司馬之白爲右飛

《曾侯乙》177：司馬之䮷

"司馬",爲政官,兼主射禮之事。《儀禮·大射儀》："宰夫戒宰及司馬、射人。"鄭玄注："宰夫,冢宰之屬,掌百官之徵令者。司馬,於天子政官之卿,凡大射,則合其六耦。"賈公彥疏："大司馬職云:'若大射,合諸侯之六耦。'"楚國不僅中央設司馬,地方也設司馬。司馬之地位僅次於令尹。至於包山簡中"司馬之州"之"司馬",也應是官名。① "司馬"前冠以地名的,應爲地方司馬。

大司馬

《集成》12110 鄂君啟車節：大司馬卲（昭）鄢（陽）

《集成》12111 鄂君啟車節：大司馬卲（昭）鄢（陽）

《集成》12113 鄂君啟舟節：大司馬卲（昭）鄢（陽）

《包山》103：大司馬卲（昭）鄢（陽）

《包山》115：大司馬卲（昭）鄢（陽）

---

① 黃錫全：《古文字中所見楚官府官名輯證》，《文物研究》第 7 輯，黃山書社，1991 年，第 218~219 頁。

《包山》226：大司馬

《包山》228：大司馬

《包山》230：大司馬

《包山》232：大司馬

《包山》234：大司馬

《包山》236：大司馬

《包山》239：大司馬

《包山》242：大司馬

《包山》245：大司馬

《包山》247：大司馬

《包山》249：大司馬

《包山》267：大司馬

《包山牘》1：大司馬

"大司馬",官名。《周禮·夏官·大司馬》："掌建邦國之九法,以佐王平邦國。制畿封國,以正邦國;設儀辨位,以等邦國;進賢興功,以作邦國;建牧立監,以維邦國;制軍詰禁,以糾邦國;施貢分職,以任邦國;簡稽鄉民,以用邦國;均守平則,以安邦國;比小事大,以和邦國。以九伐之法正邦國。馮弱犯寡,則眚之;賊賢害民,則伐之;暴内陵外,則壇之;野荒民散,則削之;負固不服,則侵之;賊殺其親,則正之;放弒其君,則殘之。犯令陵政,則杜之;外内亂,鳥獸行,則滅之。"《左傳·襄公十五年》作"蒍子馮爲大司馬",加一"大"字,吳永章認爲"大概是有别於左右司馬和其他司馬之意。"上列大司馬昭陽,即《史記·楚世家》:"懷王六年,楚使柱國昭陽將兵而攻魏"之昭陽。"柱國"與"大司馬"是否一官之異名,有待證明。①

少司馬

少司馬 《包山》173:少司馬

少司馬 《包山》172:少司馬

少司馬 《包山》162:少司馬

少司馬 《包山》130:恒思少司馬

少司馬 《包山》130:恒思少司馬

少司馬 《包山》129:恒思少司馬

少司馬 《郭店·窮達》8:孫叔(叔)三射亘(恒)思少司馬

司馬 《天星觀》:少司馬

"少司馬",官名。《國語·吳語》:"董褐將還,王稱左畸曰:'攝少司馬茲與王士五人,坐于王前。'乃皆進,自剄於客前以酬客。"《左傳·昭公二十一年》:"宋華費遂生華貙、華多僚、華登。貙爲少司馬,多僚爲御士,與貙相惡。"

---

① 黄錫全:《古文字中所見楚官府官名輯證》,《文物研究》第 7 輯,黄山書社,1991 年,第 218～219 頁。

子司馬

《包山》159：子司馬

《包山》145：以告子司馬

《包山》145反：子司馬

《包山》103：子司馬

"子司馬"，官名。《公羊傳·莊公三十年》："齊人伐山戎。此齊侯也，其稱人何？貶。曷爲貶？子司馬子曰：'蓋以操之爲已蹙矣。'此蓋戰也，何以不言戰？《春秋》敵者言戰，桓公之與戎狄，驅之爾。"

左司馬

《包山》105：左司馬敓（殹）

《包山》116：左司馬旅敓（殹）

《包山》129：左司馬适

《包山》130：左司馬邮（越）虩（虢）

《包山》130反：須左司馬

《包山》152：左司馬适

《包山》155：左司馬競（景）慶

《曾侯乙》169：左司馬

四 楚系文字中的職官

"左司馬",官名。《左傳·文公十年》:"楚子田孟諸,宋公爲右盂,鄭伯爲左盂,期思公復遂爲右司馬,子朱及文之無畏爲左司馬。"①《史記·項羽本紀》:"此沛公左司馬曹無傷言之。"

右司馬

《包山》43:右司馬

《包山》119:右司馬志

《包山》133:右司馬彭懌

《包山》175:鄀君之右司馬

《包山》182:右司馬之州加公

《曾侯乙》150:右司馬之騮

"右司馬",官名。《左傳·文公十年》:"宋公爲右盂,鄭伯爲左盂,期思公復遂爲右司馬,子朱及文之無畏爲左司馬。"《戰國策·燕策三》:"齊、韓、魏共伐燕。燕使太子請救於楚,楚王使景陽將而擊之。暮舍,使左右司馬各營壁地。"

司馬卒

《璽彙》0042:司馬裻(卒)鈢(璽)

"司馬裻",即"司馬卒",指司馬所屬的卒。②

---

① 李學勤:《包山楚簡中的土地買賣》,《中國文物報》1992年3月22日;後收入作者《綴古集》,上海古籍出版社,1998年,第152~155頁。

② 李家浩:《楚國官印考釋(四篇)》,《江漢考古》1984年第2期,第44~49頁;後收入作者《著名中年語言學家自選集·李家浩卷》,安徽教育出版社,2002年,第138頁。

司直

《包山》62：司惪（直）

《包山》169：哉郢司惪（直）鄢（陽）

《包山》169：䣕郢司惪（直）鄢（陽）

"司惪"，何琳儀師讀爲"司直"，法官。《詩·鄭風·羔裘》："彼其之子，邦之司直。"《淮南子·主術》："舜立誹謗之木，湯有司直之人。"高誘注："司直，官名，不曲也。"①

司城

《新蔡》甲三 326－1：下獻司城己

《新蔡》甲三 349：司城均之述

《包山》155：大司城

《新蔡》零 102、59：郢果告大司城

《新蔡》零 235、545：□告大司城□

《包山》155：少司城

《清華二·繫年》114：告以宋司城

《曾侯乙》173：宋司城

---

① 何琳儀：《包山竹簡選釋》，《江漢考古》1993年第4期，第56頁。

四　楚系文字中的職官

《曾侯乙》176：宋司城

"司城",即"司空"。《左傳·文公七年》："宋成公卒,於是……公子蕩爲司城。"杜預注："以武公名廢司空爲司城。"《吕氏春秋·召類》"士尹池爲荆使於宋,司城子罕觴之",高誘注："司城,司空,卿官。宋武公名司空,故改爲司城。"①黄錫全先生認爲司城當是掌管城市建設之官。② 司城有大、少之分,莊淑慧先生提出位尊者爲大司城,少司城位在其下,均爲地方官員。③ 宋華强先生疑"大司城"讀爲"大司成",是掌管貴族子弟教育的神靈。《禮記·文王世子》："語説,命乞言,皆大樂正授數,大司成論説在東序。"鄭玄注："此云'樂正司業,父師司成',即大司成,司徒之屬師氏也。"④我們傾向於司城即司空一説,司城、大司城、少司城皆同屬一個職官系統。

司空

《商周集成》18586 二十九年弩機：右司工（空）

"司工",讀爲"司空",古代管理工業與工程的官員。"司空"與上文"司城"同,多掌水利、營建之事。

司敗

《包山》196：王厶（私）司敗邊

《包山》183：司敗

《包山》182：宵官司敗迬

---

① 裘錫圭、李家浩：《曾侯乙墓竹簡釋文與考釋》注 247,《曾侯乙墓》（上册）,文物出版社,1989 年。
② 黄錫全：《古文字中所見楚官府官名輯證》,《文物研究》第 7 輯,黄山書社,1991 年,第 222 頁。
③ 莊淑慧：《曾侯乙墓出土竹簡考》,台灣師範大學國文研究所碩士學位論文,1995 年,第 248 頁。
④ 宋華强：《新蔡楚簡的初步研究》,武漢大學出版社,2010 年,第 305 頁。

《包山》177：司敗

《包山》176：宵官司敗若

《包山》166：司敗

《包山》166：司敗

《包山》162：邾司敗

《包山》143：王厶（私）司敗遏

《包山》141：王厶（私）司敗

《包山》131：佥（陰）司敗

《包山》128：司敗

《包山》90：少司敗

《包山》88：楚斨司敗攸須

《包山》76：司敗

《包山》71：司敗

《包山》69：司敗

《包山》68：司敗

四 楚系文字中的職官

《包山》64：司敗

《包山》60：弍尹君之司敗

《包山》57：司敗

《包山》56：司敗

《包山》55：司敗

《包山》54：司敗

《包山》52：司敗番豫受期

《包山》47：司敗

《包山》46：司敗

《包山》45：司敗周國受期

《包山》40：司敗

《包山》38：弍尹君之司敗

《包山》33：嬴昜之駅司敗黃異受期

《包山》31：司敗

《包山》28：司敗邻尹夷

《包山》25：司敗

《包山》21：司敗

《包山》20：司敗

《包山》15：司敗若

《包山》15 反：司敗

《包山》23：大司敗

《包山》23：少司敗

《包山》50：少司敗

"司敗"，主司法。① 分大、小司敗。《左傳·文公十年》："而辭曰：'臣免於死，又有讒言，謂臣將逃，歸死於司敗也。'"杜預注："陳、楚名司寇爲司敗。"《國語·楚語下》"死在司敗矣"，韋昭注："楚謂司寇爲司敗。"楊伯峻説："陳、楚、唐俱有司敗之官。此'歸死於司敗'，與襄三年《傳》'請歸死於司寇'文意同，足知陳、楚、唐之司敗即他國之司寇。"春秋時的楚司敗相當於中原諸國的司寇，總掌全國獄訟刑罰等司法政務，爲最高司法官。戰國時，楚國中央朝廷主掌司法的官吏不是司敗，而是左尹。司敗只是縣級（包括封君封邑、朝廷某些部門）專職司法官吏，負責一個地區或一個部門的司法工作。不可與春秋時的司敗混爲一談。② "王私司敗"，是左尹官署的重要屬員，專門負責處理楚王室司法事務的官吏。③

---

① 湖北省荊沙鐵路考古隊：《包山楚簡》，文物出版社，1991 年，第 41 頁。
② 羅運環：《古文字資料所見楚國官制研究》，《楚文化研究論集》第 2 集，湖北人民出版社，1991 年，第 285～286 頁。
③ 劉釗：《包山楚簡文字考釋》第 103 條，中國古文字研究會第九屆學術研討會論文，1992 年。

四　楚系文字中的職官

司寇

《璽彙》0065：司寇之鈢（璽）

右司寇

《包山》102：右司寇

"司寇"，司寇主刑，楚名"司敗"。在新鄭出土韓國兵器的銘文中，司寇還可作督造者。① 司寇分左、右。

司豐

《包山》21：司豐司敗

《包山》124：司豐之塞邑人

《包山》145反：司豐之客

"司豐"，官名。"豐"，滕壬生、張守中、白于藍諸先生釋。②

司衣

《包山》89：司衣之州人

"司衣"，官名，類似于《周禮·春官》之"司服"。司服主管王之吉凶、衣服。州以此官命名，有兩種可能：一是此州屬於司衣，如同"邸陽君之州"，二是因某種原因以紀念司衣，猶如漢代州名"司州"，是因漢以司隸校尉督察畿輔，後世於畿

---

① 湖北省荊沙鐵路考古隊：《包山楚簡》，文物出版社，1991年，第46頁。
② 滕壬生：《楚系簡帛文字編》，湖北教育出版社，2008年，第487頁；張守中：《包山楚簡文字編》，文物出版社，1996年，第73頁；白于藍：《包山楚簡零拾》，《簡帛研究》第2輯，法律出版社，1996年，第41頁。

內置司州。前録"司馬之州"當與此類似。①

司民

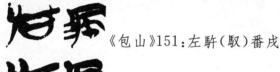《上博六·用》11：司民之降兇

"司民",官名。《周禮·秋官·司寇》："司民：中士六人,府三人,史六人,胥三人,徒三十人。"又："司民：掌登萬民之數。自生齒以上皆書於版……司寇及孟冬祀司民之日,獻其數於王。"又《春官·宗伯》："若祭天之司民,司禄而獻民數。穀數則受而藏之。"②

左馭

《包山》151：左駎（馭）番戌

《包山》152：左駎（馭）遊

右馭

《包山》180：右駎（馭）郙還

"左駎",即"左馭"；"右駎",即"右馭",職官名。③ 黃錫全先生認爲左馭即在左駕駛戰車者,當爲大夫一級。因其有封邑（禄田）,推斷其地位不低,很可能是王車之左馭,相當於御士。《左傳·襄公二十二年》"子南之子棄疾爲王御士",杜預注："御士,御王車者。"後來稱太僕寺卿爲左馭。《文苑英華》397 唐孫逖授王昱太僕卿制,"俾升榮於左馭,仍受任於北京"。④ 羅運環先生根據《左傳·宣公十二年》"楚子（莊王）爲乘廣三十乘,分爲左右……許偃御右廣,養由基爲右；彭名御左廣,屈蕩爲右",杜預注："楚王更迭載之,故各有御、右。"《左傳·成公十六年》："彭名御楚共王,潘黨爲右。"提出"左廣""右廣"都有"御",均坐在車子左邊,

---

① 黃錫全：《古文字中所見楚官府官名輯證》,《文物研究》第 7 輯,黃山書社,1991 年,第 232 頁。
② 馬承源主編：《上海博物館藏戰國楚竹書（六）》,上海古籍出版社,2007 年,第 298 頁。
③ 湖北省荆沙鐵路考古隊：《包山楚簡》,文物出版社,1991 年,第 50 頁。
④ 黃錫全：《古文字所見楚官府官名輯證》,《文物研究》第 7 輯,黃山書社,1991 年,第 220～221 頁。

故均可稱"左馭"。其一爲右廣左馭,一爲左廣左馭,二者當可省稱爲"右馭""左馭",或單稱爲"馭"。簡文中的左馭,殆即左廣之馭,掌王親兵戎車,是軍官。① 燕國十年鄭王喜造行議鐱有"右御攻(工)君(尹)","右御"見於《韓非子·外儲説左上》:"右御冶工言王曰。"可見,御分左、右。

馭右

《包山》270:馭(馭)右二占(貞)轙犀(甲)

《包山牘》1:馭(馭)右二貞轙犀(甲)

"馭(馭)右",即"御右",指車御和車右,與戰國中山奸䤉壺"馭(御)右和同"之"御右"同義。② 古代戰車的乘法,是每乘甲士三人,按左、中、右排列:左邊的叫"車左",執弓箭主射;右邊的叫"車右""戎右""驂乘"等,爲勇力之士,執干戈主鬥;中間的叫"御""僕",主駕車。這是就一般的戰車的乘法來説的,如果是將帥的戰車,其乘法略有不同。將帥的戰車,將帥居中執鼓,御居左邊,車右仍居右邊(此是傳統説法,但清人有不同意這種説法的,認爲將帥居左,御仍居中,車右可單稱爲"右"。例如《左傳·成公二年》:"晉解張御郤克,鄭丘緩爲右。")正車是將帥所乘之車,所以只有御和右,沒有左。③

令

《璽彙》0351:賒(令)鈢(璽)

---

① 羅運環:《古文字資料所見楚國官制研究》,《楚文化研究論集》第2集,湖北人民出版社,1991年,第283～284頁。
② 朱德熙、裘錫圭:《平山中山王墓銅器銘文的初步研究》,《文物》1979年第1期,第50頁;張政烺:《中山國胤嗣奸䤉壺釋文》,《古文字研究》第1輯,中華書局,1979年,第242頁。
③ 李家浩:《包山遣册考釋(四篇)》,《古籍整理研究學刊》2003年第5期,第2頁。

《彙考》183：昜(陽)淖(朝)命(令)鈝(璽)

《包山》5：新官敚(令)邶(越)

《包山》5：伓大敚(令)

《包山》25：玉敚(令)步

《包山》73：仿敚(令)悆

《包山》128：正敚(令)

《包山》141：正敚(令)翠

《包山》143：正敚(令)翠

《包山》152：左敚(令)戮

《包山》165：郚敚(令)

《包山》166：鄭陵敚(令)

《包山》184：坪陵敚

《包山》186：鹽昜(陽)敚(令)

《包山》187：正敚(令)

四　楚系文字中的職官

《包山》189：郯敹

《包山》190：篁敹（令）州加公陽女

《包山》193：夏敹（令）蔡譽

《曾侯乙》57：新官敹（令）

"敹""命""賒"，皆讀爲"令"，官名，秦漢時大縣的行政長官。《漢書·百官公卿表上》："縣令、長，皆秦官，掌治其縣。萬戶以上爲令……減萬戶爲長。"

教令

《包山》99：教敹（令）□

"教敹"，讀爲"教令"，可能是負責管理、教導"作坊"官人之監督官。①

職歲

《璽彙》0205：戠（職）歲之鉨（璽）

《璽彙》3759：后戠（職）歲鉨（璽）

"戠歲"，讀爲"職歲"，官名，掌國家財物支出之職。《周禮·天官·職歲》："掌邦之賦出，以貳官府都鄙之財出賜之數，以待會計而考之。"② 劉釗先生認爲"后職歲"的"后"既有可能是指前後之"後"，也有可能指王后之"后"，以後一種可能性要大。"后職歲鉨"是專司王后職歲事務的官吏所用之璽。③ 施謝捷先生讀爲

---

① 文炳淳：《包山楚簡所見楚官制研究》，台灣大學碩士學位論文，1998年，第183頁。
② 葉其峰：《戰國官璽的國別及有關問題》，《故宮博物院院刊》1981年第3期，第87頁。
③ 劉釗：《楚璽考釋（六篇）》，《江漢考古》1991年第1期，第75頁。

"職載"。①

戠飤

《璽彙》0217：戠(職)飤(食)之鉩(璽)

"戠飤"，讀爲"職食"，大概相當於《周禮》中的"膳夫"。《周禮·天官·膳夫》："掌王之食飲膳羞，以養王及后、世子。"②

職襄

《璽彙》0309：下鄴(蔡)戠(職)襄

"戠襄"，何琳儀師疑讀爲"職喪"，《周禮·春官·職喪》："掌諸侯之喪及卿大夫士，凡有爵者之喪。"③湯餘惠、吳振武先生讀作"織纕"，認爲是負責織造佩帶部門或官吏所用之璽。④ 黃錫全先生讀爲"職壤"，可能是掌管土壤的官吏。⑤ 曹錦炎先生讀爲"職禳"，據《周禮·天官》有女祝，"掌以時招、梗、禬、禳之事，以除疾殃。"認爲此璽當爲下蔡邑主管禳事官之印。⑥

襄官

《璽彙》0141：襄官之鉩(璽)

"襄官"，湯餘惠先生讀作"纕官"。《玉篇·糸部》："纕，帶也。"《集韻·陽

---

① 施謝捷：《古璽彙考》，安徽大學博士學位論文，2006年，第159頁。
② 鄭超：《楚國官璽考述》，《文物研究》第2輯，黃山書社，1986年，第89頁。
③ 何琳儀：《戰國古文字典》，中華書局，1998年，第689頁。
④ 湯餘惠：《略論戰國文字形體研究中的幾個問題》，《古文字研究》第15輯，中華書局，1986年，第76頁。吳振武：《〈古璽文編〉校訂》第325條，人民美術出版社，2011年。
⑤ 黃錫全：《古文字中所見楚官府官名輯證》，《文物研究》第7輯，黃山書社，1991年，第231頁。
⑥ 曹錦炎：《古璽通論》，上海書畫出版社，1996年，第105~106頁。

四　楚系文字中的職官

韻》:"纕,佩帶。"《楚辭·離騷》:"解佩纕以結言兮,吾令蹇修以爲理。"王逸注:"纕,佩帶也。纕官可能與衣帶的製作和管理有關①。何琳儀師疑讀爲"喪官"或"葬官"。②

職鑄

《璽彙》3750:方正戠(職)鑄

"戠鑄",即"職鑄"。此璽爲方正地職掌冶鑄工作官員所用之璽。③

職旅

《彙考》175:戠(職)遊(旅)

"戠遊",即"職旅"。裘錫圭先生謂"職旅即主管關於'旅'的事務的官"。④

旅

《彙考》175:者(諸)厌(侯)之遊(旅)

《盛世》011:灘(漢)東遊(旅)鈢(璽)

《彙考》175:样鈇遊(旅)鈢(璽)

---

① 湯餘惠:《略論戰國文字形體研究中的幾個問題》,《古文字研究》第 15 輯,中華書局,1986 年,第 57 頁。
② 何琳儀:《戰國古文字典》,中華書局,1998 年,第 691 頁。
③ 文炳淳:《包山楚簡所見楚官制研究》,台灣大學碩士學位論文,1998 年,第 244 頁。
④ 裘錫圭:《諸侯之旅等印考釋》,《文物研究》第 6 輯,黃山書社,1990 年,第 53~58 頁。

《彙考》175：翏□遽（旅）鈢（璽）

"遽"，即"旅"，指旅人。裘錫圭先生指出璽文的"諸侯之旅"與《墨子》的"諸侯之客"、《管子》的"諸侯之商賈"語例相同，應該當來自他國的旅人講。《周書·大聚》："遠旅來至，關人易資。""諸侯之旅"印應該是職旅用來封緘發給這些人的文書、證件或他們所攜帶的某些物品的。①

識獄

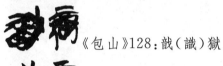

《包山》128：戠（識）獄

《包山》139反：戠（識）獄

"戠獄"，讀爲"識獄"，即"記獄"。②

職

《璽彙》5482：戠（職）

"戠"，讀爲"職"，主管；任職。《左傳·僖公二十六年》："載在盟府，大師職之。"《史記·秦始皇本紀》："非博士官所職，天下敢有藏《詩》《書》、百家語者，悉詣守、尉雜燒之。"

職火

《璽彙》0320：戠（職）火之鈢（璽）

肖毅先生懷疑第二字是"火"。③ "戠火"，即"職火"。職火，可能是職掌火一類的職官。

---

① 裘錫圭：《諸侯之旅等印考釋》，《文物研究》第 6 輯，黃山書社，1990 年，第 53～58 頁。
② 黃德寬：《釋楚系文字中的🔲》，中國古文字研究會第九屆學術討論會論文，1992 年。
③ 肖毅：《古璽所見楚系官府官名考略》，《江漢考古》2001 年第 2 期，第 38～45 頁。

四　楚系文字中的職官

職載

《彙考》160：戠（職）軗（載）之鈢（璽）

"戠軗"，即"職載"。軗，从車，才聲，"載"字異體。盟書，盟載、載書，亦單稱載。《左傳·僖公二十六年》："載在盟府。"杜預注："載，載書也。"《周禮·秋官·司盟》："掌盟載之法。"鄭玄注："載，盟辭也。盟者書其辭於策。殺牲取血，坎其牲，加書於上而埋之，謂之載書。"疑職載即《周禮》中的"司盟"。

太宰

《曾侯乙》210：大（太）宰

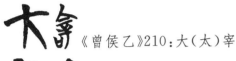《包山》102：新都南陵大（太）宰

《上博四·柬》10：君王尚（當）以餇（問）大（太）剒（宰）晉侯

《上博四·柬》11：大（太）剒（宰）進倉（答）

《上博四·柬》13：大（太）剒（宰）倉（答）

《上博四·柬》14：胃（謂）大（太）剒（宰）

《上博四·柬》17：大（太）剒（宰）迈而胃（謂）之

《上博四·柬》19：以告大（太）剒（宰）

《上博四·柬》20：大（太）剒（宰）胃（謂）陵尹

《上博四·柬》21：大（太）剒（宰）言

619

《上博四·柬》22：命（令）尹子林餌（問）於大（太）剚（宰）子
止（之）

《上博四·柬》23：大（太）剚（宰）會（答）曰

《上博四·柬》13：大（太）剚（宰）

《上博四·柬》14：侯大（太）剚（宰）遜

《上博四·柬》23：命（令）尹胃（謂）大（太）剚（宰）

《清華二·繫年》83：大剚（宰）

《清華二·繫年》131：大剚（宰）

《清華三·良臣》11：以爲大宰

"大剚"，即"太宰"，亦稱"冢宰"，爲六官之首，總理全國政務，輔助王者治理天下。《左傳·隱公十一年》"將以求大宰"，注："大宰，官名。"《周禮·天官·大宰》："大宰之職，掌建邦之六典，以佐王治邦國：一曰治典，以經邦國，以治官府，以紀萬民；二曰教典，以安邦國，以教官府，以擾萬民；三曰禮典，以和邦國，以統百官，以諧萬民；四曰政典，以平邦國，以正百官，以均萬民；五曰邢典，以詰邦國，以刑百官，以糾萬民；六曰事典，以富邦國，以任百官，以生萬民。"[1]《戰國策·韓策一》"鄭彊之走張儀於秦"章："鄭彊之走張儀於秦，曰：'儀之使者必之楚矣。'故謂大宰曰：'公留儀之使者，彊請西圖儀於秦。'"鮑彪注："太宰，楚官。"

宰夫

《上博三·中》4：叟（使）雠（雍）也從於剚（宰）夫之後

---

[1] 馬承源主編：《上海博物館藏戰國楚竹書（四）》，上海古籍出版社，2004年，第204頁。

"剗夫",即"宰夫"。《周禮·天官·冢宰》中有"宰夫"一職,爲下大夫,"掌治朝之灋"。簡文中的"剗(宰)夫"已非王官,爲春秋時卿大夫的家臣,掌管膳食,亦稱"膳宰"。①

宰尹

《包山》37:福昜(陽)剗(宰)尹

《新蔡》甲三 356:以微剗(宰)尹發與□

《曾侯乙》154:噂(宰)尹

《曾侯乙》155:噂(宰)尹

《天星觀》:剗(宰)尹

"剗尹""噂尹",即"宰尹",治膳官。《韓非子·八説》:"酸甘鹹淡,不以口斷而決於宰尹,則廚人輕君而重於宰尹矣。"②宋華强先生認爲《周禮·天官·庖人》既有"共王之膳"之職,與《八説》宰尹類似;又有"共祭祀之好羞"之職,與簡文宰尹掌供犧牲類似。③

少宰尹

《包山》157:少剗(宰)尹郭訣

《包山》157反:郯(鄢)少宰尹郭訣

"少剗尹",即"少宰尹",宰尹的副職。《書·周官》"少師、少傅、少保,曰三孤",孔穎達疏"以孤副貳三公"。

---

① 馬承源主編:《上海博物館藏戰國楚竹書(三)》,上海古籍出版社,2003年,第266頁。
② 劉信芳:《包山楚簡解詁》,藝文印書館,2003年,第48頁。
③ 宋華强:《新蔡葛陵楚簡初探》,武漢大學出版社,2011年,第102頁。

宰官

《璽彙》0142：剒（宰）官之鈢（璽）

"剒官"，即"宰官"，食官。《儀禮·大射儀》"宰胥薦脯醢"，鄭玄注："宰胥，宰官之吏也。"

廚尹

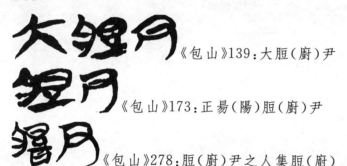

《包山》139：大胆（廚）尹

《包山》173：正昜（陽）胆（廚）尹

《包山》278：胆（廚）尹之人集胆（廚）

"胆尹"，讀爲"廚尹"。《周禮·天官·膳夫》："掌王之食飲膳羞，以養王及后、世子。"大廚尹、廚尹可能與《周禮》所載"膳夫"相關。

廚官

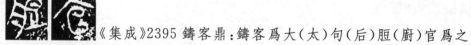《集成》2395 鑄客鼎：鑄客爲大（太）句（后）胆（廚）官爲之

"胆官"，讀爲"廚官"。《漢書·郊祀志》："明年，上始祀南郊，赦奉郊之縣及中都官耐罪囚徒。是歲，衡、譚復條奏：'長安廚官、縣官給祠，郡國候神方士使者所祠，凡六百八十三所，其二百八所應禮，及疑無明文，可奉祠如故。其餘四百七十五所不應禮，或復重，請皆罷。'"

集廚

《集成》2095 集胆大子鼎：集胆（廚）

《集成》2096 集胆大子鼎：集胆（廚）

《集成》10291 集胆大子鼎：集胆（廚）

四 楚系文字中的職官

《集成》2296 集脰鼎：鑄客爲集脰（廚）

《集成》2297 集脰鼎：鑄客爲集脰（廚）爲之

《集成》2298 集脰鼎：鑄客爲集脰（廚）爲之

《集成》2623 集脰鼎蓋：集脰（廚）

《集成》2794 楚王酓忑鼎器：集脰（廚）

《集成》2794 楚王酓忑鼎器蓋：集脰（廚）

《集成》2795 楚王酓忑鼎：集脰（廚）

《集成》10577 鑄客器：鑄客爲集脰（廚）爲之

《新收》1327 大府鎬：集脰（廚）

"集脰"，讀爲"集廚"，當是楚王室廚官的名稱。①

集廚尹

《天星觀》：集脰（廚）尹

"集脰尹"，讀爲"集廚尹"，應是"集廚"的長官。

集既輿

《集成》10389 集既方爐：鑄客爲集既輿（輿）爲之

---

① 朱德熙、裘錫圭：《戰國文字研究（六種）》，《朱德熙古文字論集》，中華書局，1995年，第41～42頁。

"集既與",讀爲"集既興"。程鵬萬先生認爲可能與古代管理收藏的官吏興有關。《左傳·昭公四年》:"自命夫、命婦,至於老疾,無不受冰。山人取之,縣人傳之,輿人納之,隸人藏之。"杜預注:"輿、隸皆賤官。"古代管理收藏的軍吏也稱爲"輿",《淮南子·兵略訓》:"良將之所以必勝者,恒有不原之智,不道之道,難以衆同也。夫論除謹,動靜時,吏卒辨,兵甲治,正行伍,連什伯,明鼓旗,此尉之官也。前後知險易,見敵知難易,發斥不忘遺,此候之官也。隧路亟,行輜治,賦丈均,處軍輯,井竈通,此司空之官也。收藏於後,遷舍不離,無淫輿,無遺輜,此輿之官也。凡此五官之於將也,猶身之有股肱手足也,必擇其人,技能其才,使官勝其任,人能其事。告之以政,申之以令,使之若虎豹之有爪牙,飛鳥之有六翮,莫不爲用。"①

集糈

《集成》2299 集糈鼎:鑄客爲集糈爲之

《集成》914 鑄器客瓵:鑄器客爲集糈

信阳 2.024:集糈

"集糈",學術界説法不一。郝本性先生認爲此官的職務當與蒸煮稷黍有關。② 陳秉新先生讀爲"集煮"。③ 李零先生疑讀"集稰",因天星觀遣策有"集稰尹",是掌管稻粱等主食之官。《漢書·百官公卿表》:"少府屬官有大官、湯官、導官",顏師古注:"大官主膳食,湯官主餅餌,導官主擇米。"④

集糈尹

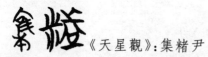《天星觀》:集糈尹

---

① 程鵬萬:《試説朱家集銅器銘文中的"集既鑄"》,《古籍整理研究學刊》2009 年第 4 期,第 72~73 頁。
② 郝本性:《壽縣楚器集脰諸銘考釋》,《古文字研究》第 10 輯,中華書局,1983 年,第 206 頁。
③ 陳秉新:《壽縣楚器銘文考釋拾零》,《楚文化論集》第 1 輯,荆楚書社,1987 年,第 337 頁。
④ 李零:《論東周時期的楚國典型銅器群》,《古文字研究》第 19 輯,中華書局,1992 年,第 149 頁。

參上。

集醓

《集成》2300 鑄客鼎：鑄客爲集䣩（醓）爲之

《集成》9420 鑄客盃：鑄客爲集䣩（醓）爲之

《集成》10388 集䣩盧：鑄客爲集䣩（醓）爲之

《集成》9420 集䣩盃：鑄客爲集䣩（醓）爲之

"集䣩"，學術界觀點衆説紛紜：夏渌先生釋作"陰醓"，指楚王后宫爲祭祀備膳的職官。① 郝本性先生釋"集"下一字作"酗"，"酗"爲美酒名，見於《集韻》。"集酗"是祭祀或享禮時供應酒醴的職官。② 陳秉新先生認爲"集酗（酉）"是楚王室總管釀酒的機構，其長相當於《禮記》的大酉。③ 黄錫全先生解釋"集酗"是機構名，其長可能爲"集酗尹"。④ 李零先生認爲字从酉，可能與酒、醓一類食品有關。⑤ 劉彬徽和陳治軍先生將這組字分爲兩組，陳先生將兩組字分釋作"醓"和"酚"，但"集醓""集酚"所指相同，應該都指釀酒的職官。⑥ 我們懷疑此字應該隸作"酚"，只是右下所从"臼"形寫得有些怪異，可能是"臼"之訛變。"集酚"可讀作"集醓"，《詩·大雅·行葦》："醓醢以薦，或燔或炙。"毛亨傳："以肉曰醓醢。"孔穎達疏："蓋用肉爲醢，特有多汁，故以醓爲名。"則"集醓"大概就是楚國掌管會集各種肉醬的食官。

---

① 夏渌：《楚古文字新探》，《楚史論叢初集》，湖北人民出版社，1984年，第280～281頁。

② 郝本性：《試論楚國器銘中所見的府和鑄造組織》，《楚文化研究論集》第1輯，荆楚書社，1987年，第313～326頁。

③ 陳秉新：《壽縣楚器銘文考釋拾零》，《楚文化研究論集》第1輯，荆楚書社，1987年，第336頁。

④ 黄錫全：《古文字中所見楚官府官名輯證》，《文物研究》第7輯，黄山書社，1991年，第216頁。

⑤ 李零：《論東周時期的楚國典型銅器群》，《古文字研究》第19輯，中華書局，1992年，第150頁。

⑥ 劉彬徽：《楚系青銅器研究》，湖北教育出版社，1995年，第364頁；陳治軍：《安徽出土青銅器銘文研究》，黄山書社，2012年，第149～156頁。

集胖

《集成》1807 集𦎫鼎：集𦎫（胖）

《集成》2480 鑄客大鼎：鑄客爲集𦎫（胖）

《新收》1325 鑄客鼎：鑄客爲集𦎫（胖）爲之

"集𦎫"，讀爲"集胖"。第二字釋法很多，有釋"膴"①"朕（饎）"②"肴（肴）"③"𦎫"④"𦎫"⑤"𦎫"⑥等說，徐在國先生傾向於黃錫全先生對此字上部所從的釋法，釋作"叕"，並進一步指出下部是"𦎫"，即"胖"，上古音叕屬端紐月部字，𦎫（胖）屬幫母元部字，月、元對轉，懷疑此字所從的叕是贅加的聲符，換言之，此字是個雙聲符的字，在銅器銘文中讀爲"胖"。《說文》："胖，半體肉也。一曰廣肉。从半从肉，半亦聲。"《周禮·天官·腊人》："凡祭祀，共豆脯，薦脯、膴、胖，凡臘物。"鄭玄注："胖宜爲膴而腥，胖之言片也，析肉意也。"⑦

集脞

《集成》10577 集脞爐：鑄客爲集脞爲之

"脞"，從吳振武先生釋。吳先生認爲"脞"有細碎義，《集韻·果韻》"脞"字下謂切肉爲脞，那麼"集脞"之脞當是指切碎的肉，類似於古書中所說的膾。⑧

---

① 李學勤：《戰國題銘概述（下）》，《文物》1959 年第 9 期，第 60 頁。
② 朱德熙、裘錫圭：《戰國文字研究（六種）》，《朱德熙古文字論集》，中華書局，1995 年，第 43 頁。
③ 李零：《楚國銅器銘文編年匯釋》，《古文字研究》第 13 輯，中華書局，1986 年，第 383 頁。
④ 黃錫全：《𦎫𦎫考辨》，《江漢考古》1991 年第 1 期，第 63～72 頁。
⑤ 李守奎：《楚文字編》，華東師範大學出版社，2003 年，第 271 頁。
⑥ 吳振武：《朱家集楚器銘文辨析三則》注 3，《黃盛璋先生八秩華誕紀念文集》，中國教育文化出版社，2005 年，第 291 頁。
⑦ 徐在國：《談楚文字中從胖的幾個字》，《楚簡楚文化與先秦歷史文化國際學術研討會論文集》，湖北教育出版社，2013 年，第 484～487 頁。
⑧ 吳振武：《朱家集楚器銘文辨析三則》，《黃盛璋先生八秩華誕紀念文集》，中國教育文化出版社，2005 年，第 297～299 頁。

四 楚系文字中的職官

士尹

《璽彙》0146：士尹之鈢（璽）

《丹篆》7：士尹之鈢（璽）

《包山》122：士尹

《包山》185：五帀（師）士尹

《夕陽坡簡》：士尹

"士尹"，官名。何琳儀師根據《吕覽·招類》"士尹池爲荆使于宋，司城子罕觴之"的記載，考證士尹爲楚官。① 曹錦炎先生認爲士尹應是管理士之事務的長官。包山楚簡有"士師"，據《周禮》系大司寇之屬官，爲治獄官。齊國也設有此官，見《孟子·梁惠王下》及《公孫丑下》。有可能士尹是專門負責士之治獄官。② 文炳淳先生認爲楚國士尹應與《周禮》"司士"相類。《周禮·夏官·司士》："掌群臣之版，以治其政令，歲登下其損益之數，辨其年歲與其貴賤，周知邦國都家縣鄙之數，卿大夫士庶子之數，以詔王治……掌國中之士治，凡其戒令……作士適四方使，爲介……作六軍之士執披。"③

士師

《包山》12：士帀（師）墨

"士帀"，讀"士師"，獄官。《周禮·秋官·士師》："士師之職，掌國之五禁之

---

① 何琳儀：《古璽雜識續》，《古文字研究》第19輯，中華書局，1992年，第470～489頁。
② 曹錦炎：《古璽通論》，上海書畫出版社，1996年，第94～95頁。
③ 文炳淳：《包山楚簡所見楚官制研究》，台灣大學碩士學位論文，1998年，第114頁。

法,以左右刑罰。"

大官之師

《上博四·曹》25:必又(有)數大官之帀(師)

"大官之師",疑指士師。《周禮·秋官》有"士師",爲掌獄訟之官。① 《國語·吳語》:"陳士卒百人,以爲徹行百行。行頭皆官師,擁鐸拱稽,建肥胡,奉文犀之渠。十行一嬖大夫……"韋昭注:"三君皆云:'官師,大夫也。'昭謂:下言'十行一嬖大夫',此一行宜爲士。《周禮》:'百人爲卒,卒長皆上士。'……十行,千人。嬖,下大夫也。子產謂子南曰:'子晳,上大夫。汝,嬖大夫。'"官師當即此"大官之師"。②

卿士

 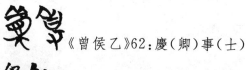《曾侯乙》62:慶(卿)事(士)

《曾侯乙》142:慶(卿)事(士)

 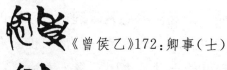《曾侯乙》172:卿事(士)

《曾侯乙》199:卿事(士)

"慶事""卿事",讀爲"卿士"。慶、卿古音相近,可通。《左傳·隱公三年》"鄭武公、莊公爲平王卿士",杜預注:"卿士,王卿之執政者。"③

莫敖

《商周集成》17310 向壽戈:徐莫嚻(敖)卲(昭)齒

---

① 馬承源主編:《上海博物館藏戰國楚竹書(四)》,上海古籍出版社,2004 年,第 259 頁。

② 陳劍:《上博竹書〈曹沫之陳〉新編釋文(稿)》,武漢大學簡研究網,2005 年 2 月 12 日。

③ 裘錫圭、李家浩:《曾侯乙墓竹簡釋文與考釋》注 132,《曾侯乙墓》(上册),文物出版社,1989 年。

四 楚系文字中的職官

《集成》10373 燕客銅量:鄝莫囂(敖)

《璽彙》0164:鉨(湘)坴(陵)莫䚈(敖)

《彙考》148:大莫囂(敖)鈢(璽)

《彙考》149:大莫囂(敖)連(遱?)鈢(璽)

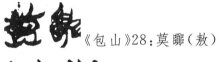《包山》7:大莫䚈(敖)

《包山》28:莫䚈(敖)

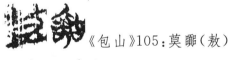《包山》29:鄝莫䚈(敖)

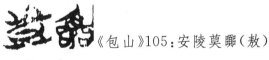《包山》105:莫䚈(敖)

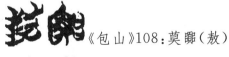《包山》105:安陵莫䚈(敖)

《包山》108:莫䚈(敖)

《包山》111:正昜莫䚈(敖)

《包山》113:莫䚈(敖)

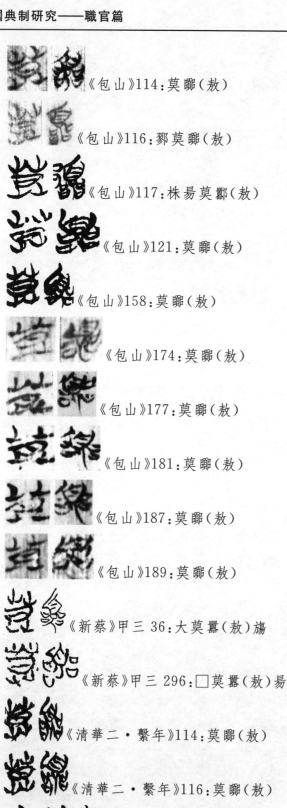

《包山》114：莫嚻（敖）

《包山》116：鄝莫嚻（敖）

《包山》117：株昜莫鄝（敖）

《包山》121：莫嚻（敖）

《包山》158：莫嚻（敖）

《包山》174：莫嚻（敖）

《包山》177：莫嚻（敖）

《包山》181：莫嚻（敖）

《包山》187：莫嚻（敖）

《包山》189：莫嚻（敖）

《新蔡》甲三 36：大莫嚻（敖）旟

《新蔡》甲三 296：□莫嚻（敖）昜

《清華二·繫年》114：莫嚻（敖）

《清華二·繫年》116：莫嚻（敖）

《曾侯乙》1：大莫嚻（敖）

四 楚系文字中的職官

《彙考》149 乔(莫)嚻(敖)之鈢(璽)

"莫嚻""莫斁""乔嚻",皆讀爲"莫敖"。何琳儀師認爲:乔從廾、不聲(長橫筆右側之斜筆明顯爲泐痕),即字書之"抔"。不與莫均屬唇音,作爲否定詞音義均通。疑抔是莫的淮北古方言。① 李學勤先生説:"'莫敖'官職已見於《左傳》桓公十二年(前700年),足見其起源甚早。繆文遠先生根據《左傳》襄公十五年、二十二年均有司馬與莫敖同見,前者且有大司馬、右司馬、左司馬、莫敖的順序,辨明'司馬與莫敖顯爲二官,莫敖地位在司馬下';又據桓公十二年莫敖屈瑕伐絞、羅二國,指出'其職主將兵',是正確的。《史記·曹相國世家》記曹參戰功,云:'凡下二國、縣一百二十二,得王二人,相三人,將軍六人,大莫敖、郡守、司馬候、御史各一人。'《集解》稱:'大莫敖,楚之卿號。'但從其在將軍之下,可知地位不是太高。"② 從傳世文獻和出土文獻記載來看,自春秋到戰國,楚國一直設"莫敖"一官,且戰國時期的莫敖仍然職掌軍事。③ "莫敖"前或綴有地名,爲地方屬官;"大莫敖"乃中央屬官。

連敖

《集成》10373 燕客銅量:鄘(羅)連嚻(敖)屈上

《璽彙》0318:連嚻(敖)之四

《彙考》149:連聊(敖)

《包山》6:新官連聊(敖)

---

① 何琳儀:《楚官璽雜識》,《南京師範大學文學院學報》2002年第1期,第168頁。
② 李學勤:《論葛陵楚簡的年代》,《文物》2004年第7期,第67～70頁。
③ 譚黎明:《春秋戰國時期楚國官制研究論綱》,《東北師大學報》2008年6期,第96頁。

631

《包山》10：連聊（敖）

《包山》110：連聊（敖）

《包山》112：連聊（敖）

《包山》118：連聊（敖）

《包山》127：連聊（敖）山

《包山》163：連聊（敖）

《包山》170：連聊（敖）

《包山》170：連聊（敖）

《包山》180：連聊（敖）

《包山》191：連聊（敖）

《包山》202：連聊（敖）

《包山》211：連聊（敖）

《包山》225：東陵連聊（敖）

《包山》243：連聊（敖）

《新蔡》零354：連聊（敖）受（授）□

四　楚系文字中的職官

〔連囂字形〕《曾侯乙》12：連職（敖）東臣

〔連囂字形〕《曾侯乙》73：連職（敖）

"連囂""連職"，讀爲"連敖"，官名，見於《史記·淮陰侯列傳》："及項梁渡淮，信杖劍從之，居戲下，無所知名。項梁敗，又屬項羽，羽以爲郎中。數以策干項羽，羽不用。漢王之入蜀，信亡楚歸漢，未得知名，爲連敖。坐法當斬，其輩十三人皆已斬，次至信，信乃仰視，適見滕公，曰：'上不欲就天下乎？何爲斬壯士！'滕公奇其言，壯其貌，釋而不斬。與語，大説之。言於上，上拜以爲治粟都尉，上未之奇也。"古人對連敖一官的見解各有不同，大致如下：裴駰《集解》引徐廣曰："連敖，典客也。"司馬貞《索隱》引李奇云："連敖，楚官名。"張晏云："連敖，司馬也。"梁玉繩《史記志疑》："連敖是司庚之官。"李家浩先生根據璽文"四"的記數特點，斷此璽爲軍璽，從而認同張晏的説法。① 何琳儀師認爲連敖次於莫敖，是同級的正副職關係。②

登徒

〔字形〕《曾侯乙》150：右坒（登）徒

〔字形〕《曾侯乙》152：左迸（登）徒

〔字形〕《曾侯乙》211：左迸（登）徒

"坒徒""迸徒"，讀爲"登徒"。或認爲"迸""坒"很可能就是"跰"，疑"跰徒"讀爲"登徒"。《戰國策·齊策三》"郢之登徒"，注："登徒，楚官也。"③

---

① 李家浩：《楚國官印考釋（四篇）》，《著名中年語言學家自選集·李家浩卷》，安徽教育出版社，2002年，第134～139頁。
② 何琳儀：《長沙銅量銘文補釋》，《江漢考古》1988年第4期，第99頁。
③ 裘錫圭、李家浩：《曾侯乙墓竹簡釋文與考釋》注220，《曾侯乙墓》（上册），文物出版社，1989年。

大藏

《包山》72：大臧（藏）之州人

《包山》182：大臧（藏）之加公

《包山》205：大𦉢（藏）饋之

少藏

《包山》80：少臧（藏）之州人

"大臧""大𦉢"讀爲"大藏"；"少臧"，讀爲"少藏"。陳偉先生根據《周禮·天官·宰夫》："五曰府，掌官契以治藏。"鄭玄注："治藏，藏文書及器物。"《史記·老子列傳》："周守藏室之史也。"司馬貞《索隱》："藏室史，周藏書室之史也。"指出簡文"大臧""少臧"，或許是掌管這些收藏的官員。①李家浩先生認爲"大𦉢"就是司灋文書簡的"大臧"，是掌管收藏的職官。簡文是説罷禱於昭王的特牛，是由大藏進獻的。②《周禮·天官·大府》："掌九貢、九賦、九功之貳，以受其貨賄之入，頒其貨于受藏之府，頒其賄于受用之府。"故大臧、少臧可能是掌財政物資儲藏管理之官。③

右史

《包山》158：畢得廁爲右叓（史）

"右叓"，即"右史"，與"内史"同。《禮記·玉藻》："動則左史書之，言則右史書之。"鄭玄注："其書，《春秋》《尚書》其存者。"《大戴禮記·盛德篇》："内史、太史，左右手也。"盧辯注："太史爲左史，内史爲右史。"

---

① 陳偉：《包山楚簡初探》，武漢大學出版社，1996年，第93頁。
② 李家浩：《包山祭禱簡研究》，《簡帛研究二〇〇一》，廣西教育出版社，2001年，第32頁。
③ 石泉：《楚國歷史文化辭典》，武漢大學出版社，1997年，第17頁。

四 楚系文字中的職官

太史

《包山》138：大（太）叓（史）連中

"大叓"，讀爲"太史"，官名，即左史。《大戴禮記·盛德篇》："内史、太史，左右手也。"盧辯注："太史爲左史，内史爲右史。"《左傳·襄公十四年》："左史謂魏莊子曰，不待中行伯乎？"杜預注："左史，晉大史。"《左傳·昭公十二年》："左史倚相趨過。王曰：是良史也。"

相隨

《包山》259：相遳（隨）之器所以行

《上博四·柬》9：㮯（相）屎（隨）與中余（舍）

《上博四·柬》10：㮯（相）屎（隨）中余（舍）倉（答）

《上博四·柬》15：㮯（相）屎（隨）、中余（舍）

"相遳""相屎"，讀爲"相隨"，官名，爲楚王近侍之官，《包山楚簡》遣策類的簡259至簡264"相隨之器所以行"，即相隨之官所掌管的出行攜帶物品。①

中舍

《包山》18：审（中）酥（舍）

《包山》35：审（中）酥（舍）

《包山》145：审（中）䣤（舍）

《清華一·楚居》16：审（中）䣤（舍）忌（起）禍

---

① 周鳳五：《上博四〈柬大王泊旱〉新研重探》，《簡帛》第1輯，上海古籍出版社，2006年，第129頁。

《上博四·柬》9：槐（相）屎（隨）與中余（舍）

《上博四·柬》10：中余（舍）昏（答）

《上博四·柬》15：中余（舍）與五連少（小）子及龍（寵）臣皆逗

"中酓""审酓""中余"，均讀爲"中舍"，官名，爲楚王宮中的舍人之官。① 周鳳五先生認爲"此官爲楚王宮中近侍之禁，秦漢以下稱作舍人，《史記》《漢書》常見"。② 陳偉先生疑此官同古書中的"中謝"或"中射"，《呂氏春秋·去宥》高誘注："中謝，官名也。佐王制法制也。"董說《七國考》繆文遠《訂補》將"中謝"列于"楚職官"之下，其職掌則以司馬貞說近是。③ 肖從禮先生說，"中舍"之"中"與"中府"之"中"同義，指王室之内宮。④ 李家浩先生認爲"中舍"大概是機構名，可能就是東周、燕等國賓客食宿之所。《史記·張儀傳》說楚國有"上舍"："秦欲伐齊，齊楚從親，於是張儀往相楚。楚懷王聞張儀來，虛上舍而自館之。"既然楚國有上舍，當然還有下舍、中舍。《史記·孟嘗君列傳》記載馮驩爲孟嘗君門客，孟嘗君初將馮驩"置傳舍"；馮驩說"食無魚"，孟嘗君"遷之幸舍"；馮驩說"出無輿"，孟嘗君"遷之代舍"。司馬貞《索隱》："傳舍、幸舍及代舍，並當上、中、下三等之客所舍之名耳。"孟嘗君是齊國的封君。封君的各種制度基本上如中央。楚國中央的客舍有上、中、下三舍，猶孟嘗君的客舍有上、中、下三等。也有可能如肖從禮先生之說。⑤ 筆者傾向于"中舍"的釋法，但究竟其意是指館舍還是指王室之内宮，目前還不好判斷。

---

① 劉信芳：《包山楚簡近似之字辨析》，《考古與文物》1996年第2期，第83頁；周鳳五：《包山楚簡集箸集箸言析論》，《中國文字》新廿一期，台灣藝文印書館，1996年，第40頁。

② 周鳳五：《上博四〈柬大王泊旱〉重探》，《簡帛》第1輯，上海古籍出版社，2006年，第129頁。

③ 陳偉：《〈柬大王泊旱〉新研》，武漢大學簡帛研究網，2006年11月22日。

④ 肖從禮：《楚漢簡牘所見"中舍"考》，卜憲群、楊振紅主編：《簡帛研究（二〇〇九）》，廣西師範大學出版社，2011年，第90頁。

⑤ 李家浩：《戰國文字中的"宫"》，《出土文獻與古文字研究》（第6輯），上海古籍出版社，2015年，第270~271頁。

四 楚系文字中的職官

舍人

《包山》145 反：馀（舍）人

"馀人"，讀爲"舍人"，官名。《周禮·地官·舍人》："掌平宫中之政，分其財守，以灋掌其出入。凡祭祀，共簠簋，實之陳之。賓客亦如之，共其禮，車米筥米芻禾。"其職在於負責分發各國來客之肉禄。① 舍人可能與李家浩先生釋爲"館舍"的中舍有關，是職掌館舍的官員。

正

《璽彙》0343：五渚正鈦（璽）

《包山》19：鄢正

《包山》75：羕（養）陵正

《包山》131：陰之正

《包山》135：侌（陰）之正

《包山》137 反：陰之正

《包山》26：鄆昜（陽）大正

《包山》161：以王命誼（屬）之正

《包山》59：長曑（沙）正

---

① 劉信芳：《竹書〈東大王泊旱〉試解五則》，武漢大學簡研究網，2005 年 3 月 14 日。

《包山》102：右司寇正陳得

"正"，包山簡前多綴有地名，爲縣正。① 李家浩先生認爲鉩文"五渚"乃楚地名，見于《戰國策·燕策二》"秦召燕王"章，蘇代約燕王謂："秦之行暴于天下，正告楚曰：'蜀地之甲，輕舟浮於汶，乘夏水而下江，五日而至郢。漢中之甲，乘舟出於巴，乘夏水而下漢，四日而至五渚……'"五渚之地望，説法不同。《水經·湘水注》："凡此四水（指湘、資、沅、澧水）同注洞庭北會大江，名之五渚。《戰國策》曰'秦與荊人戰，大破之，取洞庭、五渚'是也。"《史記·蘇秦傳》司馬貞索隱謂："五渚，五處洲渚也。劉氏以爲宛、鄧之間，臨漢水，不得在洞庭。或説五渚即五湖，蓋與劉説不同也。"五渚之確切地待考。五渚正，即管理五渚的長官。② 鄭超先生讀"正"爲"征"，釋五渚正爲掌管五渚地方山澤稅收之稅務官。③ 文炳淳先生提出五渚正即五渚地區的獄訟官，正如"長暴正"。《禮記·王制》"成獄辭，史以獄成告於正。正聽之。正以獄成告于大司寇，大司寇聽之棘木之下。"鄭玄注："正，於周鄉師之屬，'辨其獄訟，異其死刑之罪而要之，職聽於朝，司寇聽之。'"④

正佐

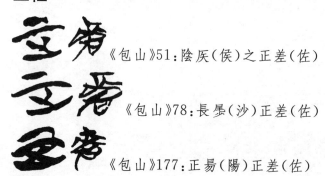

《包山》51：陰㑦（侯）之正差（佐）

《包山》78：長㲅（沙）正差（佐）

《包山》177：正昜（陽）正差（佐）

"正差"，讀爲"正佐"，縣正之副官。

行僕

《包山》155：襄陵之行僕（僕）

"行僕"，即"行僕"，或疑爲周官"行夫"，即縣級外交使者。《周禮·秋官·行

---

① 湖北荊沙鐵路考古隊：《包山楚簡》注229，文物出版社，1991年，第49頁。
② 李家浩：《戰國官印考釋（四篇）》，《江漢考古》1984年第2期，第44～49頁。
③ 鄭超：《楚國官鉩考述》，《文物研究》第2輯，黃山書社，1986年，第87～94頁。
④ 文炳淳：《包山楚簡所見楚官制研究》，台灣大學碩士學位論文，1998年，第106～108頁。

四　楚系文字中的職官

夫》:"掌邦國傳遽之小事、媺惡而無禮者。凡其使也,必以旌節。雖道有難而不時,必達。居於其國,則掌行人之勞辱事焉,使則介之。"①

行士

《璽彙》0165:行士鈢(璽)

《璽彙》0166:行士之鈢(璽)

《璽彙》0167:郘行士鈢(璽)

"行士",同"行理",官名。《禮記·雜記下》"則里尹主之",注:"里或爲士。"是其佐證。《左傳·昭公十三年》"行理之命",注:"行理,使人通聘問者。"《左傳·僖公三十年》作"行李",《戰國策·魏策》作"行使"。李家浩先生認爲先秦外交官叫"行李"或"行理"。士、李、理三字音近古通,故"行李""行理"疑爲印文"行士"的異文。②

李

《新蔡》甲三 220:李絑爲□

《上博二·容》29:乃立咎(皋)䌛(陶)以爲李

"李",董珊先生認爲新蔡簡"李"是職官,即"行李",古書或稱"行人"。③ 季旭

---

① 文炳淳:《包山楚簡所見楚官制研究》,台灣大學碩士學位論文,1998 年,第 155～156 頁。
② 李家浩:《楚國官印考釋(兩篇)》,《語言研究》1987 年第 1 期,第 121 頁。
③ 董珊:《楚簡簿記與楚國量制研究》,《考古學報》2010 年第 2 期,第 203 頁。

昇先生解釋上博簡的"李"爲"李(理)官",治獄之官。① 二説皆正確,"李"在兩批不同性質的簡文中表示的意義也不同,這正體現了戰國時期一字多詞的字用特點。

五正

《帛書》甲九:群神五正

"五正",《左傳·隱公六年》"翼九宗五正",杜預注:"五正,五官之長"。《左傳·昭公二十九年》:"故有五行之官,是謂五官。術正曰句芒,火正曰祝融,金正曰蓐收,水正曰玄冥,土正曰后土。"②

諝

《璽彙》0008:上鄼(贛)君之訑(諝)鈢(璽)

《璽彙》0280:右斯敀(諝)鈢(璽)

"訑",即"諝"字異體,李家浩先生認爲是小吏之名,古書多以"胥"爲之。《周禮·天官·小宰》"胥十有二人",注:"胥,讀如諝,謂其有才知爲什長。""上贛君之諝璽"是上贛君的小吏所用的印。魏晉印裡常見"某言疏""某疏"六面印,疏從疋聲,故疋、疏二字可以通用。《說文》:"疋,⋯⋯一曰疋記也。"即以疋爲疏。印文的"訑"也有可能讀爲"疏"。③

七大夫

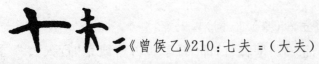《曾侯乙》210:七夫=(大夫)

"七大夫",爵位名。《漢書·高帝紀》"七大夫以上,皆令食邑。"注:"七大夫,

---

① 季旭昇:《說李》,《文字的俗寫現象及多元性——第十七屆中國文字學全國學術研討會論文集》,聖環圖書公司,2006年,第22～23頁。
② 何琳儀:《長沙帛書通釋》,《江漢考古》1986年第1期,第56頁。
③ 李家浩:《楚國官印考釋(四篇)》,《江漢考古》1984年第2期,第45頁。

四　楚系文字中的職官

公大夫也,爵第七。"

官大夫

《璽彙》0097:下鄩官夫=(大夫)

《璽彙》0100:上厩官夫=(大夫)之鉨(璽)

《彙考》163:噩(鄂)官夫=(大夫)鉨(璽)

《彙考》163:新東昜(陽)官夫=(大夫)鉨(璽)

《彙考》163:鄱官夫=(大夫)鉨(璽)

《古研》28:匀州夫=(大夫)

《包山》12:灉陵官夫=(大夫)

《包山》26:鄟官夫=(大夫)

《包山》47:顗官夫=(大夫)

《包山》126：瀁（養）陵之宦夫=（大夫）

《包山》128：䍿（養）陵宦夫=（大夫）

《包山》130：某宦夫=（大夫）

《包山》157：郊宦夫=（大夫）

《包山》188：邔宦夫=（大夫）

"宦大夫"，官名。"大夫"是合文，借用筆劃。關於"大夫"前的"宦"字，參第一章"齊文字中的職官"之"宦"條。文炳淳先生依據"宦大夫"在簡文中均指稱"縣公"，推測"宦大夫"就是"縣公"的別稱。① 趙平安先生將原隸作"宦"的字改釋爲"宛"，讀作"縣"。他總結楚國和晉國一樣，縣令也可以稱"縣大夫"。② 李家浩先生讀"宦"爲"館"，他提出："瀁陵宦大夫""大宦疢"這兩種稱謂又見於包山 126～127 號簡，唯"瀁陵宦大夫"作"瀁陵之宦大夫"。據這兩份司法文書簡原文，瀁陵大宦疢就是瀁陵宦大夫，也就是説大宦與宦大夫相當。古代管理機構的職官往往即以機構之名名之，如大（太）府、少府。可見大宦（館）、少宦（館）、左宦（館）、右宦（館）"是指管理這些機構的長官。③

行宦大夫

《璽彙》0099：上場行宦夫=（大夫）鉨（璽）

---

① 文炳淳：《包山楚簡所見楚官制研究》，台灣大學碩士學位論文，1998 年，第 150～151 頁。

② 趙平安：《戰國文字中的"宛"及其相關問題研究》，《新出簡帛與古文字古文獻研究》，商務印書館，2009 年，第 143～154 頁。

③ 李家浩：《戰國文字中的"宦"》，《出土文獻與古文字研究》（第 6 輯），上海古籍出版社，2015 年，第 258 頁。

《彙考》164：下場行窅夫=（大夫）鈢（壐）

《壐彙》0101：江夌（陵）行窅夫=（大夫）鈢（壐）

《彙考》164：山桑行窅夫=（大夫）鈢（壐）

《彙考》164：郝聂（厚）行窅夫=（大夫）鈢（壐）

"行窅大夫"，黄盛璋先生認爲其與"窅大夫"的區別"就在於職官上正式與代理。"並確定此"行"字爲"暫署之意"。韓自强和韓朝兩位先生認爲：三枚"行窅大夫壐"，"與楚國後期受强秦的步步進逼，楚國統治集團重心東移有關……這些失去了原有的封地或領地的封君、大吏，身雖已'去之他所'，逃到新的住地，仍要保留原有的封號或封地的名稱。這些僑置的有名無實的流亡政權，楚人稱之爲'行窅'"。① 羅運環先生認爲"行窅"應是"僑置"的"官府性和官員的食稅大邑"。② 李家浩先生認爲"窅"讀爲"館"，"行窅（館）大夫"如同"館人""舍長"，當是管理館舍事務的長官。《史記·扁鵲傳》"扁鵲少時爲人舍長"，司馬貞《索隱》引劉氏云："守客館之帥。"③

---

① 韓自强、韓朝：《安徽阜陽出土的楚國官壐》，《古文字研究》第22輯，中華書局，2000年，第177頁。
② 羅運環：《釋包山楚簡的弇敔宮相關制度》，《簡帛研究》（2002、2003），廣西師範大學出版社，2005年，第11頁。
③ 李家浩：《戰國文字中的"窅"》，《出土文獻與古文字研究》（第6輯），上海古籍出版社，2015年，第259～260頁。

㢈司馬

㪿司兲 《包山》53：臨昜之㢈司馬

㪿司兲 《包山》81：㢈司馬

"㢈司馬"，趙平安先生説："從可考的地名看，戰國時大都爲縣邑，而這些縣邑又往往和《漢書·地理志》的縣名相應。其後所接官名如大夫、司馬、司敗（即司寇）、攻（工）尹之類，都爲當時縣制所能涵蓋。"①"㢈"，李家浩先生讀爲"館"，參上條。"館司馬"應是掌管館舍一級的司馬。

集獸

拿獸 《包山》21：枽（集）獸（獸）

"枽獸"，即"集獸"，官名，其職掌可能與《周禮》的"獸人"相當。《周禮·天官·獸人》："掌罟田獸，辨其名物。冬獻狼，夏獻麋，春秋獻獸物。時田，則守罟。及弊田，令禽注于虞中。凡祭祀、喪紀、賓客，共其死獸、生獸。"

中嘼尹

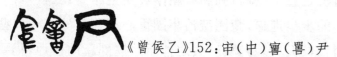《曾侯乙》152：宎（中）嘼（獸）尹

"宎嘼尹"，即"中獸尹"。中獸，黄錫全先生認爲是飼養牲畜之處，供宫廷之享用。② 中獸尹，應爲中獸的負責長官。

中獸令

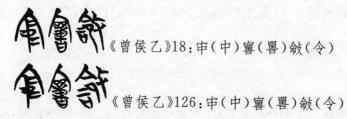《曾侯乙》18：宎（中）嘼（獸）敓（令）

《曾侯乙》126：宎（中）嘼（獸）敓（令）

---

① 趙平安：《戰國文字中的"宛"及其相關問題研究》，《新出簡帛與古文字古文獻研究》，商務印書館，2009年，第155～162頁。

② 黄錫全：《古文字中所見楚官府官名輯證》，《文物研究》第7輯，黄山書社，1991年，第227頁。

四　楚系文字中的職官

"宎酋敓",讀爲"中獸令",是中獸尹的屬官。①

牢中獸

《包山》150：牢宎(中)獸(獸)

牢中

《包山》157：牢宎(中)

"牢宎獸""牢宎",文炳淳先生認爲二者皆爲"牢"和"中獸"的合稱,是地方官。一般認爲楚國地方官制均仿效中央而設,以此類推,中央政府亦應設置"牢宎獸",可能共屬於某一機構。其具體分工細節,須待今後之考古新材料來印證。②

牢令

《曾侯乙》146：牢敓(令)

"牢敓",讀爲"牢令",官名,其職掌可能與《周禮》的"充人"相當。《周禮·地官·充人》:"掌繫祭祀之牲牷。祀五帝,則繫于牢,芻之三月。享先王,亦如之。"③

大右

《集成》2241：東陵鼎大右秦

《集成》10287：大右人鑑大右人

"大右",見於《周禮·夏官·司馬》:"大僕、大右、大僕從者在路門之左,南面西上。"鄭玄注:"大右,司右也。"阮元疏:"司右掌群右,此云大右是右中之大,明是司右也。"據《周禮·夏官·司馬》"司右掌群右之政令,凡軍旅會同,合其車之卒伍,而比其乘,屬其右"記載,司右是與武事有關的官職名;又大右與"掌正王之服

---

①　黄錫全:《古文字中所見楚官府官名輯證》,《文物研究》第 7 輯,黄山書社,1991 年,第 227 頁。

②　文炳淳:《包山楚簡所見楚官制研究》,台灣大學碩士學位論文,1998 年,第 177 頁。

③　裘錫圭、李家浩:《曾侯乙墓竹簡釋文與考釋》注 215,《曾侯乙墓》(上册),文物出版社,1989 年。

位,出入王之大命,掌諸侯之復逆"的大僕並列,可知確爲官職,且地位不低。此鼎之"大右"與《周禮》中的大右地位、職掌的關係還有待考證,但作職官名解釋似更有勝意。① 東陵鼎蓋與大右人鑑之"大右"可能一爲地方官吏,一爲朝中官員。

衡鹿

《璽彙》0214:行(衡)彔(鹿)之鈢(璽)

《彙考》166:下鄸(蔡)行(衡)彔(麓)

"行彔",吳振武先生讀爲"衡鹿",指古代掌管林麓之官。《左傳·昭公二十年》"山林之木,衡鹿守之",杜預注:"衡鹿,官名也。"②

衡

《上博六·競》8:山林吏奠(衡)守之

《文物參考資料》1956年12期:沅昜(陽)奠(衡)

"奠",从艸,奐聲,讀爲"衡"。《説文·角部》:"衡,牛觸,横大木其角。从角从大,行聲。《詩》曰:'設其楅衡。'户庚切。奐,古文衡如此。"《左傳·昭公二十年》"山林之木,衡鹿守之",孔穎達疏曰:"《周禮》司徒之屬,有林衡之官,掌巡林麓之禁。鄭玄云:衡,平也。平林麓之大小及所生者。竹木生平地曰林,山足曰麓。此置衡鹿之官,守山林之木。是其宜也。"③"沅陽衡",即沅陽地方掌管山林

---

① 李零:《楚國銅器銘文編年匯釋》,《古文字研究》第13輯,中華書局,1986年,第353~359頁;鄒芙都:《楚系銘文綜合研究》,巴蜀書社,2007年,第189頁。
② 吳振武:《戰國璽印中的"虞"和"衡鹿"》,《江漢考古》1991年第3期,第86~87頁。
③ 馬承源主編:《上海博物館藏戰國楚竹書(六)》,上海古籍出版社,2007年,第181頁。

的機構(官署)。①

大夫

《璽彙》0183：郢閒(間)悳夫=(大夫)鈢(璽)

《璽彙》0102：坪夜大夫之鈢(璽)

"大夫"，古職官名。周代在國君之下有卿、大夫、士三等；各等中又分上、中、下三級。後因以大夫爲任官職者之稱。《論語·公冶長》："猶吾大夫崔子也。"

伍官

《璽彙》0135：伍官之鈢(璽)

"伍官"，曹錦炎先生認爲是楚國特有的官名，見《戰國策·楚策》"威王問於莫敖子華"章："昭王反(返)郢，五官失法，百姓昏亂；蒙穀獻典，五官得法，而百姓大治。"五官，即伍官，五、伍古通。吳國名將伍子胥，《越絕書》既作"伍子胥"又作"五子胥"；其先人伍參，《左傳》作"伍參"，《漢書·古今人表》作"五參"，均其證。董說《七國考》卷一："劉歆云：'楚之五官者，五卿也。'或云：'如秦五大夫，一人官之者也。'"當以或說爲是。據上引《楚策》文，伍官之職係掌國之律法。② 何琳儀師疑即"伍長"。《管子·立制》："十家爲什，五家爲伍，什伍皆有長焉。"③

伍師

《包山》15：五(伍)帀(師)宵倌之司敗若

---

① 曹錦炎：《釋楚國的幾方烙印》，《江漢考古》1994年第12期，第69～70頁。
② 曹錦炎：《古璽通論》，上海書畫出版社，1996年，第96頁。
③ 何琳儀：《戰國古文字典》，中華書局，1998年，第506頁。

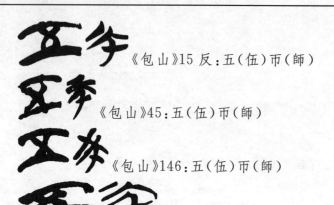

《包山》15 反：五（伍）帀（師）

《包山》45：五（伍）帀（師）

《包山》146：五（伍）帀（師）

《包山》185：五（伍）帀（師）

"五帀"，讀爲"五師"，曹錦炎先生認爲此官可能相當於"五官"，伍官之職系掌國之律法。① 何琳儀師讀爲"五師"，《周禮·地官·小司徒》："五師爲軍，以起軍旅。"②

計官

《璽彙》0137：計官之鉩（璽）

《璽彙》0138：計官之鉩（璽）

《璽彙》0140：計官之鉩（璽）

"計官"，猶"計相"。《史記·張丞相列傳》"遷爲計相"，裴駰集解："文穎曰，能計，故號曰計相。"曹錦炎先生指出"計"本指計書、計簿，《漢書·武帝紀》注："計者，上計簿使也，郡國每歲遣詣京師上之。"這種上計制度，即各級官吏每年底均應向上報告自己的政績和稅收及費用，而且必須和每年帳簿同地繳送。"計

---

① 曹錦炎：《古璽通論》，上海書畫出版社，1996 年，第 96 頁。
② 何琳儀：《戰國古文字典》，中華書局，1998 年，第 506 頁。

官"就是具體職掌此項工作的官吏。①

《璽彙》0139：計官正鈢（璽）

《彙考》156：計官正鈢（璽）

"計官正"，即計官之長。②

軍計

《璽彙》0210：軍計之鈢（璽）

"軍計"，指專門負責軍政之計簿事項的機構。③

征官

《璽彙》0136：正（征）官之鈢（璽）

"正官"，讀爲"征官"。④ 曹錦炎先生引用《周禮·地官·司門》"掌授管鍵，以啟閉國門。幾出入不物者，正其貨賄"，鄭玄注："正讀爲征。征，稅也。"又《左傳·文公十一年》"宋公於是以門賞耏班，使食其征，謂之耏門"，杜預注："征，稅也。"認爲正官是職掌稅收之官。⑤ 鄭超先生云："征官當是專掌賦斂稅收者。表

---

① 曹錦炎：《古璽通論》，上海書畫出版社，1996年，第96頁。
② 曹錦炎：《古璽通論》，上海書畫出版社，1996年，第97頁。
③ 曹錦炎：《古璽通論》，上海書畫出版社，1996年，第97頁。
④ 石志廉：《戰國古璽考釋十種》，《中國歷史博物館館刊》1980年總第2期，第108～113頁。
⑤ 曹錦炎：《古璽通論》，上海書畫出版社，1996年，第97頁。

明當時設有專門司職稅務之官吏。"① 黃錫全先生則讀"正"作"政","政官"是指職掌國內政事之官。② 按:"正官",應讀"征官",是掌管征收賦稅之官。

《璽彙》0295:勿正(征)闌(關)鈢(璽)

"勿正闌",讀爲"勿征關"。石志廉先生指出此璽是戰國時關卡免收關稅時所用之官印。用此印打在貨物上作爲標記,運輸時路過關卡即可免征關稅。③ 古代于關、門、市分別征收商稅,關設征見《周禮·地官·司關》:"掌其治禁與其征廛。"《司關》又謂:"國凶札,則無關、門之征。"謂有災害,關征、門征俱免,可見其分別征稅。又《司市》:"國凶荒札喪,則市無征,而作布。"鄭玄注:"有災害,物貴,市不稅,爲民乏困也。"璽文之"勿征關",意指此關尚未收稅,與《管子·問》"征於關者勿征於市,征於市者勿征於關"可參看。當然,此璽的作用主要是爲了避免逃稅。④ 按,此璽雖未著職官名,但從内容看,應爲征官所掌,故附在"征官"之下。

《璽彙》0168:南門出鈢(璽)

《璽彙》0267:□□□之出鈢(璽)

《周禮·地官·司關》:"掌國貨之節,以聯門市。"鄭玄注:"貨節,謂商本所發司市之璽節也。自外來者,則案其節,而書其貨之多少,通之國門,國門通之司市。自内出者,司市爲之璽節,通之國門,國門通之關門。參相聯以檢猾商。"戰國時期各國都在重要的門、關置官設卡,門官稱爲"司門",關官稱爲"司關"。門

---

① 鄭超:《楚國官璽考述》,《文物研究》第 2 輯,黃山書社,1986 年,第 87~94 頁。
② 黃錫全:《古文字中所見楚官府官名輯證》,《文物研究》第 7 輯,黃山書社,1991 年,第 229 頁。
③ 石志廉《戰國古璽考釋十種》,《中國歷史博物館館刊》總第 2 期,文物出版社,1980 年,第 109 頁。
④ 曹錦炎:《古璽通論》,上海書畫出版社,1996 年,第 97 頁。

關官吏的主要職責是向出入門關之貨物徵收賦稅。璽文"門"是指城門,該璽與徵收商業稅有關,爲已納市賦者運貨出城的通行證。①

太官

《曾侯乙》153:大(太)官

《曾侯乙》152:大(太)官

"大官",讀爲"太官"。《漢書·百官公卿表》:"少府屬官有太醫、太官。"顏師古注"太官,主膳食。"

鑄錢客

《璽彙》0161:鑄巽(錢)客鈢(璽)

"鑄巽客",讀爲"鑄錢客"。楚國青銅器銘文中,常見"鑄客"之名,這是主管冶鑄事務的工師官。"巽",讀爲"錢",②楚國設有三錢之府,見《史記·越王勾踐世家》。璽文"鑄巽客",指職掌冶鑄貨幣之工官。③

玉令、玉婁

《包山》25:玉敚(令)

《包山》25:玉婁痋

"玉令""玉婁"應爲玉廥之屬官。待考。

---

① 湯餘惠:《楚璽兩考》,《江漢考古》1984年第2期,第51頁。
② 李家浩:《戰國貨幣文字中的"尚"和"比"》,《中國語文》1980年第5期,第373~376頁。
③ 曹錦炎:《古璽通論》,上海書畫出版社,1996年,第101頁。

粟客

《璽彙》5549：郢粟客鉨（璽）

"粟客"，官名，見於典籍。《史記·高祖功臣侯者年表》記韓信"亡從入漢，爲連敖、典客"，司馬貞《索隱》："典客，《漢表》作'粟客'，蓋字誤。《傳》作'治粟都尉'，或先爲連敖、典客也。"粟客是主管糧食的官，與《漢書·食貨志》所載"治粟都尉"之職司相同。楚官或稱"客"。① "郢"，楚地名通稱。楚先後以江陵、陳、壽春爲國都，皆稱"郢"。

《璽彙》0160：羣（羣）粟客鉨（璽）

《璽彙》0276：弋昜（陽）邦粟鉨（璽）

"粟客"，典籍作"粟氏"，見《周禮·冬官·考工記》："粟氏爲量"。"粟"乃"粟客"之省。"弋陽邦粟"疑爲"弋陽封邑下設的量器製造機構"。②

造室人

《包山》12：郜（造）室人某瘧

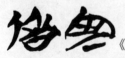《包山》173：郾（威）王佶（造）室廖善

"郜室人"，讀爲"造室人"，官名，應是從事建造宮殿的工人。③ "佶室"，亦讀

---

① 曹錦炎：《古璽通論》，上海書畫出版社，1996年，第101頁。
② 曹錦炎：《古璽通論》，上海書畫出版社，1996年，第101頁。
③ 大西克也：《戰國楚系文字中的兩種"告"字——兼釋上博楚簡〈容成氏〉的"三佶"》，《簡帛》第1輯，上海古籍出版社，2006年，第81～88頁。

爲"造室",是"造室人"之省稱。

新造

《集成》11042 郱之新造戈：郱之新(新)郜(造)

《集成》11161 新𰯌戟：新(新)𰯌(造)自敆(名)弗戓(戟)

新造矛①：新(新)郜(造)自乍(作)之矛

《商周集成》16820 新造戈：新(新)𰯌(造)自敆弗戈

《曾侯乙》173：新(新)貼(造)人之六馬

"新郜""新𰯌""新貼",皆讀爲"新造",官名。裘錫圭、李家浩先生指出："《戰國策·楚策一》記芇冒勃蘇自言官名爲'新造蟄',傳世楚國兵器有'郱之新郜(造)'戈……頌簋銘文云：'王曰：頌令女(汝)官嗣(司)成周賈,監嗣(司)新造賈用宫御。'……據此,西周時已有'新造'之官。"②

新造尹

《曾侯乙》150：新(新)貼(造)尹馹爲右驂

"新貼尹",讀爲"新造尹"。黄錫全先生懷疑"新造尹"或許就是《渚宫舊事》中"楚使新造蟄尹勃蘇"中的"新造蟄尹"。③

壇官

《包山》175：坦(壇)倌(官)黄贛

---

① 劉彬徽：《楚系金文訂補(續)》,《楚文化研究論集》第5集,黄山書社,2003年,第322頁。
② 裘錫圭、李家浩：《曾侯乙墓竹簡釋文與考釋》注221,《曾侯乙墓》(上册),文物出版社,1989年。
③ 黄錫全：《古文字中所見楚官府官名輯證》,《文物研究》第7輯,黄山書社,1991年,第227頁。

"坦倌",何琳儀師疑讀爲"壇官"。《集韻》:"坦,或爲壇。"《説文》:"壇,祭壇場也。"《莊子·山木》:"爲壇乎郭門之外。"①

館人

《包山》15 反：執亓佉（館）人

《包山》99：訟亓官（館）人番斂

"佉人""官人",皆讀爲"館人"。《左傳·昭公元年》:"敝邑,館人之屬也。"注:"館人,謂守舍。"②或説是身份性稱謂,大概是因爲從屬於作爲官府的某"官"而得名。③

上柱邦

《彙考》146：上桓（柱）邦鈢（璽）

"上桓邦",讀爲"上柱邦",即"上柱國",楚國高官。李學勤先生改釋第三字作"桓",讀爲"柱"。④ 劉和惠先生認爲先秦的"邦"字,漢代避劉邦之諱改爲"國",所以相邦即相國。文獻上楚"上柱國"的"國",原來也應是"邦"字。⑤ 李學勤先生認爲其説極是,並考證説:"據《戰國策·齊策二》,楚昭陽勝魏軍於襄陵,回答齊使陳軫説,楚之法,覆軍殺將者,'官爲上柱國,爵爲上執珪',其官僅次於令尹。這樣顯貴的身份,與出'上柱國璽'的真山 D1M1 墓的規模,是完全相稱的。"⑥此璽以前被釋作"上相邦璽",爲楚春申君黄歇的印璽。⑦ 現從李學勤先生的説法。

---

① 何琳儀:《戰國古文字典》,中華書局,1998 年,第 1020 頁。
② 何琳儀:《戰國古文字典》,中華書局,1998 年,第 1072~1073 頁。
③ 陳偉:《包山楚簡初探》,武漢大學出版社,1996 年,第 115~120 頁。
④ 李學勤:《"桓"字與真山楚官璽》,《國學研究》第 8 卷,2001 年,第 173~176 頁。
⑤ 劉和惠:《春申君墓之謎》,《文物研究》第 11 輯,黄山書社,1998 年,第 254 頁。
⑥ 李學勤:《"桓"字與真山楚官璽》,《國學研究》第 8 卷,2001 年,第 173~176 頁。
⑦ 張照根:《蘇州真山墓地出土大量珍貴文物》,《中國文物報》1995 年 11 月 19 日。曹錦炎:《上相邦璽考》,《中國文物報》1995 年 12 月 17 日。曹錦炎:《關於真山出土的"上相邦璽"》,《故宫博物院院刊》1999 年 2 期。

新邦官

《璽彙》0143：新邦官鈙（璽）

"新邦官"，鄭超先生讀爲"親邦官"，懷疑是掌管少數民族的機構，與秦的"屬邦"義近。① 或認爲"親邦"即親近楚國的國家，② 或認爲"新邦官"爲負責維新邦國之官。③

渠

《璽彙》0316：西州巨（渠）四

"巨"，李家浩先生讀爲"渠帥"之"渠"。④《漢書·吳王劉濞傳》："膠西王、膠東王爲渠率（帥），與菑川、濟南共其圍臨菑。"《廣雅·釋言》："將、䋥，帥也。""渠帥"猶言"將帥"。⑤

職交

《璽彙》0310：東國戠（職）交

"戠交"，當爲"戠交"，即"職交"，是"掌交"的異名。"戠"寫作"戠"，是因形近而訛誤。《周禮·秋官·掌交》："掌以節與幣巡邦國之諸侯，及其萬民之所聚者，

---

① 鄭超：《楚國官璽考述》，《文物研究》第 2 輯，黃山書社，1986 年，第 87~94 頁。
② 曹錦炎：《古璽通論》，上海書畫出版社，1996 年，第 98 頁。
③ 黃錫全：《古文字中所見楚官府官名輯證》，《文物研究》第 7 輯，黃山書社，1991 年，第 231 頁。
④ 李家浩：《楚國官印考釋（四篇）》，《江漢考古》1984 年第 2 期，第 48~49 頁。
⑤ 肖毅：《古璽所見楚官府官名考略》，《江漢考古》2001 年第 2 期，第 41 頁。

道王之德意志慮,使咸知王之好惡,辟行之。"①

《璽彙》0335:郢戠(職)迵(通)敓(捕)

"郢戠迵敓",施謝捷先生讀爲"職通捕",與下璽"通捕盜賊"内容相類,是職司逐捕盜賊一官所掌璽印。②

《彙考》175:迵(通)敓(捕)覞(盜)䞡(則一賊)

"迵敓覞䞡",施謝捷先生讀爲"通捕盜賊"。③ 李家浩先生懷疑"迵敓(捕)"之"迵"應該是個假借字,是什麽字的假借,待考。秦漢時代,管理治安的職官有"求盜"(見睡虎地秦簡《捕盜律》等)、"賊捕掾"(見《漢書·張敞傳》等)和"督盜賊"(見《續漢書·輿服志上》等)等,"迵捕盜賊"的職掌當與之相同。《漢書·高帝紀上》顔師古注引應劭曰:"求盜,掌逐捕盜賊。""迵捕盜賊"大概是"逐捕盜賊"的意思。④

水師

《帛書》丙六:水帀(師)不复

"水帀",讀爲"水師"。《左傳·昭公十九年》:"楚爲水師以伐濮。"⑤水師是古代以水爲名的官長。

---

① 李家浩:《戰國官印考釋三篇》,《出土文獻研究》第6輯,上海古籍出版社,2004年,第14～16頁。
② 施謝捷:《古璽彙考》,安徽大學博士學位論文,2006年,第175頁。
③ 施謝捷:《古璽彙考》,安徽大學博士學位論文,2006年,第175頁。
④ 李家浩:《〈安徽大學漢語言文字研究叢書·李家浩卷〉後記》,安徽大學出版社,2013年,第417頁。
⑤ 饒宗頤先生說,轉引自何琳儀:《長沙帛書通釋校補》,《江漢考古》1989年第4期,第53頁。

四　楚系文字中的職官

太師

《包山》46：陞異之大（太）帀（師）

《包山》52：陞異之大（太）帀（師）

《包山》55：大（太）帀（師）

《包山》64：陞異之大（太）帀（師）

《包山》115：大（太）帀（師）

"大帀"，讀爲"太師"。《史記·楚世家》："穆王立，以其太子宮予潘崇，使爲太師，掌國事。"簡文中的太師是越異之太師，掌管地方政務。① 陞異爲楚之救災機構，其中設太師一職，可能與負責救濟災害以教導老百姓有關。②

少師

《包山》159：少帀（師）

《包山》160：少帀（師）

《上博六·壽》3：殺左尹宛、少帀（師）亡惎

《清華二·繫年》81：少帀（師）

《曾侯乙》177：少帀（師）之騮

---

① 湖北省荊沙鐵路考古隊：《包山楚簡》，文物出版社，1991年，第43頁。
② 文炳淳：《包山楚簡所見楚官制研究》，台灣大學碩士學位論文，1998年，第68頁。

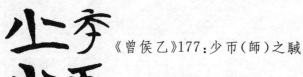

《曾侯乙》177：少帀（師）之馭

《曾侯乙》210：少帀（師）

"少帀"，讀爲"少師"。《尚書·周官》："少師、少傅、少保曰三孤。"

左師

《天星觀》：左帀（師）䛆尋（聘）於楚之䔍（歲）

"左帀"，即"左師"，官名。《左傳·文公七年》："夏四月，宋成公卒。於是公子成爲右師。"楊伯峻注："宋以右師、左師、司馬、司徒、司城、司寇爲六卿。"《左傳·僖公九年》："宋襄公即位，以公子目夷爲仁，使爲左師以聽政，於是宋治。"

右師

《清華二·繫年》056：右帀（師）

《清華二·繫年》088：右帀（師）

"右帀"，即"右師"，官名。參上。

士師

《包山》12：士帀（師）

《包山》13：士帀（師）

"士帀"，讀爲"士師"，官名。亦作"士史"，古代執掌禁令刑獄的官。《周禮·秋官·士師》："掌國之五禁之灋，以左右刑罰：一曰宮禁，二曰官禁，三曰國禁，四曰野禁，五曰軍禁。"《孟子·公孫丑下》："今有殺人者，或問之曰：'人可殺與？'則將應之曰：'可。'彼如曰：'孰可以殺之？'則將應之曰：'爲士師，則可以殺之。'"《鶡冠子·王鈇》："不待士史，蒼頡作書，故後世莫能云其咎。"陸佃注："士，李官也。太古無法而治，不立士史，不造書契，而至德玄同，使由之者不能知，知之者不能名，尚何議其咎也哉。"《孔子家語·致思》："季羔爲衛之士師，刖人之足。"王肅注："獄官。"

内師

《彙考》168 安内帀（師）鉨（璽）

"内帀"，讀爲"内師"，官名。《左傳·襄公二十六年》："寺人惠牆伊戾爲大子内師而無寵。"孔穎達疏："内師者，身爲寺人之官，公使之監知大子内事，爲在内人之長也。"

執事人

《包山》58：執事人

《包山》63：執事人

《包山》81：執事人

《包山》131：執事人

《包山》136：執事人

《包山》137 反：執事人

《包山》188：執事人

《包山》224：執事人

《包山》225：執事人

《包山牘》1 反：執事人

《曾侯乙》1：執事人

"執事人"，執行事務之人。《尚書·金縢》："二公及王，乃問諸史與百執事。"《尚書集釋》："百執事，衆官吏也。"

將軍

《清華二·繫年》131：奠（鄭）自（師）與亓（其）四遞（將）軍

《清華二·繫年》132：奠（鄭）之四牆（將）軍與亓（其）萬民

"遞軍""牆軍"，即"將軍"，武官。參第一章"齊系文字中的職官"之"將軍"條。

亞將軍

《彙考》151：亞牆（將）軍鈢（璽）

"亞牆軍"，讀爲"亞將軍"。湯餘惠先生説："亞，印文省變……亞，次也；亞將軍未見典籍，當是低於將軍一級的武職，如同亞卿、亞尹之例。"①《漢書·陳平傳》"以平爲亞將，屬韓王信，軍廣武。"曹錦炎先生認爲文獻中的"亞將"即"亞將軍"之省。②

大齎

《璽彙》0127：大貨（齎）

"大貨"，即"大齎"，楚國軍隊中主管散發、收藏匹帛的職官。此璽之前被釋作"大府"，後來李家浩先生重新考釋璽文，他認爲貨可能是齎的異體字，齎是一個從貝、從施的會意字，它的意思《玉篇·貝部》説是"散匹帛與三軍"。不過散發三軍的布帛不僅需要有人主管散發，而且還需要有人主管收藏。這兩者"大齎"可能都管。先秦秦漢時期，官府收藏、發放的物資，都要按照一定數量打捆，或者用笥、囊之類的東西盛裝，然後在捆紮的繩結處按上泥丸，打上印記，以明信守，

---

① 湯餘惠：《戰國銘文選》，吉林大學出版社，1993年，第76頁。
② 曹錦炎：《古璽通論》，上海書畫出版社，1996年，第95頁。

防奸宄。這種列印有印記的泥丸就是所謂的"封泥"。"大贄"大印大概是用來列印裝有散發三軍布帛等物資封緘上的泥丸用的,無怪乎它會有那麼大。①

流飤

《璽彙》0212:流飤之鉨(璽)

"流飤之鉨",曾憲通先生疑讀爲"廩食之璽"。上古流字屬來母幽部,廩字屬來母侵部,二字聲母相同,韻屬陰陽對轉,古音十分接近。《周禮·地官·廩人》:"掌九穀之數,以待國之匪頒、賙賜、稍食。"鄭玄注:"稍食,禄稟。"孫詒讓曰:"稍食,猶言稟食,與禄異。《孟子·萬章篇》:'廩人繼粟',此即廩人掌廩食之證。"又於《天官·宫正》"均其稍食"注云:"《校人》先鄭注云:'稍食謂稟。'此訓最析。稍食亦曰稟食,《聘禮》云:'既致饔,旬而稍。'鄭彼注云:'稍,稟食也。'是稍食、稟食同義。"按《說文·禾部》:"稍,出物有漸也。"又云:"稟,賜穀也。"賈疏曰:"稍則稍稍與之,則月俸是也。"《正義》引沈彤曰:"稍食,食之小者。""稍食""稟食"乃同義詞。混言之則含禄在内,析言之則廩食指無禄者或臨時性的口糧配給。"廩食"之名見於《墨子》《韓非子》和《史記》,其制一直延續到秦漢,《睡虎地秦墓竹簡·秦律雜抄》和《香港中文大學文物館藏簡讀·奴婢廩食粟出入簿》都有相關的記載。既然古代有廩食的制度和職司,則傳世有"廩食之璽"也就合乎情理了。②

集蜜

《彙考》161:枽(集)宓(蜜)之鉨(璽)

"枽宓之鉨",讀爲"集蜜之璽",當是楚國集蜜機構所用的璽印。③

---

① 李家浩:《戰國官印考釋三篇》,《出土文獻研究》第 6 輯,上海古籍出版社,2004 年,第 12~13 頁。

② 曾憲通:《再説"蛊"符》,《古文字研究》第 25 輯,中華書局,2004 年,第 247 頁。

③ 參拙文《楚"集蜜"之璽考》,《中國文字研究》2009 年第 1 期,第 84~85 頁。

蜜

《璽彙》0348：眷（蜜）鈢（璽）

"眷"，从甘，必聲，"蜜"字異體。"蜜璽"，當是掌管蜜的官員所用之璽。①

廄左馬

《璽彙》0268：故（廄）左馬鈢（璽）

"故左馬"，即"廄左馬"。② 黄錫全先生認爲廄左馬可能類似於左右廄騶。《後漢書·梁冀傳》："（恒帝）使黄門令具瑗將左右廄騶、虎賁、羽林、都候劍戟士，合千餘人，與司隸校尉張彪共圍冀第。"廄騶爲掌馬的騎士。③

象客

《璽彙》5548：羊（庠）坴（府）鍚（象）客

"羊坴鍚客"，讀爲"庠府象客"。坴，从土，當是官府之"府"的專字。鍚，李家浩先生疑讀爲"象"。《大戴禮記·小辨》："傳言以象，反舌皆至，可謂簡矣。"《漢書·禮樂志上》"象來致福"，顏師古注引李奇曰："象，譯也。"《周禮·秋官》有"象胥"，《序官》鄭玄注："通夷狄之言者曰象；胥，其有才知（智）者也。"又《大行人》鄭玄注引鄭衆曰："象胥，譯官也。"鍚客猶《周禮》的象胥，即翻譯官。鍚從言，似應

---

① 劉信芳：《古璽試解十則》，《中國文字》新廿六期，藝文印書館，2000年，第161～168頁。
② "故"，讀爲"廄"，參朱德熙：《戰國文字中有關"廄"的資料》，《朱德熙古文字論集》，中華書局，1995年，第164頁。第二字釋"左"，參何琳儀：《戰國古文字典》，中華書局，1998年，第875頁。
③ 黄錫全：《古文字中所見楚官府官名輯證》，《文物研究》第7輯，黄山書社，1991年，第226頁。

四　楚系文字中的職官

當跟"通夷狄之言"有關。① 黄錫全先生讀"羊"爲"庠"。"庠府"猶言"學府",當是楚王主管教育的機構,"庠府象客"即可能是庠府翻譯官的印。② 或釋"羊腸客府"。③ 或釋"羊府瘍客",指治羊病的獸醫。④ 當從李家浩先生説。

魚

《璽彙》0347：魚鉩（璽）

《彙考》166：魥（魚）鉩（璽）

《上博六·競》8：葦棐（梁）吏魥（魚）守之

"魚璽"或"魥璽"侯,是掌管漁事的官員所用之璽。⑤ 魥在簡文中與虞、衡地位相當,在此處當指管理捕魚的官吏,與敔、漁同。《周禮·天官·叙》:"敔人,中士二人,下士四人。"孫詒讓《正義》:"《釋文》云:'敔,本又作"漁",亦作魥。'……慧苑《華嚴經音義》云:漁,《聲類》作敔、魥二體。"⑥ 王輝先生認爲"魥"在《左傳》《晏子春秋》"鮫"。杜預注:"舟鮫,官名。"他根據阮元校勘記、《說文》段注指出"鮫"當是"魥"之誤。魥,從魚、從攴,魚亦聲,攴、又二旁古通,故魥即《說文》䰻之異體"叙",以手捉魚,即漁字異體。漁爲形聲字,魥爲會意兼聲字。《周禮·天官·敔人》:"敔人掌以

---

① 李家浩:《楚國官印考釋（兩篇）》,《語言研究》1987 年第 1 期,第 122~124 頁。
② 黄錫全:《古文字中所見楚官府官名輯證》,《文物研究》第 7 輯,,黄山書社,1991 年,第 232 頁。
③ 曹錦炎:《古璽通論》,上海書畫出版社,1996 年,第 164 頁。
④ 石志廉:《戰國古璽考釋十種》,《中國歷史博物館館刊》1980 年總第 2 期,第 108~113 頁。
⑤ 吳振武:《戰國官璽釋讀兩篇》,《金景芳九五誕辰紀念文集》,吉林文史出版社,1996 年,第 190~192 頁。
⑥ 何有祖:《讀上博六劄記》,武漢大學簡帛研究網,2007 年 7 月 9 日。

時歔爲梁。春獻五鮪，辨魚物鮮，以供王膳羞。""澤梁使漁守之"，正職責所在。①

虞

《上博六·競》8：今新登思吴（虞）守之

《新蔡》甲三 203：吴（虞）殹無受（授）一赤

《新蔡》甲三 203：吴（虞）悳（憙）受（授）一臣

"吴"，讀爲"虞"，官名。《左傳·昭公二十年》："藪之薪蒸，虞候守之。"杜預注："衡鹿、舟鮫、虞候、祈望，皆官名也。言公專守山澤之利，不與民共。"孔穎達疏："《周禮》山澤之官皆名爲虞，'每大澤大藪，中士四人'。鄭玄云：'虞，度也。度知山之大小及所生者。澤，水所鍾也，水希曰藪。則藪是少水之澤，立官使之候望，故以虞候爲名也。'"②

簋

《彙考》165：簋余（璽）

"簋"，從竹，憲聲。施謝捷先生從其形制及印文格式與楚系"魚鉌""鮫鉌""竽鉌"等官璽類似的情況分析，認爲很可能也應該是官璽。③

苑

《璽彙》0358：苑鉌（璽）

---

① 王輝：《上博楚竹書（六）讀記》，《古文字研究》第 27 輯，中華書局，2008 年，第 467～468 頁。
② 馬承源主編：《上海博物館藏戰國楚竹書（六）》，上海古籍出版社，2007 年，第 181 頁。
③ 施謝捷：《古璽彙考》，安徽大學博士學位論文，2006 年，第 165 頁。首字從徐在國先生隸定。

四　楚系文字中的職官

《彙考》183：母義宛（苑）鉨（璽）

"苑"，指苑囿。0358號璽首字可分析爲从阜，夗聲，夋亦聲，疑讀爲"苑"。《説文·艸部》："苑，所以養禽獸。"《周禮·地官·敘官》"囿人"注："囿，今之苑。"古人對苑囿的認識或以爲大小之分，或以爲有無牆之別，孫詒讓認爲："諸説蓋各舉一端言之，實則苑囿通稱。"苑璽，應該是掌管苑囿的官員所用璽印，此官大概相當於《周禮》中的"囿人"。《周禮·天官·敘官》注："囿，御苑也。"《周禮·地官·囿人》："囿人掌囿遊之獸禁、牧百獸。祭祀、喪紀、賓客、共其生獸、死獸之物。"①

太虛

《彙考》170：大虛之鉨（璽）

"大虛"，讀爲"太虛"。宋玉《小言賦》："超於太虛之域。"《文選·孫綽遊天台山賦》："太虛遼廓而無閡，運自然之妙有。"李善注："太虛，謂天也。"楚璽"大虛之鉨"疑是掌管天文機構的璽印。大虛猶如楚文字資料中的大府（鄝大府量）、大廄（《璽彙》5590）、大殿（曾侯乙13）等，可補文獻之闕。②

掌場人

《新蔡》甲三92：長（掌）墬（場）人□

《曾侯乙》164：長腸（場）人

《曾侯乙》166：長腸（場）人之駬₌（駬馬）

"長墬人""長腸人"，讀爲"掌場人"，與《周禮》"場人"有關。《周禮·地官·

---

① 參拙文《苑璽考》，《考古與文物》2012年第2期，第106～108頁。
② 何琳儀：《楚官璽雜識》，《南京師範大學文學院學報》2002年第1期。

場人》："掌國之場圃，而樹之果蓏珍異之物，以時斂而藏之。"①

傳徙

《璽彙》0203：連（傳）遞（徙）之鈢（璽）

"傳遞"，讀爲"傳徙"或"轉徙"。《説文》："傳，遽也。"古驛乘曰傳。《釋名》："傳猶轉也。"《説文》："徙，迻也。"《廣雅·釋詁》："遷，運，徙也。"傳徙猶言傳迻、轉運、轉徙。《釋名》："璽，徙也，封物使可轉徙，而不可發也。"與楚國驛傳制度有關。②

喬戒

《璽彙》0163：奮（喬）戒之鈢（璽）

"奮戒"，即"喬戒"，官名，待考。

遂保

《彙考》177：述（遂）保之鈢（璽）

"述保"，讀爲"遂保"。"遂"乃鄉遂，"保"謂城堡。《左傳·襄公八年》："焚我郊保。"遂保猶此郊保。③《禮記·檀弓下》："戰于郎，公叔禺人遇負杖入保者息。"鄭玄注："保，縣邑小城。"《禮記·月令》："孟夏行秋令，則苦雨數來，五穀不滋，四鄙入保。"鄭玄注："鄙，界上邑。小城曰保。"《左傳·成公十三年》："夏，四月戊午，晉侯使吕相絶秦，曰：'……文公即世，穆爲不吊，蔑死我君，寡我襄公，迭我殽地，奸絶我好，伐我保城，殄滅我費滑，散離我兄弟，撓亂我同盟，傾覆我國家。'"

---

① 裘錫圭、李家浩：《曾侯乙墓竹簡釋文與考釋》注 233，《曾侯乙墓》（上册），文物出版社，1989 年。董珊：《楚簡簿記與楚國量制研究》，《考古學報》2010 年第 2 期，第 203 頁。
② 劉釗：《楚璽考釋（六篇）》，《江漢考古》1991 年第 1 期，第 73～74 頁。
③ 蕭春源：《珍秦齋藏印·[戰國篇]》，澳門基金會，2001 年，第 15 頁。

四　楚系文字中的職官

《左傳·襄公八年》："焚我郊保，馮陵我城郭。"杜預注："郭外曰郊。保，守也。"
《左傳·襄公九年》："九年，春，宋災，樂喜爲司城以爲政，使伯氏司里……使華臣具正徒，令隧正納郊保，奔火所。"杜預注："隧正，官名也。五縣爲隧。納聚郊野保守之民，使隨火所起，往救之。"①

販

《彙考》187：販

《彙考》188：販

《彙考》188：販

《彙考》188：臤（販）

《彙考》188：臤（販）

《彙考》188：臤（販）

《彙考》188：臤（販）

---

① 施謝捷：《古璽彙考》，安徽大學博士學位論文，2006年，第177～178頁。

《彙考》188：東𦦲（販）

《彙考》188：東門𦦲（販）

《彙考》188：東門𦦲（販）

《彙考》189：西𦦲（販）

《彙考》189：南𦦲（販）

《彙考》189：北𦦲（販）

《彙考》189：北𦦲（販）

《彙考》189：北𦦲（販）

四　楚系文字中的職官

《彙考》189：北貶（販）

《彙考》189：北門貶（販）

《彙考》189：北門貶（販）

《彙考》189：北門貶（販）

《彙考》190：門□貶（販）

《彙考》190：門□貶（販）

《彙考》190：□貶（販）

"貶"，即"販"。何琳儀師對此做過詳細考證：《説文》："販，買賤賣貴者，从貝，反聲。"這是"販"的特指引申義，其本義當爲"販賣"。《禮記·曲禮》："禮者，自卑而尊人，雖負販者必有尊也。而況富貴乎？"《孔子家語·七十二弟子》："子貢好販，與時轉貨。"《孔子家語·相魯》："初魯之販羊有沈猶氏者。"《周禮·地官

·司市》:"夕市,夕時而市,販夫販婦爲主。"注:"販夫販婦,朝資夕賣。""東販""西販""南販""北販",應是"東門販""西門販""南門販""北門販"之省稱。古代城門附近多聚商賈,"門關販"亦屬次類。參《晉書·石勒載記》"行販洛陽,倚嘯上東門"。①

貣

《彙考》178:黄里貣(貸)鉩(璽)

"貣",即"貸"。韓自強、韓朝二先生考釋此璽是基層里一級行政機構,爲管理借貸事務的專用璽。《説文》:"貣,從人求物也。从貝,弋聲。"段注:"代、弋同聲,古無去入之别,求人施人,古無貣、貸之分,由貣字或作貸。"②《睡虎地秦簡·法律答問》載有"府中公金錢私貣(貸)用之,與盜同法",恰可説明戰國時各國的借貸事務都是有專人掌管的。

野

《璽彙》0252:䊷㽙埜(野)鉩(璽)

"野",林清源先生釋作掌管邦野之事的行政單位或主管官員,"䊷㽙"則是楚國地名。③

祭正

《上博六·競》12:祭正不腶祟

"祭正",泛稱巫卜祝史之官。④

---

① 何琳儀、胡长春:《釋販》,《第四屆國際中國古文字學研究討論文集》,香港中文大學中國語言及文學系,2003年,第523~528頁。

② 韓自強、韓朝:《安徽阜陽出土的楚國官璽》,《古文字研究》第22輯,中華書局,2000年,第178頁。

③ 林清源:《楚國官璽考釋》,《中國文字》新廿二期,藝文印書館,1997年,第209~222頁。

④ 董珊:《讀〈上博六〉雜記》,武漢大學簡帛研究網,2007年7月10日。

四　楚系文字中的職官

祝史

《上博六·競》2：良祝史

《上博六·競》2：祝史

《上博六·競》3：良祝史

《上博六·競》4：祝、史進

《上博六·競》5：丌(其)祝史之爲丌(其)君祝敓也

《上博六·競》7：祝史裚蔑端折

"史"，指"大史"，官名，掌管卜筮、記事等事務。《左傳·昭公二十年》："君盍誅於祝固、史嚚以辭賓？"孔穎達疏引："服虔云：史嚚，大史也。"《周禮·春官·宗伯》："大祝：下大夫二人，上士四人，小祝、中士八人，下士十有六人，府二人，史四人，胥四人，徒四十人。"①

私吏

《上博六·競》4：夫子使其私史(吏)聽獄于晉邦

"厶史"，何有祖先生讀爲"私吏"。治獄平法之下層官員稱"吏"。《説苑·貴德》："賤仁義之士，貴治獄之吏。"《韓非子·外儲説左下》："孔子相衛，弟子子皋爲獄吏。"又："吏者，平法者也。"②

祝

《新蔡》甲三 159—1：□祝昃(炅)禱之

---

① 馬承源主編：《上海博物館藏戰國楚竹書(六)》，上海古籍出版社，2007 年，第 167 頁。
② 陳斯鵬：《楚簡中的一字形表多詞現象》，《出土文獻與古文字研究》第 2 輯，復旦大學出版社，2008 年，第 233～236 頁。

《上博六·競》7：祝之多堝言

《上博六·競》8：祝亦亡嗌

"祝"，職官名，與《周禮》所載"大祝"同。《周禮·春官·宗伯下》："大祝掌六祝之辭，以事鬼神示，祈福祥，求永貞。一曰：順祝、二曰年祝、三曰吉祝、四曰化祝、五曰瑞祝、六曰筴祝。"孔穎達疏："服虔云：祝固，齊大祝。"《晏子春秋·外篇·景公有疾梁丘據裔款請誅祝史晏子諫》："梁丘據、裔欵言于公曰：'吾事鬼神，豐于先君有加矣。今君疾病，爲諸侯憂，是祝史之罪也。諸侯不知。其謂我不敬，君盍誅于祝固、史嚚以辭賓？'"①祝，如果是名詞，即祝宗卜史之"祝"，與《左傳·襄公二十五年》"祝佗父祭于高唐"辭例相似。②

邦正

《上博六·天甲》5：幾殺而邦正

"正"，長官，《尚書·説命下》："昔先正保衡。"《禮記·王制》："成獄辭，史以獄成告於正，正聽之。"③

隋人

《新蔡》甲三 326—1：下獻司城己之㯱（隋）人覼一冡

"㯱人"，疑讀爲"隋人"。㯱，从宀、从陸省、从木，或疑是"橢"字異體。《説文·肉部》："隋，裂肉也。"段注："裂肉，謂尸所祭之餘也。"《周禮·春官·守祧》"既祭，則藏其隋與其服"，鄭玄注："玄謂隋，尸所祭肺脊黍稷之屬。"隋可爲祭名，字又作"墮"。《儀禮·士虞禮》"祝命佐食墮祭"，鄭玄注："下祭曰'墮'，'墮'之言猶墮下也。……齊魯之間謂祭爲'墮'。"孫詒讓《周禮正義》云："是鄭意凡以肉物祭於主，通謂之'隋'。"㯱（隋）人職司蓋與腊人類似。《周禮·天官·腊人》云：

---

① 馬承源主編：《上海博物館藏戰國楚竹書（六）》，上海古籍出版社，2007年，第166~167頁。
② 宋華强：《新蔡葛陵楚簡初探》，武漢大學出版社，2010年，第438頁。
③ 馬承源主編：《上海博物館藏戰國楚竹書（六）》，上海古籍出版社，2007年，第322頁。

四 楚系文字中的職官

"腊人掌乾肉。……凡祭祀,共豆脯,薦脯、膴、胖。"①

五連小子

《上博四·柬》15:中余(舍)與五連少(小)子

"五連",《管子·乘馬》:"五家爲伍,十家而連,五連而暴,五暴而長,命之曰某鄉,四鄉命之曰都,邑制也。"五連少(小)子與楲(相)戾、中参(余)、龍(寵)臣並舉,估計也爲王之近臣、楚朝廷要員。②

有司

《上博五·鮑》3:乃命又(有)嗣(司)箸(書)集浮

《上博五·鮑》7:又(有)嗣(司)祭備毋紕

《上博五·鮑》1:乃命百又(有)嗣(司)曰

"又嗣",讀爲"有司"。《吕氏春秋·務本》"民之治亂,在於有司",高誘注:"有司於《周禮》爲太宰,掌建國之六典,以佐王治邦國,以治官府,以紀萬民,此之謂也。"③

群有司

《上博四·曹》23:君自衝(率)必聚群又(有)司而告之

"群又司",讀爲"群有司",指軍中的負責官吏。④

司救

《新蔡》零6:□司救及(及)左(?)□

---

① 宋華强:《新蔡葛陵楚簡初探》,武漢大學出版社,2010年,第329~330頁。
② 馬承源主編:《上海博物館藏戰國楚竹書(四)》,上海古籍出版社,2004年,第208頁。
③ 馬承源主編:《上海博物館藏戰國楚竹書(五)》,上海古籍出版社,2005年,第183、185頁。
④ 馬承源主編:《上海博物館藏戰國楚竹書(四)》,上海古籍出版社,2004年,第258頁。

"司救",官名。《周禮·地官·司救》:"司救,掌萬民之衺惡過失,而誅讓之,以禮防禁而救之。"①

邊人

《上博七·鄭》甲1:邊人逨(來)告

《上博七·鄭》乙1:邊人逨(來)告

"邊人",指駐守邊境的官員、士兵等。《國語·魯語上》:"晉人殺厲公,邊人以告。"韋昭注:"邊人,疆埸之司也。"②

外僕

《上博六·競》9:外=(外卜)又梨丘虞

"外=",或認爲是"外卜"的合文。外卜即外僕,古代掌管國君和大臣臨時止宿、停留處所等事務的官員。《左傳·襄公二十八年》:"子產相鄭伯以如楚,舍不爲壇。外僕言曰:'昔先大夫相先君適四國,未嘗不爲壇;自是至今,亦皆循之。今子草舍,無乃不可乎?'"杜預注:"外僕,掌次舍者。"楊伯峻注:"外僕,官名,職主爲壇及舍者。"③

箴官

《包山》124:邔昜(陽)之酷(箴)官

《包山》125:邔昜(陽)之酷(箴)佲(官)

《包山》125反:邔昜(陽)之酷(箴)官

---

① 何琳儀:《新蔡竹簡選釋》,武漢大學簡帛研究網,2003年12月7日;又載《安徽大學學報》2004年第3期,第1~11頁。
② 凡國棟:《〈上博七·鄭子家喪〉校讀劄記兩則》,武漢大學簡帛研究網,2008年12月31日。
③ 張崇禮:《〈景公瘧〉第九簡解詁》,武漢大學簡帛研究網,2007年7月28日。

"酷官",何琳儀師讀爲"簉官",《左傳·昭公十一年》"使助薳氏之簉",杜預注:"簉,副倅也。"①

司水

《彙考》174:安昜(陽)水鈁(璽)

"安昜水鈁",即"安陽水璽",乃安陽掌管川衡的官員所用之璽,與《禮記·曲禮下》之"司水"相當。《禮記·曲禮下》:"天子之六府,曰司土、司木、司水、司草、司器、司貨,典司六職。"鄭玄注:"司水,川衡也。"

邦帥

《彙考》180:簉(筑)邦銜(帥)鈁(璽)

"邦銜",讀爲"邦帥",乃邦之將帥。《左傳·宣公十二年》:"命爲軍帥,而卒以非夫,唯羣子能,我弗爲也。"

大封尹

《包山》67:大伻(封)尹

"大伻尹",讀爲"大封尹"。中央有"伻大臧",地方"大伻尹"的職司應與此相似,均與周官"封人"相類。②《周禮·地官·封人》:"封人掌設王之社壝,爲畿,封而樹之。"

路公

《包山》18:嬴迯(路)公

---

① 何琳儀:《戰國古文字典》,中華書局,1998年,第174頁。
② 文炳淳:《包山楚簡所見楚官制研究》,台灣大學碩士學位論文,1998年,第169頁。

《包山》86：嬴迩（路）公

《包山》41：羕（養）迩（路）公

《包山》81：郯迩（路）公

《包山》82：郯迩（路）公

《包山》94：邾迩（路）公

《包山》150：白迩（路）公

路尹

《包山》128：郯迩（路）尹

《包山》141：郯迩（路）尹

《包山》143：郯迩（路）尹

《包山》179：郯迩（路）尹

"迩"即"路"字異體。路公、路尹，可能是各地負責道路交通之官。① 文炳淳先生認爲路公、路尹均冠以地名，且稱"公"或稱"尹"。路公爲某縣的屬官。②

路史

《包山》159：顕（夏）迩（路）叓（史）

---

① 石泉主編：《楚國歷史文化辭典》，武漢大學出版社，1996年，第308頁。
② 文炳淳：《包山楚簡所見楚官制研究》，台灣大學碩士學位論文，1998年，第161頁。

"迲叓",即"路史",可能也是與交通相關的職官。

犧牲

《璽彙》3744：犉(犧)牲金鈢(璽)

"犉牲",讀爲"犧牲",供祭祀用的純色全體牲畜。《周禮·地官·牧人》："凡祭祀,共其犧牲。"鄭玄注："犧牲,毛羽完具也。"古代有"犧賦"制度。《禮記·月令》："乃命大史次諸侯之列,賦之犧牲,以共皇天、上帝、社稷之饗。乃命同姓之邦共寢廟之芻豢。命宰、歷卿、大夫至於庶民,土田之數,而賦犧牲,以共山林、名川之祀。凡在天下九州之民者,無不咸獻其力,以共皇天、上帝、社稷、寢廟、山林、名川之祀。"又《曲禮下》："凡家造,祭器爲先,犧賦爲次,養器爲後。"鄭玄注："犧賦,以稅出牲。"孔穎達疏："賦斂邑民,供出牲牢,故曰'犧賦'。""犧牲金璽",是用黄金來採購犧賦。[1] 此璽應是收取犧賦的官員所用。

王后

《集成》2393 王后少府鼎：鑄客爲王句(后)小(少)寶(府)爲之

《集成》2394 王后少府鼎：鑄客爲王句(后)小(少)寶(府)爲之

《集成》4506 鑄客簠：鑄客爲王句(后)六室爲之

《集成》4507 鑄客簠：鑄客爲王句(后)六室爲之

《集成》4508 鑄客簠：鑄客爲王句(后)六室爲之

《集成》4509 鑄客簠：鑄客爲王句(后)六室爲之

---

① 吳振武：《關於戰國"某某金璽"的一個解釋》,中國古文字研究會第十九屆年會論文 2012 年 10 月 23 日至 25 日。

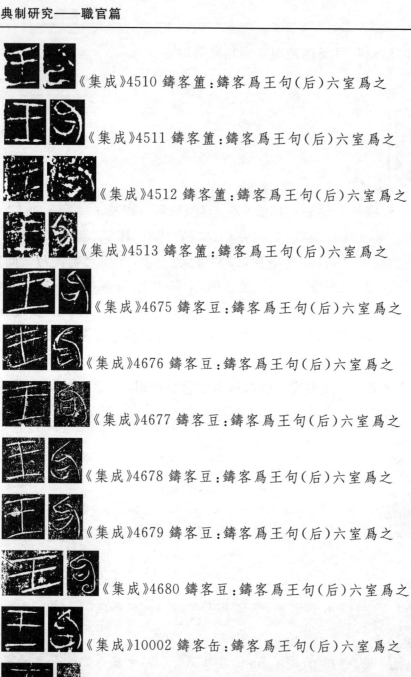

《集成》4510 鑄客簠：鑄客爲王句（后）六室爲之

《集成》4511 鑄客簠：鑄客爲王句（后）六室爲之

《集成》4512 鑄客簠：鑄客爲王句（后）六室爲之

《集成》4513 鑄客簠：鑄客爲王句（后）六室爲之

《集成》4675 鑄客豆：鑄客爲王句（后）六室爲之

《集成》4676 鑄客豆：鑄客爲王句（后）六室爲之

《集成》4677 鑄客豆：鑄客爲王句（后）六室爲之

《集成》4678 鑄客豆：鑄客爲王句（后）六室爲之

《集成》4679 鑄客豆：鑄客爲王句（后）六室爲之

《集成》4680 鑄客豆：鑄客爲王句（后）六室爲之

《集成》10002 鑄客缶：鑄客爲王句（后）六室爲之

《集成》10003 鑄客缶：鑄客爲王句（后）六室爲之

《集成》10293 鑄客鑑：鑄客爲王句（后）六室爲之

《集成》10578 鑄客器：鑄客爲王句（后）六室爲之

"王句"，讀爲"王后"，楚王的嫡妻。《周禮·天官·內宰》："上春，詔王后帥六宫之人,而生穜稑之種,而獻之于王。"班固《白虎通·嫁娶》:"天子之妃謂之后何?后者,君也。天子妃至尊,故謂之后也……天子尊之,故繫王言之,曰王后也。"

太后

《集成》2395 鑄客鼎:大(太)句(后)脰(廚)官

"大句",讀爲"太后"。帝王之母稱"太后",如《戰國策·秦策二》:"秦宣太后愛魏醜夫,太后病,將死。"高誘注:"宣太后,惠王之后,昭襄王母,故曰太后也。"

王子

《集成》10190 王子造匜:王宇(子)造(适?)

《新收》1327 大府鎬:秦客王子

"王宇",讀爲"王子",王的兒子。《書·微子》:"父師若曰:'王子,天毒降災荒殷邦。'"孔安國傳:"微子,帝乙元子,故曰王子。"《呂氏春秋·至忠》:"吳王欲殺王子慶忌。"

太子

《集成》2095 集脰大子鼎:大(太)子

《集成》2096 集脰大子鼎:大(太)子

《集成》10291 集脰大子鼎:大(太)子

《清華一·楚居》14:王大(太)子

《清華一·楚居》14:王大(太)子

《清華一·楚居》15:王大(太)子

王太子／太子

《包山》2：王大（太）子

《曾侯乙》190：大（太）子

"大子"，即"太子"，王的兒子中被預定繼承君位的人。《戰國策·燕策三》："臣乃得有以報太子……荊軻知太子不忍。請立太子爲王。"《逸周書序》"作太子晉"，朱右曾集訓校釋："太子，謂之儲君，儲猶待也。"

聲桓之夫人

《集成》9710 曾姬無卹壺：聖（聲）趄（桓）之夫人曾姬無卹

《集成》9711 曾姬無卹壺：聖（聲）趄（桓）之夫人曾姬無卹

"聖趄之夫人"，讀爲"聲桓之夫人"，即楚聲王的夫人，姬姓之曾的女子。① 楚聲王（？—前402年），芈姓，熊氏，名桓，楚簡王之子。《史記·楚世家》："二十四年，簡王卒，子聲王當立。聲王六年，盜殺聲王，子悼王熊疑立。"

君夫人

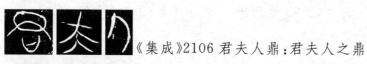

《集成》2106 君夫人鼎：君夫人之鼎

《包山》142：君夫人

"夫人"，諸侯之妻。《禮記·曲禮下》："公侯有夫人，有世婦，有妻，有妾。"《論語·季氏》："邦君之妻，君稱之曰夫人。夫人自稱曰小童。"孔穎達疏："邦君之妻者，諸侯之夫人也。"《韓非子·內儲説下》："魏王遺荊王美人，荊王甚悦之，夫人鄭袖知王悦愛之也，亦悦愛之，甚於王。"

---

① 劉節：《古史考存·壽縣所出楚器考釋》，人民出版社，1958年，第112～125頁。

士

《彙考》195：士

《彙考》195：士

《彙考》196：士

《彙考》196：士

《彙考》196：士

《彙考》196：士

《彙考》196：士

《彙考》196：士

《彙考》196：士

《彙考》196：士

《彙考》196：士

《彙考》197：士

《璽彙》4581：士鈛（璽）

《彙考》197：士鈛（璽）

"士",裘錫圭先生認爲這些璽印應該大都是身份爲士的人所佩帶的。① 故"士"是表示身份的。

王士

《璽彙》4825：王之上士

《彙考》195：王之上士

《彙考》195：王之上士

《包山》152：王士之後

《包山》155：郢足命獻王士

《包山》155：足獻王士之宅

"王士",爲楚王之士,當是楚國中央的官僚,抑或即楚王的侍衛之官。②

士君子

《彙考》193：士君子之訐(信)坓(府)

---

① 裘錫圭:《古文字釋讀三則》,《徐中舒先生九十壽辰紀念文集》,巴蜀書社,1990年,第9～22頁。

② 石泉主編:《楚國歷史文化辭典》,武漢大學出版社,1996年,第41頁。

四 楚系文字中的職官

《璽彙》4734：士君子

《璽彙》4733：士君子

《彙考》194：士君子

《彙考》194：士君子

《彙考》194：士君子

《彙考》194：士君子

《彙考》194：士君子

《彙考》194：士君子

《彙考》194：士君子

《彙考》194：士君子

《璽彙》4731：士君子

《璽彙》4732：士君子

"士君子"，見《禮記・鄉飲酒義》"鄉人士君子"，注："士謂州長黨正也，君子謂鄉大夫士也。"李東琬先生說："士君子指有志操和學問的人。《荀子》多次講到士君子，如：'士君子不爲貧窮怠乎道。'（《修身》）'義之所在，不傾于權，不顧其利，舉國而與之，不爲改視，重死持義而不撓，是士君子之勇也。'（《榮辱》）'先慮之，早謀之，斯須之言而足聽，文而致實，博而黨正，是士君子之辯者也。'（《非相》）'士君子之容，其冠進，其衣逢，其容良'（《非十二子》）等。"①

君子

《璽彙》4512：君子

《彙考》195：君子

"君子"，對統治者和貴族男子的通稱。《淮南子・說林》："農夫勞而君子養焉。"高誘注："君子，國君。"

君士

《彙考》195：君士

---

① 李東琬：《箴言古璽與先秦倫理思想》，《北方文物》1997年第2期，第28～32頁。

"君士",疑與"士君子"相似。

諸侯

《長沙帛書》丙:會者(諸)侯

"者侯",讀爲"諸侯",古代帝王所分封的各國君主。在其統轄區域內,世代掌握軍政大權,但按禮要服從王命,定期向帝王朝貢述職,並有出軍賦和服役的義務。《易·比》:"先王以建萬國,親諸侯。"《史記·五帝本紀》:"於是軒轅乃習用干戈,以征不享,諸侯咸來賓從。"

家

《璽彙》3758:鎰欽豪(家)鉩(璽)

"豪",即"家",楚文字特有的寫法。家,即卿大夫。《尚書·盤庚》"永建乃家",孔安國傳:"卿大夫稱家。"

卿大夫

《信陽》1.032:卿夫=(大夫)

"卿大夫",卿與大夫。後借指高級官員。《國語·魯語下》:"卿大夫朝考其職,晝講其庶政。"《禮記·曲禮上》:"四郊多壘,此卿大夫之辱也。"《史記·汲鄭列傳》:"至黯七世,世爲卿大夫。"

嬖大夫

《上博四·曹》25:毋㐀(將)𠣪(軍)必有數㙉(嬖)大夫

"㙉大夫",讀爲"嬖大夫",即下大夫。《國語·吳語》:"陳士卒百人,以爲徹行百行。行頭皆官師,擁鐸拱稽,建肥胡,奉文犀之渠。十行一嬖大夫……"韋昭注:"三君皆云:'官師,大夫也。'昭謂:下言'十行一嬖大夫',此一行宜爲士。《周禮》:'百人爲卒,卒長皆上士。'……十行,千人。嬖,下大夫也。子產謂子南曰:

'子皙,上大夫。汝,嬖大夫。'"①

女官

《璽彙》3580:女佲(官)

"女佲",讀爲"女官",指在宫中擔當僕役或官吏的女人。以女人爲官的制度由來已久,甲骨文中常見的"婦某",有許多就相當於後世的"世婦"。《周禮》一書所載女官有女御、女祝、女史、世婦。璽文的"女官",很可能就是指這些女官中的一種。此璽應爲女官所用的官璽。②

小官

《包山》15:宵(小)佲(官)之司敗若

《包山》176:宵(小)官司敗若

"宵佲""宵官",疑讀爲"小官",職位低的官。《孟子·公孫丑上》:"柳下惠不羞汙君,不卑小官。"

宰

《包山》36:剆(宰)䣄受期

《上博三·中》1:季逗子叟(使)中(仲)弓爲剆(宰)

"剆",即"宰"字繁體。《論語·子路》:"仲弓爲季氏宰。"春秋時,宰爲卿大夫的家臣。《論語·公冶長》"求也,千室之邑,百乘之家,可使爲之宰也",何晏注:"宰,家臣。"

寵人

《上博四·昭》1:寵人歨=(止之)曰

---

① 陳劍:《上博竹書〈曹沫之陳〉新編釋文(稿)》,武漢大學簡研究網,2005年2月12日。
② 劉釗:《楚璽考釋(六篇)》,《江漢考古》1991年第1期,第75~76頁。

四 楚系文字中的職官

《上博四·昭》2：寵人弗敢止（止）

"寵人"，讀爲"寺人"，即宮中供使喚的小臣，以奄人爲之。《詩·秦風·車鄰》："未見君子，寺人之令。"毛亨傳："寺人，内小臣也。"①或認爲"寵人"即"雉人"，把守雉門之人。②

寺人

《上博二·昔》2 以告逵（寺）人

"逵人"，即"寺人"，官名。《詩·秦風·車鄰》："寺人之令。"《周禮·天官·寺人》"掌王之内人及女宫之戒令，相道其出入之事而糾之"，賈公彦疏："云寺之言侍者，欲取親近侍禦之義，此奄人也。"

賢子

《集成》10379：𦔻=（賢子）之倌（官）鐶（環）

《新蔡》乙四 57：□爲𦔻=（賢子）馱哀告大［司城］□

《新蔡》零 102、59：□爲𦔻=（賢子）

"賢子"，身份。《韓非子·忠孝》："父之所以欲有賢子者，家貧則富之，父苦則樂之。"

---

① 孟蓬生：《上博竹書（四）閒詁》，武漢大學簡帛研究網，2005 年 2 月 15 日；又《簡帛研究二〇〇四》，廣西師範大學出版社，2006 年，第 71 頁。
② 鄭玉姍：《〈上博四·昭王毁室〉劄記》，武漢大學簡帛研究網，2005 年 3 月 31 日。

吴　越

句吴王

《集成》10295 吴王夫差鑑：攻（句）吴王

《集成》10296 吴王夫差鑑：攻（句）吴王

《集成》11288 攻郚王夫差戈：攻（句）郚（吴）王

《集成》11636 攻敔王劍：攻（句）敔（吴）王夫差

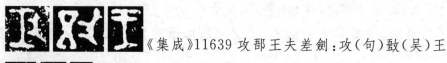《集成》11638 攻郚王夫差劍：攻（句）敔（吴）王

《集成》11639 攻郚王夫差劍：攻（句）敔（吴）王

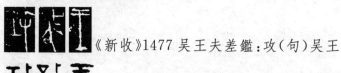《新收》1477 吴王夫差鑑：攻（句）吴王

《新收》1523 攻吴王夫差劍：攻（句）敔（吴）王

《新收》1551 攻吴王夫差劍：攻（句）敔（吴）王

《新收》1734 攻吴王夫差劍：攻（句）敔（吴）王

《集成》11637 攻敔王劍：攻（句）敔（吴）王

四 楚系文字中的職官

《新收》1868 攻吴王夫差劍：攻（句）敔（吴）王

《新收》1876 攻吴王夫差劍：攻（句）敔（吴）王

《新收》1895 攻吴王夫差劍：攻（句）敔（吴）王

《集成》11258 攻䣄王夫差戟：攻（句）敔（吴）工（夫）差

《集成》10294 吴王夫差鑑：吴王

《集成》11534 吴王夫差矛：吴王

《新收》317 吴王夫差劍：敔（吴）王

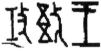《新收》1475 吴王夫差盉：敔（吴）王

《新收》1476 吴王夫差鑑：攻（句）吴王

《新收》1116 攻吴王夫差劍：攻（句）敔（吴）王

《商周集成》14082 吴王夫差缶：吴王夫差

《商周集成》17943 攻吴王夫差劍：攻（句）敔（吴）王

《集成》11151 攻吴王光戈：攻（句）敔（吴）王

《集成》11620 攻吴王光劍：攻（句）敔（吴）王光

《集成》11654 攻吴王光劍：攻（句）敔（吴）王光

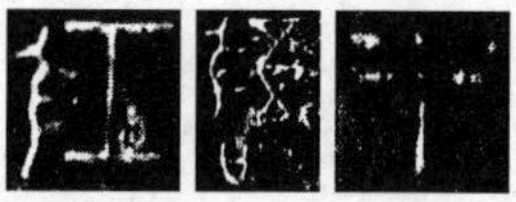《商周集成》17916 攻吴王光劍:攻(句)敼(吴)王光

《新收》1478 攻吴王光劍:攻(句)吾(吴)王

《新收》1807 攻吴王光韓劍:攻(句)䓊(吴)王

《集成》11029 攻吴王光戈:攻(句)〈敼(吴)王光〉

《集成》11665 攻敔王劍:工(句)𢿤(吴)王

《新收》1188 攻吴王𠭯戗此𨚗劍:攻(句)𧇡(吴)王

《新收》1283 攻吴王之孫盉:工(句)𧇡(吴)王

《集成》2359 吴王孫無鼎:吴王

《集成》10298 吴王光鑑:吴王光

《集成》10299 吴王光鑑:吴王光

《集成》11255 吴王光戈:大(吴)王

《集成》11256 吴王光戈:大(吴)王

《集成》11257 吴王光戈:大(吴)王

“攻敔”“攻敼”“工𧇡”“工𢿤”,讀爲“句吴”,國名。“攻吴王”“攻敔王”“攻敼王”“敔王”,即吴王。吴王夫差(? —前 473 年),姬姓,吴國末代國君,闔閭之子。吴王光(前 514 年—前 496 年),又稱“闔閭”或“闔盧”,吴王諸樊之子。吴王諸

四 楚系文字中的職官

樊,又名遏,字或寫作"謁",或稱"諸樊遏"。《史記·吳太伯世家》:"壽夢有子四人,長曰諸樊。"

句吳太子

《集成》11718 工䥨大子姑發䣄反劍:工(句)䥨(吳)大(太)子

越王

《集成》144 越王者旨於賜鐘:戉(越)王者旨於賜

《集成》11511 越王諸稽於賜矛:戉(越)王者(諸)旨(稽)於賜(賜)

《集成》11512 越王諸稽於賜矛:戉(越)王

《集成》11535 越王州句矛:戉(越)王州句

《集成》11570 越王劍:戉(越)王

《集成》11571 越王劍:戉(越)王

《商周集成》17904 越王州句劍:郙(越)王州句

《集成》11598 越王諸稽於賜劍:戉(越)王

《集成》11621 越王句踐劍:郙(越)王欨(句)淺(踐)

《集成》11622 越王州句劍:戉(越)王州句

《集成》11641 越王嗣旨不光劍:戉(越)王

《集成》11703 越王劍：戉（越）王丌北古

《商周集成》17910 越王州句劍：邻（越）王州句

《商周集成》17913 越王州句劍：邻（越）王州句

《新收》1408 越王得居戈：戉（越）王差（佐）郐（徐）

"戉王""邻王"，讀爲"越王"。指春秋戰國時期越國的國君。"欨淺"，即勾踐，《史記·越世家》："勾踐卒，子王鼫與立。"者旨於賜，即越王與夷，①鼫與之"與"似其名"與夷"之省。② 州句，即朱句，指越王翁。《史記·越世家》："王不壽卒，子王翁立。"③

太子

《集成》11544 越王大子矛：大（太）子

---

① 林澐：《越王者旨於賜考》，《林澐學術文集》，中國大百科全書出版社，1998年，第190~191頁。
② 董珊：《吳越題銘研究》，科學出版社，2014年，第46頁。
③ 董珊：《吳越題銘研究》，科學出版社，2014年，第53頁。

待　考

《璽彙》0230：舊．之鈢（璽）

吳振武先生讀爲"觀館"之璽，可能是國境上的侯館所用之璽。①

《彙考》172：□虘之鈢（璽）

肖毅先生釋作"兵甲之璽"，當爲與兵甲有關的機構或職官所用之印。②

《璽彙》0274：訽里隹鈢（璽）

"隹"，讀爲"唯"。勞干認爲漢代出土文獻中的"里唯"當讀爲"里魁"（《居延漢簡考釋》，1.5，南溪石印本，1944 年），漢印中"某某唯印"習見，俞偉超認爲"唯"字當讀爲"魁"。③

《璽彙》0144：高矣（疑）官鈢（璽）

"高矣官"，何琳儀師讀爲"高疑官"。"高"，尊顯。《禮記·月令》："以大牢祠

---

① 吳振武：《戰國官璽釋解兩篇》，《金景芳九五誕辰紀念文集》，吉林文史出版社，1996 年，第 195 頁。

② 肖毅：《楚璽考釋二則》，《古文字研究》第 28 輯，中華書局，2010 年，第 365～368 頁。

③ 俞偉超：《中國古代公社組織的考察》，文物出版社，1988 年，第 91 頁。

于高禖",疏:"高者,尊也。""疑",天子左右之高官,故其前冠以"高"。① 肖毅先生隸第二字作"肴",讀爲"肂(肆)"。《周禮·地官·司徒》:"肆長各掌其肆之政令,陳其貨賄,名相近者相遠也,實相近者相爾也,而平正之。"肆官爲一肆之長,或即"肆長"。② 按,第二字與楚文字"肴"旁不類,暫從何師説。

《彙考》157:□官之鉨(璽)

石志廉先生釋爲"險官",即《周禮》之"司險"。《周禮·夏官·司險》"司險,掌九州之圖,以周知其山林川澤之阻而達其道路",注:"周猶遍也。達道路者,山林之阻則開鑿之,山澤之阻則橋梁之。"孫詒讓《正義》:"掌九州之圖者,即大司徒職,所謂天下土地之圖。此官掌案圖,以考其險要形勢及道路遠近。云九州者,明司險道路之事,及要服而止,九州以外,不必遍及也。"③

《盛世》004:黃金之鉨(璽)

吴振武先生在考訂"某某金璽"時懷疑它們是打在黄金或其包裝上的,當是爲了説明這些金子是用於某種特殊用途的專款。古有"犧賦"制度,即如征收賦税那樣征收用於祭祀的犧牲,所謂"以税出牲",推想當犧牲缺乏時,用黄金作價來頂替是再自然不過的,而黄金自也可以用來採購犧牲。至於像鹽這類須由政府專控的物資,販運交易設定專款,更是理所當然的。④ "黄金之璽"疑爲負責特殊專款交易的職官所用之印。

《彙考》192:鈘鉛□□【二合璽之一】

---

① 何琳儀:《戰國古文字典》,中華書局,1998年,第290頁。
② 肖毅:《古璽所見楚官府官名考略》,《江漢考古》2001年第2期,第41頁。
③ 石志廉:《戰國古璽考釋十種》,《中國歷史博物館館刊》1980年總第2期,第108~113頁。
④ 吴振武:《盛世璽印録序》,藝文書院,2013年。

四　楚系文字中的職官

《大風堂藏印》2：□厌壐【二合壐之一】

《彙考》183：冸（海）上腹鉨（壐）

《彙考》183：加芳寅鉨（壐）

《壐彙》0269：旱（吁）昜（陽）□鉨（壐）

《壐彙》0338：聿（建）昜（陽）識

《彙考》180：□族鉨（壐）

《壐彙》0315：□□鉨（壐）

《彙考》172：勴（傷）□之鉨（壐）

《彙考》172：□善之鉨（璽）

《彙考》172：詪亦（夜）之鉨（璽）

《璽彙》0218：新（新）舍之鉨（璽）

《璽彙》0207：善坒（城）之鉨（璽）

《璽彙》0231：田□之鉨（璽）

《璽彙》0339：北孚東曲

《彙考》180：鄨族之鉨（璽）

《璽彙》5559：閖（聞）安虛鉨（璽）

四 楚系文字中的職官

《璽彙》0162：左□客鈢（璽）

《大風堂藏印》3：□賢逃人與粟

《璽彙》0206：良或（國）之鈢（璽）

《璽彙》0204：埄郘（國）之鈢（璽）

《盛世》010：駏弜（強）廷鈢（璽）

迪叟《包山》159：迪叟（史）

厰仿叟《包山》161：厰仿叟（史）婁佗

解舟《包山》157：解舟贅舟

附錄

1. "苑璽"考

《古璽彙編》0358 收錄有一枚圓形楚官璽,至今未得到很好的考釋。本文試著對其文字進行考釋,以求教于方家。

首字是個疑難字形,一直未釋。現在看來,右上所從偏旁"㇀",即"夗"。這個偏旁在楚文字中習見:

《江漢考古》1993.3

鄧鼎淅川下寺春秋楚墓 8 圖五①

《集成》289.2　　《集成》290

《集成》319　　《集成》346

《集成》326　　《集成》330②

上博三《周易》2　　上博三《周易》2

---

① 趙平安先生認爲"繁"字所從"夗"是聲符,都是元部字。參氏著《從語源學的角度看東周時期鼎的一類別名》,《新出簡帛與古文字考論》第 17～18 頁,商務印書館,2009 年。

② 裘錫圭、李家浩先生認爲"贏㝵"應該就是見於《國語》的"贏亂"。參《曾侯乙墓鐘磬銘文釋文及考釋》注 14。上博周易公佈後,徐在國先生撰文認爲"此字從'子'沒有問題,但是'子'上絕對不是'而',應該是'夗'。參氏著《上博竹書(三)〈周易〉釋文補正》,http://www.jianbo.org.2004 年 4 月 24 日。

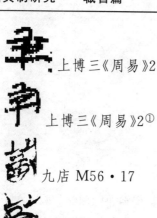

上博三《周易》2　　　　　上博三《周易》2

上博三《周易》2①　　　　包山 151

九店 M56·17　　　　　　九店 M56·20

九店 M56·22　　　　　　九店 M56·24②

上博一《孔子詩論》21　　上博一《孔子詩論》22③

上博七《君者何必安哉》甲9　上博七《君者何必安哉》乙④

　　隨著諸多新材料的不斷出現,加之與傳世文獻的互相印證,學者們對楚文字中的這個"勹"旁即"夗"的考證已成定論。李零先生認爲,這種形體類似於"勹"的偏旁"夗"可能是由金文"饔"字所從的⿱演變。⑤ 其實還可以更早上溯到甲骨文,于省吾先生早在他的《甲骨文釋林》中就釋出了甲骨文中有關"夗"聲旁的字。⑥ 後來,劉釗、馮勝君、趙平安等先生先後撰文考釋了古文字中一系列從"夗"

---

　①　裘錫圭、李家浩先生認爲"嬴䚘"應該就是見於《國語》的"嬴亂"。參《曾侯乙墓鐘磬銘文釋文及考釋》注14。上博周易公佈後,徐在國先生撰文認爲"此字從'子'没有問題,但是'子'上絶對不是'而',應該是'夗'。參氏著《上博竹書(三)〈周易〉釋文補正》,http://www.jianbo.org. 2004年4月24日。

　②　徐在國先生很早就將此字分析爲:从艸、从田,夗聲。參《讀〈楚系簡帛文字編〉劄記》,《安徽大學學報(哲學社會科學版)》1998年5期。後在《上博竹書(三)〈周易〉釋文補正》一文中重申這一觀點,文見http://www.jianbo.org. 2004年4月24日。

　③　此字形體與包山、九店所從"夗"旁稍有差異,但其字正好對應今本《詩·陳風》之《宛丘》的"宛",此字从"夗"聲也是肯定無疑的。

　④　何家興先生認爲此字是一個雙聲符的字,从"旱"、从"勹",二者皆聲。"勹"即"夗"。參《說"章"及其相關諸字》,http://www.guwenzi.com. 2009年1月4日。

　⑤　李零:《讀九店楚簡》,《考古學報》1999年第2期,第143頁。

　⑥　于省吾:《甲骨文釋林》,中華書局,1979年,第40~42頁。

的字,並對字形做了細緻入微的分析,^①此不贅述。

"夗"旁釋出後,考證其下所從的"⿱人?"就成了此字考釋的關鍵所在,我們懷疑這個偏旁可能就是"奂"。"奂"旁在金文中作:

金文"奂"从人,从穴,从⿱,會从它人宅有所取之意;⿱亦聲(疊加音符)。所從⿱或訛作収形,戰國文字或省収旁。^②

上博四《内豊》8號簡中有一字作:

昃(冠)不奂

田煒先生據侯馬盟書中的"奂"字作𡚇、𡚉等形,"裒"字作𧛄、𧛃等形,"寏"字作𡩁,將上博簡的𣎵改釋爲"奂"。^③ 其説可從。

細審之,本文所討論的"⿱人?"與"奂"的常見標準字形稍有差異,"人"形右上方多一短斜劃。我們猜測這一短斜劃可能是裝飾性筆劃,與𡩁所從奂旁右上的短斜劃類似,只是位置不同而已。

其實,這種在"人"形右方加一短斜劃的現象在戰國文字中不僅此一例,又如"及":

---

① 劉釗:《釋甲骨文中从夗的幾個字》,《古文字考釋叢稿》,第30～47頁;《釋金文中从夗的幾個字》,《古文字考釋叢稿》,第106～115頁,嶽麓書社,2005年。馮勝君:《釋戰國文字中的"怨"》,《古文字研究》第25輯,中華書局,2004年。趙平安:《戰國文字中的"宛"及其相關問題研究》,《新出簡帛與古文字古文獻研究》,商務印書館,2009年,第143～154頁。

② 黄德寬主編:《古文字譜系疏證》第2580頁,商務印書館,2007年。

③ 田煒:《讀上博竹書(四)瑣記》,http://www.jianbo.org,2005年4月3日。

新蔡零 新蔡零259

以上字形，可資參證。

如果將"夗"釋作"奐"不誤的話，那麼"奐"乃此字的疊加聲符。奐，曉紐元部；夗，影紐元部。影、曉同爲喉音，韻部相同。

根據以上分析，我們可以將璽文首字分析爲：从阜，夗聲，奐亦聲。在璽文中疑讀作"苑"。

《說文·艸部》："苑，所以養禽獸。"《周禮·地官·敘官》"囿人"注："囿，今之苑。"古人對苑囿的認識或以爲大小之分，或以爲有無墻之別，孫詒讓認爲"諸說蓋各舉一端言之，實則苑囿通稱"。苑璽，應該是掌管苑囿的官員所用璽印。此官大概相當於《周禮》中的"囿人"，《周禮·天官·敘官》注："囿，御苑也。"《周禮·地官·囿人》："囿人掌囿遊之獸禁，牧百獸。祭祀、喪紀、賓客，共其生獸、死獸之物。"

查檢戰國文字材料，我們發現有關"苑"的記載還是比較豐富的。除了上文所討論的楚系的"苑"之外，其他國家的出土文字中也不乏有關"苑"的記載，如：晉璽中有一字作𥵦（郘采～宀），李家浩先生釋作"梋"，[1] 吳振武先生考釋說："'梋'似應讀作'苑'。'梋'和'苑'都是元部字。'梋'爲曉母，'苑'爲影母，聲母亦近。'苑監'應是掌苑囿的官。掌苑囿的官稱'監'，顯然可以跟上述'主山林川澤之官'稱'監'相聯繫。《後漢書·百官志》記鉤盾令屬官有'濯龍監、直里監各一人'（《漢書·百官公卿表》顏注：'鉤盾主近苑囿。'），本注謂'濯龍''直里'皆園名。"[2] 秦文字中也有不少有關"苑"的資料，王輝先生撰有專文加以研究。[3] 我們期待著有更多有關"苑"文字材料的出土，這將有助於我們對戰國林苑制度有更深入的研究。

（原載《考古與文物》2012年第2期）

---

[1] 李家浩：《戰國官印考釋三篇》，《出土文獻研究》第6輯，上海古籍出版社，2004年，第19頁。

[2] 吳振武：《戰國璽印中所見的監官》，《中國古文字研究》第1輯，吉林大學出版社，1999年，第120頁。

[3] 王輝：《出土文字所見之秦苑囿》，《高山鼓乘集——王輝學術文存二》，中華書局，2008年，第178～188頁。

2. 楚"集蜜"之璽考

傅嘉儀先生編著的《篆字印彙》①著録如下一方楚璽：

首二字原書缺釋。

第一字施謝捷先生隸作"橐"，釋爲"集"，②可從。檢楚文字"集"字或作：

 長沙銅量　　 鑄客鼎

 集脀爐　　 酓忎鼎

 包山 10　　 郭店・五行 42

第二字施謝捷先生隸作"裦(裶)"，③我們懷疑此字應隸作"宓"，讀爲"蜜"。楚系文字"蜜"字作：

 包山 255　　 包山 255

 包山 257　　 上博二・民之父母 8

從宀、甘，必聲，上部所從與璽文第二字形近。

如上釋不誤的話，這方楚璽當釋爲"集宓(蜜)之鉨"。

---

① 傅嘉儀：《篆字印彙》，上海書店出版社，1999 年，第 29 頁。
② 施謝捷：《古璽彙考》，安徽大學博士論文，2006 年，第 161 頁。
③ 施謝捷：《古璽彙考》，安徽大學博士論文，2006 年，第 161 頁。

由"集蜜之鉨"很容易使人想到楚文字中習見的"集某"銘文。"集某"類銘文有如下幾種：

(1)集胆：鑄客爲集胆爲之（鑄客鼎）

集胆鳴腋（包山 194）

(2)集牆：鑄客爲集牆爲之（鑄客鼎）

集牆之器（信陽 2—024）

(3)集肴①：鑄客爲集肴爲之（鑄客大鼎）

(4)集醻(?)：鑄客爲集醻(?)爲之（鑄客爐）

(5)集既：鑄客爲集既鑄爲之（鑄客甗）

(6)集脞②：鑄客爲集脞爲之（集脞爐）

(7)集獸：集獸黃辱（包山 211）

(8)集胆尹：集胆尹（天星觀簡，《楚系簡帛文字編》第 315 頁）

(9)集牆尹：集牆尹（天星觀簡，《楚系簡帛文字編》第 315 頁）

學者對"集某"類銘文已做了很好的研究，但意見並不統一。對(1)～(6)類"集某"銘文，主要有兩種觀點：一種認爲是官名，一種認爲是機構名。我們傾向於後一種意見。"集"字，陳秉新先生認爲是"總匯""集納"之義③，可從。"胆""牆""肴""醻(?)""既(餼)""脞""獸(獸)""蜜"均與飲食膳饈有關。李學勤先生認爲"集×"之"×"都是食品名，④是正確的。因此，"集某"類銘文當是楚國飲食膳饈的機構。"集胆尹""集牆尹"當是負責"集胆""集牆"的官員。

如此，"集蜜之鉨"當是楚國集蜜機構所用的璽印。

（原載《中國文字研究》2009 年第 1 輯）

---

① 从吳振武先生釋，參吳振武：《朱家集楚器銘文辨析三則》，《黃盛璋先生八秩華誕紀念文集》，中國教育文化出版社，2005 年，第 291 頁注釋 3。

② 吳振武：《朱家集楚器銘文辨析三則》，《黃盛璋先生八秩華誕紀念文集》，中國教育文化出版社，2005 年，第 298 頁。

③ 陳秉新：《壽縣楚器銘文考釋拾零》，《楚文化研究論集》第 1 輯，荆楚書社，1987 年，第 333 頁。

④ 李學勤：《戰國題銘概述(下)》，《文物》1959 年第 9 期，第 60 頁。

3. 戰國官璽考釋一則

王獻唐先生的《兩漢印帚》(增補篇)著録如下一方官璽:[1]

42—506

這方官璽未見於《古璽彙編》《古璽彙考》等書,也未見學者徵引。我們認爲這方官璽應該釋爲"厶(私)庫冢子"。

"厶",三晉文字多見,或作圓形,或作倒三角形,如:

度量衡 324 頁金村銅鼎:公左厶(私)官

《集成》2773 信安君鼎:厶(私)官

《集成》2102 中厶官鼎:中厶(私)官

《集成》2658 三十六年私官鼎:厶(私)官

璽文"私庫"一詞,亦見於中山國墓所出相關器物銘文,形體如下所示:

《集成》12050 私庫嗇夫蓋杠接管:厶(私)庫嗇夫

《集成》12051 私庫嗇夫蓋杠接管:厶(私)庫嗇夫

《集成》11863 私庫嗇夫鑲金銀泡飾:厶(私)庫嗇夫

---

[1] 《山東》文獻集成編纂委員會編:《山東文獻集成》第 4 輯,山東大學出版社,2011 年。

《集成》11864 私庫嗇夫鑲金銀泡飾：厶（私）庫嗇夫

《集成》11865 私庫嗇夫鑲金銀泡飾：厶（私）庫嗇夫

吳振武先生曾對中山器銘文中的"私庫"做過考釋，他認爲：

"私庫"和中山國墓所出的其他器物上的"左使車""右使車""冶勻"等一樣，不見於典籍記載和別國器物題銘，當是中山國職司冶鑄的官手工業機構，和三晉地區督造兵器或其他器物的"庫""武庫""左庫""右庫""市庫"等相仿。①

何琳儀師根據《漢書·張延壽傳》注"服虔曰，私官，皇后之官也"的解釋，懷疑"私庫"是皇后之府庫。②

職官"冢子"戰國文字習見，三晉文字"冢"字或作：

《集成》2590 十三年上官鼎：冢子

（ ）《集成》11376 十八年冢子戈：塚（冢）子猷（韓）矰

 十八年冢子戈③：塚（冢）子猷（韓）矰

《古文字研究》27 二十年冢子戈：冢子

《集成》9616 春成侯鍾：冢（重）十八益（鎰）

《上博集刊》第 8 輯春成侯盉：冢（重）十二益（鎰）九釿

《集成》9648 四斗厽客方壺：四冔（鋝）十一冢（重）□

---

① 吳振武：《釋平山戰國中山王墓器物銘文中的"鈉"和"私庫"》，《史學集刊》1982 年第 3 期，第 68～69 頁。

② 何琳儀：《戰國古文字典——戰國文字聲系》，中華書局，1998 年，第 1278 頁。

③ 吳振武：《新見十八年冢子韓矰戈研究》，《古文字與古代史》第 1 輯，"中央研究院歷史語言研究所"，2007 年，第 332 頁附圖三。

《古璽彙考》121 頁:承匡冢子

《集成》2481 二年宔鼎:冢子

《集成》2590 十三年上官鼎:上官冢子疾

关于"冢"字,李家浩、何琳儀等先生對其形體做過很好的分析。李家浩先生提出:

"冢子"又見於韓國兵器銘文,"冢"字的寫法很特別……(戈銘)"年"下一字當是"塚"字。與上文所引諸"冢"字比較,字形變化較大。由於此字與"子"字連文,可以確定是"塚"字,只不過是把"土"旁移到"勹"旁左下側,省去原來佔據在這個位置上的"豕"旁,並在"勹"旁右側加上"卜"作爲飾筆。①

何琳儀師認爲:

"冢"之右旁本从"主"。以往在古文字中未發現明顯無疑之"主",自侯馬盟書、中山王器"宔"被釋出後,戰國文字中"主"及从"主"字多可釋讀……"冢"既然从"主",則有可能从"主"得聲。主,照紐三等(古歸端紐)侯部;冢,端紐東部。侯東陰陽對轉。"冢"从"主"得聲音理契合。上文所引二年宔子戈"宔子"讀"冢子",是戰國文字中習見的官名。參見寍鼎、梁上官鼎、十三年上官鼎、《璽彙》3102、《陶彙》3.945 等"冢子"。鄴陵君豆"貹三朱"讀"冢(重)三銖",文意調暢。凡此均"冢""主"音近可通之佐證。②

吳振武先生進一步論證:

韓兵銘文中的"塚(冢)子"之"塚"均作圹,其結構是由"土""勹"("冢"之省)、"卜"三旁組成的。雖然目前我們還不能圓滿解釋"塚(冢)"字爲何从"卜"的原因,但下引二年寍冢子鼎上的"冢"字作𤣩,可以證明戰國時期的"塚(冢)"字確有从"卜"的寫法。③

---

① 李家浩:《戰國時代的"冢"字》,《著名中年語言學家自選集·李家浩卷》,安徽教育出版社,2002 年,第 5~6 頁。

② 何琳儀:《匄吳王劍補釋——兼釋冢、主、开、丂》,《第二屆國際中國古文字學研討會論文集》,香港中文大學,1993 年,第 253~256 頁。

③ 吳振武:《新見十八年冢子韓贈戈研究》,《古文字與古代史》第 1 輯,"中央研究院歷史語言研究所",2007 年,第 324~325 頁。

本文討論的"冢"字形體與十八年冢子戈的"冢"字寫法完全相同,我們認爲何琳儀師所論"冢"从"主"聲之說,甚確。十八年冢子戈是韓國器,因此可斷定此官璽屬韓國。

關於"冢子"的具體職掌,學者意見不統一,主要的觀點有:

1. (冢子)似皆爲職官名。有的"冢子"冠以地名……有的"冢子"冠以機構名稱"上官"……他們似與文獻里稱太子爲冢子的冢子名同而實異。①

2. 冢子這一職官戰國時見於三晉。在魏國設在地方,在韓、趙設於朝中,其共同點是所轄有冶,職責是製作青銅器,包括兵器在内……趙國戈銘云"冢子攻正","攻"讀爲"工",工正爲工官之長。從這裏我們明白,無論是朝廷的冢子,還是地方的冢子,都是工官。帛書《刑德》的軍吏冢子,應爲軍中的工官,其職能當即軍用器械的製造。相信今後還會有更多材料,來印證這一點。②

3. 我們可以將《刑德》和《兵略訓》的軍吏作一比較(按《兵略訓》之序):

《兵略訓》:將　大尉　司馬　侯　司空　輿

《刑德》：　將軍　尉司馬　侯　司空　冢子

如上所列,二者的相似一目了然。據此,我們可以對司空、冢子的職掌作出新的分析……《兵略訓》中没有冢子,與之相當的軍吏是輿。輿的職掌是"收藏於後,遷舍不離,無淫輿,無遺輻",注文說:"輿,衆也,候領輿衆(原注:"候領輿衆",日本古寫本作"獲輿衆",學者或懷疑是"護輿衆"之訛。參看何寧《淮南子集釋》第1058～1059頁),在軍之後者。"輿大概是管理輜重和收藏的軍吏。《刑德》的冢子到底是輿那樣管理輜重、收藏的軍吏,還是如李學勤所說是職掌軍械製造的工官,目前還不易論定。③

4. 冢子的主職既不會是負責工程的工官,也不像是主掌軍械製造的工官。倘若我們仔細分析上舉全部出現"冢子"一官的戰國銘刻,可以發現,將冢子看成是主掌收藏的官吏,是再恰當不過了。四件韓兵銘文皆出現以收藏爲主要職能的"庫";而其他各器或記來源,或記校量,或記鑄造,也全都是跟收藏有關的事務。特別需要指出的是,前引裘錫圭先生文已經講過,戰國時期像"庫""府"這類

---

① 李家浩:《戰國時代的"冢"字》,《著名中年語言學家自選集·李家浩卷》,安徽教育出版社,2002年,第7頁。

② 李學勤:《馬王堆帛書〈刑德〉中的軍吏》,《當代學者自選文庫·李學勤卷》,安徽教育出版社,1999年,第462頁。

③ 劉樂賢:《簡帛數術文獻探論》,湖北教育出版社,2003年,第108～110頁。

收藏機構,不但負有保管的責任,同時也從事鑄器等生產工作。因此,冢子的職掌有時與鑄器發生關係也是極自然的,但這並不意味著可將冢子定性爲掌鑄器的工官。此外,從訓詁上看,"冢子"一名跟"與"亦有關係。按照東漢經師鄭玄對《周禮》"冢宰"一名的解釋,"冢宰"即是"總御衆官"的意思,那麼"冢子"很可能就是"總御衆子"的意思。它跟"與"的意思是"候領與衆",正是相應的……總之,綜合所有相關資料來看,無論哪一級冢子,其職掌總能和收藏相聯繫,故將其定性爲主掌收藏的官吏,應該是八九不離十的。①

綜合以上各家說法,我們認爲吳振武先生說"私庫"是職司冶鑄的官手工業機構,是可信的。這方韓國官璽將"私庫"和"冢子"放在一起,那麼"冢子"爲鑄器工官,是很自然的。所以,李學勤先生對"冢子"的看法無疑是正確的。

如上所述,"私庫冢子"是一方戰國時代韓國官璽,乃職司冶鑄的官手工業機構鑄器工官"冢子"所用。

(載《中山大學學報》2016 年第 5 期)

---

① 吳振武:《新見十八年冢子韓矰戈研究——兼論戰國"冢子"一官的職掌》,《古文字與古代史》第 1 輯,"中央研究院歷史語言研究所",2007 年,第 329 頁。

4. "集醢"考

安徽壽縣朱家集出土的銅器一直以來備受學術界廣泛關注，學者們對其進行了深入研究，取得的成果非常豐碩。但銘文中有一職官名至今懸而未決，筆者在整理楚國職官時略有感想，寫成小文以求教于專家學者。

銘文字形、辭例如下所列（爲便於敍述，第二字用大寫英文字母表示）：

 A 集成 4.2300 鑄客鼎：鑄客爲集～爲之

 B 集成 4.2300 鑄客鼎：鑄客爲集～爲之

 C 集成 15.9420 鑄客盉蓋外側：鑄客爲集～爲之

 D 集成 15.9420 鑄客盉器口旁：鑄客爲集～爲之

 E 集成 16.10388 鑄客盧：鑄客爲集～爲之

銘文"集"字已爲學界公認。① 第二字的釋讀可謂聚訟紛紜，試列各家觀點如下：

夏淥先生認爲 ▨，從酉，從兔，從甘，疑爲"醢"之異構。"陰醢"猶《周官》之"醢人"。▨，當爲醮，《博雅》："醮，祭也。""陰醮"是楚王后宮爲祭祀備膳的職官。其他楚器尚有"陰醻"之名，或爲楚宮專管醻酢的職官，因字形不清晰，不能確定與"醮"字是否一字重複，今暫附於此。②

郝本性先生分析字形爲左從酉，右從疇，《說文》"疇"字或體作 ▨，《汗簡》引

---

① 朱德熙：《壽縣出土楚器銘文研究》，《朱德熙文集》第五卷，商務印書館，1999年，第 3～10 頁。

② 夏淥：《三楚古文字新探》，《楚史論叢（初集）》，湖北人民出版社，1984年，第 280～281 頁。

《説文》"疇"字作㿝。㿝與其相似,乃爲"疇"的異構。上海博物館藏銅鏇、故宫博物院藏鐎壺、《三代》著録的鼎"集"下一字皆釋作"醻"。醻爲美酒名,見於《集韻》。集醻是祭祀或饗禮時供應酒醴的職官。①

陳秉新先生同意郝本性先生隸定作"醻",但讀法有所不同,讀作"酋"。醻與酋古音同隸幽部,醻屬舌面禪紐,酋屬齒頭從紐,兩紐相近,可以通轉。《説文》:"酋,繹酒也……《禮》有大酋,掌酒官也。"集醻(酋)是楚王室總管釀酒的機構,其長相當於《禮記》的大酋。②

黄錫全先生贊同郝本性先生提出的鏇和鐎壺爲一套温酒器之説,"集某"之"某"確與器之用途有關。"集醻"是機構名,其長可能爲"集醻尹"。③

李零先生認爲字从酉,可能與酒、醢一類食品有關。④

劉彬徽先生認爲那件爲學者定爲"鏇"的器物應看作是爐的重複計入,並將銘文中該字形體分爲兩類:A、C、E 是一類,B、D 是另一類。他提出:因爲鼎和盉均爲蓋器對銘,學者將這兩種字形都釋爲"醻(?)",但從字形看還是有差别的,分開對待更爲準確。兩字的右半部分很難分析,目前尚不知是何字。⑤

陳治軍先生也認爲這是兩組字,A、C、E 應隸定作"醻",B、D 應隸定作"酪"。但他又覺得銘文"集醻""集酪"所指相同,應該是釀酒的職官。⑥

按:在解決 B、D 是什麽字之前,我們先將春秋戰國文字中所見"酪"字形體列舉如下:

《集成》1.425 徐邵尹鉦　　《包山》138

《包山》165　　《包山》177

---

①　郝本性:《壽縣楚器集脰銘考釋》,《古文字研究》第 10 輯,中華書局,1983 年,第 207～208 頁。
②　陳秉新:《壽縣楚器銘文考釋拾零》,《楚文化研究論集》第 1 輯,荆楚書社,1987 年,第 336 頁。
③　黄錫全:《古文字中所見楚官府官名輯證》,《文物研究》第 7 輯,黄山書社,1991 年,第 216 頁。
④　李零:《論東周時期的楚國典型銅器群》,《古文字研究》第 19 輯,中華書局,1992 年,第 150 頁。
⑤　劉彬徽:《楚系青銅器研究》,湖北教育出版社,1995 年,第 364 頁。
⑥　陳治軍:《安徽出土青銅器銘文研究》,黄山書社,2012 年,第 149～156 頁。

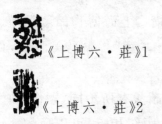《上博六·莊》1　　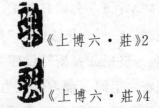《上博六·莊》2

《上博六·莊》2　　　　　　　　　《上博六·莊》4

通過對比字形可以發現：本文所討論的 B、D 形體與上舉"酷"極爲相似，只是右下所從"臼"形寫得有些怪異，可能是"臼"之訛變。

在梳理這一形體訛變的過程中，我們發現多數學者將 A、B、C、D、E 視爲一字的觀點是正確的。首先，可由 C 字形推斷右下部所從乃"臼"，其他幾個字的右下所從應是"臼"的變體，其形體演變大致如下圖所列：

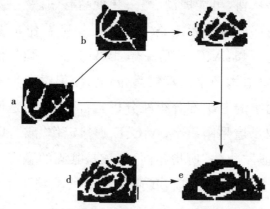

b 形是將 a 的兩點省略，c 又在 b 的三角形空白處加一短橫裝飾。d 上面的尖角形應是"臼"靠外側的兩點稍稍上移交叉而成，上列包山 138 的字形兩點就靠近字上部的偏旁，幾近交叉。d 下面的"日"大概是由 c 形訛變，e 形則是 d 的進一步省變。

如此看來，A、B、C、D、E 是同一字的可能性是相當大的。而且，壽縣朱家集所出一系列銅器中器蓋同銘的還有：

器名	銘文	
集脰太子鼎	集脰太子鼎	
集脰太子鼎蓋	集脰太子鼎	集成 02096

這也可作爲本文所論爲一字的一個旁證。

接下來要解決的是右上部偏旁釋讀的問題：由 B、D 二字形，我們懷疑右上 、 是"尤"，上部的"人"形較易辨認，而 A、C、E 所從的 、 、 ，上部人形胳膊有所簡省。這種現象還見於其他戰國古文字中，如"衆"作 （《山東》170）、"身"作 （《璽彙》5598），人形都寫成一豎筆了。《璽彙》0001 中有一個字作 ，學者或將其釋作醢,①近出的一些大型工具書也吸收了這種新釋法。② 如果此釋不誤的話,右旁上部所從亦可作爲本文所釋"尤"字較爲有力的證據。A、C、E右下豎筆向左邊彎曲進而成折筆![symbol],類似字形變化,何琳儀師有較爲詳細的總結。③

綜上所論,A、B、C、D、E五字都應隸定作"醢"。

從前輩學者現有的研究成果來看,銘文"集醢"所指乃職官名,我們較傾向於李零先生的推測,銘文"集醢"疑讀作"集醯"。楚簡中的"醢"也是職官名,趙平安先生認爲"醢"應理解爲"醯",極可能是"醯"的異體字。④ 典籍中"醯醢"常連用,指帶汁的肉醬。《詩·大雅·行葦》:"醓醢以薦,或燔或炙。"毛傳:"以肉曰醓醢。"孔穎達疏:"蓋用肉爲醢,特有多汁,故以醓爲名。"《周禮·天官·醢人》:"朝事之豆,其實韭菹、醓醢。"鄭玄注:"醓,肉汁也。"孫詒讓《周禮正義》:

> 注云"醓,肉汁也"者,《説文·肉部》云:"肬,肉汁滓也。"又《血部》云:"衉,血醢也。《禮》有衉醢,以牛乾脯梁麴鹽酒也。"無醓字。《聘禮》注云:"醓,醢汁也。"又《公食大夫禮》注云:"醓醢,醢有醓。"畢沅校本《釋名·釋飲食》云:"醢多汁者曰醓。醓,瀋也。宋、魯人皆謂汁爲瀋。"《毛詩·小雅·行葦》傳云:"以肉曰醓醢。"案:《説文》云"禮有衉醢"者,許所見《儀禮》《周禮》經文,並作醓醢也。二徐本作《禮記》,非。今從段玉裁校刪。依許說,則肬爲肉汁滓,衉爲血醢,二義不同。然《禮經》無血醢,而鄭説醓醢,正與許書肬字説解同。竊謂正字當本作肬,衉乃後來孳生字。二《禮》及《毛詩》並作醓,此經別本又作盜,皆衉之變體。漢時禮家説,蓋有以醓爲血醢者,許遂別以衉隸血部,實則與肬是一字也。凡《禮經》單言醢,不著牲獸者,並即三牲之醓醢,是肉非血,許説未塙。段玉裁云:"許云汁滓者,謂醓不同瀋也。凡醢臡皆有汁,而牛乾脯獨得衉名者,六畜不言牲名,他醢臡不言衉,立文錯見之法。汁即鹽酒所成,言皆胜物,非有孰汁也。毛傳云'以肉曰醓醢',大鄭云'醓醢肉醬也',皆言肉以包汁。不言何肉者,蓋謂《周禮》六牲之肉,下文醢臡麇鹿麋兔雁,在六獸六禽内可證也。許但言牛乾脯者,舉六牲之一以包其餘也。"案:段説是也。凡醢皆有汁,故實於豆。《行葦》孔疏謂"肉醢特有多汁,故以醓名。其無汁者,自以所用之肉魚鴈之屬爲名",非也。又《內則》,

---

① 趙平安:《釋"沓"及相關諸字》,《古文字研究》第24輯,中華書局,2002年,第283頁。
② 黃德寬主編:《古文字譜系疏證》,商務印書館,2007年,第3926頁。
③ 何琳儀:《戰國文字通論(訂補)》,江蘇教育出版社,2003年,第247頁。
④ 趙平安:《釋"沓"及相關諸字》,《古文字研究》第24輯,中華書局,2002年,第283頁。

記大夫庶羞二十,牛炙、牛胾、羊胾、豕炙之下,並有醢。孔疏引熊氏云:"此經承牛羊之下,則是牛肉羊肉之醢。以其庶羞,故得用三牲爲醢。若其正羞,則不得用牲,故《醢人職》無云牲之醢也。"今案:熊說亦非也。此經醯醢,即是三牲之醢,安得謂《醢人職》無牲醢乎?①

王引之在《廣雅疏證》中亦有類似論述,認爲"醢"同《說文》"臇"。②

由上論述可知,"醢"在典籍中又作"肷""臇""盇",和"醢"是同義詞,都是牲肉做成的肉醬,並無有汁無汁、肉醢血醢之別。作爲職官,醢大概與醢人相當,只是叫法不同而已。楚簡此字的釋讀恰好證明朱家集銅器銘文"醢"可讀作"醢"。醢,義謂肉醬。正如上引《周禮正義》所說,製作醢需有六牲之肉:麕、麋、鹿、麇、兔、雁,搜集六牲之肉並非易事,需專人負責,則集醢大概就是楚國掌管會集各種肉醬的食官。且所刻銘文器物爲鼎、盉、盧,皆食器,可資佐證。

附帶提及,壽縣朱家集銅器銘文中除本文討論的"集醢"這一職官名外,以"集+肉類食品名"這種結構作爲職官名的還有:

集胖

《集成》1807:太子鼎

《集成》2480:鑄客大鼎

此字上部黃錫全先生認爲當是"叕",③徐在國先生認爲下部是"肅"即"胖",上古音"叕"屬端紐月部字,"肅"(胖)屬幫母元部字,月、元對轉,懷疑此字所從的"叕"是贅加的聲符,換言之,此字是個雙聲符的字,在銅器銘文中讀爲"胖",《說文》:"胖,半體肉也。一曰廣肉。从半从肉,半亦聲。"《周禮·天官·臘人》:"凡祭祀,共豆脯,薦脯、膴、胖,凡臘物。"鄭玄注:"胖宜爲膴而腥,胖之言片也,析肉意也。"④

---

① 孫詒讓:《周禮正義》,中華書局,1987年,第396頁。
② 王引之:《廣雅疏證》,江蘇古籍出版社,2000年,第249頁。
③ 黃錫全:《㝱叕考辨》,《江漢考古》1991年第1期,第63~72頁。
④ 徐在國:《談楚文字中從"胖"的幾個字》,中國先秦史學會、清華大學出土文獻研究與保護中心、武漢大學中國地域文化研究所編:《楚簡楚文化與先秦歷史文化國際學術研討會論文集》,武漢大學,2011年。

集脞

《集成》16.10577:集脞爐

第二字之前皆誤釋作"脰",吴振武先生認爲其右所從與"豆"有别,徵引朱德熙、裘錫圭、李家浩三位先生對望山楚簡"坐"的考釋,將此字改釋作"脞"。"脞"有細碎義,《集韻·果韻》"脞"字下謂"切肉爲脞",那麽"集脞"之"脞"當是指切碎的肉,類似於古書中所説的膾。[①]

由上可見,楚器中關於"集○"的官名記載還是比較豐富的,我們期待將來還能發現更多的材料來印證本文的觀點。

(後發表於《考古與文物》2017 年第 6 期)

---

① 吴振武:《朱家集楚器銘文辨析三則》,《黄盛璋先生八秩華誕紀念文集》,中國教育文化出版社,2005 年,第 297～299 頁。

5. 齊官考釋二則

　　有關先秦職官的珍貴資料很多都保存在《周禮》一書中，隨著出土文獻材料的不斷豐富，學者們很早就認識到將出土文獻所載職官與《周禮》所記結合起來研究的重要性，創獲頗多。筆者在整理出土戰國文字資料中的職官時，對古璽所記齊職官略有心得，寫就小文，以就正于方家學者。

一、司鍼

　　《古璽彙編》（以下簡稱《璽彙》）0197 著録一方齊官璽，第二字（以下用△表示）的考釋目前學術界有以下幾種觀點：

1、釋"成"，讀"城"。①
2、釋爲"戌"。②
3、釋爲"戍"。③
4、釋爲"戎"。④
5、釋爲"城"。⑤

施謝捷先生說：

　　　　△字與楚簡"戍"寫法相同（參看《楚文字編》第 863 頁），或釋爲"戍"，從構形看應該没有問題。祗是"司戍"不見於典籍記載。我們注意到，戰國文字中"城"字有數種不同寫法，其中多有寫作"从土从戍"之形者（參看《戰國文字編》第 885～886 頁；《楚文字編》第 773 頁），據此可將△看作是"成"的省訛之形。原來釋爲"成"讀"城"，或以此璽是宋司城之璽的意見很可能是對

---

① 湯餘惠：《略論戰國文字形體研究中的幾個問題》，《古文字研究》第 15 輯，中華書局，1986 年，第 79 頁。
② 羅福頤：《古璽彙編》，文物出版社，1981 年，第 33 頁。
③ 吴振武：《古璽彙編釋文訂補及分類修訂》，《古文字論集（初編）》，香港中文大學，1983 年，第 490 頁。
④ 轉引施謝捷：《古璽彙考》，安徽大學博士學位論文，2006 年，第 152 頁。
⑤ 施謝捷：《古璽彙考》，安徽大學博士學位論文，2006 年，第 152～153 頁。

的。春秋時期鄭、宋、曹諸國稱掌管工程的"司空"爲"司城",《左傳·桓公六年》載申繻曰"宋以武公廢司空",杜預注:"武公名司空,廢爲司城。"《韓非子·說疑》:"以今時之所聞田成子取齊,司城子罕取宋,太宰欣取鄭,單氏取周,易牙之取衛,韓、魏、趙三子分晉,此六人,臣之弑其君者也。"戰國時期仍沿用"司城"之稱。①

按,"司城"一職楚簡文字中常見,天星觀遣策、包山簡、隨縣簡、新蔡簡均記有"司城"。除天星觀簡寫作"成"、其他諸簡皆寫作"城"。② 最近新公佈的清華簡《繫年》篇114號簡文亦有"司城",司城即司空,《公羊傳·文公八年》何休注:"宋變司空爲司城者,辟先君武公名也。"③上述簡文"司城"之寫法與璽文皆不同。

正如施先生所言,璽文△從字形上看應釋"戌"。比對戰國文字"戌""成""城"字形體後,我們發現璽文△與包山42號簡"戌"字形體極爲相似。而戰國文字"城"所從的"成"作爲構字偏旁時有一些的確如施先生所言寫成"戌"形,但"成"作爲偏旁單獨構字時幾乎是沒有寫作"戌"的。關於"城"所從"成"旁寫成"戌",從隨縣簡166號字形看,很可能是借用"土"旁筆劃所致,還是應該釋作"成"。

如果以上分析不誤的話,那麼《璽彙》0197還應釋作"司戌之鉩"。我們懷疑"戌"可讀作"鉞"。戌,甲骨文像斧鉞之形,戌、戊本一字分化。《莊子·大宗師》"成然寐",《釋文》:"成本或作戌,本又作戍。"《周禮·夏官·司兵》:"司兵掌五兵、五盾,各辨其物與其等,以待軍事。及授兵,從司馬之法以頒之。及其受兵輸,亦如之;及其用兵,亦如之。祭祀,授舞者兵。"注:"授以朱干玉戚。"正義:"竊謂朱干玉戚,以文飾爲貴,乃專屬舞器,非戎事所用,當爲司干所專屬。此官所掌者,蓋不飾朱玉之干戚耳。"④戚即鉞,毋庸贅述。關於"五兵"的說法歷來是眾說紛紜,其中有一說將鉞歸入五兵。⑤ 由以上《周禮》記載可知鉞應是由專人職掌的。另外,《禮記·王制》中還有一段話:"天子賜諸侯樂,則以柷將之;賜伯子男樂,則以鼗將之。諸侯賜弓矢,然後征。賜鈇鉞,然後殺。賜圭瓚,然後爲鬯。"弓矢和鈇鉞作爲賞賜物品,可見其貴重性,在當時肯定

---

① 施謝捷:《古璽彙考》,安徽大學博士學位論文,2006年,第152~153頁。
② 天星觀簡參滕壬生:《楚系簡帛文字編》,湖北教育出版社,2008年,第1213頁。包山2.155少司城、包山2.155大司城,參《包山楚簡》,文物出版社,1991年。隨縣176宋司城,參《曾侯乙墓》,文物出版社,1989年。新蔡甲3.326、3.349司城,參《新蔡葛陵楚墓》,鄭州大象出版社,2003年。
③ 李學勤主編:《清華大學藏戰國竹簡(二)》,中西書局,2010年,第189~190頁。
④ 孫詒讓:《周禮正義》,中華書局,1987年,第2547頁。
⑤ 孫詒讓:《周禮正義》,中華書局,1987年,第2549頁。

是由專人來管理的。因此,《周禮》才會記載"司弓矢"一職。那麽,璽文所記"司鈛"疑與《周禮》中"司弓矢"等一類的職官相似,其職責大概就是負責斧鈛的收藏及頒授。

關於這枚官璽的國別,之前各家都將其歸入齊,後施先生將其歸到楚。璽文"戍"的寫法與包山楚簡文字相類,這大概是施先生定其爲楚璽的原因。但從"鈛"的寫法來看,還是帶有齊文字的風格。本文仍暫從舊説。

二、司酤

《璽彙》0216 著録一枚齊璽,吴振武先生釋作"□沽之鉨(璽)"。[①] 首字不識。

此璽的首字和第二字是反書,將第一字正過來不難看出此字應隸作"疒台"。疒台,从疒,台聲,疑讀作"司"。台、司音近可通。金文台寫作"訇",台、司雙聲。[②]

司沽,疑讀"司酤",職官名。沽、酤皆从古聲,自可通假。《周禮·秋官·萍氏》:"萍氏掌國之水禁,幾酒。"注:"苛察沽買過多及非時者。"疏:"《説文·酉部》云:'酤,一曰買酒也。'沽即酤之假字。"正義:"酒正、酒人無官酤之文,明承平世酒酤亦在民,魯匡妄説,不足據。然雖民間沽買,但過多則飲之將不節,故亦察而詰之。云'非及時者'者,賈疏云:'時謂若《酒誥》"惟祀兹酒"',及鄉飲酒及昏娶爲酒食以召鄉黨僚友,是其時也。"[③]齊官"司酤"疑與《周禮》所記"酒正""酒人"職掌不同,負責酒在民間的買賣,控制民間過度飲酒。

(原載於《古籍研究》2013 年第 1 期,收入時有刪改)

[①] 吴振武:《〈古璽彙編〉釋文訂補及分類修訂》,《古文字學論集(初編)》,香港中文大學中國文化研究所吴多泰中國語文研究中心,1983 年。

[②] 參中國社會科學院考古研究所編:《殷周金文集成》2782 哀成叔鼎"台",中華書局,2007年。

[③] 孫詒讓:《周禮正義》,中華書局,1987 年,第 2906 頁。

出處簡稱表

簡　　稱	全　　稱
《上博一》	《上海博物館藏戰國楚竹書(一)》
《上博二》	《上海博物館藏戰國楚竹書(二)》
《上博三》	《上海博物館藏戰國楚竹書(三)》
《上博四》	《上海博物館藏戰國楚竹書(四)》
《上博五》	《上海博物館藏戰國楚竹書(五)》
《上博六》	《上海博物館藏戰國楚竹書(六)》
《上博七》	《上海博物館藏戰國楚竹書(七)》
《上博八》	《上海博物館藏戰國楚竹書(八)》
《清華一》	《清華大學藏戰國竹簡(壹)》
《清華二》	《清華大學藏戰國竹簡(貳)》
《清華三》	《清華大學藏戰國竹簡(叁)》
《集成》	《殷周金文集成》
《新收》	《新收殷周青銅器銘文暨器影彙編》
《遺珠》	《歐洲所藏中國青銅器遺珠》
《兵器圖錄》	《有銘青銅兵器圖錄》
《古研》	《古文字研究》
《璽彙》	《古璽彙編》
《彙考》	《古璽彙考》
《山璽》	《山東新出土古璽印》
《鑒印》	《鑒印山房藏古璽印菁華》

(續表)

簡　稱	全　稱
《陶彙》	《古陶文彙編》
《陶錄》	《陶文圖錄》
《先秦編》	《中國錢幣大辭典》第一卷《先秦編》
《新蔡》	《新蔡葛陵楚墓》竹簡
《郭店》	《郭店楚墓竹簡》
《包山》	《包山楚簡》
《曾侯乙》	《曾侯乙墓》竹簡
《夕陽坡》	《湖南出土簡牘選編·夕陽坡簡》
《攟古》	《攟古錄金文》
《商周集成》	《商周青銅器銘文暨圖像集成》
《輯證》	《湖北出土商周文字輯證》
《益陽墓》	《益陽楚墓》
《新齊》	《新出齊陶文圖錄》
《新古》	《新出古陶文圖錄》
《方寸》	《方寸乾坤》
《響盦》	《響盦古璽印存》
《丹篆》	《丹篆寄心聲——澳日兩地書法篆刻聯展·陶鈢室藏印》
《大風堂》	《大風堂珍藏印》
《壹戎》	《壹戎軒藏戰國璽選粹》
《盛世》	《盛世璽印錄》
《歷博》	《中國歷史博物館藏法書大觀第 3 卷：陶文、磚文、瓦文》
《夕惕》	《夕惕藏陶》
《步黟》	《步黟堂藏戰國陶文遺珍》

參考文獻

B

巴納、張光裕. 中日歐美澳紐所見所拓所摹金文彙編. 臺北:藝文印書館,1978.

白於藍. 戰國秦漢簡帛古書通假字彙纂. 福州:福建人民出版社,2012.

《保利藏金》編委會. 保利藏金. 廣州:嶺南美術出版社,1999.

C

蔡靖泉. 楚國的"莫敖"之官與"屈氏"之族. 江漢論壇,1991(2).

蔡運章等. 論右脣鼎銘及其相關問題. 文物,2004(9).

蔡運章、趙曉軍. 三年垣上官鼎銘考略. 文物,2005(8).

曹錦炎. 古璽通論. 上海:上海書畫出版社,1996.

曹錦炎. 古代璽印. 北京:文物出版社,2002.

曹錦炎. 釋兔. 古文字研究(第20輯). 北京:中華書局,2000.

曹錦炎. 工尹坡鑒銘文小考. 古文字學論稿. 合肥:安徽大學出版社,2008.

曹錦炎. 釋楚國的幾方烙印. 江漢考古,1994(12).

曹錦炎. 釋戰國陶文中的"敧". 考古,1984(1).

曹錦炎. 上相邦璽考. 中國文物報,1995年12月17日.

曹錦炎. 關於真山出土的"上相邦璽". 故宮博物院院刊,1999(2).

陳秉新. 壽縣楚器銘文考釋拾零. 楚文化論集(第1輯). 武漢:荆楚書社,1987.

朝陽市博物館、遼寧省文物考古研究所. 朝陽袁臺子——戰國西漢遺址和西周至十六國時期墓葬. 北京:文物出版社,2010.

陳劍. 甲骨金文考釋論集. 北京:綫裝書局,2007.

陳劍. 上博竹書《昭王與龔之脽》和《柬大王泊旱》讀後記. 簡帛研究網,2005年2月15日.

陳劍. 上博竹書《曹沫之陳》新編釋文(稿). 簡帛研究網,2005年2月12日.

陳松長. 湖南新出土楚璽考略(四則). 第四屆國際中國古文字研討會論文集. 香港中文大學中國語言及文學系,2003年10月.

陳斯鵬. 楚簡中的一字形表多詞現象. 出土文獻與古文字研究(第2輯). 上海:復旦大學出版社,2008.

陳偉. 包山楚簡初探. 武漢大學出版社,1996.

陳偉. 讀《上博六》條記. 武漢大學簡帛研究網,2007年7月9日.

陳偉.《柬大王泊旱》新研. 武漢大學簡帛研究網,2006年11月22日.

陳偉.《鮑叔牙與隰朋之諫》零識(續). 武漢大學簡帛研究網,2006年3月5日.

陳偉. 關於楚簡"視日"的新推測. 武漢大學簡帛研究網,2005年3月6日.

陳穎飛. 楚官制與世族探研——以幾批出土文獻爲中心. 上海:中西書局,2016.

程龍東. 戰國官璽考釋兩則. 印學研究(第2輯). 濟南:山東大學出版社,2010.

程鵬萬. 安徽壽縣朱家集出土青銅器銘文集釋. 哈爾濱:黑龍江人民出版社,2009.

程鵬萬. 試説朱家集銅器銘文中的"集既鑄". 古籍整理研究學刊,2009(4).

程燕. 坐、跪同源考. 古文字研究(第29輯). 北京:中華書局,2012.

程燕. "苑璽"考. 考古與文物,2012(2).

D

大西克也. 試論上博楚簡《緇衣》中的'𦆪'字和相關諸字. 第四屆國際中國古文字學研討會論文集. 香港中文大學中國語言及文學系,2003.

大西克也. 戰國楚系文字中的兩種"告"字——兼釋上博楚簡《容成氏》的"三诰". 簡帛(第1輯). 上海:上海古籍出版社,2006.

董珊. 戰國題銘與工官制度. 北京大學博士學位論文,2002.

董珊. 吴越題銘研究. 北京:科學出版社,2014.

董珊. 讀《上博六》雜記. 武漢大學簡帛研究網,2007年7月10日.

董珊. 五年春平相邦葛得鼎考. 古文字與古代史(第3輯). 臺灣中央研究院歷史語言研究所,2012.

董説. 七國考. 北京:中華書局,1998.

F

馮勝君. 郭店簡與上博簡對比研究. 北京:線裝書局,2007.

馮勝君. 戰國燕青銅禮器銘文彙釋. 中國古文字研究(第1). 長春:吉林大學出版社,1999.

G

高明. 古陶文彙編. 北京:中華書局,1990.

高明.説"璽"及其相關問題.考古,1996(3).

高明.高明論著選集.北京:科學出版社,2001.

高至喜主編.楚文物圖典.武漢:湖北教育出版社,2000.

顧廷龍.古匋文舂録.上海:上海古籍出版社,2004.

郭寶鈞等.一九五四年春洛陽西郊發掘報告.考古學報,1956(2).

郭永秉.古文字與古文獻論集.上海:上海古籍出版社,2011.

H

韓自強、韓朝.安徽阜陽出土的楚國官璽.古文字研究(第22輯).北京:中華書局,2000.

韓自強.新見六件齊、楚銘文兵器.中國歷史文物,2007(5).

韓自強.楚國有銘兵器的重要發現.紀念中國古文字研究會成立三十周年國際學術研討會會議論文集,2008.

韓自強.過眼雲煙——記新見五件晉系銘文兵器.古文字研究(第27輯).北京:中華書局,2008.

郝本性.試論楚國器銘中所見的府和鑄造組織.楚文化研究論集.武漢:荆楚書社,1987.

郝本性.壽縣楚器集脰諸銘考釋.古文字研究(第10輯).北京:中華書局,1983.

河北省文物研究所.燕下都(上、下).北京:文物出版社,1996.

河南文物考古研究所.新蔡葛陵楚墓.鄭州:大象出版社,2003.

何琳儀.戰國古文字典——戰國文字聲系.北京:中華書局,1998.

何琳儀.戰國文字通論(訂補).南京:江蘇教育出版社,2003.

何琳儀.古幣叢考.合肥:安徽大學出版社,2002.

何琳儀.古兵地名雜識.考古與文物,1996(6).

何琳仪.莒縣出土東周銅器銘文匯釋.文史,2000(1).

何琳儀.古陶雜識.考古與文物,1992(4).

何琳儀.戰國兵器銘文選釋.古文字研究(第20輯).北京:中華書局,2000.

何琳儀.平安君鼎國別補正.考古與文物,1986(5).

何琳儀.古璽雜識.遼海文物學刊.1989(2).

何琳儀.古璽雜識續.古文字研究(第19輯).北京:中華書局,1992.

何琳儀.句吴王劍補釋——兼釋冢、主、开、丂.第二屆國際中國古文字學研討會論文集.香港中文大學,1993.

何琳儀.楚官璽雜識.南京師範大學文學院學報,2002(1).

何琳儀.戰國官璽雜識.印林,1995(2).

何琳儀.楚官肆師.江漢考古,1991(1).

何琳儀.包山竹簡選釋.江漢考古,1993(4).

何琳儀.新蔡竹簡選釋.武漢大學簡帛研究網,2003年12月7日.安徽大學學報,2004(3).

何琳儀.龍陽燈銘文補釋.東南文化,2004(4).

何有祖.讀《上博六》札記.武漢大學簡帛研究網,2007年7月9日.

湖北省博物館.曾侯乙墓.北京:文物出版社,1989.

湖北省文物考古研究所、隨州博物館.隨州文峰塔M1(曾侯與墓)、M2發掘簡報.江漢考古,2014(4).

湖北荊沙鐵路考古隊.包山楚墓.北京:文物出版社,1991.

湖北荊沙鐵路考古隊.包山楚簡.北京:文物出版社,1991.

湖北省文物考古研究所.江陵九店東周墓.北京:科學出版社,1995.

湖北省文物考古研究所、北京大學中文系編.九店楚簡.北京:中華書局,2000.

湖北省荊州(地區)博物館.江陵天星觀1號楚墓.考古學報,1982(1).

湖南省博物館、常德地區文物工作隊.臨澧九里楚墓發掘報告.湖南考古輯刊(第3輯).長沙:岳麓書社,1986.

湖南省益陽市文物管理處、益陽市博物館.益陽楚墓.北京:文物出版社,2008.

黃德寬主編.古文字譜系疏證.北京:商務印書館,2007.

黃德寬、何琳儀、徐在國.新出楚簡文字考.合肥:安徽大學出版社,2007.

黃德寬.釋楚系文字中的𦬒.中國古文字研究會第九屆學術討論會論文,1992.

黃德寬、徐在國.郭店楚簡文字考釋.吉林大學古籍整理研究所建所十五周年紀念文集.長春:吉林大學出版社,1998.

黃盛璋.戰國江陵璽與江陵之興起因沿考.江漢考古,1986(1).

黃盛璋."匈奴相邦"印之國別年代及相關問題.文物,1983(8).

黃盛璋.三晉銅器的國別、年代與相關制度.古文字研究(第17輯).北京:中華書局,1989.

黃盛璋.新鄭出土戰國兵器中的一些問題.考古,1973(6).又歷史地理與考古論叢.濟南:齊魯書社,1982.

黃盛璋.新出戰國金銀器銘文研究(三題).古文字研究(第12輯).北京:中華書局,1985.

黃盛璋.關於加拿大多倫多市安大略博物館所藏三晉兵器及相關問題.考古,1991(1).

黃盛璋.平山戰國中山石刻初步研究.古文字研究(第 7 輯).北京:中華書局,1983 年

黃盛璋.試論戰國秦漢銘刻中从"酉"諸奇字及其相關問題.古文字研究(第 10 輯).北京:中華書局,1983.

黃錫全.湖北出土商周文字輯證.武漢:武漢大學出版社,1992.

黃錫全.屬豭考辨.江漢考古,1991(1).

黃錫全.古文字中所見楚官府官名輯證.文物研究(第 7 輯).合肥:黃山書社,1991.

黃錫全.介紹一件韓廿年冢子戈.古文字研究(第 27 輯).北京:中華書局,2008.

黃錫全.介紹兩枚楚官璽.古文字研究(第 28 輯).北京:中華書局,2010.

J

紀烈敏.天津武清縣蘭城遺阯的鑽探與試掘.考古,2001(9).

荊門市博物館.郭店楚墓竹簡.北京:文物出版社,1998.

L

李東琬.箴言古璽與先秦倫理思想.北方文物,1997(2).

李剛.三晉系記容記重銅器銘文集釋.吉林大學碩士學位論文,2005.

李家浩.著名中年語言學者自選集・李家浩卷.合肥:安徽教育出版社,2002.

李家浩.戰國貨幣文字中的"刖"和"比".中國語文,1980(5).

李家浩.戰國𨙶布考.古文字研究(第 3 輯).北京:中華書局,1980.

李家浩.楚國官印考釋(四篇).江漢考古,1984(2).

李家浩.盱眙銅壺芻議.古文字研究(第 12 輯).北京:中華書局,1985.

李家浩.先秦文字中的"縣".文史(第 28 輯).北京:中華書局,1987.

李家浩.楚國官印考釋(兩篇).語言研究,1987(1).

李家浩.貴將軍虎節與辟大夫虎節——戰國符節銘文研究之一.中國歷史博物館館刊,1993(2).

李家浩.十年皋落戈銘文釋文商榷.考古,1993(8).

李家浩.戰國官印考釋(二篇).文物研究(第 7 輯).合肥:黃山書社,1991.

李家浩.戰國官印考釋兩篇.于省吾教授百年誕辰紀念文集.長春:吉林大學出版社,1996.

李家浩. 戰國時代的"冢"字. 著名中年語言學家自選集·李家浩卷. 合肥:安徽教育出版社,2002.

李家浩. 齊國文字的"遂". 著名中年語言學家自選集·李家浩卷. 合肥:安徽教育出版社,2002.

李家浩. 戰國官印"尚路璽"考釋. 揖芬集——張政烺先生九十華誕紀念文集. 北京:社會科學文獻出版社,2002.

李家浩. 包山遣册考釋(四篇). 古籍整理研究學刊,2003(5).

李家浩. 包山祭禱簡研究. 簡帛研究二〇〇一. 桂林:廣西師範大學出版社,2001.

李家浩. 戰國官印考釋三篇. 出土文獻研究(第6輯). 上海:上海古籍出版社,2004.

李家浩. 包山卜筮簡218-219號研究. 長沙三國吳簡暨百年來簡帛發現與研究國際學術研討會論文集. 北京:中華書局,2005.

李家浩. 戰國文字中的"宐". 出土文獻與古文字研究(第6輯). 上海:上海古籍出版社,2015.

李家浩. 戰國官印"車御令信"考釋. 印學研究(2014). 北京:文物出版社,2014.

李零. 楚燕客銅量銘文補正. 江漢考古,1988(4).

李零. 齊、燕、邾、滕陶文的分類與題銘格式. 新編全本季木藏陶. 北京:中華書局,1998.

李零. 論東周時期的楚國典型銅器群. 古文字研究(第19輯). 北京:中華書局,1992.

李零. 楚國銅器銘文編年匯釋. 古文字研究(第13輯). 北京:中華書局,1986.

李守奎. 楚文字編. 上海:華東師範大學出版社,2003.

李守奎、曲冰、孫偉龍. 上海博物館藏戰國楚竹書(一——五)文字編. 北京:作家出版社,2007.

李先登. 滎陽、邢丘出土陶文考釋. 中國歷史博物館館刊,1989(11).

李學勤. 東周與秦代文明. 北京:文物出版社,1984.

李學勤、艾蘭. 歐洲所藏中國青銅器遺珠. 北京:文物出版社,1995.

李學勤. 當代學者自選文庫·李學勤卷. 合肥:安徽教育出版社,1999.

李學勤. 新出青銅器研究. 北京:文物出版社,1990.

李學勤. 四海尋珍. 北京:清華大學出版社,1998.

李學勤. 簡帛佚籍與學術史. 南昌:江西教育出版社,2001.

李學勤. 文物中的古文明. 北京:商務印書館,2008.

李學勤.通向文明之路.北京:商務印書館 2010.

李學勤主編.清華大學藏戰國竹簡(壹).上海:中西書局,2010.

李學勤主編.清華大學藏戰國竹簡(貳).上海:中西書局,2011.

李學勤主編.清華大學藏戰國竹簡(叄).上海:中西書局,2012.

李學勤."桓"字與真山楚官璽.國學研究(第 8 卷).北京:北京大學出版社,2001.

李學勤.燕齊陶文叢論.上海博物館集刊(第 6 期).上海:上海古籍出版社,1992.

李學勤、鄭紹宗.論河北近年出土的戰國有銘青銅器.古文字研究(第 7 輯).北京:中華書局,1982.

李學勤.秦封泥與齊陶文中的"巷".陝西歷史博物館館刊(第 8 輯).西安:三秦出版社,2001.

李學勤.楚國夫人璽與戰國的江陵.江漢論壇,1982(7).

李學勤.戰國題銘概述(上).文物,1959(7).

李學勤.戰國題銘概述(中).文物,1959(8).

李學勤.戰國題銘概述(下).文物,1959(9).

李學勤.馬王堆帛書《刑德》中的軍吏.當代學者自選文庫·李學勤卷.合肥:安徽教育出版社,1999.

李學勤.包山楚簡中的土地買賣.中國文物報,1992 年 3 月 22 日.

李學勤.談龍陽燈.三代文明研究.北京:商務印書館,2011.

李天虹.楚國銅器與竹簡文字研究.武漢:湖北教育出版社,2012.

李智、邵則遂.楚官職中的"囂類"官職探究.長春工程學院學報(社會科學版),2016(2).

林清源.楚國官璽考釋.中國文字(新 22 期).臺北:藝文印書館,1997.

林澐.新版《金文編》正文部分釋字商榷.中國古文字研究會第九屆學術討論會論文,1992.

林澐.越王者旨於賜考.林澐學術文集.北京:中國大百科全書出版社,1998.

劉剛.晉系文字的範圍及內部差異研究.復旦大學博士學位論文,2013.

劉國勝.曾侯乙墓 E61 號漆箱書文字研究——附"瑟"考.第三屆國際中國古文字學研討會論文集.香港中文大學,1997.

小蟲(劉洪濤).說《上博五·弟子問》"延陵季子"的"延"字.武漢大學簡帛研究網,2006 年 5 月 20 日.

劉樂賢.簡帛數術文獻探論.武漢:湖北教育出版社,2003.

劉信芳.包山楚簡解詁.臺北:藝文印書館,2003.

劉信芳、闞緒杭、周群.安徽鳳陽縣卞莊一號墓出土鎛鐘銘文初探.考古與文物，2009(3).

劉信芳.古璽試解十則.中國文字(新26期).臺北:藝文印書館,2000.

劉紹剛.古璽補釋三則.出土文獻研究(第7輯).上海:上海古籍出版社,2005.

劉余力、褚衛紅.戰國信安君鼎考略.文物,2009(11).

劉釗.釋戰國"右騎將"璽.史學集刊,1994(3).

劉釗.楚璽考釋(六篇).江漢考古,1991(1).

劉釗.包山楚簡文字考釋.中國古文字研究會第九屆學術研討會論文,1992.

劉釗.殷有"封人"説.殷都學刊,1989(4).

呂金成編著.夕惕藏陶.濟南:山東畫報出版社,2014.

羅福頤主編.古璽彙編.北京:文物出版社,1981.

羅福頤主編.古璽文編.北京:文物出版社,1981.

羅福頤.古璽印概論.北京:文物出版社,1981.

羅運環.古文字資料所見楚國官制研究.楚文化研究論集(第2集).武漢:湖北人民出版社,1991.

羅運環.邕字考辨.古文字研究(第24輯).北京:中華書局,2002.

羅運環.釋包山楚簡的或敓邕相關制度.簡帛研究(2002、2003).桂林:廣西師範大學出版社,2005.

M

馬承源主編.商周青銅器銘文選.北京:文物出版社,1986.

馬承源主編.上海博物館藏戰國楚竹書(一).上海:上海古籍出版社,2001.

馬承源主編.上海博物館藏戰國楚竹書(二).上海:上海古籍出版社,2002.

馬承源主編.上海博物館藏戰國楚竹書(三).上海:上海古籍出版社,2003.

馬承源主編.上海博物館藏戰國楚竹書(四).上海:上海古籍出版社,2004.

馬承源主編.上海博物館藏戰國楚竹書(五).上海:上海古籍出版社,2005.

馬承源主編.上海博物館藏戰國楚竹書(六).上海:上海古籍出版社,2007.

馬承源主編.上海博物館藏戰國楚竹書(七).上海:上海古籍出版社,2008.

馬承源主編.上海博物館藏戰國楚竹書(八).上海:上海古籍出版社,2011.

馬承源主編.上海博物館藏戰國楚竹書(九).上海:上海古籍出版社,2012.

馬俊才、張明立.鄭州胡莊墓地發掘獲重大發現.中國文物報,2009年3月27日.

孟蓬生.上博竹書(四)閒詁.簡帛研究網,2005年2月15日;簡帛研究2004.桂林:廣西師範大學出版社,2006.

P

彭浩.《昔者君老》與"世子法".文物,2004(5).

Q

邱德修.上博楚簡(一)(二)字詞解詁.臺北:臺灣古籍出版有限公司,2005.

裘錫圭.古文字論集.北京:中華書局,1992.

裘錫圭.古代文史研究新探.南京:江蘇古籍出版社,1992.

裘錫圭.裘錫圭學術文集.上海:復旦大學出版社,2012.

裘錫圭.戰國文字中的"市".考古學報,1980(3).

裘錫圭.燹公盨銘文考釋.中國歷史文物,2002(6).

裘錫圭.關於《孔子詩論》.國際簡帛研究通訊,2002(4);經學今詮三編.中國哲學(第 24 輯).瀋陽:遼寧教育出版社,2002.

裘錫圭."諸侯之旅"等印考釋.文物研究(第 6 輯).合肥:黃山書社,1990.

裘錫圭.戰國文字釋讀二則.于省吾教授百年誕辰紀年文集.長春:吉林大學出版社,1996.

裘錫圭.古文字釋讀三則.徐中舒先生九十壽辰紀念文集.成都:巴蜀書社,1990.

裘錫圭.戰國貨幣考(十二篇).北京大學學報,1978(2).

裘錫圭.嗇夫初探.古代文史研究新探.南京:江蘇古籍出版社,1992.

裘錫圭."司馬聞""聞司馬"考.古文字論集.北京:中華書局,1992.

裘錫圭.武功縣出土平安君鼎讀後記.考古與文物,1982(2).

R

饒宗頤主編.上博藏戰國楚竹書字彙.合肥:安徽大學出版社,2010.

S

山東大學歷史文化學院考古學系、山東博物館、新泰市博物館.新泰出土田齊陶文.北京:文物出版社,2014.

商承祚.鄂君啟節考.文物精華(第 2 集).北京:文物出版社 1963.

石志廉.戰國古璽考釋十種.中國歷史博物館館刊,1980(2).

史樹青主編.中國歷史博物館藏法書大觀第 3 卷:陶文、磚文、瓦文.上海:上海教育出版社,2000.

施謝捷.東周兵器銘文考釋(三則).南京師大學報(社會科學版),2002(2).

施謝捷. 釋"齊城右造車戟"銘中的"賸". 文教資料,1994(6).

師村妙石. 響盦古璽印存. 北京:北京文雅堂,2015.

宋華強. 新蔡楚簡的初步研究. 北京大學博士學位論文2007年. 新蔡葛陵楚簡初探. 武漢:武漢大學出版社,2010.

宋華強. 楚墓竹簡中的"瞏"字及"纏"字. 簡帛研究網,2004年6月13日.

孫合肥.《丹篆寄心聲》錄陶鈢室藏印補釋. 中國古文字研究會第二十一屆年會散發論文集,2016年10月21—23日.

蘇輝. 秦三晉紀年兵器研究. 上海:上海古籍出版社,2013.

蘇建洲. 論戰國燕系文字中的"桐". 中國學術年刊(第22期). 北京:文津出版社,2007.

孫家潭. 大風堂古印舉. 杭州:西泠印社出版社,2009.

孫敬明. 齊陶新探. 古文字研究(第14輯). 北京:中華書局,1986.

孫敬明、李劍、張龍海. 臨淄齊故城內外新發現的陶文. 文物,1988(2).

孫敬明. "車大夫長畫"戈考. 文物,1987(1).

孫敬明. 齊城左戈及相關問題. 文物,2000(10).

孫敬明. 齊兵說"冶". 濟南教育學院學報,2001(3).

孫剛. 東周齊系題銘研究. 吉林大學博士學位論文,2012.

孫慰祖. 古封泥集成. 上海:上海書店出版社,1994.

孫詒讓. 周禮正義. 北京:中華書局,1987.

T

湯餘惠. 戰國銘文選. 長春:吉林大學出版社,1993.

湯餘惠主編、賴炳偉副主編、徐在國、吳良寶編纂. 戰國文字編. 福州:福建人民出版社,2001.

湯餘惠. 略論戰國文字形體研究中的幾個問題. 古文字研究(第15輯). 北京:中華書局,1986.

湯餘惠. 楚璽兩考. 江漢考古,1984(2).

湯餘惠. "卑將匠芻信璽"跋. 考古與文物,1993(5).

湯餘惠. 讀金文瑣記(八篇). 出土文獻研究(第3輯). 北京:中華書局,1998.

湯餘惠. 楚器銘文八考. 古文字論集(一). 考古與文物(叢刊第二號),1983.

唐存才. 步黟堂藏戰國陶文遺珍. 上海:上海書畫出版社,2013.

唐友波. 春成侯盉與長子盉綜合研究. 上博博物館集刊(第8輯). 上海:上海書畫

出版社,2000.

唐友波."大市"量淺議.古文字研究(第22輯).北京:中華書局,2000.

唐友波.垣上官鼎及其相關問題.文物,2004(9).

陶正剛.山西省近年出土銘文兵器的國別和編年.古文字研究(第21輯).北京:中華書局,2001.

滕壬生.楚系簡帛文字編.武漢:湖北教育出版社,1995.

天津博物館.天津博物館藏璽印.北京:文物出版社,2013.

W

宛鵬飞.飛諾藏金(春秋戰國篇).鄭州:中州古籍出版社,2012.

王獻唐.國史金石志稿(王文耀整理校記).青島:青島出版社,2004.

王輝.讀上博楚竹書《容成氏》劄記(十則).古文字研究(第25輯).北京:中華書局,2004.

王輝.上博楚竹書(六)讀記.古文字研究(第27輯).北京:中華書局,2008.

王人聰.古璽考釋.古文字學論集(初編).香港中文大學中國研究所吳多泰中國語文研究中心,1983.

汪慶正.中國歷代貨幣大系・先秦貨幣.上海:上海人民出版社,1988.

王子揚."畢公左徒"玉戈小考.中國文字研究,2008(1).鄭州:大象出版社,2008.

文炳淳.包山楚簡所見楚官制研究.台灣大學碩士論文,1998.

武漢市文物商店.武漢市收集的幾件重要的東周青銅器.江漢考古,1983(2).

吳桂兵、周言、張萍萍.宿遷青墩發現戰國銅戟刺.文物,2015(2).

吳良寶.戰國楚簡地名輯證.武漢:武漢大學出版社,2010.

吳良寶.十七年坪陰鼎蓋新考.中國歷史文物,2007(5).

吳良寶.平安君鼎國別研究評議.吉林大學學報,2009(4).

吳良寶.寧夏彭陽出土"二十七年晉戈"考.考古,2007(10).

吳良寶.羕陵攻尹戈及相關問題研究.吉林大學社会科學學報,2015(1).

吳良寶.二十三年單父鈹考.古文字研究(第30輯).北京:中華書局,2014.

吳良寶.二十二年邽嗇夫戈考.出土文獻(第6輯).上海:中西书局,2015.

吳硯君.盛世璽印錄.京都:藝文書院,2013.

吳振武.《古璽文編》校訂.吉林大學博士學位論文1984年;北京:人民美術出版社,2011.

吳振武.新見十八年冢子韓繒戈研究——兼論戰國"冢子"一官的職掌.古文字與

古代史(第 1 輯)."中央研究院歷史語言研究所",2007.

吴振武.東周兵器銘文考釋五篇.容庚先生百年誕辰紀念文集(古文字研究專號).廣州:廣東人民出版社,1998.

吴振武.戰國"卣(廩)"字考察.考古與文物,1984(4).

吴振武.釋三方收藏在日本的中國古代官印.中國文字(新 24 期).臺北:藝文印書館,1998.

吴振武.釋平山戰國中山王墓器物銘文中的"鈲"和"私庫".史學集刊,1982(3).

吴振武.《古璽彙編》釋文訂補及分類修訂.古文字論集初編.香港中文大學,1983.

吴振武.釋"受"並論盱眙南窑銅壺和重金方壺的國別.古文字研究(第 14 輯).北京:中華書局,1986.

吴振武.戰國璽印中的"虞"和"衡鹿".江漢考古,1991(3).

吴振武.戰國官璽釋解兩篇.金景芳九五誕辰紀念文集.長春:吉林文史出版社,1996.

吴振武.關於戰國"某某金璽"的一個解釋.中國古文字研究會第十九屆年會論文,2012 年 10 月 23—25 日.

吴振武.朱家集楚器銘文辨析三則.黃盛璋先生八秩華誕紀念文集.北京:中國教育文化出版社,2005.

吴振武.燕國銘刻中的"泉"字.華學(第 2 輯).廣州:中山大學出版社,1996.

吴振武.《燕國銘刻中的"泉"字》補說.古文字學論稿.合肥:安徽大學出版社,2008.

吴振武.戰國璽印中所見的監官.中國古文字研究(第 1 輯).長春:吉林大學出版社,1999.

吴振武.燕國璽印中的"身"字.胡厚宣先生紀念文集.北京:科學出版社,1998.

吴振武.釋雙劍誃舊藏燕"外司聖鍴"璽.于省吾教授誕辰 100 周年紀念文集.長春:吉林大學出版社,1996.

吴振武.趙武襄君鈹考.文物,2000(1).

吴振武.趙十六年守相信平君鈹考.第三屆國際中國古文字學研討會論文集.香港中文大學中國文化研究所、中國語言及文學系,1997.

吴鎮烽.商周青銅器銘文暨圖像集成.上海:上海古籍出版社,2012.

X

肖毅.古璽所見楚官府官名考略.江漢考古,2001(2).

肖毅.釋虍.古文字研究(第 24 輯).北京:中華書局,2002.

肖毅."麇亡"印释.中國文字(新 26 期).臺北:藝文印書館,2000.

肖從禮.楚漢簡牘所見"中舍"考.卜憲群、楊振紅主編.簡帛二〇〇九.桂林:廣西師範大學出版社,2011.

蕭聖中.曾侯乙墓竹簡釋文補正暨車馬制度研究.北京:科學出版社,2011.

蕭春源.珍秦齋古印展.澳門市政厅,1993.

蕭春源.珍秦齋藏金·吳越三晉篇.澳門基金会,2008.

蕭春源.珍秦齋藏印·戰國篇.澳門基金會,2001.

蕭春源、尾崎蒼石.丹篆寄心聲——澳日兩地書法篆刻聯展·陶鈢室藏印.澳門書法篆刻協會,2015.

徐在國.兵器銘文考釋(七則).古文字研究(第 22 輯).北京:中華書局,2006.

徐在國.談楚文字中从"胖"的幾個字.楚簡楚文化與先秦歷史文化國際學術研討會論文集.武漢:湖北教育出版社,2013.

徐在國.古陶文字考釋四則.出土文獻(第 3 輯).上海:中西書局,2012.

徐在國.釋齊官"祈望".第四屆國際中國古文字研討會論文集.香港中文大學中國語言及文學系,2003 年 10 月.

徐在國.試說《説文》"籃"字古文.古文字研究(第 26 輯).北京:中華書局,2006.

徐在國.古陶文字釋叢.古文字研究(第 23 輯).北京:中華書局、合肥:安徽大學出版社,2002.

徐在國.戰國官璽考釋三則.考古與文物,1999(3).

徐在國.楚帛書詁林.合肥:安徽大學出版社,2010.

徐在國.安徽大學漢語言文字叢刊·徐在國卷.合肥:安徽大學出版社,2013.

徐在國.談齊陶文中的"陳賀".安徽大學學報,2013(1).

徐在國.燕國文字中的"奐"及从"奐"之字.中國文字研究(第 17 輯).上海:上海人民出版社,2013;人大複印資料.語言文字學,2013(7).

徐佔勇.古兵器收藏系列叢書弩機.石家莊:河北美術出版社,2007.

徐佔勇、付云抒.有銘青銅兵器圖錄.石家莊:河北美術出版社,2007.

徐正考.漢代銅器銘文選釋.北京:作家出版社,2007.

許進雄.十八年相邦平國君銅劍——兼談戰國晚期趙國的相.中國文字(新 17 期).臺北:藝文印書館,1993.

許慜慧.古文字資料中的戰國職官研究.復旦大學博士學位論文,2014.

Y

楊寬.古史新探.北京:中華書局,1965.

楊樹達.積微居小學述林.上海:上海古籍出版社,2007.

葉其峰.試釋幾方工官印.故宮博物院院刊,1979(2).

葉其峰.戰國官璽的國別及有關問題.故宮博物院院刊,1981(3).

于豪亮.古璽考釋.古文字研究(第5輯).北京:中華書局,1981.

俞偉超.中國古代公社組織的考察.北京:文物出版社,1988.

Z

曾憲通.再説"蛊"符.古文字研究(第25輯).北京:中華書局,2004.

張昌平.曾侯乙、曾侯與和曾侯郕.江漢考古,2009(1).

張崇禮.《景公瘧》第九簡解詁.简帛研究網,2007年7月28日.

張富海.郭店楚簡《緇衣》篇研究.北京大學碩士論文,2002.

張光裕主編、袁國華合編.包山楚簡文字編.臺北:藝文印書館,1992.

張頷."安國君"印跋.中國歷史博物館館刊,1980(2).

趙君俊.戰國時期燕國兵器研究.北京師範大學碩士學位論文,2006.

張俊成.齊城左戈銘補考.文物春秋,2013(1).

張守中.中山王䝬器文字編.北京:中華書局,1981.

張宇暉.觀妙堂藏歷代璽印選.東方藝術,2009(8).

張小東.壹戎軒藏戰國璽選粹.平湖璽印篆刻博物館,2016年9月.

張照根.蘇州真山墓地出土大量珍貴文物.中國文物報,1995年11月19日.

張振謙.齊系文字研究.安徽大學博士學位論文,2008.

張振謙.齊系陶文考釋.安徽大學學報,2009(4).

張政烺.中山國胤嗣好盗壺釋文.古文字研究(第1輯).北京:中華書局,1979.

趙平安.戰國文字中的鹽及相關資料研究.新出簡帛與古文字古文獻研究.北京:商務印書館,2009.

趙平安.釋"酓"及相關諸字.古文字研究(第24輯).北京:中華書局,2002.

趙平安.釋"行木".古文字研究(第26輯).北京:中華書局,2006.

趙平安.戰國文字中的"宛"及其相關問題研究.新出簡帛與古文字古文獻研究.北京:商務印書館,2009.

趙平安.釋戰國文字中的"乳"字.中國文字學報(第4輯).北京:商務印書館,2012.

趙超."鑄師"考.古文字研究(第21輯).北京:中華書局,2001.

浙江省博物館.方寸乾坤.杭州:浙江古籍出版社,2009年11月.

鄭超.楚國官璽考述.文物研究(第2輯).合肥:黃山書社,1986.

鄭超.齊國陶文初探.中國社會科學院研究生院碩士學位論文,1984.

鄭曙斌、張春龍、宋少華等.湖南出土簡牘選編.長沙:岳麓書社,2013.

鄭玉姍.《上博四·昭王毀室》劄記.武漢大學簡帛研究網,2005年3月31日.

中國社會科學院考古研究所.殷周金文集成(1—18).北京:中華書局,1984—1994.

周波.試說徐器銘文中的官名"資尹".出土文獻與古文字研究(第4輯).上海:上海古籍出版社,2011.

周鳳五.上博四《柬大王泊旱》重探.簡帛(第1輯).上海:上海古籍出版社,2006.

周鳳五.上博四《昭王與龔之脽》重探.台大中文學報(第29期).台大中文系,2008.

朱德熙.朱德熙古文字論集.北京:中華書局,1995.

朱德熙.壽縣出土楚器銘文研究.歷史研究,1954(1).

朱德熙.戰國匋文和璽印文字中的"者"字.古文字研究(第1輯).北京:中華書局,1979.

朱德熙.釋桁.古文字研究(第12輯).北京:中華書局,1985.

朱德熙、裘錫圭.戰國時代的"料"和秦漢時代的"半".文史(第8輯).北京:中華書局,1980.

朱德熙、裘錫圭.平山中山王墓銅器銘文的初步研究.文物,1979(1).

朱德熙、裘錫圭.戰國文字研究(六種).朱德熙古文字論集.北京:中華書局,1995.

莊淑慧.曾侯乙墓出土竹簡考.臺灣師大碩士學位論文,1995.

後　　記

　　這個時節的合肥柳絮紛飛，如飄飄灑灑的白雪。"正落絮飛花，將春欲去。"由春入夏，時光就這樣一點一點地靜靜流淌著。終於完成了這部書稿校對，此時我的心情異常平靜。似乎人生就應該這樣度過，平平淡淡才是真。

　　生性愚鈍的我非常有幸能在先師何琳儀先生的門下學習古文字，這些年雖然成績平平，但我一直在學術之路上盡我所能地努力著，我想唯有如此才能不辜負老師的培育之恩。

　　這部書稿是在安徽大學古文字團隊諸位師長的關心下完成的，我心懷感恩。感謝黃德寬先生給予我的不斷鼓勵，讓我如沐春風；感謝徐在國先生在專業上的耐心指導，促我砥礪前行；感謝團隊的每一位成員對我的熱心幫助，令我不敢懈怠。

　　在書稿的寫作過程中，師弟羅小華、劉剛也助我良多，在此一併致謝。

　　本項目的研究得到高校古委會和國家社科基金的資助，特致謝忱。

　　最後，感謝家人給予我的莫大支持，使我能安心於學問。

2018 年 4 月於合肥